Die Argumen

JH Gardiner

Writat

Diese Ausgabe erschien im Jahr 2023

ISBN: 9789359255019

Herausgegeben von
Writat
E-Mail: info@writat.com

Inhalt

VORWORT

Ziel dieses Buches ist es, einen Kurs zum Verfassen von Argumenten zu entwickeln, der einfach genug für Kurse ist, die nur einen Teil des Jahres für die Arbeit aufwenden, und dennoch umfassend genug für spezielle Kurse in diesem Fach. Es richtet sich jedoch insbesondere an die Interessen und Bedürfnisse der gesamten Studierendenschaft und nicht an diejenigen von Studierenden, die fortgeschrittene Arbeiten im Bereich Argumentation erbringen. Obwohl nur wenige Männer über die Fähigkeit oder das Bedürfnis verfügen, hochqualifizierte Spezialisten für die Argumentation zu werden, benötigen alle Männer gewisse Kenntnisse in dieser Kunst. Die Erfahrung in Harvard hat gezeigt, dass nahezu die gesamte Erstsemesterklasse mit Begeisterung an einem einzigen Argument arbeitet; und sie erhalten durch diese Arbeit eine Ausbildung im genauen Denken und eine Disziplin, die sie von keiner anderen Art des Schreibens erhalten.

Dementsprechend habe ich dieses Buch so gestaltet, dass die Studierenden so schnell wie möglich mit den gleichen Argumenten vertraut gemacht werden, die sie wahrscheinlich auch im praktischen Leben vorbringen werden. Ich habe stets versucht, die Interessen und Bedürfnisse dieser Durchschnittsmenschen im Auge zu behalten, die auf ihrem Weg durch die Welt insgesamt so unterschiedliche Wege beschreiten werden. Nicht viele von ihnen werden es in den Kongress schaffen, um dort große Reden über die Regelung des Zolltarifs zu halten, und die große Mehrheit von ihnen wird sich nicht mit dem Gesetz befassen; Und selbst unter den Anwälten werden sich viele kaum darum kümmern, Indizienbeweise aufwändig zusammenzufügen und daraus die Grundlage für ein Urteil zu bilden. Aber alle von ihnen werden früher oder später die Fähigkeit benötigen, sich mit mehr oder weniger komplizierten Fragen auseinanderzusetzen, bei denen sie Männer unterschiedlicher Voreingenommenheit und praktischer Interessen für ihre Ansichten gewinnen müssen; und sie alle werden ihr ganzes Leben lang die Fähigkeit brauchen, bis zum Kern solcher Fragen durchzuschauen und das Wesentliche zu begreifen, auch wenn es nur um Haaresbreite vom Unwesentlichen getrennt ist, das beiseite geschoben werden muss. Für diese Schulung der Denkkraft ist ein Kurs zum Argumentieren von Nutzen, selbst wenn er nur für eine so kurze Zeit absolviert wird, wie er in den meisten Schulen und Hochschulen angeboten werden kann.

Bei der Gestaltung des Buches habe ich diese drei Ziele im Hinterkopf: erstens, dass der Student ohne Zeitverschwendung in die Lage versetzt wird, sein Thema zu erforschen und genau die Themen aufzulisten, die seine Frage betreffen; zweitens, dass er beim Sammeln seines Materials dazu angeleitet wird, darüber nachzudenken, welcher Teil davon ein guter Beweis für seine

Zwecke ist und wie er seine Argumentation anhand der Fakten überprüfen kann; Drittens, dass er sich nach der Zusammenstellung und Auswahl seines Materials und der Festlegung seines Plans darauf konzentriert, es für den jeweiligen Anlass so effektiv wie möglich zu präsentieren.

Ich habe stets versucht, den Schwerpunkt auf das Vorbringen von Argumenten zu legen, nicht als Selbstzweck und zur Anpassung an bestimmte, mehr oder weniger willkürliche Formeln, sondern als die praktische Art des Appells, den jeder junge Mann bereits an seine Mitmenschen zu Themen richtet, die ihn betreffen Ihn interessieren, und dass er es immer ernster machen wird, je mehr er in die Welt hinausgeht. Die Tendenz einiger Bücher, Argumentation, insbesondere in Form von Debatten, als eine neue Sportart zu behandeln, deren Regeln so ausgefeilt und technisch sind wie die des Fußballs, wendet sich von dem Thema ab und wendet sich bei vielen jungen Männern ab, denen die Ausbildung gewidmet ist an sich wäre sehr wertvoll. Die Zukunft des Fachs wird stark davon abhängen, ob es den Lehrern gelingt, es flexibel zu halten und in engem Kontakt mit der Realität zu halten. Ich habe in Anhang II einige diesbezügliche Vorschläge gemacht.

Meine Verpflichtungen gegenüber früheren Mitarbeitern auf diesem Gebiet werden für alle, die sich mit dem Thema auskennen, offensichtlich sein. Insbesondere habe ich, wie alle anderen Autoren zu diesem Thema, auf den Grundlagen aufgebaut, die Professor George Pierce Baker von der Harvard University gelegt hat.

Für die Erlaubnis zur Verwendung der Artikel aus *The Outlook* danke ich den Herausgebern dieser Zeitschrift; für den Artikel über „Die Übertragung von Gelbfieber durch Mücken", mit freundlicher Genehmigung von General Sternberg und dem Herausgeber von *The Popular Science Monthly* .

JH GARDINER

KAPITEL I

Worüber wir streiten und warum

1. Was ist ein Argument? Wenn wir streiten, schreiben oder sprechen wir mit der aktiven Absicht, andere Menschen dazu zu bringen, unsere Sicht auf einen Fall zu übernehmen; Das ist der einzige wesentliche Unterschied zwischen Argumentation und anderen Schreibweisen. Zwischen Darlegung und Argumentation gibt es keine bestimmte Grenze. In Professor Lamonts ausgezeichnetem kleinen Buch „Specimens of Exposition" gibt es zwei Beispiele, die in diesem Buch als Argumentationsbeispiele verwendet werden könnten; In einem von ihnen, Huxleys Aufsatz über „Die physische Grundlage des Lebens", verwendet Huxley selbst gegen Ende die Worte „wie ich versucht habe, es Ihnen zu beweisen"; und Matthew Arnolds Essay über „Wordsworth" ist ein aufwändiger Versuch zu beweisen, dass Wordsworth nach Shakespeare und Milton der größte englische Dichter ist. Oder, um ganz andere Beispiele zu nennen: In jeder Rechtsfrage, in der die Richter des Gerichts unterschiedlicher Meinung sind, wie im Fall der Einkommenssteuer oder in den Insular-Fällen, in denen über den Status von Porto Rico und den Philippinen entschieden wurde, gibt es sowohl die Mehrheitsmeinung als auch die abweichende Meinung Die Meinungen der Richter haben einen argumentativen Charakter. obwohl die Mehrheitsmeinung jedenfalls theoretisch eine Auslegung des Gesetzes ist. Der eigentliche Unterschied zwischen Argumentation und Darlegung liegt in der unterschiedlichen Einstellung zum jeweiligen Thema: Wenn wir erklären, gehen wir stillschweigend davon aus, dass es nur eine Sichtweise auf das Thema gibt; Wenn wir streiten, erkennen wir, dass andere Menschen die Sache anders sehen. Und die formalen Unterschiede sind nur diejenigen, die notwendig sind, um die kritischen Punkte einer Argumentation deutlich hervorzuheben und die Gefühle der Leser zu erwärmen.

2. Überzeugung und Überzeugung. Dieser aktive Zweck, andere Menschen dazu zu bringen, Ihre Sicht auf den vorliegenden Fall zu übernehmen, ist das charakteristische Wesen der Argumentation. Um dieses Ziel zu erreichen , verfügen Sie über zwei Werkzeuge oder Waffen, oder vielleicht sollte man sagen, zwei Seiten derselben Waffe: *Überzeugung* und *Überzeugung* . Bei einer Argumentation geht es Ihnen in erster Linie darum, Ihren Zuhörern klar zu machen, dass Ihre Sicht auf den Fall wahrer oder fundierter bzw. Ihr Vorschlag zweckdienlicher ist; und in den meisten Argumenten zielen Sie auch darauf ab, die praktischen oder moralischen Gefühle Ihrer Leser zu berühren, um sie mehr oder weniger zu warmen Anhängern Ihrer Ansicht zu machen. Wenn Sie versuchen, jemanden zu machen Wenn man sieht , dass die Form der Hügel in Neuengland auf Gletschereinwirkung zurückzuführen ist, denkt man nie an seine Gefühle; Hier wäre jeder Versuch, ihn zu überzeugen, im Gegensatz zur Überzeugung, ihn zu überzeugen, eine Unverschämtheit. Andererseits wäre es eine Verschwendung von Atem, einen Mann davon zu überzeugen, dass die Schurken vertrieben werden sollten, wenn er sich nicht am Wahltag die Mühe machen würde, hinauszugehen und zu wählen; Wenn Sie seine Gefühle nicht wirksam geweckt und seine Vernunft überzeugt haben, haben Sie nichts gewonnen. Im letzteren Fall wäre Ihr Argument fast ausschließlich überzeugend, im ersteren fast ausschließlich eine Frage der Überzeugung.

Diese beiden Argumentationsseiten entsprechen zwei großen Fähigkeiten des menschlichen Geistes, Denken und Fühlen, und den beiden Arten, wie der Mensch unter der Führung von Denken und Fühlen auf Erfahrungen reagiert. Im Laufe unseres Lebens werden unsere Handlungen und unser Interesse an den Menschen und Dingen , denen wir begegnen, in erster Linie durch die spontanen Gefühlsbewegungen und in zweiter Linie, und mit zunehmendem Alter immer stärker, durch unser Denkvermögen bestimmt. Sogar der absichtlich trockenste Philosoph hat seine Vorurteile, vielleicht gegen Leistungssport oder gegen Effizienz als Haupttest für gute Staatsbürgerschaft; und nach der Kindheit hat der eigensinnigste Künstler einige allgemeine Prinzipien, die ihn auf seinem Weg leiten. Die Handlungen aller Menschen sind das Ergebnis dieser beiden Kräfte des Gefühls und der Vernunft. Da wir in den meisten Fällen, in denen wir argumentieren, darauf abzielen, das Handeln zu beeinflussen, müssen wir beide Kräfte als mögliche Mittel zu unserem Zweck im Auge behalten.

3. Argument weder Streitigkeit noch Streit. Argumentieren ist kein Streit, noch ist es die gutmütige und gesellige Auseinandersetzung, in der wir viel Zeit mit unseren Freunden verbringen. Der Unterschied besteht darin, dass wir weder durch Streitigkeit noch durch freundliche Auseinandersetzung erwarten oder beabsichtigen, irgendwohin zu gelangen. Es gibt viele politische Reden, deren einziges Ziel darin besteht, die Dinge für die andere Seite unangenehm zu machen, und einige Reden in Universitäts- oder Schuldebatten zielen lediglich darauf ab, die andere Seite zum Stolpern zu bringen; und keiner der beiden Typen trägt zur Klärung der behandelten Themen bei. Andererseits verbringen wir viele angenehme Abende damit, darüber zu streiten, ob Wissenschaft in der Bildung wichtiger ist als Literatur, oder ob es besser ist, den Sommer am Meer oder in den Bergen zu verbringen, oder ähnliche Themen, bei denen wir wissen, dass jeder mithalten kann am Ende genau dort, wo er am Anfang stand. Hier besteht unser eigentliches Ziel nicht darin, die Ansichten anderer zu ändern, sondern darin, Gedanken und Vorlieben mit jemandem auszutauschen, den wir kennen und für den wir uns interessieren. Der Zweck einer Argumentation, wie wir das

Wort hier verstehen werden, besteht darin, jemanden zu überzeugen oder zu überzeugen .

4. Argumente und das Publikum. Bei Argumenten muss man daher weit mehr als bei anderen Arten des Schreibens das Publikum unbedingt im Auge behalten. „Überzeugen" und „überzeugen" sind für unsere Zwecke aktive Verben, und in den meisten Fällen haben ihre Objekte einen wichtigen Einfluss auf ihre Bedeutung. Ein Argument zu einem bestimmten Thema, das bei einer Gruppe von Menschen überzeugende Wirkung entfaltet, eine andere Gruppe nicht berührt und möglicherweise sogar abstößt. Um ein einfaches Beispiel zu nennen: Ein Argument zur Verteidigung des gegenwärtigen Fußballspiels würde sich in Ausmaß und Ton erheblich ändern, je nachdem, ob es an Studenten, eine Fakultät oder eine Ministerkonferenz gerichtet wurde. Huxleys Argument zur Evolution (S. 233), das einem breiten Publikum vorgetragen wurde, enthält mehr Illustrationen und ist in der Argumentation weniger komprimiert, als wenn es der American Academy of Arts and Sciences vorgetragen worden wäre. Nicht nur theoretisch, sondern auch in der Praxis müssen Argumente in Form und Inhalt je nach Zielgruppe, an die sie gerichtet sind, variieren. Ein ins Leere geschossener Streit wird wahrscheinlich nicht viel zum Scheitern bringen.

5. Gewinnbringende Themen für Argumente. Um beim Üben des Schreibens von Argumenten die besten Ergebnisse zu erzielen, müssen Sie Ihre Themen sorgfältig und scharfsinnig auswählen. Einige Fächerklassen sind von geringem Wert. Fragen, die von Natur aus auf Geschmacks- oder Temperamentsunterschieden beruhen, können niemals zu einer Entscheidung gebracht werden. Über die Frage, ob ein Spiel besser ist als ein anderes – zum Beispiel Fußball besser als Baseball – lässt sich nicht streiten, denn am Ende beschließt die eine Seite zu sagen: „Aber mir gefällt Baseball am besten", und man bleibt dabei. Eng verwandt ist die Frage: War Alexander Pope ein Dichter? denn im Wort „Dichter" sind viele rein emotionale Faktoren enthalten, die eine Person berühren und eine andere nicht. Matthew Arnold unternahm einen mutigen Versuch zu beweisen, dass Wordsworth in der langen Reihe englischer Dichter an dritter Stelle stand, und sein Aufsatz ist ein bemerkenswertes Argument; Aber die bloße Aussage seiner These, dass Wordsworth „ein Gesamtwerk poetischer Werke hinterlassen hat, das an Kraft, an Interesse und an den Qualitäten, die dauerhafte Frische verleihen, dem überlegen ist, was alle anderen hinterlassen haben", zeigt die Eitelkeit des Versuchs. Um ein einziges Wort – „Interesse" – aus seinem Vorschlag zu entnehmen: Was nützt es, mit mir zu streiten, wenn Wordsworth mich zufällig langweilt, was er nicht tut, dass ich ihn interessant finden sollte? Alles, was ich tun konnte, wäre, demütig meinen Mangel einzugestehen und so fröhlich wie möglich zu Burns, Coleridge oder

Byron zu gehen. Fast alle Fragen der Kritik unterliegen der Schwierigkeit, dass es sich letztlich um Geschmacksfragen handelt. Sie oder ich waren am Anfang so geschaffen, dass die sogenannte romantische Schule oder die sogenannte klassische Schule für uns den Höhepunkt der Kunst erreicht zu haben scheint; und alle Argumente der Welt können uns in dieser Hinsicht nicht umstimmen. Über jede Frage, bei der es letztlich um Fragen des ästhetischen Geschmacks geht, lässt sich ebenso wenig streiten wie um Fragen des Gaumens.

Andere Fragen sind aufgrund der Unbestimmtheit nicht praktikabel. Solche Fragen wie „ Sollte ein praktischer Mann Gedichte lesen", „Sind Anwälte eine nützliche Klasse in der Gesellschaft", „Verfällt das amerikanische Volk"? Diese Fragen liefern hervorragendes Material für lebhafte und geistreiche Gespräche, aber niemand erwartet von ihnen, dass sie zu irgendwelchen Schlussfolgerungen führen, und das sind sie auch wertlos als Grundlage für die strenge und kraftvolle Schulung, die ein Argument bieten sollte. Es gibt viele Fragen dieser Art, die sich hervorragend für den freundschaftlichen Streit eignen, der einen großen Teil unseres täglichen Lebens mit unseren Freunden ausmacht, sich aber auflösen, wenn wir versuchen, sie festzunageln.

Einige Fragen, die nicht gewinnbringend diskutiert werden können, wenn sie allgemein formuliert werden, werden praktikabler, wenn sie auf eine bestimmte Klasse oder eine einzelne Person angewendet werden. Fragen wie „ Ist es besser, eine kleine oder eine große Hochschule zu besuchen", „Ist es besser, auf dem Land oder in der Stadt zu leben", „Ist es klug, in die Landwirtschaft zu gehen" führen in dieser allgemeinen Form alle zu nichts . Aber wenn sie auf eine einzelne Person angewendet werden, ändern sie ihren Charakter: In dieser spezifischen Form sind sie nicht nur diskutierbar, sondern sie werden ständig mit direkten und praktischen Ergebnissen argumentiert und können sogar für eine kleine und genau definierte Gruppe von Personen liefern Gutes Material für eine formelle Argumentation. Beispielsweise liefert die Frage „Ist es für einen Jungen mit guten intellektuellen Fähigkeiten und der Fähigkeit, Freunde zu finden, der in einer kleinen Landstadt lebt, besser, auf eine kleine oder eine große Hochschule zu gehen?" mäßig guten Stoff für eine Auseinandersetzung jeder Seite; obwohl auch hier die einschränkenden Formulierungen nicht allzu eindeutig sind. In einer Debatte über ein solches Thema kann es leicht passieren, dass beide Seiten aneinander vorbeigehen, ohne jemals zu einem direkten Thema zu kommen, da die Begriffe unterschiedlich verstanden werden. Im Großen und Ganzen erscheint es klüger, bei solchen Fragen kein Risiko einzugehen, sondern eine Auswahl zu treffen, die Ihnen zweifellos die Ausbildung bietet, die Sie suchen.

Grob gesagt lassen sich Argumentationsthemen, die mit Sicherheit gewinnbringend sind, in drei Klassen einteilen: (1) solche, deren Material aus persönlicher Erfahrung stammt; (2) diejenigen, für die das Material durch Lektüre bereitgestellt wird; und (3) diejenigen, die die ersten beiden kombinieren. Von diesen sind zweifellos die letztgenannten die profitabelsten. Als Beispiel für die erste Klasse können wir die Frage nehmen: „ Sollte interschulische Leichtathletik in der Schule aufrechterhalten werden?" Dies ist eine Frage, bei der einige Eltern und Lehrer jedenfalls mit den meisten Jungen nicht einverstanden sind und die auf die eine oder andere Weise geklärt werden muss. Das Material für die Diskussion muss aus dem persönlichen Wissen derjenigen stammen, die die Argumente vorbringen, untermauert durch die Informationen und Meinungen, die sie von Lehrern und Stadtbewohnern sammeln können. In Kapitel II werden wir uns mit möglichen Quellen für Material für diese und andere Argumente befassen. Es gibt viel zu sagen über die Praxis, die man bei der Suche nach sachdienlichem Material für Argumente dieser Art gewonnen hat; aber sie neigen dazu, in unversöhnliche Meinungsverschiedenheiten zu geraten, bei denen ein Argument keinen praktischen Wert hat.

Die zweite Klasse von Fächern, bei denen der Stoff vollständig aus der Lektüre stammt, kommt in interkollegialen und interschulischen Debatten am häufigsten vor. Sollten die US-Armee-Kantine wiederhergestellt werden, sollten die Chinesen von den Philippinen ausgeschlossen werden, sollten die Vereinigten Staaten einen Paketposten einrichten – all das sind Themen, mit denen der normale Schüler in der Oberschule oder am College kaum persönliche Bekanntschaft machen kann. Die Quellen für Argumente zu solchen Themen finden sich in Büchern, Zeitschriften und offiziellen Berichten. Der Nutzen, den Sie aus Argumenten zu solchen Themen ziehen können, liegt vor allem darin, dass Sie herausfinden, wie man Material nachschlägt. Die Schwierigkeit bei ihnen liegt in ihrer Größe und ihrer Komplexität. Wenn man bedenkt, dass eine Kolumne einer gewöhnlichen Zeitung etwa fünfzehnhundert Wörter enthält und dass ein Leitartikel wie auf Seite 268, der 3800 Wörter lang ist, in diesen Tagen der Eile leicht abstoßend wirkt, weil Aufgrund seiner Länge und der Tatsache , dass ein Thema mit fünfzehnhundert Wörtern für den Durchschnittsstudenten ein gewichtiges Unterfangen zu sein scheint, wird die Natur dieser Schwierigkeit deutlich. Mit anderen Worten: Reden über öffentliche Themen von großer Bedeutung dauern in der Regel mindestens eine Stunde, nicht selten auch länger, und in einer Stunde spricht man leicht sechs- oder siebentausend Wörter, so dass fünfzehnhundert Wörter kein Wort füllen würden fünfzehnminütige Rede. Dieser Schwierigkeit wird bei Debatten durch die längere vorgesehene Zeit begegnet, denn normalerweise hat jede Seite eine Stunde Zeit; aber selbst dann kann man nicht den Anspruch auf eine gründliche Behandlung erheben. Die gewöhnliche schriftliche

Argumentation eines Schülers in der Schule oder am College kann daher bei großen öffentlichen Fragen nur sehr wenig ausrichten. Die Gefahr besteht darin, dass eine kurze Auseinandersetzung über eine große Frage dazu führen kann, dass ein einfacher Inhalt mit einer oberflächlichen und papageienartigen Diskussion des Themas einhergeht. Diskussionen über große und abstrakte Prinzipien sind notwendig, aber man überlässt sie am besten der Zeit im Leben, in der man über umfassende und intime Kenntnisse der gesamten Masse der betreffenden Fakten verfügt.

Bei weitem die beste Art von Thema ist, wie gesagt wurde, eines, das eine gewisse persönliche Bekanntschaft mit den Fakten und die Möglichkeit einer Materialrecherche verbindet. Viele solcher Themen können in größeren Bildungsfragen gefunden werden, wenn man sie auf die eigene Schule oder Hochschule anwendet. Sollte das Wahlsystem am Harvard College beibehalten werden, sollte die University of Illinois Latein für den AB-Abschluss verlangen, sollten Burschenschaften in der High School abgeschafft werden, sollte manuelle Ausbildung in der High School eingeführt werden, sind alles Fragen dieser Art. Am Ende dieses Abschnitts finden Sie eine kurze Liste ähnlicher Fragen, von der wir hoffen, dass sie Ihnen Anregungen gibt. Zur Erörterung dieser Fragen finden Sie umfangreiches gedrucktes Material in Bildungs- und anderen Zeitschriften, in Berichten von Präsidenten von Hochschulen und Schulausschüssen und an anderen Stellen, die Ihnen die Möglichkeit geben, Fakten und Meinungen aufzuspüren und ihren Wert abzuwägen. Gleichzeitig wird Ihr Urteilsvermögen geschult, wenn Sie die Theorien und Meinungen, die Sie in diesen Quellen finden, auf die örtlichen Gegebenheiten anwenden. Darüber hinaus werden Sie durch solche Fragen geübt, Material sozusagen im Rohzustand zu erhalten, indem Sie statistische Tabellen aus Katalogen erstellen, Fakten durch persönliche Interviews erhalten und auf andere Weise, die in Kapitel II behandelt werden. Schließlich ist es wahrscheinlicher, dass solche Fächer einen Umfang haben, den Sie in dem Raum und der Zeit, die einem durchschnittlichen Schüler zur Verfügung stehen, auf den Punkt bringen können, und sie können einen unmittelbaren und praktischen Effekt bei der Bestimmung einer Frage haben, in der sich Ihre eigene Schule befindet oder das College hat Interesse. Argumente zu solchen Themen sind daher weniger wahrscheinlich „wissenschaftliche" Diskussionen in dem Sinne, dass sie keinen Bezug zu realen Bedingungen haben. Wenn an jeder Hochschule und Schule ständig über zahlreiche solcher Themen debattiert wird, scheint es keinen Grund zu geben, weiter zu gehen und schlechter abzuschneiden .

Die Hauptsache ist, ein Thema zu finden, das Sie zu den Fakten zurückführt und in dem Sie Ihre eigene Argumentation überprüfen können.

6. Themenvorschläge für die Praxis . Viele der Themen in der folgenden Liste müssen angepasst werden, um sie an die örtlichen Gegebenheiten anzupassen. und diese werden zweifellos auf viele andere ähnlicher Art hinweisen. Weitere Themen von unmittelbarem und lokalem Interesse können den aktuellen Zeitungen entnommen werden; und die größeren, immerwährenden Themen wie das Verbot, das Frauenwahlrecht und die Einwanderungsgesetze stehen jederzeit denjenigen zur Verfügung, die die Zeit und den Mut haben, den damit verbundenen Umfang an Lektüre zu bewältigen. Die Unterscheidung zwischen einem *Thema* und dem zu argumentierenden *Satz wird in Kapitel II vorgenommen.*

VORSCHLÄGE FÜR THEMEN DER ARGUMENTE

AN DIE ÖRTLICHEN UND GEGENWÄRTIGEN BEDINGUNGEN ANGEPASST WERDEN

1. Die Zulassung zu diesem College sollte nur durch Prüfung erfolgen.

2. Die Zugangsvoraussetzungen für dieses College legen einen guten Standard für einen öffentlichen High-School-Kurs fest.

3. Die Zulassung zu diesem College sollte durch eine Bescheinigung der Schule des Kandidaten erfolgen, wie sie derzeit am College akzeptiert wird.

4. Die Standards für die Zulassung zu diesem College oder der State University sollten erhöht werden.

5. Der Standard für den Abschluss dieser Hochschule sollte erhöht werden.

6. Die Teilnahme an Kapellenübungen sollte freiwillig sein.

7. Die Zahl der Studierenden an dieser Hochschule sollte durch eine Anhebung der Zulassungskriterien begrenzt werden.

8. Lesekenntnisse in Französisch oder Deutsch, die durch eine mündliche Prüfung geprüft werden, sollten die derzeitigen Zulassungsvoraussetzungen für diese Sprachen ersetzen.

9. Für die Aufnahmeprüfung in englischer Sprache sollte keine Bücherliste vorgeschrieben werden.

10. Studienanfänger sollten verpflichtet sein, bis elf Uhr abends innerhalb der Grenzen zu sein.

11. Studienanfänger sollten nicht in Hochschulgesellschaften gewählt werden.

12. Studierende, die in ihrem Studium hervorragende Leistungen erbracht haben, sollten in Bezug auf Anwesenheit und Beurlaubung wie Doktoranden behandelt werden.

13. Es sollten Vereinbarungen getroffen werden, nach denen die Arbeit an Hochschularbeiten auf den Abschluss angerechnet werden soll.

14. Das Ehrensystem bei Prüfungen sollte an dieser Hochschule eingeführt werden.

15. Der Studiengang an dieser Hochschule sollte ausschließlich als Wahlfach angeboten werden.

16. Die Koedukation sollte an dieser Hochschule aufrechterhalten werden.

17. Geheimbünde sollten in der High School verboten sein.

18. Der Wirtschaftskurs in der High School sollte aufgegeben werden.

19. In der Schule (oder in diesem College) sollte eine obligatorische militärische Ausbildung eingeführt werden.

20. Griechisch sollte in der Schule aufgegeben werden.

21. Alle Schüler einer Schule, ob im Wirtschaftskurs oder nicht, sollten verpflichtet werden, Latein zu lernen.

22. Der Leichtathletiksport hat sich nachteilig auf das Studium derjenigen ausgewirkt, die daran teilgenommen haben.

23.—— Die Schule sollte nur mit zwei anderen Schulen an Sportwettkämpfen teilnehmen.

24. Der Schulausschuss in – sollte auf fünf Mitglieder reduziert werden.

25. Der Schulausschuss in … ist derzeit zu groß, um die Schulen effizient zu leiten.

26. Der Direktor der High School in … sollte direkt dem Schulausschuss und nicht dem Schulleiter unterstellt sein.

27. Diese Stadt sollte einen Betrag in Höhe von -- Millen des gesamten Steuersatzes zur Unterstützung der öffentlichen Schulen bereitstellen.

28. Die Oberschule dieser Stadt sollte jeden Tag eine einzige Unterrichtsstunde statt zwei haben.

29. Diese Stadt sollte das derzeitige System durch Kommissionsregierung nach dem allgemeinen Modell der Regierung in Des Moines, Iowa, ersetzen.

30. Die Kommissionsform der Regierung hat ihre Überlegenheit gegenüber der Regierung mit einem Bürgermeister und zwei gesetzgebenden Gremien bewiesen.

31. Diese Stadt sollte ihre Gemeindebeamten durch Vorzugswahl wählen.

32. Diese Stadt sollte Spielplätze in den überfüllten Teilen der Stadt einrichten, insbesondere in den Bezirken – und –.

33. Jungen sollte es erlaubt sein, auf wenig frequentierten Straßen Ball zu spielen.

34. Diese Stadt sollte jedes Jahr einen Steuersatz für den Bau dauerhafter Straßen festlegen.

35. Die Gesetze und Vorschriften zur Kontrolle und zum Verkauf von Milch sollten strenger gestaltet werden.

36. Diese Stadt sollte das Wasserwerk kaufen und betreiben.

37. Diese Stadt sollte zukünftige Erweiterungen des Straßenbahnsystems bauen und diese an den Meistbietenden verpachten.

38. Diese Stadt sollte das Straßenbahnsystem kaufen und betreiben.

38. Die Straßenbahngesellschaft dieser Stadt sollte verpflichtet sein, alle Straßen, durch die sie verläuft, zu pflastern und zu pflegen.

40. Der Bürgermeister sollte einen Ausschuss aus Geschäftsleuten ernennen, der Verhandlungen über die Ansiedlung neuer Industrien in der Stadt führt.

41. Diese Stadt sollte städtische Turnhallen errichten.

42. Diese Stadt würde von der Konsolidierung der beiden Straßenbahnsysteme profitieren.

43. Dieser Staat sollte ein ähnliches Wahlgesetz wie Massachusetts verabschieden.

44. Dieser Staat sollte die „kurze Abstimmung" einführen.

45. Dieser Staat sollte Waldflächen nach dem Produkt und nicht nach dem geschätzten Wert der Fläche besteuern.

46. Die aktuellen Fußballregeln sind zufriedenstellend.

47. Diese Hochschule sollte „Fußball" zu einer ihrer Hauptsportarten machen.

48. Unnötiges Reden der Spieler sollte bei Baseballspielen verboten sein.

49. Beim Baseball sollte das Coaching von der Seitenlinie aus verboten sein.

50. „Sommerbaseball" sollte als Verletzung des Amateurstatus angesehen werden.

51. Es sollte ein interkollegialer Absolventenausschuss gebildet werden, der befugt ist, Hochschulsportler von technischen und geringfügigen Verstößen gegen die Amateurregeln freizustellen.

52. Diese Hochschule sollte sich bemühen, zur Amateurtrainerausbildung zurückzukehren, indem sie entsprechende Vereinbarungen mit ihren Hauptkonkurrenten vorschlägt.

53. Diese Universität sollte Studenten mit Abschlüssen anderer Institutionen nicht erlauben, in ihren Sportmannschaften zu spielen.

54. Die Manager der wichtigsten Sportmannschaften dieser Hochschule sollten von der Gesamtheit der Studenten gewählt werden.

55. Die Ausgaben der Sportmannschaften dieser Hochschule sollten erheblich gesenkt werden.

7. Die zwei Arten von Argumenten. Da Sie sich für das Thema entschieden haben, über das Sie streiten möchten, ist es ratsam, sich mit dem Streitprozess auseinanderzusetzen. Ein großer Teil der guten Ergebnisse, die Sie durch das Üben beim Verfassen von Argumenten erzielen werden, ist die Stärkung Ihrer Fähigkeit zum genauen und scharfen Denken; Deshalb werde ich in den folgenden Abschnitten versuchen, etwas unter die Oberfläche des Prozesses zu gehen und zu sehen, was jede bestimmte Art von Argumentation bezweckt und wie sie ihr Ziel erreicht, indem sie sich auf besondere Fähigkeiten und Interessen des Geistes beruft. Ich werde auch kurz auf die größeren Zusammenhänge einiger gebräuchlicherer und wichtigerer Arten von Argumenten eingehen, wie sie dem Durchschnittsbürger im täglichen Leben begegnen.

Wir können Argumente grob in zwei Klassen einteilen, je nachdem, ob die von ihnen vertretene Aussage die Form „Das ist wahr" oder die Form „Das sollte getan werden" annimmt. Die ersteren werden wir der Kürze halber als Tatsachenargumente bezeichnen, die letzteren als politische Argumente. Von den beiden Klassen richtet sich die erstere hauptsächlich an die Vernunft, die Fähigkeit, mit der wir die Tatsachen des Universums (ob klein oder groß) so ordnen, wie sie zu uns kommen, und sie so verständlich machen. Sie glauben, dass der Mann, der Ihren Hund gegen eine Belohnung zurückgebracht hat, den Hund gestohlen hat, weil diese Ansicht am besten zu den Fakten passt, die Sie über ihn und das Verschwinden des Hundes wissen; Wir akzeptieren die Evolutionstheorie, weil sie, wie Huxley zu Beginn seines Aufsatzes betont (siehe S. 233, 235), einen Platz für alle Fakten bietet, die über die Welt der Pflanzen und Tiere und deren Entstehung gesammelt wurden Alles ein konsistentes und harmonisches System. In Kapitel III kommen wir zu einer weiteren Betrachtung der Arbeitsweise dieser Fakultät, soweit sie sich auf die Argumentation auswirkt.

Andererseits berufen sich politische Argumente, die darlegen, was getan werden sollte, hauptsächlich auf die moralischen, praktischen oder ästhetischen Interessen des Publikums. Diese Interessen haben ihre letzten

Wurzeln in der tief verwurzelten Masse angeborener temperamentvoller Motive und Kräfte, die hier in dem bequemerweise vagen Begriff „Gefühl" zusammengefasst werden können. Wie man bemerken wird, liegen diese Motive und Kräfte außerhalb des Bereichs der Vernunft und widersetzen sich ihr im Wesentlichen. Wenn Sie argumentieren, dass es „richtig" ist, dass reiche Männer die Schulen und Hochschulen dieses Landes stiften, ist es Ihnen unmöglich, im Detail zu erklären, was Sie mit „richtig" meinen; Ihr Glaube entspringt teils ererbten, teils von der Atmosphäre des Landes angezogenen Gefühlen, die Sie Ihrer Behauptung positiv gegenüberstehen, selbst wenn Sie am wenigsten Gründe dafür nennen können. Unsere praktischen Interessen drehen sich also letztendlich darum, was wir wollen und was nicht, und werden daher von unserem Temperament und unserem Geschmack geprägt, die offensichtlich Gefühlssache sind. Unsere ästhetischen Interessen, zu denen unsere Vorlieben in allen Bereichen der Kunst und Literatur sowie in schönen oder hässlichen Dingen des täglichen Lebens gehören, gehen umso offensichtlicher auf das Gefühl zurück. Nun ist im praktischen Leben unser Wille, etwas zu tun, latent, bis ein Teil dieses großen Gefühlskörpers bewegt wird; Daher dürfen politische Argumente, die zeigen sollen, dass etwas getan werden sollte, das Gefühl nicht außer Acht lassen. Sie werden mich vielleicht nie so gründlich davon überzeugen, dass ich für die Republikaner oder die Demokraten stimmen sollte, und doch werde ich am Wahltag still sitzen, wenn Sie meine Gefühle für moralisches Recht oder praktische Zweckmäßigkeit nicht berühren. Die treibende Ursache des Handelns ist das Gefühl, obwohl das Gefühl oft durch Argumentation modifiziert oder sogar transformiert wird. Wir werden in Kapitel V auf die Natur des Gefühls zurückkommen, wenn wir uns mit dem Thema Überzeugung befassen.

Ein wichtiger praktischer Unterschied zwischen Tatsachenargumenten und politischen Argumenten liegt in der unterschiedlichen Form und dem Grad der Gewissheit, zu der sie führen. Am Ende einer Tatsachenbehauptung kann man sagen, wenn genügend Beweise vorliegen: „Das ist unbestreitbar wahr." In diesen Argumenten können wir das Wort „Beweis" im engeren Sinne verwenden. Bei politischen Argumenten hingegen, bei denen es sich lohnt, über die Frage zu diskutieren, wissen wir in vielen Fällen, dass es am Ende Männer geben wird, die so klug und aufrichtig sind wie wir, die weiterhin anderer Meinung sein werden. In solchen Fällen ist es offensichtlich, dass wir das Wort „Beweis" nur locker verwenden können; und wir sprechen eher von Recht oder Zweckmäßigkeit als von Wahrheit. Es lohnt sich, diese Unterscheidung im Hinterkopf zu behalten, denn sie führt zu Nüchternheit und einer scheinbaren Bescheidenheit in Kontroversen. Nur in der Friseursalon-Politik und in Debattierklubs im zweiten Studienjahr nimmt die Entscheidung über eine politische Frage ihren Platz unter den ewigen Wahrheiten ein.

Nachdem wir diese Unterscheidungen vorgenommen haben, wollen wir nun einige der Hauptvarianten dieser beiden Klassen von Argumenten betrachten und uns nur mit denen befassen, die jeder von uns in den praktischen Angelegenheiten des Lebens kennenlernt. Es wird offensichtlich sein, dass die Unterteilungen zwischen diesen nicht festgelegt sind und dass sie bei weitem nicht die volle Zahl der Sorten erschöpfen.

8. Tatsachenargumente. Zu den häufigsten und wichtigsten Arten von Tatsachenargumenten gehören jene, die vor Geschworenen vor Gericht vorgebracht werden. Es ist ein Grundprinzip des Gewohnheitsrechts, nach dem wir leben, dass Tatsachenfragen von zwölf Männern entschieden werden, die per Los aus der Gemeinschaft ausgewählt werden, und dass Rechtsfragen, die auf diese Tatsachen anzuwenden sind, von den Richtern entschieden werden. Dementsprechend sind in Strafprozessen der Sachverhalt der Tat sowie die Handlungen und der Aufenthaltsort des Angeklagten Gegenstand der Auseinandersetzung des Anwalts. Wenn der Gefangene versucht, sich ein Alibi zu verschaffen, und die Beweise dürftig oder widersprüchlich sind, müssen sowohl sein Anwalt als auch der Staatsanwalt vor der Jury Argumente zur wahren Bedeutung der Beweise vorbringen. Auch in Zivilsachen werden alle strittigen Tatsachenfragen in der Regel einem Geschworenengericht vorgelegt und sind Gegenstand der Auseinandersetzung der gegnerischen Anwälte. Hat der Beklagte für die Waren, die er dem Kläger verkauft hat, eine Garantie übernommen? Wurde auf den Erblasser unzulässiger Einfluss ausgeübt? Ist der Unfall auf Fahrlässigkeit der Bahnbeamten zurückzuführen? In solchen Fällen und den zahllosen anderen Fällen, die die Listen der unteren Gerichte überfüllen, müssen Tatsachenbehauptungen vorgebracht werden.

Weitere gebräuchliche Tatsachenargumente sind solche in historischen Fragen, sei es in der neueren oder in der antiken Geschichte. Macaulays bewundernswertes Grundargument (S. 155), dass Philip Francis die *Junius-Briefe geschrieben* habe, die die englische Regierung über die Zeit der Amerikanischen Revolution so sehr erzürnten, ist ein Beispiel für ein Argument dieser Art; Ein anderer Teil von Lincolns Ansprache am Cooper Institute befasst sich mit den Ansichten der Gründerväter der Nation zum Thema der Kontrolle der Sklaverei in den Territorien. Eine andere Tatsachenfrage ist die Frage, die vor einigen Jahren die klassischen Archäologen beschäftigte, ob das griechische Theater eine erhöhte Bühne hatte oder nicht. In all diesen Fällen handelt es sich um Tatsachen, die zu einem bestimmten Zeitpunkt jedenfalls absolut hätten geklärt werden können. Der Grund, warum eine Auseinandersetzung über sie notwendig wird, liegt darin, dass die Beweise, die die Fragen endgültig klären könnten, bei den Personen, die sie besaßen, verschwunden sind oder mit der Zeit verschwunden sind. Studierende der Geschichte und Literatur müssen sich mit vielen solchen Sachfragen auseinandersetzen.

Eine etwas andere Art von Tatsachenfrage, die oft äußerst schwer zu klären ist, betrifft nicht eine einzelne, unkomplizierte Tatsache, sondern einen umfassenden Sachverhalt. Beispiele für solche Fragen sind, ob das Frauenwahlrecht die politischen Bedingungen in Colorado und anderen Bundesstaaten verbessert hat, ob die Einführung der handwerklichen Ausbildung an einer bestimmten High School die Intelligenz und Dienstbereitschaft ihrer Absolventen verbessert hat und ob die politische Korruption in amerikanischen Städten abnimmt. Die Schwierigkeit, mit der eine Argumentation in solchen Fällen konfrontiert ist, besteht nicht darin, dass die Beweise verloren gehen, sondern vielmehr darin, dass sie aus einer Vielzahl kleiner Tatsachen bestehen und dass die Auswahl dieser Details in einzigartiger Weise der Voreingenommenheit und dem parteiischen Gefühl unterliegt. Diese Fragen eines allgemeinen Sachverhalts ähneln insofern politischen Fragen, als ihre Lösung letztendlich weitgehend von temperamentvollen und praktischen Vorurteilen abhängt.

Eine weitere und sehr wichtige Art von Tatsachenargumenten, die oft praktischerweise als Theorieargumente beschrieben werden, umfasst große wissenschaftliche Fragen, wie zum Beispiel den Ursprung unserer heutigen Pflanzen- und Tierarten oder die letztendliche Beschaffenheit der Materie. oder die Ursache von Gelbfieber. Bei solchen Argumenten gehen wir von vielen Tatsachen aus, die wir bereits durch Beobachtung und Experiment gewonnen haben und die die Annahme einer oder mehrerer anderer Tatsachen erfordern, die wir durch Überlegungen anderer gewonnen haben, damit sie zu einem kohärenten und verständlichen System zusammenpassen. Jede wichtige neue Entdeckung in der Wissenschaft bringt notwendige Argumente dieser Art mit sich. Als die winzigen Lebensformen entdeckt wurden, die der Laie unter dem Namen „Keime" zusammenfasst, gab es eine Vielzahl von Argumenten, um ihre Lebensweise und die Art und Weise zu erklären, wie einige von ihnen Krankheiten verursachen und andere nützliche Funktionen für die Menschheit ausüben. Ein bemerkenswertes Beispiel für die Argumente bezüglich dieser Art von Tatsachen ist das auf Seite 251 bezüglich der Ursache von Gelbfieber; und ein anderes ist Huxleys Argument zur Evolution (S. 233), wo er darauf hinweist, dass „die Frage eine Frage historischer Tatsachen ist". Das Element der Unsicherheit bei der Lösung solcher Fragen ist darauf zurückzuführen, dass die Fakten für die menschliche Beobachtung zu umfangreich oder zu klein sind oder dass sie sich über lange Zeiträume erstrecken, so dass wir uns eher mit überwältigender Wahrscheinlichkeit als mit absoluten Beweisen zufrieden geben müssen. Darüber hinaus müssen die in Argumenten dieser Art aufgestellten Tatsachen möglicherweise durch neue Entdeckungen modifiziert werden: Viele Generationen lang galt es als Tatsache, dass Malaria durch ein Miasma verursacht wurde; Jetzt wissen wir, dass es durch einen Keim verursacht wird, der von Mücken übertragen wird. Argumente dieser Art durchlaufen in der Regel einen merkwürdigen Kreislauf: Sie beginnen ihr Leben als Argumente, die als solche anerkannt werden; Wenn sie dann zur akzeptierten Erklärung der bekannten Tatsachen werden, erblühen sie für längere oder kürzere Zeit als Aussagen der Wahrheit; und dann, wenn neue Fakten aufgedeckt werden, zerfallen sie oder verwandeln sich in neue und umfassendere Theorien. Darwins große Theorie über die Entstehung der Arten hat zwei dieser Phasen durchlaufen. Er bezeichnete es als ein Argument, und einige Jahre lang wurde es mit heftigen Gegenargumenten angegriffen; Wir halten es jetzt für eine meisterhafte Erklärung einer enormen Menge an Fakten. Wann es zur nächsten Stufe übergehen wird, können wir nicht vorhersehen; Aber Chemiker und Physiker weisen düster auf die Möglichkeit der Evolution sowohl anorganischer als auch organischer Substanzen hin.

Es ist zu bemerken, dass es in Tatsachenbehauptungen nur wenig oder gar kein Element der Überzeugung gibt, denn wir regeln solche Angelegenheiten fast ausschließlich durch unseren Verstand und unsere Vernunft. Huxley achtete in seiner Argumentation zur Evolution, die sich an ein breites Publikum richtete, sorgfältig darauf, vertraute Beispiele auszuwählen; aber seine Behandlung des Themas hatte einen streng darlegenden Ton. In einigen Argumenten dieser Art, die die großen Kräfte des Universums und die Natur der Welt des Lebens berühren, von der wir ein verschwindend kleiner Teil sind, wird der Ton der Rede Wärme und Beredsamkeit annehmen; So wie Webster im White Murder Case, in dem es um Leben und Tod ging, die natürliche Beredsamkeit, die immer in seiner Rede schwelte, zu einem klaren Glanz verbrennen ließ. Aber sowohl Huxley als auch Webster hätten jeden einstudierten Appell an Emotionen für eine Unverschämtheit gehalten.

Im normalen Leben argumentieren die meisten von uns weniger sachlich als politisch. Es ist nur eine kleine Minderheit unserer jungen Männer, die Anwälte werden, und viele von ihnen praktizieren nicht vor Geschworenen. Auch wird keine große Zahl von Männern Gelehrte, Wissenschaftler oder Persönlichkeiten des öffentlichen Lebens werden, die sich mit Fragen historischer Fakten befassen oder Faktenargumente zu großen Sachverhalten vorbringen müssen. Andererseits müssen wir alle die Tatsachenargumente ziemlich ständig abwägen und bewerten. Früher oder später sitzen die meisten Männer in Geschworenen; und alle Studierenden müssen historische und ökonomische Argumente lesen. Wir werden daher in Kapitel III etwas Raum für die Betrachtung der Denkprinzipien einräumen, anhand derer wir zu Schlussfolgerungen über die Existenz von Tatsachen und die Richtigkeit von Behauptungen darüber gelangen und diese prüfen.

9. Argumente der Politik. Wenn wir uns von sachlichen Argumenten zu politischen Argumenten wenden, wird uns auffallen, dass sich die Ausdrucksweise, die wir verwenden, verändert hat: Wir sagen nicht mehr, dass die Behauptungen, die wir vertreten oder denen wir begegnen, wahr oder unwahr sind, sondern dass die Vorschläge richtig sind oder zweckmäßig oder falsch oder unzweckmäßig; Im Moment reden wir darüber, was getan werden sollte und was nicht. Wir sagen natürlich und richtig, dass es wahr ist oder nicht, dass das Frauenwahlrecht die politischen Bedingungen in Colorado verbessert hat, aber es wäre ein Wortmissbrauch zu sagen, dass es wahr ist oder nicht, dass das Frauenwahlrecht in Ohio eingeführt werden sollte; und noch mehr, das Wort „falsch" zu verwenden, das einen untrennbaren Anflug von moralischer Schrägheit hat. Bei Fragen der Politik, bei denen es um Zweckmäßigkeit geht, und bei einigen, wie wir direkt sehen werden, bei denen es um moralische Fragen geht, wissen wir im Voraus, dass es am Ende einige Männer gibt, die sich in der Materie so gut auskennen wie wir und deren Urteilsvermögen ebenso gut ist deren Ansprüche genauso hoch sind, werden immer noch anderer Meinung sein. Es gibt bestimmte große Temperamentslinien, die die Menschheit schon immer gespalten haben: Manche Menschen werden mit einer konservativen Gesinnung geboren, andere mit einer radikalen Gesinnung: Erstere müssen die Dinge unbedingt so finden, wie sie im Großen und Ganzen gut sind, letztere müssen unbedingt erkennen, wie sie verbessert werden können. Für das wissenschaftliche Temperament ist das künstlerische Temperament instabil und irrational, während ersteres trocken und ungroßzügig gegenüber letzterem ist. Solche breiten und anerkannten Typen verzweigen sich zusammen mit einigen anderen wie ihnen in eine Vielzahl kurzlebiger Parteien und Klassen — rassisch, politisch, sozial, literarisch, wissenschaftlich — und die meisten Argumente in der Welt lassen sich auf diese wesentlichen Punkte zurückführen und unauflösbare Unterschiede im Charakter. Einzelne praktische Fragen überschreiten jedoch immer wieder diese Grenzen, und in solchen Fällen haben Argumente große praktische Auswirkungen auf die Herausbildung von Meinungen und Urteilen; Denn in einem komplizierten Fall ist es oft äußerst schwierig, die tatsächliche Tragweite einer vorgeschlagenen Politik zu erkennen, und ein gutes Argument kommt von den Göttern als Wegweiser für die Verwunderten und Unentschlossenen. Aber um in praktischen Angelegenheiten effektiv zu sein, muss man zwar positiv sein, doch das bedeutet nicht, dass man glauben muss, dass die andere Seite Narren oder Schurken sind. Eine solche Gedankenverwirrung in den Köpfen einiger bedeutender und unbekannter Reformatoren ist der Grund für die Verbitterung, die oft mit dem Fortschritt der Reform einhergeht. Bescheidenheit und Toleranz sind für den Mann, der in der Welt ein Zeichen setzen soll, ebenso wichtig wie eine positive Einstellung.

Die politischen Argumente sind von unendlicher Vielfalt, denn wir alle bringen sie ständig vor, von der Morgenstunde, in der wir oft erfolglos mit uns selbst streiten, dass wir eigentlich aufstehen sollten, wenn die Uhr schlägt, bis hin zu den Argumenten über die Berufswahl oder die Hilfe bei der Gründung einer Bewegung für den universellen Frieden. Es wäre eine Ermüdung für das Fleisch, eine Klassifizierung zu versuchen, die den Anspruch erschöpft, erschöpfend zu sein; Aber es gibt bestimmte Hauptgruppen menschlicher Motive, die eine gute Grundlage für eine grobe, aber praktische Sortierung der gebräuchlicheren Arten politischer Argumente darstellen. In praktischen Angelegenheiten fragen wir zunächst, ob es überhaupt einen Grundsatz von richtig oder falsch gibt, dann, was für die praktischen Interessen von uns selbst und anderen Menschen am besten ist, und in einigen Fällen, wenn diese anderen Überlegungen irrelevant sind, welcher Kurs von uns vorgegeben wird Vorstellungen von Fitness und Schönheit. Ich werde kurz einige der Haupttypen des politischen Arguments diskutieren und sie danach gruppieren, ob sie sich hauptsächlich auf das Gefühl von richtig und falsch, auf praktische Interessen oder auf ästhetische Interessen beziehen.

Außerhalb von Predigten gibt es viele Argumente, bei denen es um die Frage nach richtig und falsch geht. Auf Fragen des individuellen persönlichen Verhaltens sollten wir besser nicht eingehen; Aber jede Gemeinschaft, ob groß oder klein, muss sich oft mit Fragen auseinandersetzen, bei denen es im Wesentlichen um moralisches Richtig und Falsch geht. Hierzulande ist die gesamte Frage des Umgangs mit dem Verkauf alkoholischer Getränke als solche anerkannt. Die Befürworter des staatlichen Verbots erklären, dass es moralisch falsch sei, einen Handel zu sanktionieren, der so viel Elend mit sich bringt; Die Befürworter lokaler Optionen und hoher Lizenzen, die all dieses Elend und Verbrechen eingestehen und bekämpfen, erklären, dass es moralisch falsch ist, die Augen vor den unkontrollierten Verkäufen und der politischen Korruption unter landesweiten Verboten zu verschließen. Die stärksten Argumente für eine gesetzliche Begrenzung der Arbeitszeit von Frauen und Kindern basierten schon immer auf moralischen Grundsätzen; und alle Argumente für politische Reformen gehen auf die Zehn Gebote zurück. Die stärksten Argumente hat man, wenn man in der Frage moralisch richtig und falsch feststellen kann.

Die Schwierigkeit besteht darin, richtig und falsch festzustellen, denn es gibt viele Fälle, in denen gleich gute Menschen erbittert gegeneinander kämpfen. Die Frage des Verbots ist, wie wir gerade gesehen haben, einer dieser Fälle; Die Frage der Sklaverei war noch aufschlussreicher. Schon vor der Revolution verbreitete sich im Norden langsam, aber stetig das Gefühl, dass die Sklaverei moralisch falsch sei, bis es ab 1850 immer mehr zu einer vorherrschenden und leidenschaftlichen Überzeugung wurde. ⌐Doch im

Süden, wo, wie wir jetzt zugeben müssen, ebenso viele Männer und Frauen mit hoher Anhängerschaft der Rechten hervorkamen, fand diese Ansicht nur vereinzelte Anhänger. Auf beiden Seiten prägten Tradition und Umwelt das moralische Prinzip. Beim Argumentieren darf man daher nicht zu schnell vorgehen und den Himmel als Zeugen für die Rechte anrufen; Wir müssen erkennen, dass die Vision der Sterblichen schwach ist und dass einige der Menschen, gegen die wir kämpfen, von Prinzipien getragen werden, die genauso aufrichtig für gerecht gehalten werden wie unsere eigenen.

Dennoch muss ein Mann immer an dem festhalten, was ihm richtig erscheint, und hart gegen das Falsche kämpfen, tolerant und mit Nächstenliebe, aber mit ungetrübter Zielstrebigkeit. In der Politik gibt es in diesem Land immer noch viele Fälle, in denen das einzig mögliche Argument auf dem moralischen Recht beruht. Die Ausschweifung öffentlicher Bediensteter durch Gefälligkeiten oder Bestechungsgelder, ob offen oder indirekt, Ungerechtigkeit aller Art, die Übernahme geistig oder moralisch unfähiger Männer in öffentliche Ämter, die Unterdrückung der Armen oder die ungerechtfertigte Ausblutung der Reichen, das Schüren von Klassen- oder Rassenhass, sind alles Übel, vor denen gute Bürger helfen müssen, um die Republik zu retten; und wo solche Übel gefunden werden, ist das moralische Argument das einzige Argument, das eines anständigen Bürgers würdig ist.

Die weitaus zahlreichsten politischen Argumente sind jedoch diejenigen, die nicht über die Ebene praktischer Interessen hinausgehen. Die Grenze zwischen diesen und Argumenten des moralischen Rechts ist nicht immer leicht zu ziehen, denn im Gewirr von Leben und Charakter gehen Recht und Vorteil oft Hand in Hand. Die Tariffrage ist ein typisches Beispiel. In erster Linie geht es um den praktischen materiellen Vorteil einer Nation; Aber bei der Festlegung individueller Zeitpläne öffnet sich unweigerlich der Weg für eine Branche oder einen Geschäftszweig, auf Kosten einer anderen zu wachsen, und so stoßen wir auf die Frage nach dem fairen Deal und der goldenen Regel.

Im Allgemeinen sind die großen Fragen, über die sich die politischen Parteien streiten, jedoch Fragen der praktischen Zweckmäßigkeit. Werden wir uns als Nation wohler fühlen und wohlhabender sein, wenn die Befugnisse der Bundesregierung gestärkt und erweitert werden? Sollen wir eine bessere Kommunalverwaltung in der altmodischen Form der Stadtregierung oder in irgendeiner Form der Kommissionsregierung haben? Sollten wir mehr Geschäfte und profitablere Geschäfte machen, wenn wir freien Handel mit dem Dominion of Canada hätten? Werden wir unter der Republikanischen oder der Demokratischen Partei besser dran sein? All dies sind Fragen, bei denen es kaum um Richtig und Falsch geht: Sie drehen sich um die sehr praktische Frage des direkten materiellen Vorteils. In einigen dieser Fälle entscheiden sich die meisten Männer größtenteils aus langer Gewohnheit für die eine oder andere Seite. Aber es tauchen immer wieder, besonders in lokalen Angelegenheiten, Fragen auf, die die üblichen Grenzen der politischen Spaltung überschreiten, so dass man sich, freiwillig oder unfreiwillig, die Mühe machen muss, selbst eine Entscheidung zu treffen. Nicht selten ist man ziemlich verwirrt darüber, auf welcher Seite man sich positionieren soll, denn die Probleme können komplex sein; Dann liest man die Argumente oder geht zu Besprechungen, bis die eine oder andere Seite die meisten und wichtigsten Vorteile zu bieten scheint. Wenn man auf diese Weise verwirrt ist, hat ein Argument, das klar und leicht verständlich ist und dessen Argumente so dargelegt werden, dass man es sich leicht merken und an die nächste Person weitergeben kann, eine wunderbare Macht, einen zu gewinnen an seine Seite.

Die Argumente der Politik, die nach den politischen Argumenten am häufigsten vorkommen, sind jene zu Rechtsfragen. Wie wir vor ein paar Seiten gesehen haben, werden solche Argumente von den Richtern entschieden, während Sachfragen den Geschworenen überlassen bleiben. Im White Murder Case, in dem Daniel Webster ein berühmtes Argument vorbrachte, war es für die Jury eine Tatsachenfrage, ob sich der Angeklagte Knapp zum Zeitpunkt des Mordes in der Brown Street aufhielt und ob er dort war, um Beihilfe zu leisten Beihilfe zu Crowninshield, dem eigentlichen Mörder; Die Frage, ob seine Anwesenheit außerhalb des Hauses ihn als Täter des Verbrechens haftbar machen würde, war eine Rechtsfrage. Diese Unterscheidung zwischen Tatsachenfragen und Rechtsfragen ist eines der Grundprinzipien des Common Law. Von den Anfängen des Geschworenensystems, als die Geschworenen aus Nachbarn bestanden, die ihr Urteil auf der Grundlage ihrer eigenen Kenntnis des Falles fällen, bis zum heutigen Tag, wo von ihnen verlangt wird, sorgfältig ihre Gedanken von jeglicher persönlichen Kenntnis des Falles, dem Gemeinwesen, zu befreien Das Gesetz vertritt seit jeher die Auffassung, dass Tatsachenfragen auf lange Sicht am besten von Durchschnittsmenschen geklärt werden können, die durch das Los aus der Gemeinschaft ausgewählt werden. Rechtsfragen hingegen erfordern Lernen und eine besondere Schulung im juristischen Denken, denn das Gewohnheitsrecht hängt von der Kontinuität und Konsistenz der Entscheidung ab; und ein neuer Fall muss nach den Grundsätzen entschieden werden, die in der Vergangenheit für ähnliche Fälle galten.

Nichtsdestotrotz sind diese Prinzipien, die heute in einer enormen Menge von Entscheidungen von Gerichten im gesamten englischsprachigen Raum verankert sind, im Wesentlichen eine Ausarbeitung gewisser großer Prinzipien in winzigen Unterscheidungen, die ihrerseits lediglich die Verkörperung praktischer Regeln sind unter denen die angelsächsische Rasse es für das sicherste und bequemste Zusammenleben hielt. Sie legen jeweils fest, was im Hinblick auf die Interessen der Gesamtgemeinschaft und auf lange Sicht und nicht nur für die betroffenen Parteien am bequemsten und gerechtesten ist . Herr Richter Holmes vom Obersten Gerichtshof der Vereinigten Staaten schrieb vor seiner Ernennung zu diesem Richterstuhl:

„Im Wesentlichen ist das Wachstum des Gesetzes gesetzgeberisch. Und dies in einem tieferen Sinne als das, was die Gerichte immer als Gesetz bezeichnen, ist tatsächlich neu. Es ist in seinen Gründen gesetzgeberisch. Die Erwägungen, die Richter am seltensten erwähnen , und immer mit einer Entschuldigung verbunden, sind die geheimen Wurzeln, aus denen das Recht alle Säfte des Lebens schöpft. Ich meine natürlich Überlegungen darüber, was für die betroffene Gemeinschaft zweckmäßig ist. Jedes wichtige Prinzip, das durch einen Rechtsstreit entwickelt wird, ist tatsächlich und im Grunde die Ergebnis von Bewegungen oder weniger eindeutig verstandenen Ansichten über die öffentliche Ordnung; im Allgemeinen, sicherlich, unter unseren Praktiken und Traditionen, das unbewusste Ergebnis instinktiver Präferenzen und unartikulierter Überzeugungen, aber nichtsdestoweniger letztlich auf Ansichten über die öffentliche Ordnung zurückzuführen. " [2]

In einigen Fällen ist es offensichtlich, dass die Rechtsfrage eine Frage der Politik ist, wie bei den sogenannten „politischen Entscheidungen" des Obersten Gerichtshofs der Vereinigten Staaten. Dies waren die Entscheidungen des Obersten Richters Marshall zu Verfassungsfragen, die unsere Regierung zu dem gemacht haben, was sie ist. Der Unterschied zwischen der „strikten Auslegung" der Verfassung und der „freien Auslegung" beruhte auf einem unterschiedlichen Temperament, das seit jeher die beiden großen politischen Parteien des Landes kennzeichnete. So auch bei den Insular-Fällen, die den Status der entfernten Besitztümer der Vereinigten Staaten bestimmten und den Obersten Gerichtshof in so viele Teile spalteten: Die Frage, ob die Verfassung in vollem Umfang auf Porto Rico und die Philippinen anwendbar war, war im Wesentlichen eine politische Frage, wenn auch der größten Art, und daher eine Frage der Politik.

Schließlich gibt es noch die politischen Argumente, die sich mit Geschmacksfragen und ästhetischen Vorlieben befassen. Die Schwierigkeit bei diesen Argumenten besteht darin, dass sie sich mit Fragen des Geschmacks befassen und daher unter die alte und unumstößliche Maxime „ *de gustibus non est* " *fallen Disputandum* . Künstler aller Couleur und einige Kritiker neigen dazu, so zu reden, als ob Vorlieben in Bezug auf Farbe, Form und Musikstile absolut richtig und falsch seien und als ob sie in gewisser Weise an der Natur moralischer Fragen teilhaben würden; Aber jeder , der dies auch nur zwanzig Jahre lang beobachtet hat, weiß, dass das, was die Architekten von vor zwanzig Jahren als den einzig wahren Kunststil erklärten, heute von ihnen und ihren Nachfolgern als hoffnungslos falsch verspottet wird. Die höhlenartigen Formen des Byzantinischen oder Romanischen, die das ablösten

Die hölzerne Gotik ist wiederum der Renaissance-Klassik in ihren verschiedenen Formen gewichen, die nun wiederum im Begriff zu sein scheint, in die Rokoko-Klassik der École des Beaux Arts abzurutschen. In der Malerei verblasst der heftige und fleckige Impressionismus von vor zwanzig Jahren im Studium der kühlen und ruhigen Lichter der Holländer der großen Zeit. [1] Und in jeder Phase gibt es energische Argumente dafür, dass die Ideen dieser bestimmten Lebensjahre die einzige Hoffnung für die Erhaltung der betreffenden Kunst sind.

Die wesentliche Schwierigkeit bei all diesen Argumenten besteht darin, dass die ästhetischen Interessen, auf die sie sich berufen, persönlicher Natur sind und von persönlichen Vorlieben abhängen. Die meisten von uns, die über keine besonderen Kenntnisse verfügen und die Vielfalt unterschiedlicher Stile mögen, geben in solchen Angelegenheiten bescheiden der Autorität eines jeden nach, der die Kunst zum Beruf macht. Bei der Gestaltung eines Parks bevorzugt ein Landschaftsarchitekt möglicherweise einzelne Bäume und offene Flächen, während die Nachbarn und Anlieger einen Hain bevorzugen. Auf lange Sicht ist sein Geschmack nicht besser als der ihre, obwohl er vielleicht argumentiert, als wären sie unwissend und unkultiviert, weil sie nicht mit ihm übereinstimmen. In all diesen Fällen können Argumente kaum etwas bewirken, außer dass sie alle verärgern und halten, es sei denn, sie berücksichtigen die praktische Zweckmäßigkeit, etwa indem man im Sommer den Südwestwind durchweht. Ihr Hauptwert besteht darin, uns Dinge sehen zu lassen, an die wir vielleicht nicht gedacht haben.

In der Praxis werden diese drei Arten von Argumenten, die sich auf moralische, praktische und ästhetische Erwägungen beziehen, häufig stark vermischt. Der menschliche Geist ist sehr komplex und unsere verschiedenen Interessen und Vorlieben sind untrennbar miteinander verbunden. Die Verrätereien der Selbstanalyse sind sprichwörtlich und nur weniger gefährlich als der Versuch, die Motive anderer Menschen herauszufinden. Dementsprechend müssen wir damit rechnen, dass es manchmal schwierig ist, zwischen moralischen und ästhetischen Motiven und praktischen zu unterscheiden, da die Moral und der Geschmack eines bestimmten Volkes immer zum Teil aus der langsamen Kristallisation praktischer Zweckmäßigkeiten erwachsen und sich die Vorstellungen von Moral damit ändern der Fortschritt der Zivilisation.

Darüber hinaus darf man nie vergessen, dass ein politisches Argument, das sich nicht auf untergeordnete Tatsachenfragen bezieht und auf diesen beruht, selten ist; und die Tatsachenfragen müssen geklärt werden, bevor wir mit der Argumentation der Politik fortfahren können. Bevor dieses Land eine intelligente Entscheidung über den Schutzzoll treffen und darüber entscheiden kann, ob auf einen bestimmten Artikel ein bestimmter Zollsatz erhoben werden sollte, muss eine sehr komplexe Reihe von Fakten geklärt werden, die sich auf die Produktionskosten im In- und Ausland beziehen Dies kann nur von Männern geleistet werden, die in den Grundsätzen der Wirtschaft und der politischen Ökonomie bestens ausgebildet sind. Bevor jemand intelligent über die Einführung einer Kommissionsregierung in der Stadt , in der er lebt, abstimmen kann, muss er die Fakten über die Orte kennen, an denen dies bereits versucht wurde. Es ist nicht übertrieben zu sagen, dass es keine umstrittene Frage der Politik gibt, bei der nicht die Notwendigkeit besteht, relevante Fakten nachzuschlagen und zu klären.

Andererseits gibt es einige Fälle von Tatsachenfragen, bei denen unsere praktischen Interessen tiefgreifende Auswirkungen auf die Sichtweise haben, die wir über die Tatsachen haben. Bei all den Diskussionen der letzten Jahre über die bundesstaatliche Aufsicht und Kontrolle der Eisenbahnen war es aufgrund der widersprüchlichen Aussagen gleichermaßen ehrlicher und gut informierter Männer schwierig, Fakten zu ermitteln. Wo es einen ehrlichen Interessenunterschied gibt, wie es bei jedem Geschäft der Fall ist, können die Gegenparteien die Fakten nicht auf die gleiche Weise sehen: Was für den Eisenbahnmanager von entscheidender Bedeutung ist, scheint für den Verlader keine große Bedeutung zu haben; und der Eisenbahnmanager erkennt nicht die festen Handelsgesetze, die es dem Verlader unmöglich machen, höhere Frachtraten zu zahlen und diese auf den Preis seiner Waren aufzuschlagen. Es liegt nicht in der Natur des Menschen, die ganze Aussagekraft der Tatsachen zu erkennen, die für die andere Seite sprechen. Bei allen Argumenten muss daher daran erinnert werden, dass wir es sind; ständiges Hin- und Herschwingen von Tatsachenfragen zu politischen Fragen. In der Praxis gibt es keine feste Linie, die die verschiedenen Klassen und Typen trennt; in die Argumente des wirklichen Lebens mischen wir sie auf natürliche und unbewusste Weise.

Doch der Unterschied zwischen den beiden Hauptklassen ist real, und wenn jemand noch nie darüber nachgedacht hat, kann es sein, dass er mit einer unklaren Vorstellung davon, was er zu tun versucht, in eine Auseinandersetzung geht. Da der Streit nach der Schule und dem College eine überaus praktische Angelegenheit ist, ist die Unbestimmtheit des Ziels riskant. Es ist der Mann, der genau sieht, was er zu tun versucht und genau weiß, was er erreichen kann, der wahrscheinlich seinen Standpunkt vertreten wird. Der Hauptwert des Schreibens von Argumenten für die Praxis liegt darin, einen scharfen Blick für das Wesentliche zu entwickeln. Eine gute Argumentation zu verfassen bedeutet, wie wir sehen werden, dass der Student die Frage zunächst gewissenhaft auseinandernimmt, um genau zu wissen, um welche Themen es geht und welche unvermeidlichen Differenzen es gibt, und dass er dann, nachdem er die Quellen nach Informationen durchsucht hat, sie genau unter die Lupe nimmt die Fakten und die Argumentation sowohl auf seiner eigenen als auch auf der anderen Seite. Wenn er diese Arbeit erledigt, ohne sich dem harten Denken zu entziehen, wird er eine aufschlussreiche Wahrnehmung der Unklarheiten und Mehrdeutigkeiten bekommen, die in Worten lauern, und er wird erkennen, dass klares Denken fast ausschließlich eine Frage einer schärferen Unterscheidung unbemerkter Unterscheidungen ist.

ÜBUNGEN

1. Finden Sie ein Beispiel, das entweder als Argument oder als Darlegung betrachtet werden könnte, und erklären Sie, warum Sie das eine oder das andere denken.

2. Suchen Sie in aktuellen Zeitschriften oder Zeitungen nach Beispielen für ein Argument, bei dem Überzeugung das Hauptelement ist und bei dem die Überzeugung am meisten zählt.

3. Nennen Sie drei Beispiele aus Ihrem Vortrag in der letzten Woche einer Diskussion, bei der es sich nicht um eine Diskussion handelte, wie wir den Begriff hier verwenden.

4. Zeigen Sie, wie sich die Argumente im Falle eines aktuellen Diskussionsthemas in Inhalt und Ton für drei mögliche Zielgruppen unterscheiden würden.

5. Finden Sie jeweils drei Beispiele für Sachfragen und Politikfragen aus aktuellen Zeitungen oder Zeitschriften.

6. Finden Sie drei Beispiele für Tatsachenfragen in Rechtsfällen, höchstens eines davon aus einem Strafverfahren.

7. Finden Sie drei Beispiele für Tatsachenfragen in der Geschichte oder Literatur.

8. Finden Sie drei Fragen zu einem großen Sachverhalt aus aktuellen politischen Diskussionen. 9. Finden Sie drei Beispiele für Tatsachenfragen in der Wissenschaft.

10. Finden Sie aus der Geschichte der letzten fünfzig Jahre drei Beispiele für Fragen, die sich mit dem moralischen Recht befassten.

11. Nennen Sie drei Beispiele für Zweckmäßigkeitsfragen, die Sie in der letzten Woche gehört haben.

12. Nennen Sie ein Beispiel aus jüngsten Gerichtsentscheidungen, bei denen es Ihrer Meinung nach um eine politische Frage geht.

13. Nennen Sie zwei Beispiele für Fragen des ästhetischen Geschmacks, die Sie kürzlich gehört haben.

14. Zeigen Sie anhand eines konkreten Falles, der diskutiert wurde oder werden könnte, wie beide Klassen von Argumenten und mehr als einer der darin enthaltenen Typen auf natürliche Weise in die Diskussion einfließen.

15. Nennen Sie drei Themen, die Sie in letzter Zeit besprochen haben und die für eine formelle Argumentation nicht gewinnbringend wären.

16. Nennen Sie fünf gute Themen für eine Argumentation, bei der Sie sich hauptsächlich auf Ihre persönlichen Erfahrungen stützen würden.

17. Nennen Sie fünf Themen, in denen Sie den Stoff aus der Lektüre lernen würden.

18. Nennen Sie fünf Themen, die Ihre eigene Erfahrung mit dem Lesen verbinden würden.

19. Finden Sie heraus, wie viele Wörter auf der Seite, die Sie auf dem Papier schreiben, Sie für eine schriftliche Argumentation verwenden würden. Zählen Sie die Anzahl der Wörter auf einer Seite dieses Buches. in der Spalte der Redaktionsseite einer Zeitung.

KAPITEL II

Den Streit planen

10. Vorbereitungen für das Argument . Wenn Sie das Thema für Ihre Argumentation ausgewählt haben, gibt es noch viel zu tun, bevor Sie bereit sind, es aufzuschreiben. Zunächst müssen Sie durch Recherche und Lektüre herausfinden, was sowohl für als auch gegen die von Ihnen vertretene Ansicht zu sagen ist; Zweitens müssen Sie unter Berücksichtigung der Fakten sowohl diese als auch die Frage analysieren, um herauszufinden, was genau der Punkt ist, den Sie argumentieren. Drittens müssen Sie dann das Material, das Sie verwenden möchten, so arrangieren, dass es für Ihren Zweck am effektivsten ist. Auf jeden dieser Schritte werde ich in diesem Kapitel nacheinander eingehen.

Aus praktischen Gründen sollte jeder Schüler ein Notizbuch erstellen, in dem er alle Notizen zusammenfassen kann, die er sich im Laufe seiner Vorbereitungen für das Verfassen der Argumentation macht. Nummerieren Sie die Seiten des Notizbuchs und lassen Sie die ersten beiden Seiten für ein Inhaltsverzeichnis leer. Eine Schachtel mit Karten, wie sie auf Seite 31 beschrieben wird, eignet sich genauso gut wie ein Notizbuch und ist in mancher Hinsicht praktischer. Im Verlauf des Kapitels werde ich von Zeit zu Zeit Punkte erwähnen, die eingegeben werden sollten.

Der Einfachheit halber werde ich als Beispiel die Vorbereitungen für ein Argument für die Einführung der Kommissionsregierung in einer imaginären Stadt, Wytown , verwenden ; und jede der Anweisungen für die Verwendung des Notizbuchs werde ich durch Einträge veranschaulichen, die zu diesem Argument passen. Nehmen wir an, das Argument richtet sich an die Bürger des Ortes, die die allgemeinen Fakten über die Stadt und ihre Regierung kennen. Gehen wir bei der Erschaffung dieser imaginären Stadt davon aus, dass sie etwa achttausend Einwohner hat, und gehen wir davon aus, dass sie eine kleine Fläche hat und dass die Einwohner hauptsächlich Arbeiter in einer Reihe großer Schuhfabriken sind, die amerikanischer Abstammung sind, obwohl sie im Ausland geborene Bürger sind Die Nachkommen fangen an, die anderen zu überholen. Nehmen wir weiter an, dass diese imaginäre Stadt Wytown jetzt eine Stadtregierung mit einem Bürgermeister mit begrenzten Befugnissen, einem kleinen Stadtratsgremium und einem größeren Stadtrat hat. Die anderen notwendigen Fakten werden in der Einleitung zum Briefing aufgeführt.

11. Lektüre für das Argument . Der erste Schritt bei der Vorbereitung einer Auseinandersetzung besteht darin, herauszufinden, was bereits zum allgemeinen Thema geschrieben wurde und welche Fakten für Ihren Zweck verfügbar sind. Zu diesem Zweck müssen Sie die beste Bibliothek aufsuchen, die bequem zu erreichen ist. Wie man dort nach Material sucht, werde ich ein paar Seiten später besprechen; Hier werde ich einige allgemeinere Vorschläge zum Lesen und Notieren machen.

Fast immer lohnt es sich, zwei oder drei Stunden für eine Vorablektüre einzuplanen, damit Sie den allgemeinen Umfang des Themas und die Punkte, in denen es Meinungsverschiedenheiten gibt, erkennen. Ein Artikel in einer guten Enzyklopädie oder in einer Zeitschrift kann diesen Zweck erfüllen; In manchen Fällen können Sie auch zum ersten oder zweiten Kapitel eines Buches gehen . Wenn Sie das Thema bereits mit anderen Personen besprochen haben, ist diese vorläufige Lektüre möglicherweise nicht erforderlich. Aber wenn Sie anfangen, über ein neues Thema zu lesen, ohne eine allgemeine Vorstellung von dessen Umfang zu haben, verschwenden Sie möglicherweise Zeit, weil Sie sich nicht auskennen und falschen Hinweisen folgen.

Geben Sie sich bei Ihrer Lektüre nicht damit zufrieden, nur die Autoritäten auf Ihrer Seite zu konsultieren. Wir werden gleich sehen, wie wichtig es ist, auf Argumente auf der anderen Seite vorbereitet zu sein; und wenn Sie nichts auf dieser Seite gelesen haben, werden Sie nicht wissen, mit welchen Punkten Sie sich bei Ihrer Widerlegung befassen sollten. In diesem Fall können Sie Punkte, die umso bedeutsamer sind, als Sie sie ignoriert haben, ungestört im Gedächtnis Ihrer Leser hinterlassen. Einer der ersten Gründe für eine ausführliche Lektüre als Vorbereitung auf einen Streit besteht darin, sich zu vergewissern, dass man sowohl die Gegenseite als auch die eigene Seite kompetent kennt.

Behalten Sie bei der Nutzung Ihrer Quellen stets den Unterschied zwischen Tatsachen und Meinungen im Auge. Die Meinungen eines großen Gelehrten und eines weitsichtigen Staatsmannes können auf Tatsachen beruhen; Da es sich jedoch nicht um Tatsachen handelt , enthalten sie ein Element der Schlussfolgerung, das niemals so sicher ist. Im nächsten Kapitel werden wir diesen Unterschied genauer betrachten. In der Zwischenzeit lohnt es sich, darauf hinzuweisen, wie wichtig es ist, bei diesem Thema Skrupel zu kultivieren und ein scharfes Auge für das Eindringen menschlicher und daher fehlbarer Meinungen in Tatsachenbehauptungen zu haben. Ein vertrauenswürdiger Autor stellt die Fakten als Fakten dar und nennt die dafür zuständigen Autoritäten ausdrücklich. und wenn er seine eigene Meinung auf den Fakten aufbaut , lässt er keinen Zweifel daran, wo die Fakten enden und die Meinung beginnt.

Die Fähigkeit, ein Buch oder einen Artikel bei einer flüchtigen Betrachtung einzuschätzen, ist von großem praktischem Wert. Das Inhaltsverzeichnis eines Buches und manchmal auch der Index geben einen guten Überblick über seinen Umfang. und Beispiele von jeweils einigen Seiten, insbesondere zu kritischen Punkten, die mithilfe des Index ausgewählt werden können, zeigen seine allgemeine Einstellung und seinen Ton. Wenn der Index ordnungsgemäß erstellt wird, wird er einen sicheren Anhaltspunkt für seine Relevanz für den jeweiligen Zweck liefern. Eine halbe Stunde, die man auf diese Weise mit konzentrierter Aufmerksamkeit verbringt, entscheidet in den meisten Fällen darüber, ob es sich lohnt, das Buch durchzulesen. Die Größe eines Artikels lässt sich auf die gleiche Art und Weise bestimmen: Wenn er überhaupt gut geschrieben ist, vermitteln die ersten Absätze eine ziemlich genaue Vorstellung vom Thema und Umfang des Artikels; und die Anfänge und oft auch die Enden der Absätze zeigen den Verlauf, dem der Gedanke folgt. Obwohl man sich auf eine solche Lektüre nicht verlassen kann, um wirkliche Kenntnisse über das Thema zu erlangen, ist sie als Leitfaden für diese vorläufige Lektüre von unschätzbarem Wert.

12. Notizen machen. Machen Sie sich beim Lesen für Ihre Argumentation wie bei jeder wissenschaftlichen Lektüre frühzeitig die Gewohnheit, gründliche und brauchbare Notizen zu machen. Nichts ist verlockender, als sich daran zu erinnern, dass man einmal auf eine äußerst wichtige Tatsache gestoßen ist und sich dann nicht mehr an den Ort erinnern kann, an dem sie zu finden ist.

Eine der bequemsten Möglichkeiten, sich Notizen zu einer Argumentation zu machen, besteht darin, jede Tatsache oder jedes Zitat auf eine separate Karte zu schreiben. Für diesen Zweck geeignete Karten sind in jedem College-Schreibwarenladen oder Bibliotheksbedarfsbüro erhältlich. Wenn Sie sie verwenden, halten Sie einen ausreichenden Vorrat davon bereit, damit Sie nicht jeweils mehr als eine Tatsache angeben müssen. Lassen Sie oben Platz für eine Überschrift, die auf eine bestimmte Unterüberschrift Ihres Briefings verweist, wenn diese fertig ist. Fügen Sie immer einen genauen Quellenhinweis hinzu – Titel, Name des Autors und, im Falle eines Buches, Ort und Datum der Veröffentlichung, damit Sie, wenn Sie mehr Material benötigen, dieses ohne Zeitverlust finden können wichtig, damit Sie Ihre Verwendung durch einen Hinweis in einer Fußnote untermauern können. Wenn Sie eine Passage finden, von der Sie denken, dass es sich lohnt, im Originaltext zu zitieren, zitieren Sie mit größter Sorgfalt und wörtlicher Genauigkeit: Abgesehen von der Autorität, die Sie dadurch erlangen, haben Sie kein Recht, jemand anderen dazu zu bringen, Worte zu sagen, die er nicht gesagt hat . Wenn Sie einen Teil der Passage auslassen, zeigen Sie die Auslassung durch Punkte an; und in einem solchen Fall, wenn Sie eigene Wörter angeben müssen, wie zum Beispiel ein Substantiv anstelle eines Pronomens, verwenden Sie eckige Klammern, also []. Auf der folgenden Seite finden Sie Beispiele für eine praktische Form solcher Notizen.

ERGEBNISSE IN DES MOINES

Die Straßen wurden für 35.000 US-Dollar sauberer als je zuvor gehalten. Die Preise für elektrisches Licht wurden von 90 US-Dollar auf 65 US-Dollar gesenkt. Die Benzinpreise sind erneut von 22 US-Dollar auf 17 US-Dollar gesunken. Die Wasserpreise sind von 30 Zoll auf 20 Zoll pro Jahr gesunken 1000 Gallonen. Das verrufene Viertel wurde aufgeräumt und Anleihenhaie aus dem Geschäft vertrieben.

Der Des Moines Plan der Stadtregierung, *World's Work*, Bd. XVIII, S. 11533.

DIE ANSICHTEN VON PRÄSIDENT ELIOT

„Heutzutage sind die städtischen Geschäfte fast ausschließlich administrativ und exekutiv und beschäftigen sich nur noch sehr wenig mit großen Plänen und weitreichenden Gesetzen.
Es gibt keinen Anlass für zwei gesetzgebende Körperschaften oder auch nur eine in der Regierung einer Stadt ... Jetzt und dann entsteht eine Frage, die der richtig zum Ausdruck gebrachte Wille des ganzen Volkes am besten lösen kann; für den sofortigen und endgültigen Ausdruck dieses Willens sind jedoch die Initiative und das Referendum mittlerweile anerkannte Mittel."

CW Eliot, City Government by Weniger Men, *World's Work*, Bd. XIV S. 9419.

Wenn Sie sich Notizen machen, sei es für eine Argumentation oder für allgemeine College-Arbeiten, ist es praktisch, ein System von Zeichen und Abkürzungen sowie von Abkürzungen für gebräuchliche Wörter zu haben, sofern Sie sich nicht mit Stenographie auskennen. Die einfacheren Kurzschriftsymbole können in Betrieb genommen werden; und man kann der Praxis der Stenographie, die auch in der alten hebräischen Schrift üblich war, folgen, Vokale wegzulassen, denn es gibt nur wenige Wörter, die man nicht auf den ersten Blick anhand ihrer Konsonanten erkennen kann. Wenn Sie dieses System bei Vorlesungen anwenden, können Sie schnell einem wörtlichen Bericht überraschend nahe kommen, der mehr als bloße Fakten wiedergibt.

Pflegen Sie bei der Lektüre von Stoffen keine sparsamen oder sparsamen Gewohnheiten. Sie sollten immer eine beträchtliche Menge an guten Fakten übrig haben, denn wenn Sie nicht einen guten Teil der Region am Rande Ihrer Argumentation kennen, werden Sie sich dort eingeengt und unsicher fühlen. Der Effekt, etwas in Reserve zu haben, ist ein mächtiger, wenn auch immaterieller Vorteil in einer Auseinandersetzung; und andererseits befindet sich der Mann, der sein Magazin geleert hat, in einer riskanten Situation.

13. Quellen für Fakten . Im Wesentlichen gibt es zwei Arten von Faktenquellen: Quellen, in denen die Fakten bereits gesammelt und verarbeitet wurden, und Quellen, in denen sie noch verstreut sind und vom Ermittler zusammengeführt und gruppiert werden müssen. Offensichtlich gibt es keine scharfe oder dauerhafte Unterscheidung zwischen diesen beiden Klassen. Lassen Sie uns zunächst einige der Bücher durchgehen, die üblicherweise als Quellen beider Art verfügbar sind, und dann auf ihre Verwendung zurückkommen.

Um Material in Büchern und Zeitschriften zu finden, gibt es bestimmte bekannte Ratgeber. Um nach Büchern zu suchen, gehen Sie zunächst zum Katalog der nächstgelegenen Bibliothek. Hier finden Sie in den meisten Fällen eine Art Fachkatalog, in dem die Fachgebiete alphabetisch geordnet sind; Und wenn Sie das Alphabet problemlos verwenden können, was bei weitem nicht alle Studenten können, können Sie bald eine Liste der Bücher erhalten, die zu diesem Thema verfügbar sind. Zu vielen Themen gibt es Bibliographien oder Buchlisten, wie sie beispielsweise von der Library of Congress veröffentlicht werden; diese sind in jeder großen Bibliothek zu finden. Für Artikel in Magazinen und Wochenzeitschriften, die zu den meisten aktuellen Fragen aktuelle Informationen sowie viel wertvolles Material zu älteren Fragen enthalten, besuchen Sie Pooles „Index to Periodical Literature", einen Index sowohl nach Titel als auch nach Thema der Artikel in wichtigen englischen und amerikanischen Zeitschriften von 1802 bis 1906 sowie zu „The Reader's Guide to Periodical Literature", das 1901 begann und weitere Zeitschriften umfasst und jeden Monat auf den neuesten Stand gebracht wird.

Für anderes Material sind die unten aufgeführten Arbeiten geeignet; Sie sind die bekanntesten Nachschlagewerke und einige von ihnen sind in allen Bibliotheken und alle in großen Bibliotheken zu finden. Die Bücher auf dieser Liste erschöpfen keineswegs die Zahl guter Bücher ihrer Art; Sie sind gute Beispiele, und andere werden normalerweise in denselben Regalen wie sie zu finden sein.

WÖRTERBUCH

DAS NEUE ENGLISCHE WÖRTERBUCH (MURRAY'S) Unvollendet: soll zehn Bände haben, von denen neun inzwischen veröffentlicht wurden. Dies gibt die Geschichte jedes Wortes in den letzten siebenhundert Jahren wieder, mit zahlreichen datierten Zitaten, um die Veränderungen in seiner Verwendung aufzuzeigen.

DAS JAHRHUNDERTWÖRTERBUCH, DIE ZYKLOPÄDIE DER NAMEN UND DER ATLAS. Neuauflage, 1911, in zwölf Bänden. Dieses enthält ausführlichere Informationen über die Bedeutung der Wörter, als man normalerweise in einem Wörterbuch findet.

DAS NEUE INTERNATIONALE WÖRTERBUCH (WEBSTER'S) Neuauflage, 1910, erweitert, mit zahlreichen und genauen Etymologien.

ROGETS THESAURUS DER ENGLISCHEN WÖRTER UND PHRASEN Ein Standardbuch mit Synonymen.

FERNALD, ENGLISCHE SYNONYME, ANTONYME UND PRÄPOSITIONEN Mit Illustrationen und Darstellungen der Bedeutungsunterschiede.

ENZYKLOPÄDIEN

ENCYCLOPAEDIA BRITANNICA Sehr umfangreich; sehr autoritär; 11. Auflage, 1910.

NEW INTERNATIONAL ENCYCLOPEDIA Briefer; 1904 neu herausgegeben.

LA GRANDE ENCYCLOPIDIE; BROCKHAUS, KONVERSATIONS-LEXIKON Umfangreich und maßgeblich zugleich.

Anspielungen und Zitate

CRUDEN'S CONCORDANCE Ein Index zu jedem Wort in der Bibel.

BARTLETTS KONKORDANZ ZU SHAKESPEARE Ein Index zu jedem Wort in Shakespeare.

BARTLETT'S FAMILIAR QUOTATIONS Ein Index zu einer sehr großen Anzahl der am häufigsten vorkommenden Zitate.

BREWER'S DICTIONARY OF PHRASE AND FABLE Dies erklärt eine große Menge gebräuchlicher Anspielungen in Wörtern und Phrasen.

Wörterbücher mit Eigennamen

JAHRHUNDERT-ZYKLOPÄDIE DER NAMEN Dazu gehören nicht nur Namen realer Personen, sondern auch die vieler berühmter Romanfiguren.

LIPPINCOTTS UNIVERSELLES AUSSPRACHE-WÖRTERBUCH DER BIOGRAPHIE UND MYTHOLOGIE

WÖRTERBUCH DER NATIONALBIOGRAPHIE Überarbeitete Ausgabe. Beschränkt auf die englische Biografie und auf Personen, die zum Zeitpunkt der Veröffentlichung des Supplements (1909) verstorben sind. Die Artikel sind umfangreich und von höchster Autorität. Im Index und Epitome finden Sie eine praktische Zusammenfassung von Daten und Fakten.

APPLETONS CYCLOPEDIA OF AMERICAN BIOGRAPHY Sechs Bände, 1887-1901; mit Ergänzung (unvollendet), die es auf den neuesten Stand bringt.

WHO'S WHO Eine jährliche Veröffentlichung; Englisch, aber mit einigen amerikanischen Namen; Nur lebende Personen.

WHO'S WHO IN AMERIKA; WER IST'S; QUI ÊTES-VOUS Korrespondierende Werke für Amerika, Deutschland und Frankreich.

DEBRETT'S PEERAGE Eine Sammlung zahlreicher Fakten über englische Familien von historischem Rang.

FÜR AKTUELLE ODER HISTORISCHE FAKTEN

DAS JAHRBUCH DES STAATSMANNES Nach Ländern geordnet; enthält eine große Menge an Fakten; hat am Ende jedes Landes oder Staates eine Bibliographie.

DER WELTALMANACH; THE TRIBUNE ALMANAC Beispiele für Jahrbücher großer Zeitungen, die eine enorme Menge an Fakten, hauptsächlich amerikanischer, enthalten.

WHITAKER'S ALMANAC Viele verschiedene Informationen über das britische Empire und andere Länder.

DAS JAHRESREGISTER; DAS NEUE INTERNATIONALE JAHRBUCH; DAS AMERIKANISCHE JAHRBUCH Diese drei geben Auskunft über die Ereignisse des vergangenen Jahres.

INDEX ZUR LONDON *Times*

VERSCHIEDENE ARBEITEN

LIPPINCOTT'S NEW GAZETTEER Ein geografisches Wörterbuch der Welt.

DER JAHRHUNDERTATLAS Mit klassifizierten Hinweisen auf Orte.

DER PRAKTISCHE REFERENZATLAS Kleine Größe (Oktavo); ein äußerst nützliches Buch für den Schreibtisch oder den Bibliothekstisch.

PLOETZ' INHALT DER UNIVERSALGESCHICHTE Ein sehr kompakter Inbegriff der Geschichte, mit allen wichtigen Daten.

NOTES AND QUERIES Eine Zeitschrift, die Notizen und Fragen zu einer Vielzahl merkwürdiger und abgelegener Fakten gewidmet ist. Es werden jährliche Indexvolumina herausgegeben.

BIBLIOGRAPHIEN, HERAUSGEGEBEN VON DER KONGRESSBIBLIOTHEK

SONNENSCHEIN'S DIE BESTEN BÜCHER Ein Führer zu etwa fünfzigtausend der besten verfügbaren Bücher in einer Vielzahl von Bereichen, geordnet nach Themen.

Machen Sie sich mit allen Büchern vertraut, die Ihnen zur Verfügung stehen. Gewöhnen Sie sich an, wenn Sie ein paar Minuten Zeit haben, sie aus dem Regal zu nehmen und die Seiten umzublättern, um zu sehen, was sie enthalten. Und wann immer eine Sachfrage im allgemeinen Gespräch auftaucht, notieren Sie sie sich im Kopf, oder besser noch, schriftlich, und suchen Sie beim nächsten Bibliotheksbesuch in einem dieser Nachschlagewerke nach. Sie werden überrascht sein zu sehen, wie schnell es dauert, Streitigkeiten über die meisten Tatsachen beizulegen, wenn Sie es sich einmal zur Gewohnheit gemacht haben. und gleichzeitig erweitern Sie Ihr Allgemeinwissen .

Vergessen Sie beim Erlernen der Verwendung dieser und anderer Bücher nicht die wichtigste Quelle überhaupt: den Bibliothekar. Das einzige Leitprinzip des modernen Bibliothekswesens besteht darin, die Bücher nützlich zu machen; und es macht jedem guten Bibliothekar eine aktive Freude, Ihnen zu zeigen, wie man mit den von ihm betreuten Büchern umgeht.

Achten Sie bei der Nutzung von Büchern und Zeitschriften auf den Charakter der Quelle. Ist es unparteiisch oder parteiisch? Ist die Behandlung des Themas erschöpfend und eindeutig oder oberflächlich und oberflächlich? Kennt sich der Autor aus erster Hand mit dem Thema aus oder verlässt er sich auf andere Männer? In solchen Punkten wird das zweite Buch oder der zweite Artikel leichter zu beurteilen sein als das erste und das dritte als das zweite; Denn mit jeder neuen Quelle stehen Ihnen die früheren als Vergleichsbasis zur Verfügung. Vertrauen Sie auf keinen Fall einer einzigen Autorität: Ganz gleich, wie maßgeblich sie ist, früher oder später wird sich die enge Grundlage Ihrer Ansichten verraten, denn ein Argument, das lediglich eine Überarbeitung der Ansichten einer anderen Person darstellt, wird wahrscheinlich nicht viel bringen Spontaneität.

Zu vielen Themen, insbesondere solchen von neuem oder lokalem Interesse, werden Sie die Fakten nicht für Sie gesammelt und verarbeitet finden; Du musst hinausgehen und dein eigenes Stroh für die Herstellung deiner Ziegel sammeln. Dies sind die meisten Reform- oder Veränderungsfragen im Schul- oder Hochschulsystem, im Sport, in kommunalen Angelegenheiten, kurz gesagt, die meisten Fragen, über die sich der Durchschnittsmann nach dem College-Abschluss wahrscheinlich streiten wird.

Um entscheidende Fakten zu solchen Fragen zu erhalten, müssen Sie bei lokalen Themen die Zeitungen, Städte- und Gemeindeberichte oder Dokumente interessierter Ausschüsse konsultieren. Bei Fragen zum College gehen Sie zu den Präsidentenberichten und zu Jahreskatalogen oder Absolventenkatalogen oder vielleicht zu *Graduates' Bulletins* oder *Weeklies*; Bei sportlichen Fragen greifen Sie auf die Akten der Tageszeitungen zu oder suchen nach Aufzeichnungen in Werken wie dem „ *World* " oder „*Tribune Almanacs*" ; Bei schulischen Fragen greifen Sie auf Schulkataloge oder Schulkommissionsberichte zurück. Sie werden überrascht sein, wie wenig Zeit Sie aufwenden, um Fakten und Zahlen zusammenzustellen, die Sie in gewisser Weise zu einer echten Autorität in dem von Ihnen diskutierten Thema machen könnten. Es dauert nicht lange, ein paar hundert Namen zu zählen oder eine Woche oder einen Monat lang die Akten einer Zeitung durchzugehen; und wenn Sie eine solche Untersuchung durchgeführt haben, gewinnen Sie ein Gefühl der Sicherheit im Umgang mit Ihrem Thema, das Ihre Argumentation stärken wird. Hier, wie auch in den größeren Diskussionen des späteren Lebens, sind es die Bereitschaft, die Initiative zu ergreifen und der Einfallsreichtum beim Nachdenken über mögliche Quellen, die Sie zählen lassen.

Solche Quellen können Sie oft durch persönliche Nachfragen bei Männern herausfinden, die sich mit dem Thema auskennen – Stadt- oder Stadtbeamte, Mitglieder von Fakultäten, Schulleiter. Wenn Sie zu solchen Leuten gehen und hoffen, dass sie Ihre Arbeit für Sie erledigen, werden Sie wahrscheinlich keinen großen Trost finden; Wenn Sie sich aber selbst für Ihr Thema interessieren und bereit sind, sich an die Arbeit zu machen, erhalten Sie oft nicht nur wertvolle Informationen und Ratschläge, sondern manchmal auch die Möglichkeit, unveröffentlichte Aufzeichnungen durchzusehen. Ein junger Mann, der hart und intelligent arbeitet, kann für ältere Männer interessant sein, die ihr ganzes Leben lang dasselbe getan haben.

ÜBUNGEN

1. Nennen Sie die Quellen auf den Seiten 34-36, die Ihnen zur Verfügung stehen. Berichten Sie der Klasse über den Umfang und Charakter jedes einzelnen davon. (Der Bericht über verschiedene Quellen kann in der Klasse aufgeteilt werden.)

2. Nennen Sie einige Quellen für Fakten, die sich auf Ihre eigene Schule oder Hochschule beziehen. in Ihre eigene Stadt; in deinen eigenen Staat.

3. Berichten Sie in höchstens einhundert Worten über Folgendes und geben Sie die Quelle an, aus der Sie Ihre Informationen erhalten haben: die Situation und die Regierung der Fidschi-Inseln; Circe; der Autor von „A man's a man for a' that"; Becky Sharp; das Alter von Präsident Taft und die Ämter, die er innehatte; die frühe Karriere von James Madison; der amerikanische Amateurrekord im Halbmeilenlauf; der Familienname von Lord Salisbury und ein kurzer Bericht über seine Karriere; das Gehalt des Bürgermeisters von New York; die Insel Guam: einige der wichtigen Maßnahmen, die der Kongress in der Sitzung von 1910–1911 verabschiedete. (Ein Lehrer kann diese Übung unbegrenzt variieren, indem er die Seiten von Nachschlagewerken umblättert, die seine Klasse erreichen kann; oder die Schüler können damit beauftragt werden, füreinander Übungen zu machen.)

14. Bibliographie . Bevor Sie ernsthaft mit der Lektüre Ihrer Argumentation beginnen, erstellen Sie eine Bibliographie, das heißt eine Liste der Bücher, Artikel und Reden, die Ihnen hilfreich sein werden. Diese Bibliographie sollte in Ihr Notizbuch eingetragen werden, und es ist praktisch, dort genügend Platz zu lassen, um die verschiedenen Arten von Quellen getrennt zu halten. Bei der Erstellung Ihrer Bibliographie verwenden Sie einige der gerade beschriebenen Quellen, insbesondere „Poole's Index" und „The Reader's Guide", sowie den Sachkatalog der Bibliothek. Machen Sie Ihre Einträge so umfassend, dass Sie sofort zur Quelle gelangen können; Es ist unwirtschaftlich, beim Abschreiben eines Titels eine Minute zu sparen und dann zehn oder fünfzehn Minuten damit zu verschwenden, zu der Quelle zurückzukehren, von der man ihn hat. Bei umfangreichen Themen übersteigt die Anzahl der Bücher und Artikel bei weitem die Möglichkeiten der meisten Argumentationskurse, und hier müssen Sie Ihr Urteilsvermögen walten lassen und die wichtigsten auswählen. Der Name des Autors ist im Großen und Ganzen ein sicherer Leitfaden: Wenn Sie einen Artikel oder ein Buch von Präsident Eliot zu einem Bildungsthema finden, oder einen von Präsident Hadley über Wirtschaftswissenschaften, oder einen von Präsident Jordan über Zoologie, oder einen von einem anderen Wenn Sie sie über die Hochschulpolitik informieren, werden Sie sofort wissen, dass Sie es sich nicht leisten können, diese zu vernachlässigen. Wenn Sie mit der Lektüre fortfahren, werden Sie anhand der im Text und in den Fußnoten zitierten

Personen schnell herausfinden, welche Autoritäten zu bestimmten Themen gelten. Wenn es sich bei dem Thema um eines der Themen handelt, zu denen entweder von der Library of Congress oder aus einer anderen Quelle eine Bibliographie herausgegeben wurde, beschränkt sich die Erstellung Ihrer eigenen Bibliographie auf eine Auswahl aus dieser Liste.

Bewahren Sie Ihr Literaturverzeichnis als praktische Hilfe bei einer sehr praktischen Aufgabe auf. Lassen Sie es nicht aus purer Sammellust anschwellen, denn Sie könnten Briefmarken sammeln. Die Erstellung ausführlicher Bibliographien ist eine Arbeit für fortgeschrittene Wissenschaftler oder Hilfsbibliothekare. Für die praktische Argumentation reicht eine sehr moderate Anzahl von Titeln aus, die über die tatsächlich verwendbaren hinausgehen, um ausreichend Hintergrundwissen zu liefern.

Notizbuch . *Tragen Sie in Ihr Notizbuch die Titel von Büchern, Artikeln oder Reden ein, die sich auf Ihr Thema beziehen und die Sie wahrscheinlich lesen können* .

Abbildung . Bibliographie für ein Argument zur Einführung einer Kommissionsregierung vom Typ Des Moines in Wytown .

BÜCHER

WOODRUFF, CR Stadtverwaltung durch Kommission. New York, 1911. Bibliographie im Anhang.

HAMILTON, JJ Die Entthronung des Stadtboss. New York, 1910.

ARTIKEL

Vom Leserleitfaden zur Zeitschriftenliteratur, Bd. II (1905-1909). (Hier gibt es dreißig Einträge unter der Überschrift „Kommunalverwaltung" und der Unterüberschrift „Regierung durch Kommission". Davon lasse ich diejenigen weg, die sich mit Städten in Texas befassen, da sie sich nicht direkt auf den Plan von Des Moines beziehen, und wähle sieben der aktuellsten aus.)

„Another City for Commission Government", *World's Work* , Bd. XVIII (Juni 1909), S. 11.639.

"Stadtverwaltung." *Ausblick* . Bd. XCII (14. August 1909), S. 865-866.

BRADFORD, ES „Commission Government in American Cities", National Conference on City Government (1909), S. 217–228.

PEARSON, PM „Commission System of Municipal Government" (Bibliographie), Intercollegiate Debates, S. 461–477.

ALLEN, SB „Des Moines Plan", National Conference on City Government (1907), S. 156–165.

„Des Moines Plan of City Government", *World's Work* , Bd. XVIII (Mai 1909), S. 11.533.

GOODYEAR, D. „Das Beispiel von Haverhill", *Independent* , Bd. LXVI (Januar 1909), S. 194.

Aus Reader's Guide (1910). (Sieben Einträge, von denen ich die folgenden auswähle.)

GOODYEAR, D. „The Experience of Haverhill", *Independent* , Bd. LXVIII (Februar 1910), S. 415.

„Rapid Growth of Commission Government", *Outlook* , Bd. XCIV (April 1910), S. 822.

TURNER, GK „New American City Government", *McClure's* , Bd. XXXV (Mai 1910), S. 97-108.

„Organisation der Kommunalverwaltung", American Government and Politics; S. 598-602.

15. Planung für eine bestimmte Zielgruppe

. Bevor Sie mit der eigentlichen Planung Ihrer Argumentation beginnen, müssen Sie noch zwei vorläufige Fragen berücksichtigen: die Vorurteile Ihres Publikums und die Beweislast; von diesen ist Letzteres von Ersterem abhängig.

Wenn Sie ins aktive Leben einsteigen und ein Argument vorbringen möchten, wird sich diese Frage des Publikums aufdrängen, denn Sie werden das Argument nicht vorbringen, es sei denn, Sie möchten die tatsächlich vertretenen Ansichten beeinflussen. Bei einem Schul- oder Hochschulstreit haben Sie die Schwierigkeit, dass Ihre Argumentation in den meisten Fällen keine solche praktische Wirkung haben wird. Dennoch können Sie auch hier eine bessere Übung erzielen, indem Sie sich auf eine Gruppe von Lesern konzentrieren, die von einem Argument zu Ihrem Thema beeinflusst werden könnten, und sich gezielt an sie wenden. Sie können die Beweislast kaum berücksichtigen oder den Raum festlegen, den Sie den verschiedenen Punkten Ihrer Argumentation einräumen, wenn Sie nicht den aktuellen Wissensstand und die Vorurteile Ihres Publikums zu diesem Thema berücksichtigen.

Wenn die Frage umfangreich und abstrakt ist, kann die Zielgruppe so allgemein sein, dass es den Anschein hat, als ob sie keine besonderen Merkmale aufweist; Aber wenn Sie an die Unterschiede im Ton und in der Einstellung zweier verschiedener Zeitungen bei der Behandlung eines lokalen

Themas denken, werden Sie feststellen, dass sich die Leser immer in Typen aufteilen. Selbst im größeren Maßstab kann man sagen, dass die Menschen in den Vereinigten Staaten insgesamt optimistisch und selbstbewusst sind und daher im Hinblick auf viele kleinere Mängel und Schönheitsfehler in unserem nationalen Gemeinwesen nachlässig sind. In vielen Fragen hat der Süden, der immer noch hauptsächlich von der Landwirtschaft geprägt ist, andere Interessen und Vorurteile als der Norden; Und da der Westen ein junges Land ist, neigt er dazu, den Besitzrechten des Eigentums weniger Respekt entgegenzubringen als den Rechten der Menschen, als die östlichen Staaten, in denen der Reichtum seit langem konzentriert und vererbt ist.

Wenn man sich auf die unmittelbaren oder lokalen Fragen einschränkt, die die besten Übungsgegenstände ausmachen, wird die Rolle des Publikums deutlicher. Die Reform der Fußballregeln ist ein gutes Beispiel: Vor ein paar Jahren hätte ein älteres Publikum die Brutalität des Spiels und seine Tendenz, unfaires Spiel in den Vordergrund zu stellen, als selbstverständlich angesehen; Das Regelkomitee, bestehend aus Anhängern des Spiels, musste mehrere Jahre lang unter Druck gesetzt werden, bevor es die Änderungen vornahm, die das Spiel so erheblich verbessert haben. Wenn es also um Angelegenheiten von lokalem oder kommunalem Interesse geht, etwa den Standort einer neuen Straßenbahnlinie oder die Anlage eines Parks, wird es für Sie einen großen Unterschied machen, ob Sie für Menschen schreiben, die Grundstücke auf der geplanten Linie haben oder Park oder für die allgemeine Bürgerschaft.

Unterschiede in den Voreingenommenheiten Ihres Publikums und in deren Wissen über das Thema haben daher einen direkten und praktischen Einfluss auf die Planung Ihrer Argumentation. Angenommen, Sie plädieren dafür, den Zulassungsstandard an Ihrer Hochschule anzuheben. Wenn sich Ihre Argumentation an die Fakultät richtet, geben Sie wenig Raum für die Erläuterung dieser Anforderungen. Wenn Sie jedoch eine Ansprache an die Alumni verschicken, müssen Sie ihnen etwas Raum geben, um ihnen klar und ohne technische Einzelheiten zu erklären, wie die aktuellen Bedingungen sind, und die von Ihnen vorgeschlagenen Änderungen zu erläutern. Theoretisch sollte sich ein Argument für jede Zielgruppe, die Sie ansprechen, in Form und Proportionen ändern. Die Theorie könnte zu weit getrieben werden; aber in der Praxis des wirklichen Lebens wird sich herausstellen, dass es nahezu wahr ist. Bei unterschiedlichen Zielgruppen werden Sie unbewusst eine unterschiedliche Materialauswahl treffen und Ihre Schwerpunktsetzung, den Ort Ihrer Widerlegung und die Aufteilung Ihres Raums variieren.

Notizbuch. *Geben Sie die Zielgruppe ein, für die Ihre Argumentation geschrieben werden könnte, und notieren Sie, wie sie sich Ihrer Meinung nach mit dem Thema auskennt und welche Vorurteile sie dazu hat .*

Abbildung . Die Bürger von Wytown . Sie sind davon überzeugt, dass es einen Wechsel in der Stadtregierung geben sollte; aber sie sind mit dem Plan von Des Moines noch nicht vertraut.

ÜBUNGEN

1. Bringen Sie Leitartikel aus verschiedenen Zeitungen zum gleichen lokalen Thema in die Klasse und weisen Sie auf die unterschiedlichen Einstellungen hin, die sie bei den Zielgruppen, an die sie sich wenden, einnehmen.

2. Schlagen Sie drei verschiedene mögliche Zielgruppen für Ihre Argumentation vor und zeigen Sie, welche Unterschiede Sie in Ihrer Argumentation machen würden, wenn Sie jede davon ansprechen würden.

16. Die Beweislast . Der Grundsatz, der der Verantwortung für die Beweislast zugrunde liegt, lässt sich in dem Sprichwort des Gewohnheitsrechts zusammenfassen: „ *Wer behauptet, muss beweisen* .“

In der Rechtswissenschaft ist dieser Grundsatz zu einem großen und schwer zugänglichen Thema ausgearbeitet worden; In gewöhnlichen Auseinandersetzungen, in denen es keinen Richter gibt, der subtile Unterscheidungen trifft, müssen Sie es im weitesten Sinne interpretieren. Dem Durchschnittsmenschen fehlt sowohl das Interesse als auch die Fähigkeit, scharfe Unterscheidungen zu treffen; und wenn Sie für ihn schreiben, würden Sie einen Fehler begehen, wenn Sie sich auf die Feinheiten der Beweislast beschränken würden.

Im Allgemeinen impliziert der Grundsatz, wie er sich auf die Argumente des Alltags bezieht, dass jedes Argument, das für eine Änderung spricht, die Beweislast tragen muss. Diese Anwendung des Prinzips wird im folgenden Auszug aus einem Leitartikel in *The Outlook* vor einigen Jahren über eine vorgeschlagene Änderung des New Yorker Gesetzes über die Schutzmaßnahmen der Vivisektion veranschaulicht.

Die eigentliche Frage ist nicht die nach den Vorzügen der Vivisektion, sondern nach den angemessenen Schutzmaßnahmen, mit denen das Gesetz sie umgeben sollte.

Gegenwärtig wendet das Gesetz des Staates New York auf Tierversuche das gleiche Prinzip an wie auf chirurgische Eingriffe an Männern, Frauen und Kindern. Es wird nicht versucht, die Bedingungen vorzuschreiben, unter denen Experimente oder Operationen durchgeführt werden sollten; Es schreibt jedoch die Fitnessstandards vor, die jede Person, die sich rechtmäßig an chirurgischen Eingriffen beteiligen darf, und die jede Person, die sich rechtmäßig an Tierversuchen beteiligen darf, erfüllen muss. Es bestraft die ungerechtfertigte Verletzung, Verstümmelung oder Tötung von Tieren mit einer Geldstrafe oder einer Freiheitsstrafe oder beidem; und es beschränkt die Befugnisse, unter denen Tierversuche durchgeführt werden dürfen, auf regulär eingetragene medizinische Hochschulen und Universitäten des Staates.

Die Beweislast liegt bei denjenigen, die möchten, dass der Staat dieses Prinzip aufgibt und es durch das Prinzip der Festlegung der Bedingungen für wissenschaftliche Untersuchungen ersetzt. Es liegt zunächst an ihnen, zu beweisen, dass das geltende Gesetz unzureichend ist. Es reicht nicht aus, dass sie Anwälte hervorbringen, die der Meinung sind, dass das Gesetz nicht effizient ist. Es gibt Anwälte mit höchstem Ansehen im Staat, die erklären, dass es effizient ist. Der einzig angemessene Beweis wäre die strafrechtliche Verfolgung eines tatsächlichen Missbrauchs. Soweit wir erfahren haben, wurde von den Befürwortern der Gesetzesentwürfe nur ein authentischer Fall angeblich ungerechtfertigter Experimente vorgebracht. Dies ist sicherlich kein Beweis dafür, dass das geltende Gesetz unzureichend ist.

Zweitens liegt die Beweislast bei ihnen, um nachzuweisen, dass gesetzliche Beschränkungen der wissenschaftlichen Methoden die Untersuchungen nicht zunichte machen würden und daher für den Menschen kein größeres Leid mit sich bringen würden, als es andernfalls den Tieren zugefügt würde ...

Weil „*The Outlook*" durch überwältigende Beweise davon überzeugt ist, dass die Praxis der Vivisektion das Leiden nicht vergrößert, sondern vielmehr die barmherzigen Dienste der Medizin und Chirurgie ins Unermessliche ausgeweitet hat, betrachtet es dies als einen gefährlichen, unintelligenten Eingriff in die Vivisektion und drängt auf die Aufrechterhaltung des zugrunde liegenden Prinzips gegenwärtiges New Yorker Recht.

---

also die Beweislast bei jedem, der eine Änderung einer seit langem etablierten Politik vorschlägt, wie zum Beispiel den Freihandel in England und, in geringerem Maße, den Schutz in diesem Land, das Wahlsystem an vielen amerikanischen Colleges , die Amateurregel im Schul- und Hochschulsport.

Man muss immer bedenken, dass die Beweislast von den Voreingenommenheiten des Publikums abhängt und dass sie sich bei derselben Frage innerhalb einiger weniger Jahre ändern kann. Vor zehn Jahren lag die Last in der Frage der Volkswahl der Senatoren eindeutig auf der Seite derjenigen, die eine Änderung der Verfassung befürworteten. Zu diesem Zeitpunkt (1912) hat sich die Beweislast für die Mehrheit der

Bevölkerung der Vereinigten Staaten wahrscheinlich auf die andere Seite verlagert. Im Bundesstaat Maine, wo das Verbot seit einer Generation in der Staatsverfassung verankert war, lag die Beweislast bei denen, die sich 1911 für die Aufhebung aussprachen; wohingegen in Massachusetts, das seit vielen Jahren mit lokalen Optionen und hohen Lizenzen gut zurechtkommt, die Last immer noch bei denen läge, die für ein staatliches Verbot plädieren sollten. Bei den Diskussionen über den Fußball vor einigen Jahren lag die Beweislast vor einem Publikum von Sportlern bei denjenigen, die erklärten, dass das Spiel geändert werden müsse; Bei Universitätsfakultäten und gleichgesinnten Männern hätte die Beweislast bei denen gelegen, die das alte Spiel verteidigten. In jedem Fall, der auftaucht, können Sie die Beweislast nicht auf sich nehmen, bis Sie wissen, ob die Personen, die Sie zu überzeugen versuchen, irgendwelche Voreingenommenheiten in dieser Angelegenheit haben: Wenn ja, liegt die Beweislast bei demjenigen, der versucht, diese Voreingenommenheiten zu ändern; Ist dies nicht der Fall, liegt die Last bei demjenigen, der vorschlägt, bestehende Ansichten oder bestehende Richtlinien zu ändern.

Bei einem populären Publikum ist es jedoch keinesfalls sicher, sich stark auf die Beweislast zu verlassen; Fast immer ist es besser, einzuspringen und die Auseinandersetzung auf der eigenen Seite aktiv aufzubauen. Gehen Sie sowohl in der Argumentation als auch in der Strategie in die Offensive, wann immer Sie können.

Notizbuch . *Beachten Sie, ob die Beweislast bei Ihnen oder zu Ihren Ungunsten liegt, und berücksichtigen Sie dabei die wahrscheinlichen Vorurteile des von Ihnen ausgewählten Publikums* .

Abbildung . Im Argument für die Einführung der Kommissionsregierungsform in Wytown liegt die Beweislast bei der Bejahung, um zu zeigen, dass der Plan der Stadtregierung von Des Moines die Übel der gegenwärtigen Regierung von Wytown heilen wird . Da das Publikum angenommen wird (siehe S. 43), gibt es keine Beweislast für die Bejahung der Notwendigkeit einer Änderung.

ÜBUNGEN

1. Zeigen Sie in drei Themen, die Sie für eine Argumentation auswählen könnten, auf, wo die Beweislast liegen würde.

2. Zeigen Sie im Fall eines dieser Argumente, wie sich die Beweislast mit dem Argument ändern könnte.

17. Der Brief. Wenn Sie diese vorläufigen Fragen des Publikums geklärt haben, das Sie für Ihre Meinung gewinnen möchten, und geklärt haben, wie sich ihre Voreingenommenheiten und Kenntnisse des Themas auf Ihre Verantwortung für die Beweislast auswirken werden, können Sie mit der Arbeit an der Kurzfassung beginnen. wie der Plan für eine Auseinandersetzung genannt wird. Es ist besser, sich diese Kurzfassung als Darlegung des logischen Rahmens der Argumentation vorzustellen, die Sie konstruieren, um Ihre eigene Meinung zu diesem Thema zu klären, und vor allem, um Ihnen dabei zu helfen, herauszufinden, wie Sie Ihre Argumentation am effektivsten gestalten können Material. Der Unterschied zum üblichen Schriftsatz in einem Rechtsfall besteht darin, dass dieser in der Regel aus einer Reihe kompakter Darlegungen von Rechtsgrundsätzen besteht, die jeweils durch eine Liste bereits entschiedener Fälle gestützt werden, die sich auf diesen Grundsatz beziehen. Der Brief, den Sie jetzt erstellen werden, besteht aus einer *Einleitung*, in der alle Fakten und Prinzipien dargelegt werden, die zum Verständnis des Briefs erforderlich sind, und dem *Brief* selbst, der aus einer Reihe von Vorschlägen besteht, von denen jeder Ihre Hauptargumentation untermauert wiederum von anderen unterstützt werden, die wiederum jeweils von einer anderen Serie unterstützt werden können. Eine solche Analyse wird die Prozesse Ihrer Argumentation gründlich aufzeigen und es Ihnen ermöglichen, sie Schritt für Schritt auf ihre Richtigkeit und Zwanghaftigkeit hin zu kritisieren.

Ich werde zunächst die verschiedenen Schritte erläutern, die zur Erstellung der Einleitung zum Briefing erforderlich sind. und dann kommen wir zur Erstellung des Briefings selbst.

18. Der Vorschlag. Der erste Schritt bei der Einleitung Ihres Briefings besteht darin, die Frage oder den Vorschlag zu formulieren (die beiden Begriffe sind in der Praxis austauschbar). Solange Sie Ihre Sicht auf das Thema nicht in einem Vorschlag festgehalten haben, gibt es nichts, worüber Sie streiten könnten. „Kommissionsform der Regierung" ist ein Thema, aber es ist nicht diskutierbar, denn es gibt Ihnen keinen Anlass, es zu bejahen oder zu leugnen. „In Wytown sollte eine Kommissionsregierung angenommen werden" oder „Die Kommissionsregierung hat die politischen Bedingungen in Des Moines verbessert" sind beides Argumente, die argumentierbar (wenn auch noch nicht konkret genug) sind, da es möglich ist, entweder die Bejahung oder die Verneinung davon beizubehalten jeder von ihnen.

Der Satz muss einzeln sein. Wenn es doppelt ist, haben Sie das, was die Juristen „ein schielendes Argument" nennen, das heißt ein Argument, das gleichzeitig in zwei Richtungen blickt. Zum Beispiel beinhaltet der Vorschlag „Eine Kommissionsregierung wäre eine gute Sache für Wytown, aber die Initiative und das Referendum sind im Prinzip falsch" zwei getrennte und nicht miteinander verbundene Prinzipien, da die Kommissionsregierung, wie sie erstmals in Galveston verkörpert wurde, weder die Initiative noch das Referendum umfasst . Viele Menschen, darunter auch die aus Galveston und anderen Orten in Texas, würden die erste Hälfte des Vorschlags akzeptieren und mit der zweiten Hälfte nicht einverstanden sein. Andererseits wäre „ Wytown sollte eine Kommissionsregierung nach dem Des-Moines-Plan verabschieden" kein doppelter Vorschlag, obwohl dieser Plan die Initiative und das Referendum beinhaltet; denn der Vorschlag stellt die Frage, ob der Plan als Ganzes angenommen oder abgelehnt werden sollte.

In einigen Fällen kann ein Satz grammatikalisch zusammengesetzt sein und dennoch eine einzige Aussage enthalten. „Eine Kommunalverwaltung auf Kommissionsbasis ist wirtschaftlicher und effizienter als eine Kommunalverwaltung mit einem Bürgermeister und zwei Kammern", ist eigentlich eine einzige Behauptung der Überlegenheit des Kommissionsregierungsplans. In diesem Fall besteht keine Gefahr, in einen Streit zu geraten; aber selbst hier ist es sicherer, den Satz auf einen grammatikalisch einheitlichen Satz zu reduzieren: „Die Kommunalregierung durch Kommission hat sich als überlegen gegenüber der Kommunalregierung mit einem Bürgermeister und zwei Kammern erwiesen." Ein vollständig einzelnes Prädikat ist ein Schutz gegen die Bedeutung zweier Behauptungen.

Der Vorschlag darf nicht so abstrakt oder vage sein, dass Sie nicht wissen, ob Sie ihm zustimmen oder nicht. Macaulay fasste diese Schwierigkeit in einer seiner Reden im Parlament zusammen:

Sicherlich kann mein verehrter Freund nicht umhin, zu wissen, dass nichts einfacher ist, als ein Thema für Strenge, für Milde, für Ordnung, für Freiheit, für ein kontemplatives Leben, für ein aktives Leben und so weiter zu schreiben. In den alten Rhetorikschulen war es üblich, eine abstrakte Frage zu stellen und zunächst auf der einen und dann auf der anderen Seite eine Ansprache zu halten. Die Frage, ob die Unzufriedenheit der Bevölkerung durch Zugeständnisse oder Zwang besänftigt werden sollte, wäre ein sehr gutes Thema für Reden dieser Art gewesen. An Gemeinplätzen mangelt es auf beiden Seiten nicht. Aber wenn wir zur eigentlichen Angelegenheit des Lebens kommen, hängt der Wert dieser Gemeinplätze ganz von den besonderen Umständen des Falles ab, den wir diskutieren. Nichts ist einfacher, als eine Abhandlung zu schreiben, die beweist, dass es rechtmäßig ist, sich extremer Tyrannei zu widersetzen. Nichts ist einfacher, als eine Abhandlung zu schreiben, in der dargelegt wird, wie niederträchtig es ist, einer großen Gesellschaft mutwillig das Elend zuzufügen, das untrennbar mit der Revolution, dem Blutvergießen, der Plünderung und der Anarchie verbunden ist. Beide Abhandlungen mögen viel Wahres enthalten; Aber keiner von beiden wird es uns ermöglichen, ohne eine genaue Prüfung der

Fakten zu entscheiden, ob ein bestimmter Aufstand gerechtfertigt ist oder nicht. [4]

Mit anderen Worten: Obwohl das Wort „Aufstand" eine klare Bedeutung zu haben scheint, stellen wir fest, dass wir nicht wissen, ob wir damit einverstanden sind oder nicht, wenn wir es zu einem Begriff eines Urteils machen, dessen anderer Begriff „gerechtfertigt" ist. Die Formulierungen des Vorschlags sind so vage, dass es zu keiner Meinungsverschiedenheit kommen kann. Wenn wir das Thema auf einen bestimmten Fall, den Aufstand in Venezuela oder den Aufstand in Kuba, beschränken, dann haben wir einen Anfang gemacht, um den Vorschlag argumentierbar zu machen. In diesen besonderen Fällen wäre es jedoch wahrscheinlich notwendig, noch weiter zu gehen und zu spezifizieren, welcher Aufstand in Venezuela oder in Kuba beabsichtigt war, bevor der Durchschnittsamerikaner bereit wäre, dies entweder zu bestätigen oder zu leugnen. Wo immer die Formulierungen eines Vorschlags zu vage sind, um eine gewinnbringende Diskussion anzustoßen, müssen sie auf einen konkreten Fall eingegrenzt werden, der sowohl Bejahung als auch Ablehnung nach sich zieht.

Ein häufiger Fall, bei dem die Unbestimmtheit des Satzes zu Schwierigkeiten in der Argumentation führt, wird in der folgenden Passage beschrieben:

Eine ebenso verbreitete Argumentationsform, die eng mit dem Analogieargument verbunden und ebenso vage ist, ist die, die im Volksmund als Einwand gegen das dünne Ende eines Keils bekannt ist. Wir dürfen dies oder das nicht tun, heißt es oft, denn wenn wir es täten , müssten wir logischerweise etwas anderes tun, was schlichtweg absurd oder falsch ist. Wenn wir einmal anfangen, einen bestimmten Kurs einzuschlagen, wissen wir nicht, wo wir mit irgendeiner Konsequenz aufhören können; Es gäbe keinen Grund, irgendwo anzuhalten, und wir sollten Schritt für Schritt zu Handlungen oder Meinungen geführt werden, die wir alle als unerwünscht oder unwahr bezeichnen.

Denn es darf nicht vergessen werden, dass in allen Streitigkeiten dieser Art zwei Parteien gegeneinander antreten, und dass es gerade die Uneinigkeit darüber ist, um welches Prinzip es eigentlich geht, was sie trennt. Diejenigen, die einen Vorschlag als das dünne Ende eines Keils betrachten, sehen das Prinzip immer als umfassenderes, umfassenderes Prinzip als diejenigen, die den Vorschlag machen; und was ihnen die Freiheit gibt, es so zu sehen, ist lediglich die Tatsache, dass es unbegrenzt bleibt. [5]

Betrachten Sie als praktisches Beispiel dieser Verwirrung den folgenden Auszug aus einer Rede im US-Senat, in der er sich gegen die Volkswahl von Senatoren aussprach:

Jeder intelligente Kenner des gegenwärtigen rasanten Trends zur Volksregierung muss sich vorstellen, was passieren würde, wenn dieser sentimentale Riegel, der besagt, dass die Staaten durch zwei Senatoren und nicht durch das Volk im Senat der Vereinigten Staaten vertreten werden, niedergeschlagen wird. Die Initiative, das Referendum und der Rückruf sind nur Symptome der Zeit. Dass das Volk seinen Willen durchsetzen wird, weil es und nur es die Regierung ist, ist der Grundgedanke unserer Institutionen, unserer neuesten Staatsverfassungen und unserer fortschrittlichen Gesetze. Geschickte Agitation ergreift jeden Vorwand und ergreift und erweitert eifrig jede Gelegenheit, die Leidenschaften zur Förderung ihrer Ziele anzusprechen. Der nächste Schrei wird zwangsläufig lauten: „Warum nicht den Obersten Gerichtshof der Vereinigten Staaten durch Volksabstimmung wählen? Warum nicht überall durch Volksabstimmung die Bundesjustiz wählen?" [6]

Hier ist die Aussage, „Dass das Volk seinen Willen durchsetzen wird, weil es, und nur es, die Regierung ist, der zugrunde liegende Geist unserer Institutionen, unserer neuesten Staatsverfassungen und unserer fortschrittlichen Gesetze", nicht nur unklar Begriffe, aber es ist völlig vage, denn es definiert nicht, inwieweit die progressive Partei vorschlägt, die direkte Regierung des Volkes zu übernehmen. Solange sich die beiden Seiten in diesem Punkt nicht einig sind , haben sie nichts Konkretes, was für eine gewinnbringende Auseinandersetzung ausreichen würde.

Es ist überraschend, wie oft dieser Irrtum in politischen Debatten begangen wird. Es liegt in der Natur des Menschen, vorerst zu glauben, dass die andere Seite das Schlimmste tun wird, was die Umstände möglich machen. Glücklicherweise widerlegt die menschliche Natur den Irrtum ebenso ständig.

Um die Notwendigkeit, einen bestimmten Argumentationsvorschlag zu haben, klarer zu machen, nehmen wir eines der auf Seite 10 vorgeschlagenen Themen, das noch nicht in einer Form für eine gewinnbringende Argumentation vorliegt, und ändern es. „Der Standard für den Abschluss dieses Colleges sollte erhöht werden" ist ein Thema, das diskutiert werden kann, aber so wie es aussieht, wäre es kein guter Argumentationsvorschlag, weil es vage ist. Um wie viel sollte der Standard angehoben werden? Mit welcher Methode soll es erhoben werden? Diese und andere Fragen müssten Sie beantworten, bevor Sie einen Vorschlag haben, der eindeutig genug ist, um gewinnbringend argumentiert zu werden. Der Vorschlag könnte durch Änderungsanträge wie die folgenden deutlich genug gemacht werden: „Der Standard für den Abschluss dieses Colleges sollte angehoben werden, indem in jedem der vier Jahre ein Achtel mehr Stunden Vorlesung oder Rezitation gefordert wird"; oder: „Der Standard für den Abschluss dieser Hochschule sollte angehoben werden, indem die Mindestpunktzahl in allen Kursen von fünfzig auf sechzig Prozent erhöht wird"; oder: „Der Standard für den Abschluss dieses Colleges sollte angehoben werden, indem niemandem erlaubt wird, seinen Abschluss zu machen, der in einem Viertel seiner Arbeit unter sechzig Prozent gefallen ist und nicht in mindestens einem Achtel seines Colleges achtzig Prozent erreicht hat." arbeiten." In jedem dieser Fälle ist der Vorschlag so eindeutig, dass Sie genau ermitteln könnten, wie viele Studierende betroffen wären. Eine Aussage, die einen bestimmten Sachverhalt beinhaltet, ist diskutierbar; eine, die eine unbestimmte und unkalkulierbare Menge an Tatsachen beinhaltet, ist es nicht.

Um ein weiteres Beispiel aus dem Auftrag zu nennen, den wir in diesem Kapitel erarbeiten werden: Der Vorschlag „ Wytown sollte die Kommissionsregierungsform übernehmen" ist nicht eindeutig genug, denn es gibt verschiedene Formen der Kommissionsregierung, wie zum Beispiel den Galveston-Plan. der Des Moines-Plan und zu diesem Zeitpunkt eine beträchtliche Anzahl anderer; und Bürger, die bei ihrer Abstimmung einigermaßen wählerisch sind, würden gerne wissen, welche davon zur Zustimmung vorgeschlagen wurden. Der Vorschlag müsste sich daher auf Folgendes beschränken: „ Wytown sollte eine Kommissionsregierung nach dem Des-Moines-Plan einführen."

Die genaue Form Ihres Vorschlags wird Ihnen nicht immer auf Anhieb klar. Es kann leicht passieren, dass Sie den genauen Sachverhalt, um den es in der Argumentation geht, erst erkennen, wenn Sie mit den Analyseprozessen, die wir im Rest dieses Kapitels betrachten werden, ein Stück weit fortgeschritten sind. Halten Sie sich immer bereit, Ihren Vorschlag zu ändern, wenn Sie dadurch der Frage näher kommen können.

Notizbuch . *Geben Sie den genauen Vorschlag ein, den Sie argumentieren möchten.*

Beispiel: Wytown sollte die Kommissionsregierungsform übernehmen, wie sie jetzt in Des Moines, Iowa, praktiziert wird.

ÜBUNGEN

1. Machen Sie drei plausible Vorschläge zum Thema „Aufnahmeprüfungen für das College".

2. Kritisieren Sie die folgenden Vorschläge und ändern Sie sie gegebenenfalls, damit sie gewinnbringend diskutiert werden können:

> *ein* . Studienanfänger sollten verpflichtet werden, angemessene Arbeitszeiten einzuhalten.

b. Das Ehrensystem sollte überall eingeführt werden.

c. Diese Stadt sollte mehr für ihre Jungs tun.

d. Die Straßenbahnunternehmen in dieser Stadt sollten besser reguliert werden.

e. Die Amateurregeln für Hochschulsportler sind zu streng.

f. Hochschulfußball ist von Vorteil.

19. Begriffsdefinitionen. Um einen Satz definitiv zu machen, geht es in erster Linie darum, die darin enthaltenen Begriffe zu definieren. aber wenn diese definiert sind, können Sie in Ihrer Argumentation noch andere verwenden, die ebenfalls definiert werden müssen. Im Allgemeinen bedeutet die Definition von Begriffen, ob im Satz oder nicht, herauszufinden, was ein Begriff für den vorliegenden Zweck genau bedeutet. Fast jedes gebräuchliche Wort wird für verschiedene Zwecke verwendet. „Kommission" hat beispielsweise auch im Regierungsbereich zwei sehr unterschiedliche Bedeutungen:

In Bezug auf die staatliche und nationale Verwaltung wird der Begriff „Kommissionsregierung" im Zusammenhang mit der zunehmenden Praxis der Delegation an ernannte Verwaltungsräte oder Kommissionen – die Interstate Commerce Commission, staatliche Eisenbahnkommissionen, Steuerkommissionen, Kontrollgremien usw. – verwendet. die Verwaltung bestimmter besonderer oder spezifizierter Exekutivfunktionen ... Vom Standpunkt der Organisation aus bedeutet „Kommissionsregierung", wenn sie auf den Staat angewendet wird, Dezentralisierung, die Delegation und Aufteilung von Autorität und Verantwortung sowie den Zerfall der Volkskontrolle. ..Auf die Stadtverwaltung angewendet hat der Begriff „Kommissionsregierung" jedoch eine ganz andere Bedeutung. Im auffälligen Gegensatz zu seiner Verwendung im Zusammenhang mit dem Staat wird damit der konzentrierteste und zentralisierteste Organisationstyp bezeichnet, der bisher in den Annalen der repräsentativen Kommunalgeschichte aufgetaucht ist. Bei der sogenannten Kommissionsregierung für Städte wird die gesamte Verwaltung der städtischen Angelegenheiten in die Hände eines kleinen Gremiums oder Rats – einer „Kommission" – gelegt, der insgesamt gewählt wird und direkt gegenüber den Wählern für die Regierung der Stadt verantwortlich ist. [1]

Darüber hinaus ist selbst der Begriff „Kommissionsregierung für Städte" nicht ganz eindeutig, da es bereits mehrere anerkannte Arten einer solchen Regierung gibt, beispielsweise den Galveston-Typ, den Des-Moines-Typ und neuere Modifikationen davon. Wenn Sie für die Einführung einer

Kommissionsregierung plädieren, müssen Sie daher mit Ihren Definitionen noch weiter gehen und die besonderen Merkmale des jeweiligen Plans spezifizieren, den Sie den Wählern aufdrängen, wie es in der Definition auf Seite 59 geschieht. Mit anderen Worten: Sie müssen die Bedeutung des Begriffs für den vorliegenden Fall genau klarstellen.

Wenn Sie einen Begriff finden, der definiert werden muss, ist Ihr erster Impuls möglicherweise der Blick in ein Wörterbuch. Ein wenig Nachdenken wird Ihnen zeigen, dass es Ihnen in den meisten Fällen wenig Trost bringen wird, wenn Sie es tun. Das Ziel eines Wörterbuchs besteht darin, alle Bedeutungen anzugeben, die ein Wort bei vernünftiger Verwendung hatte. Was Sie in einem Argument brauchen, ist zu wissen, welche dieser Bedeutungen es im vorliegenden Fall hat. Wenn Sie eine Argumentation über die Auswirkungen oder die Rechtschaffenheit der Änderung der englischen Verfassung durch die jüngste Einschränkung des Vetorechts des House of Lords verfassen und das Wort „Revolution" verwenden möchten, und zwar an der richtigen Stelle Wenn es wichtig wäre, dass Ihre Leser genau verstehen, was Sie damit sagen wollten, würden Sie sie nicht mit einer Definition wie der folgenden aus einem ungekürzten Wörterbuch belasten: „Revolution: eine grundlegende Änderung in der politischen Organisation oder in einer Regierung oder Verfassung; der Sturz oder Verzicht einer Regierung und die Ersetzung einer anderen durch die Regierten." Eine solche Definition würde lediglich Ihren Platz ausfüllen und Sie nicht weiter voranbringen. Ein Wörterbuch ist sorgfältig allgemein gehalten, denn es muss alle möglichen legitimen Bedeutungen des Wortes abdecken; In einer Argumentation müssen Sie sorgfältig spezifisch sein, um Ihre Leser in den zur Diskussion stehenden Fall mitzunehmen.

Darüber hinaus werden Wörter ständig in neue Verwendungszwecke gedrängt, wie im Fall von „Auftrag" (siehe S. 54); und andere haben völlig legitime lokale Bedeutungen. Nur ein Wörterbuch, das der Größenordnung des New English Dictionary entsprach und alle fünf Jahre neu herausgegeben wurde, konnte behaupten, mit diesen neuen Verwendungszwecken Schritt halten zu können. In einem ungekürzten Wörterbuch aus dem Jahr 1907 lautet die vollständige Definition von „Amateur" beispielsweise wie folgt: „Eine Person, die sich einer bestimmten Beschäftigung, einem bestimmten Studium oder einer bestimmten Wissenschaft widmet, etwa der Musik oder der Malerei; insbesondere jemand, der ein bestimmtes Studium oder eine bestimmte Kunst pflegt Geschmack oder Bindung, ohne es beruflich zu verfolgen. Welchen Nutzen hätte eine solche Definition für Sie, wenn Sie für eine Verschärfung oder Lockerung der Amateurregeln in der College-Leichtathletik plädieren würden, bei denen Sie sich durch die Feinheiten des Sommerbaseballs und der Erstattung von Trainingstisch- und Reisekosten kümmern müssten? Eine solche Definition kommt angesichts der

Verwendung des Wortes, das in Amerika am häufigsten von College-Studenten gesprochen wird, kaum in Betracht. Worte bedeuten alles, was sorgfältige und anerkannte Schriftsteller damit meinen; und die Aufgabe eines Wörterbuchs besteht so weit wie möglich darin, diese Bedeutungen aufzuzeichnen. Aber die Sprache, ein lebendiges und sich ständig weiterentwickelndes Wachstum, verändert sie ständig und ergänzt sie.

Ein Wörterbuch kann Ihnen also lediglich sagen, ob das Wort in der Vergangenheit mit der Bedeutung verwendet wurde, die Sie ihm geben möchten. Aber es gibt nur sehr wenige Fälle, in denen Ihnen das viel weiterhilft, denn in einer Auseinandersetzung interessiert Sie die Bedeutung eines Begriffs nur in der Bedeutung dieses Begriffs für den zur Diskussion stehenden Fall.

Es gibt zwei völlig unterschiedliche Arten von Schwierigkeiten, eine Aussage richtig zu interpretieren, und ein Wörterbuch kann nur eine davon beseitigen, und zwar die weitaus weniger wichtige. Wenn Sie auf eine Aussage stoßen, die ein unbekanntes Wort enthält – beispielsweise das Wort „Parallaxe", „ Phanerogam " oder „Brigantine" – und wenn Sie den Rest der Aussage außer diesem Wort verstehen, dann gilt als allgemeine Regel das Wörterbuch wird helfen, die Bedeutung klar zu machen. Aber wenn die Schwierigkeit nicht dadurch verursacht wird, dass ein Wort unbekannt ist, sondern dadurch, dass es in einem bestimmten Kontext verwendet wird, dann ist das beste Wörterbuch der Welt für Ihre Zwecke überhaupt nicht von Nutzen. Die Natur jedes Wörterbuchs ist notwendigerweise so, dass es alle Bedeutungszweifel dieser zweiten Art völlig außer Acht lässt. Ein Wörterbuch kann uns höchstens die Bedeutung eines Wortes in den Fällen mitteilen, in denen der Kontext, in dem es verwendet wird, die Bedeutung *nicht* zweifelhaft erscheinen lässt. [8]

In der Praxis sind die Wörter, die am häufigsten einer Definition bedürfen, sozusagen Kurzsymbole für eine vielleicht sehr umfassende Bedeutung. Wenn die Grenzen dieser erweiterten Bedeutung nicht klar gekennzeichnet sind, können Sie nicht sagen, ob der Verstand Ihrer Leser, wie die Juristen sagen, mit Ihrem eigenen auf allen Vieren läuft oder nicht. Diese erweiterte Bedeutung kann verschiedener Art sein: Beispielsweise kann es sich um ein großes allgemeines Prinzip handeln, wie im Fall von „Evolution" oder „Kultur"; oder es kann sich um ein allgemeines System oder eine allgemeine Praxis handeln, wie im Fall der „Kommissionsregierung", des „Ehrensystems" oder der „hohen Standards für den Abschluss"; oder es kann sich um eine allgemeine Klasse von Dingen, Personen oder Ereignissen handeln, wie im Fall von „Weiterführende Schule", „Berufstrainer" oder „Mord". Wenn Sie einen solchen Begriff in einer Argumentation verwenden, ist es wichtig, dass Ihre Leser die gleichen Details, Konsequenzen oder Beispiele im Kopf haben wie Sie . Zu diesem Zweck müssen Sie den Begriff definieren; oder, mit anderen Worten, Sie müssen die Auswirkungen und Einschränkungen des Prinzips, die Einzelheiten des Systems oder der Praxis oder die genauen Arten von Dingen, Personen oder Ereignissen, an die Sie denken, wenn Sie den Begriff verwenden, darlegen oder darstellen . Einige Beispiele sollen diese praktische Bedeutung der Definition verdeutlichen.

Manchmal erfolgt die Definition durch eine sorgfältige und spezifische Einschränkung der allgemeinen Bedeutung eines Wortes, wie im folgenden Beispiel von Bagchot :

> Ich sollte sagen, dass ich, sofern nicht das Gegenteil erklärt wird, das Wort „Toleranz" für die gesetzliche Toleranz verwende. Die Duldung von Angelegenheiten, die nicht der Strafe unterliegen, durch die Gesellschaft ist ein verwandtes Thema, zu dem ich, wenn ich Platz habe , noch ein paar Worte hinzufügen möchte; aber im Wesentlichen schlage ich vor, mich mit dem einfacheren Thema zu befassen, der Duldung durch das Gesetz. Und mit Toleranz meine ich, wenn nicht anders gesagt, auch die Duldung der öffentlichen Meinungsäußerung; Die Duldung von Handlungen und Praktiken ist ein weiteres . verwandtes Thema, zu dem ich in einem Aufsatz wie diesem, aber kaum hoffen kann, darauf hinzuweisen, was mir als Wahrheit erscheint, und ich sollte hinzufügen, dass ich mich nur mit der Diskussion unpersönlicher Lehren befasse: Das Verleumdungsrecht, das sich mit Anschuldigungen gegen lebende Personen befasst, ist ein Thema, das eine eigene Betrachtung erfordert. [2]

Manchmal ist die Definition eher eine Entfaltung und Darstellung der Implikationen (aus dem Lateinischen: *implicare* , einfalten) des Begriffs. Huxley stellte gleich zu Beginn seiner drei „Lectures on Evolution" mit der folgenden Definition sicher, dass seine Zuhörer eine genaue Vorstellung davon haben sollten, was er mit dem Begriff „Evolution" meinte:

> Die dritte Hypothese oder die Evolutionshypothese geht davon aus, dass unser imaginärer Betrachter zu jedem vergleichsweise späten Zeitpunkt der Vergangenheit einen Zustand der Dinge vorfinden würde, der dem, der jetzt herrscht, sehr ähnlich ist; aber dass die Ähnlichkeit der Vergangenheit mit der Gegenwart im Verhältnis zur Entfernung seiner Beobachtungsperiode vom heutigen Tag immer geringer werden würde; dass sich die bestehende Verteilung von Bergen und Ebenen, von Flüssen und Meeren als Produkt eines langsamen Prozesses natürlicher

Veränderung erweisen würde, der auf immer stärker unterschiedlichen Vorbedingungen des mineralischen Gefüges der Erde beruht; Bis er schließlich anstelle dieses Rahmens nur noch eine riesige Nebelmasse erblickte, die die Bestandteile der Sonne und der Planetenkörper darstellte. Vor den jetzt existierenden Lebensformen würde unser Beobachter Tiere und Pflanzen sehen, die nicht mit ihnen identisch, sondern ihnen ähnlich sind; ihre Unterschiede zu ihrem Alter vergrößern und gleichzeitig immer einfacher werden; bis schließlich die Welt des Lebens nichts anderes als die undifferenzierte protoplasmatische Materie vorweisen würde, die, soweit unser heutiges Wissen reicht, die gemeinsame Grundlage aller lebenswichtigen Aktivitäten ist.

Die Evolutionshypothese geht davon aus, dass es in diesem gewaltigen Fortschritt keinen Bruch der Kontinuität geben würde, keinen Punkt, an dem wir sagen könnten: „Dies ist ein natürlicher Prozess" und „Dies ist kein natürlicher Prozess", sondern dass das Ganze Macht hat Man kann es mit dem wunderbaren Entwicklungsprozess vergleichen, den man jeden Tag unter unseren Augen beobachten kann und durch den aus der halbflüssigen, verhältnismäßig homogenen Substanz, die wir Ei nennen, die komplizierte Organisation eines der höheren Tiere entsteht . Das ist in wenigen Worten das, was mit der Evolutionshypothese gemeint ist. [10]

Hier hat Huxley in kompakter Form die Hauptauswirkungen des großen Evolutionsprinzips dargelegt und seinen Zuhörern so etwas wie eine Übersichtskarte davon mit seinen Grenzen und Hauptunterteilungen gegeben.

Wenn Sie eine Praxis oder ein System definieren müssen, werden Sie dies eher tun, indem Sie die wichtigsten und wesentlichen Details des Systems spezifizieren, wie in der folgenden Definition der Kommissionsverwaltung für Städte. Es ist zu bemerken, dass dies die Bedeutung des Begriffs auf so etwas wie das Des-Moines-System im Unterschied zum Galveston-Plan einschränkt.

Eine reine Kommissionsform der Kommunalverwaltung erfordert nach dem Urteil von Dr. Charles W. Eliot, einem ihrer aktivsten Befürworter, eine Kommission bestehend aus fünf insgesamt gewählten Mitgliedern, von denen eines Bürgermeister genannt wird und als Vorsitzender fungiert Kommission, jedoch ohne Vetorecht oder andere besondere Befugnisse, die nicht von den anderen Mitgliedern der Kommission geteilt werden. Die so gewählte Kommission ist die Quelle aller Autorität in der Stadt, erlässt alle Verordnungen, ernennt alle Beamten, erhebt Steuern und nimmt alle Mittel vor. Wie von seinen Befürwortern dargelegt, sind die wesentlichen Merkmale des Plans zusätzlich zu den bereits erwähnten:

Zuweisung wichtiger Abteilungen der Stadtverwaltung an einzelne Mitglieder der Kommission oder deren Wahl durch die Wähler, wobei jeder für die Führung seiner jeweiligen Abteilung direkt verantwortlich ist; angemessene Vergütung der Kommissare für ihre Zeit und Arbeit; die Stadt beschäftigt alle Kommissare zu existenzsichernden Gehältern, wodurch die Würde des Gemeindedienstes gestärkt wird und er zu einer öffentlichen Karriere und nicht zu einem bloßen Nebenberuf wird ; Regelmäßigkeit, Häufigkeit und Publizität der Sitzungen der Kommissare; alle Arbeitnehmer über der Klasse der Tagelöhner, ausgewählt aus geeigneten Listen auf der Grundlage mündlicher und schriftlicher Prüfungen, die sorgfältig zur Entwicklung von Verdienst und Eignung ausgearbeitet wurden; Empfehlungen nach Prüfung durch eine unabhängige Beamtenkommission; Vorkehrungen für die Beibehaltung aller so ernannten Mitarbeiter im Amt bei gutem Benehmen; die dem Volk vorbehaltene Befugnis, Gesetze zu initiieren; dieses Recht wird als „Initiative" bezeichnet; die Befugnis, eine öffentliche Abstimmung über jede von der Kommission verabschiedete Maßnahme zu fordern, bevor sie als dem Volk vorbehaltenes Gesetz in Kraft tritt; dies wird als Referendum bezeichnet; die dem Volk vorbehaltene Befugnis, jederzeit ein Mitglied der Kommission zur Wiederwahl antreten zu lassen; dies wird als Abberufung bezeichnet; Die Gewährung öffentlicher Wahlrechte bedarf stets der Zustimmung der Wähler.

Es gibt zwei weitere wichtige Merkmale: die Einführung des Prinzips der kurzen Stimmabgabe und die Abschaffung von Gemeindeleitungen. Nach dem reifen Urteil kommunaler Studenten gelten diese zusammen mit der Konzentration der Autorität als die wirksamsten Merkmale des Systems. [11]

Hier finden Sie eine ziemlich vollständige Darstellung aller wesentlichen Details des Systems, das der Autor dieser Definition mit dem Begriff „Kommissionsregierung für Städte" meinen wollte.

Wenn der zu definierende Begriff der Name einer allgemeinen Klasse ist, sei es von Personen, Dingen oder Ereignissen, muss die Definition genau zeigen, welche Personen, Dinge oder Ereignisse für den vorliegenden Zweck unter den Begriff fallen sollen. Ein berühmtes Beispiel für diese Art von Definition gab Lincoln zu Beginn seiner Ansprache am Cooper Institute am 27. Februar 1860. Als Text für den ersten Teil seiner Rede nahm er eine Aussage von Senator Douglas.

In seiner Rede letzten Herbst in Columbus, Ohio, über die die New York *Times* berichtete, sagte Senator Douglas: „Als unsere Väter die Regierung, unter der wir leben, formulierten, haben sie diese Frage genauso gut und sogar besser verstanden als wir." Jetzt."

Ich unterstütze dies voll und ganz und übernehme es als Text für diesen Diskurs. Ich übernehme es deshalb, weil es einen präzisen und vereinbarten Ausgangspunkt für eine Diskussion zwischen den Republikanern und dem von Senator Douglas angeführten Flügel der Demokratie darstellt. Es bleibt einfach die Frage übrig: Welches Verständnis hatten diese Väter von der genannten Frage?

Was ist der Regierungsrahmen, unter dem wir leben? Die Antwort muss lauten: „Die Verfassung der Vereinigten Staaten." Diese Verfassung besteht aus dem Original aus dem Jahr 1787, auf dessen Grundlage die jetzige Regierung erstmals ihre Arbeit aufnahm, sowie aus zwölf später ausgearbeiteten Zusatzartikeln, von denen die ersten zehn aus dem Jahr 1789 stammten.

Wer waren unsere Väter, die die Verfassung entworfen haben? Ich vermute, dass die „Neununddreißig", die die ursprüngliche Urkunde unterzeichnet haben, mit Fug und Recht als unsere Väter bezeichnet werden können, die diesen Teil der gegenwärtigen Regierung geschaffen haben. Man kann mit ziemlicher Sicherheit sagen, dass sie den Rahmen dafür geschaffen haben, und es ist absolut richtig zu sagen, dass sie die Meinung und Stimmung der gesamten Nation zu dieser Zeit angemessen repräsentierten. Da ihre Namen fast allen bekannt und fast jedem zugänglich sind, brauchen sie jetzt nicht wiederholt zu werden. Ich halte diese „neununddreißig" vorerst für „unsere Väter, die die Regierung geschaffen haben, unter der wir leben". Was ist die Frage, die diese Väter laut Text „genauso gut und sogar besser verstanden haben als wir jetzt"? Es geht um Folgendes: Verbietet die ordnungsgemäße Trennung von lokaler und föderaler Autorität oder irgendetwas in der Verfassung unserer Bundesregierung, die Sklaverei in unseren Bundesterritorien zu kontrollieren?

Senator Douglas bejaht dies und die Republikaner verneinen dies. Diese Bestätigung und Ablehnung bilden ein Problem; Und dieses Thema – diese Frage – ist genau das, was unsere Väter laut Text „besser verstanden haben als wir".

Lassen Sie uns nun untersuchen, ob die „Neununddreißig" oder einer von ihnen jemals auf diese Frage reagiert haben. und wenn ja, wie sie darauf reagierten – wie sie dieses bessere Verständnis zum Ausdruck brachten.

Wie wir sehen werden, hat Lincoln hier jedes wichtige Wort und jeden wichtigen Satz übernommen und genau gezeigt, welche Personen und Dinge darunter enthalten sind. Dann fuhr er mit seiner Argumentation fort, mit der Gewissheit, dass sein Publikum und er den gleichen Weg gingen.

Etwas ähnlich sind die Definitionen in vielen Rechtsfällen, bei denen es um die Frage geht, ob die vereinbarten Tatsachen in einem Fall unter einen bestimmten Begriff fallen oder nicht. Die Verfassung der Vereinigten Staaten sieht vor, dass „direkte Steuern" auf die Staaten im Verhältnis zu ihrer Bevölkerung aufgeteilt werden, sieht jedoch keine solche Beschränkung für die Erhebung von „Zöllen", „Einlagen" und „Steuern" vor. Wenn der Kongress daher eine neue Steuerform einführt, etwa die Einkommenssteuer oder die Körperschaftssteuer, wird mit ziemlicher Sicherheit der Oberste Gerichtshof aufgefordert, zu entscheiden, zu welcher dieser großen Verfassungsklassen sie gehört. In Fällen wie den Fällen der Einkommenssteuer, in denen entschieden wurde, dass die im Gesetz von 1904 festgelegte Einkommensteuer verfassungswidrig sei, und in den Fällen der Körperschaftssteuer, in denen das Gesetz von 1909 bestätigt wurde, sind sowohl die Argumente des Anwalts als auch die Entscheidung des Gerichts maßgebend völlig mit der Definition des Begriffs „direkte Steuer" überein. Hier erfolgt die Definition in Form einer Untersuchung früherer Fälle, in denen der Begriff zum Einsatz kam, um festzustellen, ob der vorliegende Fall denjenigen ähnelt, von denen angenommen wurde, dass sie in den Begriff fallen, oder denjenigen, von denen angenommen wurde, dass sie außerhalb des Begriffs liegen. Aus diesem Vergleich der beiden Fallgruppen werden die wesentlichen Merkmale der direkten Steuer deutlich.

Ein gutes Beispiel für die sorgfältigen Unterscheidungen, die bei der Definition eines Rechtsbegriffs getroffen werden müssen, findet sich in Daniel Websters berühmter Argumentation im White Murder Case, von der wir weiter unten einen Auszug finden. Die Frage ist hier, wie weit der Begriff „Mord" ausgedehnt werden soll.

Es gibt zwei Arten von Mord; Es ist von wesentlicher Bedeutung, die Unterscheidung zwischen ihnen im Auge zu behalten: (1) Mord in einer Schlägerei oder aufgrund einer plötzlichen und unerwarteten Provokation; (2) heimlicher Mord mit der vorsätzlichen, vorher festgelegten Absicht, das Verbrechen zu begehen. In der ersten Klasse geht es in der Regel um die Frage, ob es sich bei der Straftat um Mord oder Totschlag bei der Person handelt, die die Tat begeht. Bei der zweiten Klasse geht es oft um die Frage, ob andere als derjenige, der die Tat tatsächlich begangen hat, anwesend waren und dabei geholfen haben. Zu Straftaten dieser Art kommt es in der Regel dann vor, wenn niemand außer denjenigen anwesend ist, die das gleiche Motiv verfolgen. Wenn es im Gerichtsgebäude zu einem Aufruhr kommt und einer einen anderen tötet, kann es sich um Mord handeln oder auch nicht, je nachdem, mit welcher Absicht er begangen wurde; Dies ist immer eine Tatsache, die sich aus den jeweiligen Umständen ergibt. Aber bei geheimen

Morden, die vorsätzlich und entschlossen begangen werden, kann es keinen Zweifel an der mörderischen Absicht geben; Wenn eine Person anwesend ist und weiß, dass ein Mord begangen werden soll, besteht kein Zweifel daran, dass sie der Tat zustimmt. Seine Anwesenheit ist ein Beweis für seine Absicht, zu helfen und Vorschub zu leisten; sonst, warum ist er da?

Es wurde behauptet, dass der Nachweis erbracht werden muss, dass die beschuldigte Person tatsächlich Hilfe geleistet hat und am Mord selbst beteiligt war; und ohne diesen Beweis kann man, obwohl er in der Nähe ist , davon ausgehen, dass er aus harmlosen Gründen dort ist; Möglicherweise schlich er sich schweigend dorthin, um die Nachrichten zu hören, oder aus reiner Neugier, um zu sehen, was los war. Absurd, absurd! Eine solche Vorstellung erschüttert jeden gesunden Menschenverstand. Es wird festgestellt, dass ein Mann ein Verschwörer ist, der einen Mord begehen will. er hat es geplant; er hat bei der Organisation der Zeit, des Ortes und der Mittel mitgeholfen; und er wird am Ort und zu der Zeit gefunden, und doch wird vermutet, dass er dort gewesen sein könnte, nicht aus Kooperation und Zustimmung, sondern aus Neugier! Ein solches Argument verdient keine Antwort. Es wäre schwierig, es in anständiger Hinsicht auszudrücken. Ist es nicht selbstverständlich, dass ein Mensch versucht, seine eigenen Ziele zu erreichen? Wenn er einen Mord geplant hat und bei seiner Ausführung anwesend ist, ist er da, um seinen eigenen Plan voranzutreiben oder zu vereiteln? Ist er da, um zu helfen, oder ist er da, um zu verhindern? Aber „Neugier"! Möglicherweise ist er nur aus „Neugier" dort! Neugierig, den Erfolg der Ausführung seines eigenen Mordplans mitzuerleben! Die Mauern eines Gerichtsgebäudes sollten nicht stehen bleiben, die Pflugschar sollte durch den Boden laufen, auf dem sie steht, wo ein solcher Streit toleriert werden könnte.

Es ist nicht erforderlich, dass der Täter tatsächlich Hand anlegt, dass er an der Tat selbst teilnimmt; wenn er anwesend ist und bereit ist zu helfen, dann ist das Helfen.... Das Gesetz besagt, dass die Bereitschaft zur Hilfe Hilfe ist, wenn die Partei die Macht hat, im Bedarfsfall zu helfen. Das ist die Aussage von Foster, einer hohen Autorität. „Wenn A zum Beispiel zufällig bei einem Mord anwesend ist und sich nicht daran beteiligt, sich auch nicht darum bemüht , ihn zu verhindern, noch den Mörder festnimmt , noch lautstark hinter ihm herschreit, ist dieses seltsame Verhalten von ihm, wenn auch höchst kriminell , wird ihn an sich weder zum Haupt- noch zum Nebengehilfen machen." „Wenn aber eine Tat, die einem Mord gleichkommt, in der Verfolgung eines rechtswidrigen Zwecks begangen werden sollte, obwohl es sich nur um eine bloße Übertretung handelte, hatte A im zuletzt dargelegten Fall zugestimmt und war hingegangen, um bei Bedarf Hilfe zu leisten , es in die Tat umzusetzen, wäre dies einem Mord an ihm und jeder Person gleichgekommen, die anwesend war und sich ihm anschloss." „Wenn die Tat in Verfolgung des ursprünglichen Zwecks begangen wurde, der rechtswidrig war, trägt die gesamte Partei die Schuld desjenigen, der den Schlag versetzt hat. Denn bei Zusammenstößen dieser Art kommt es zum tödlichen Schlag, obwohl er von einem der Beteiligten gegeben wurde. ", wird im Auge des Gesetzes und auch der vernünftigen Vernunft betrachtet, wie sie von jedem einzelnen Anwesenden und Mitwirkenden gegeben wird. Die Person, die tatsächlich den Schlag ausführt, ist nichts anderes als die Hand oder das Instrument, mit dem die anderen schlagen." Wenn der Autor von Anwesenheit spricht, meint er tatsächliche Anwesenheit; nicht tatsächlich im Gegensatz zu konstruktiv, denn das Gesetz kennt keinen solchen Unterschied. Es gibt nur eine Präsenz, und das ist die Situation, aus der Hilfe oder vermeintliche Hilfe geleistet werden kann. Das Gesetz sagt nicht, wohin sich die Person begeben soll oder wie nahe sie gehen soll, sondern dass sie sich dort aufhalten muss, wo sie Hilfe leisten kann oder wo der Täter glauben darf, dass er von ihr unterstützt werden kann. Angenommen, er kennt den Plan des Mörders und weiß, wann er in die Tat umgesetzt werden soll, und geht hinaus, um bei Bedarf Hilfe zu leisten; warum dann, auch wenn der Mörder nichts davon weiß, die Person, die so vorgeht, ein Beihilfe zum Mord sein wird?

20. Definition durch die Geschichte des Falles. In manchen Fällen ist es am einfachsten, Ihren Lesern die genauen Details oder Einschränkungen eines Begriffs durch einen kurzen Rückblick auf die Geschichte der Frage zu vermitteln. In den Lincoln-Douglas-Debatten zeigte Lincoln immer wieder, dass Douglas' Verwendung des Begriffs „Volkssouveränität" im Lichte der gesamten Geschichte der Sklavereifrage verstanden werden muss; dass es eines bedeutete – was Douglas damit sagen wollte –, wenn man die Geschichte der Frage vor 1850 aus den Augen ließ; aber dass es etwas ganz anderes bedeutete, wenn man das stetige Vordringen der Sklavenmacht seit dem Missouri-Kompromiss von 1820 berücksichtigte. Und Lincoln zeigte, dass „Volkssouveränität" in Wirklichkeit die Macht eines Teils der Bevölkerung eines Territoriums bedeutete, die Sklaverei einzuführen, sie aber nicht auszuschließen. [12] Heutzutage hat „progressiv" eine andere Bedeutung, wenn es auf einen Republikaner aus Kansas und auf einen aus Massachusetts oder New York angewendet wird. Um genau zu wissen, was die Anwendung des Begriffs auf einen bestimmten öffentlichen Mann bedeutet, muss man auf die jüngste Geschichte seiner Partei in seinem eigenen Staat und auf die Reden zurückblicken, die er gehalten hat. In politischen Diskussionen werden populäre Phrasen immer wieder in ihrer Bedeutung verwischt, indem sie als Schlagworte der Partei verwendet werden; und um sie mit einiger Sicherheit in einem Argument verwenden zu können, muss man daher zu ihrem Ursprung zurückkehren und dann sozusagen die zweideutigen Implikationen, die in sie hineingewachsen sind, herausarbeiten.

Wenn Sie Fragen zum Wahlsystem oder zu den Zugangsvoraussetzungen für Ihre eigene Hochschule haben, tun Sie oft gut daran, die Geschichte des gegenwärtigen Systems zu skizzieren, um es zu definieren, bevor Sie darauf drängen, es zu ändern oder zu ändern so gehalten wie es ist. Wenn Sie also für eine weitere Änderung der Fußballregeln plädieren würden, wäre Ihre beste Definition des gegenwärtigen Spiels für Ihre Zwecke eine Skizze der Art und Weise, wie das Spiel in den letzten Jahren auf dringenden Wunsch der Öffentlichkeit geändert wurde Meinung. Eine solche Skizze könnten Sie leicht erhalten, indem Sie die alten Nummern einer Zeitschrift wie „ *Outing* " oder die Sportkolumnen einiger der größeren Wochenzeitungen durchsehen. Oder wenn Sie argumentieren würden, dass die Straßenbahnsysteme Ihrer Stadt zusammengelegt werden sollten, wäre Ihre beste Beschreibung oder Definition der gegenwärtigen Situation möglicherweise eine Skizze der aufeinanderfolgenden Schritte, durch die sie zu dem wurde, was sie ist. Hier würden Sie Ihr Material in den Akten lokaler Zeitungen oder, wenn Sie darauf zugreifen könnten, in den Berichtssammlungen der Eisenbahngesellschaften finden.

Die Definition von Begriffen anhand der Historie der Frage hat den Vorteil, dass sie Ihren Lesern nicht nur dabei hilft, zu verstehen, warum die von Ihnen verwendeten Begriffe die Bedeutung haben, die Sie ihnen für den vorliegenden Fall geben, sondern dass sie die Frage auch besser beurteilen können, indem sie ihnen eine Antwort geben voller Hintergrund.

Mehrdeutige Definitionen, die nicht zwischen zwei oder mehr Bedeutungen eines Begriffs für den zur Diskussion stehenden Fall unterscheiden, werden in der Regel dadurch vermieden, dass auf die Geschichte des Falles zurückgegriffen wird. In Kapitel III werden wir die Irrtümer, die aus der mehrdeutigen Verwendung von Wörtern resultieren, ausführlicher betrachten. Hier möchte ich kurz auf die Notwendigkeit hinweisen, die Art und Weise zu untersuchen, in der Begriffe in bestimmten Diskussionen verwendet werden.

Die erste davon ist die Gefahr, die entsteht, wenn ein allgemein gebräuchliches Wort im Zusammenhang mit einem bestimmten Thema eine besondere, fast technische Bedeutung annimmt. Hier müssen Sie darauf achten, dass Ihre Leser es im besonderen Sinne verstehen und nicht im populären. Ein krasses Beispiel, bei dem kaum Verwechslungsgefahr besteht, ist die Verwendung von Wörtern wie „demokratisch" oder „republikanisch" als Namen politischer Parteien; Selbst mit diesen Worten versuchen Stump-Sprecher manchmal, mit den Gefühlen eines ungebildeten Publikums zu spielen, indem sie die Assoziation der ursprünglichen Verwendung des Wortes in seine spätere Verwendung importieren. In der wissenschaftlichen Untersuchung der Regierung werden viele Wörter verwendet, die auch im allgemeinen Sprachgebrauch lose verwendet werden. „Föderal" hat eine genaue Bedeutung, wenn es verwendet wird, um die Regierungsform der Vereinigten Staaten von der zu unterscheiden, die normalerweise die Landkreise eines Staates zusammenhält; aber wir verwenden es ständig in einem Sinne, der kaum von dem von „National" zu unterscheiden ist. Der folgende Auszug aus einem Leitartikel zur philippinischen Frage ist ein gutes Beispiel für diesen präzisen und halbtechnischen Wortgebrauch und den lockeren, nicht sehr genauen Gebrauch der Alltagssprache:

Andererseits heißt es, dass diese Politik der Vereinigten Staaten gegenüber ihren Abhängigkeiten unaufrichtig sei; dass es sich um einen verdeckten Ausbeutungsplan handelt; dass es, so wie es praktiziert wird, eine faktische Verleugnung eines bloßen Versprechens an das Ohr ist; und dass, wenn es echt wäre, die Vereinigten Staaten ihren abhängigen Gebieten Selbstverwaltung verleihen würden, indem sie Unabhängigkeit gewähren würden.

Diese Kritik beruht offensichtlich auf einer Verwechslung von Unabhängigkeit und Selbstverwaltung. Russland ist unabhängig, aber seine Bevölkerung regiert sich nur in sehr geringem Maße selbst. Die Türkei ist seit langem unabhängig, aber bis zur jüngsten Revolution war das türkische Volk in keiner Weise selbstverwaltet. Andererseits ist Kanada zwar nicht unabhängig, aber selbstverwaltet. [13]

Viele Argumente scheitern an der Unachtsamkeit bei der Verwendung solcher Wörter. Überall dort, wo das zur Diskussion stehende Thema teilweise in den Besitz eines Spezialgebiets übergegangen ist, aber immer noch Wörter aus dem Alltag verwendet, müssen Sie darauf achten, dass nicht nur Sie, sondern auch Ihr Publikum Ihre Begriffe genauer versteht.

Eng mit dieser Art von Mehrdeutigkeit verbunden und in der Praxis noch heimtückischer ist die Mehrdeutigkeit, die aus der Konnotation oder den emotionalen Implikationen von Wörtern entsteht. Die oben zitierte Verwendung von „Republikaner" und „Demokrat" führt zu dieser Art von Verwirrung. Im Hochschulsport hat der Begriff „professionell" mittlerweile fast eine Implikation moralischer Minderwertigkeit, während er oft von ziemlich technischen Zweckmäßigkeitserwägungen abhängt. In der Politik bedeutet „konservativ", für eine andere „radikal" oder auf jeden Fall „liberal" oder „progressiv" die Rettung oder den Untergang des Landes. Alle derartigen Wörter bringen ein gewisses Element der Dunkelheit und Verwirrung in ein Argument. Wenn ein Wort Ihre Gefühle auf die eine und die einiger Ihrer Leser auf eine andere Art und Weise weckt, können Sie dieses Wort nicht sicher verwenden; Trotz der sorgfältigsten Definitionen und Haftungsausschlüsse wird sich die emotionale Voreingenommenheit einschleichen und die Wirkung Ihrer Worte in den Köpfen einiger Ihrer Zuhörer verfälschen. Diese emotionale Ambiguität ist die heimtückischste aller Ambiguitäten im Gebrauch von Wörtern. Die daraus resultierende Gefahr ist so real, dass ich ausführlicher darauf zurückkommen werde (siehe S. 158).

In vielen Fällen ändert sich die Notwendigkeit, die zu verwendenden Begriffe zu definieren, sei es im Satz selbst oder im Argument, mit dem Publikum. Wenn Sie eine Bewegung starten, um in der Stadt, in der Sie leben, eine Kommissionsregierungsform einzuführen, müssen Sie zunächst die Definition der Kommissionsregierung viele Male wiederholen, damit die meisten Wähler sie genau kennen was Sie von ihnen erwarten. Wenn die Stadt jedoch einmal aufwacht und sich dafür interessiert, werden Sie und alle anderen ohne Gefahr solche Formalitäten wie „Galveston-Plan", „Des-Moines-Plan", „Rückruf", „Initiative" und dergleichen anwenden Dunkelheit hinterlassen, wo Licht sein sollte.

Dies gilt umso offensichtlicher für Schul- und Hochschulfragen: Wenn Sie Mahnschreiben senden, in denen Sie die Einführung des Ehrensystems oder der studentischen Selbstverwaltung fordern, eines an die Treuhänder Ihrer Hochschule und ein weiteres an die Fakultät, und sich gleichzeitig an eine … wenden Wenn Sie Ihre Kommilitonen durch eine Studienarbeit ansprechen möchten, können Ihre Definitionen in jedem der drei Fälle unterschiedlich sein. Sie könnten wahrscheinlich davon ausgehen, dass sowohl Studierende als auch Lehrkräfte mit der Frage mehr oder weniger vertraut sind, sodass Ihre Definitionen den Charakter präziser Spezifikationen des von Ihnen geforderten Plans hätten. Bei den Treuhändern müssten Ihre Definitionen wahrscheinlich länger und Ihre Erklärungen detaillierter sein, denn ein solches Gremium würde mit nur einer vagen Kenntnis der Situation beginnen.

Wie bei allen anderen Schritten der Argumentation gibt es auch bei der Definition keine Formel für alle Fälle. In jedem Fall müssen Sie sich von Ihrem Wissen über Ihr Publikum und Ihrem eigenen Scharfsinn leiten lassen. Unnötige Definitionen werden dazu führen, dass sie Sie für einen Idioten halten; Eine unzureichende Definition führt dazu, dass sie von Ihrer Bedeutung abweichen.

Notizbuch. *Geben Sie alle Begriffe ein, die für die Zielgruppe, die Sie ansprechen, definiert werden müssen .*

Abbildung . *Regierungsform der Kommission nach dem Des-Mouses-Plan. Die wesentlichen Merkmale dieses Plans sind wie folgt: Die gesamten Angelegenheiten der Stadt werden von einem Bürgermeister und vier Stadträten geleitet, die jeweils für zwei Jahre gewählt werden; sie werden bei einer Vorwahl nominiert; weder bei der Vorwahl noch bei der Endwahl sind Parteibezeichnungen auf dem Stimmzettel zulässig; diese Beamten unterliegen der Abberufung; Der Bürgermeister ist Vorsitzender des Rates, hat jedoch kein Vetorecht. Die Exekutiv- und Verwaltungsbefugnisse sind in fünf Abteilungen unterteilt,* *die jeweils einem Ratsmitglied unterstehen: (1) öffentliche Angelegenheiten (unter der Verantwortung des Bürgermeisters), (2) Rechnungswesen und Finanzen, (3) öffentliche Sicherheit, (4) Straßen und öffentliche Einrichtungen, (5) Parks und öffentliches Eigentum; alle anderen Ämter werden durch Mehrheitsbeschluss des Rates besetzt und ihre Aufgaben festgelegt; abrufen; Konzessionsgewährungen müssen durch eine Volksabstimmung genehmigt werden; Initiative und Referendum; Einmal im Monat muss eine Zusammenfassung der Stadtangelegenheiten veröffentlicht und verteilt werden.*

Denken Sie daran : Auf Antrag von 25 % der Wähler der letzten Wahl muss sich der Bürgermeister oder einer der Stadträte bei einer Sonderwahl zur Wiederwahl stellen.

Referendum . Auf Antrag von 25 % der Wähler muss jede Verordnung bei einer Sonderwahl zur Volksabstimmung vorgelegt werden; Eine Verordnung tritt erst zehn Tage nach ihrer Verabschiedung durch den Rat in Kraft.

Initiative . Auf Antrag von 25 % der Wähler muss eine vorgeschlagene Maßnahme entweder vom Rat angenommen oder einer Volksabstimmung vorgelegt werden.

DIE PROBLEME FINDEN

ÜBUNGEN

1. Schreiben Sie Definitionen des an Ihrer Hochschule geltenden Systems zur Studienwahl für Studierende. der Zulassungsbedingungen zum Studium; der Voraussetzungen für den Abschluss.

2. Schreiben Sie eine kompakte Beschreibung oder Definition der Form der Stadtverwaltung in Ihrer eigenen Stadt oder Gemeinde, wie die des Des Moines-Plans der Kommissionsregierung auf Seite 70.

3. Verfassen Sie eine Definition der Zulassungsvoraussetzungen in englischer Sprache gemäß den Vorgaben der Konferenz über einheitliche Zulassungsvoraussetzungen in englischer Sprache.

4. Schreiben Sie für Ihre Kommilitonen eine Definition des gegenwärtigen Systems der Hochschulgesellschaften an Ihrer eigenen Hochschule und nutzen Sie dabei die Geschichte ihrer Entwicklung. für einen Artikel in einer beliebten Zeitschrift.

5. Schreiben Sie eine Definition von „Sommerbaseball" für ein Publikum aus Studenten; für die Treuhänder Ihrer Hochschule.

6. Schreiben Sie eine Definition von „professioneller Trainer".

7. Schreiben Sie eine Definition der „Squatter-Souveränität", wie sie von Lincoln verwendet wird.

8. Schreiben Sie eine Definition der „Mutationstheorie".

9. Schreiben Sie eine Definition des „englischen Regierungssystems".

10. Schreiben Sie eine Definition von „dem romantischen Geist in der Literatur".

21. Die Probleme finden. Ihre Vorbereitung auf Ihre Argumentation sollte Ihnen nun eine klare Vorstellung von den Interessen und Voreingenommenheiten Ihrer Leser vermittelt haben, Sie hätte einen eindeutigen Vorschlag hervorbringen sollen, den Sie unterstützen oder ablehnen können, und Sie hätte sich über die Bedeutung aller Begriffe im Klaren sein sollen Sie müssen es verwenden, sei es im Satz oder in Ihrer Argumentation. Der nächste Schritt bei der Ausarbeitung der Einleitung zu Ihrem Briefing besteht darin, die Hauptpunkte zu notieren, die auf den beiden Seiten der Frage hervorgehoben werden können, als direkte Vorbereitung für den letzten Schritt, bei dem es darum geht, die Hauptthemen zu finden. Diese Hauptfragen sind die Punkte, um die sich die Entscheidung der gesamten Frage drehen wird. Ihre Anzahl variiert je nach Fall und in gewissem Maße auch je nach dem Raum, den Sie für Ihre Argumentation haben. In einer Tatsachenfrage, die auf Indizienbeweisen beruht, kann es mehrere davon geben. Im White-Mord-Fall, in dem Webster, wie wir bereits gesehen haben, der Hauptanwalt der Anklage war, fasste er die Hauptthemen in der folgenden Passage zusammen. Die wesentlichen Fakten, die zum Verständnis des Falles erforderlich sind, sind, dass der Angeklagte Franklin Knapp war , dass seine Schwägerin, Frau Joseph Knapp, die Nichte von Captain White war, dass durch die Entfernung und Vernichtung des Testaments von Captain White der Angeklagte und sein Testament beseitigt wurden Bruder Joseph vermutete, dass man dafür gesorgt hatte, dass sie von ihm eine große Geldsumme erben würde, dass Richard Crowninshield , der eigentliche Täter des Mordes, sich im Gefängnis umgebracht hatte. Um die Jury von der Schuld des Gefangenen zu überzeugen, musste Webster sie in den folgenden sieben Hauptfragen mitreißen:

> Meine Herren, ich habe die Beweise in diesem Fall durchgearbeitet und mich bemüht, sie Ihnen klar und fair darzulegen. Ich denke, daraus lassen sich Schlussfolgerungen ziehen, an deren Richtigkeit Sie nicht zweifeln können.

> Ich denke, Sie können nicht daran zweifeln, dass es eine Verschwörung gab, die diesen Mord begehen sollte, und wer die Verschwörer waren:

Dass Sie nicht daran zweifeln können, dass die Crowninshields und die Knapps die Parteien dieser Verschwörung waren:

Dass Sie nicht daran zweifeln können, dass der Gefangene an der Bar wusste, dass der Mord in der Nacht des 6. April begangen werden sollte:

Dass Sie keinen Zweifel daran haben, dass die Mörder von Captain White die verdächtigen Personen waren, die in dieser Nacht in und um die Brown Street gesehen wurden:

Dass Sie nicht daran zweifeln können, dass Richard Crowninshield der Täter dieses Verbrechens war:

Dass Sie keinen Zweifel daran haben, dass der Gefangene an der Bar in dieser Nacht in der Brown Street war.

Wenn ja, dann muss es eine Vereinbarung sein, um den Täter zu unterstützen oder ihm zu helfen. Und wenn ja, dann ist er als „Direktor" schuldig.

Ebenso gibt es in den meisten politischen Argumenten eine Reihe von Überlegungen, die für oder gegen die vorgeschlagene Politik sprechen. Wenn Sie ein Argument dafür verfassen würden, das Lateinstudium im kaufmännischen Kurs einer weiterführenden Schule beizubehalten, würden Sie wahrscheinlich darauf hinweisen, dass Latein für effektive Englischkenntnisse unerlässlich ist, dass es die Grundlage für Spanisch und Französisch ist, Sprachen, die … wird für amerikanische Geschäftsleute in Zukunft von immer größerer Bedeutung sein, und dass junge Männer und Frauen, die in die Wirtschaft einsteigen, ein noch stärkeres Recht auf ein Studium haben, das ihren Horizont erweitert und ihren Geist für rein kultivierende Einflüsse öffnet, als diejenigen, die dies tun Hochschule. In der Tat gibt es in sehr wenigen politischen Fragen, die so zweifelhaft sind, dass sie einer Auseinandersetzung bedürfen, eine einzige Überlegung, um die sich die ganze Angelegenheit dreht. Menschliche Angelegenheiten werden durch gegenseitige Interessen sehr kompliziert, und viele Einflüsse beeinflussen sogar die alltäglichen Entscheidungen eines Menschen.

Um die Hauptthemen zu finden – die wirklich die entscheidenden sind, zu denen Ihr Publikum sich eine Meinung bilden wird –, ist weitgehend eine Frage der angeborenen Scharfsinnigkeit und Scharfsinnigkeit; Aber gründliche Kenntnisse Ihres gesamten Fachgebiets sind unerlässlich, wenn Sie zielsicher zum Kern des Themas vordringen und diese entscheidenden Punkte herausgreifen wollen.

Ein einfaches und sehr praktisches Mittel, um an die Hauptthemen heranzukommen, besteht darin, die wichtigsten Punkte, die von beiden Seiten vorgebracht werden könnten, zu Papier zu bringen. Wenn Sie diese dann vor sich haben, können Sie Ihren Fall bald in eine streitbare Form bringen, indem Sie sie formulieren und neu anordnen.

Im Streit um die Einführung einer Kommissionsregierungsform in Wytown würde die Auflistung der wichtigsten Punkte, die von beiden Seiten gefordert werden könnten, etwa wie folgt lauten:

Streitigkeiten auf beiden Seiten. Bejahendenfalls könnten folgende Punkte hervorgehoben werden:

1. Der Plan würde die Personen, die die Macht innehaben, zu jeder Zeit gegenüber den Bürgern direkt verantwortlich machen.

2. Dadurch wäre die Verantwortung für sämtliches kommunales Handeln leicht nachvollziehbar.

3. Es würde fähigere Männer dazu bringen, der Stadt zu dienen.

4. Es würde die Kommunalverwaltung aus der Politik herausnehmen.

5. Die Kommunalverwaltung würde denselben Standards an Ehrlichkeit und Effizienz genügen wie die Privatwirtschaft.

6. Es würde die Wahl von Vertretern korrupter Interessen erschweren.

7. Es würde vorteilhafte Geschäfte mit Unternehmen des öffentlichen Dienstes ermöglichen.

8. Es würde die sofortige Entfernung eines untreuen Beamten ermöglichen.

9. Es würde dazu neigen, die Bürger intelligent für kommunale Angelegenheiten zu interessieren.

10. Es hat überall dort gut funktioniert, wo es ausprobiert wurde.

Auf der negativen Seite könnten folgende Punkte hervorgehoben werden:

1. Der Plan ist eine völlige Abkehr von der traditionellen amerikanischen Regierungstheorie.

2. Dadurch wird einer beträchtlichen Gruppe junger Männer die Chance auf eine Ausbildung in öffentlichen Angelegenheiten verwehrt.

3. Es könnte sehr große Macht in die Hände unwürdiger Männer legen.

4. Korrupte Interessen, die einen größeren Anteil haben, würden härter daran arbeiten, die Stadt zu kontrollieren.

5. Die bisherigen Erfahrungen geben keinen Anlass, das ständige Interesse der Bürger zu erwarten, das notwendig ist, um eine so große Machtkonzentration sicherzustellen.

6. Mit der weiteren Zunahme der ausländischen Bevölkerung in der Stadt besteht eine Gefahr durch Rassen- und Religionszugehörigkeit.

7. Eine Rückkehr zur altmodischen Stadtverwaltung oder eine Änderung davon, wie sie in Newport versucht wurde, würde das aktive Interesse von mehr Bürgern wecken.

8. Das System ist noch ein Experiment.

9. Der gegenwärtige Erfolg des Plans an verschiedenen Orten ist größtenteils auf seine Neuheit zurückzuführen.

10. Das gegenwärtige System hat in der Vergangenheit eine gute Regierung hervorgebracht.

11. Die Rückrufpflicht hält Beamte davon ab, vorteilhafte Maßnahmen zu ergreifen, wenn diese für einen Teil der Stadt schädlich wären oder wenn sie aufgrund ihrer Neuheit unpopulär wären.

In den meisten Fällen, wie hier, werden Sie in dem Ihnen zur Verfügung stehenden Raum zu viele Punkte erhalten, um darüber zu diskutieren. 1500 oder 2000 Wörter sind sehr schnell verschlungen, wenn man anfängt, Beweise im Detail darzulegen, und Argumente, die in der Schule oder im College verfasst wurden, können selten länger sein. Sie dürfen sich daher auf nicht mehr als vier oder fünf Hauptthemen freuen. Wenn Sie die Punkte, die Sie in dieser vorläufigen Stellungnahme notiert haben, durchgehen und vergleichen, müssen Sie daher bereit sein, alles wegzulassen, was offensichtlich nicht wichtig ist. Selbst wenn Sie dies getan haben, haben Sie in der Regel mehr als genug Punkte übrig, um Ihren Platz zu füllen, und müssen einige knappe Entscheidungen treffen, bevor Sie zu den Punkten gelangen, über die Sie sich schließlich entscheiden.

Sie müssen auch bereit sein, einige Punkte umzuformulieren und umzuformulieren, um auf die wichtigsten Aspekte des Falles einzugehen. Dieses Notieren der Punkte, die Ihnen möglicherweise dringend vorgeworfen werden, sollten Sie daher lediglich als einen vorbereitenden Schritt betrachten und nicht als Festlegung der Punkte in der Form, in der Sie sie erörtern werden.

In den Hauptfragen für das Argument zur Einführung einer Kommissionsregierung in Wytown , wie sie weiter unten ausgearbeitet werden, wird ersichtlich, dass Hauptfrage 4 für die Bejahung teilweise aus den mit 1, 2, 6 und 8 gekennzeichneten Punkten abgeleitet ist für das Bejahende und die mit 3, 4 und 5 markierten für das Negative.

Darüber hinaus ist es offensichtlich, dass die von Ihnen gewählten Hauptthemen je nach der Seite der Frage, die Sie diskutieren, etwas variieren. Sie werden mit ziemlicher Sicherheit einige der Punkte weglassen müssen, die möglicherweise gefordert werden, und es macht keinen Sinn, die andere Seite Ihren Standpunkt für Sie bestimmen zu lassen. Punkte, die auf der einen Seite möglicherweise keine große Bedeutung haben oder nicht sehr praktikabel zu argumentieren sind, können auf der anderen Seite sehr effektiv sein; und wenn man argumentiert, sollte man sich immer den Vorteil zunutze machen, der aus der Position fairerweise gewonnen werden kann.

Auch die Formulierung der Hauptthemen variiert je nach der Seite, auf der Sie sie diskutieren. Auch hier müssen Sie jeden fairen Vorteil ausnutzen, der sich aus Ihrer Position ergibt. In den Hauptfragen der Frage , die ich als Beispiel verwendet habe, wie sie unten aufgeführt sind, ist zu erkennen, dass Hauptfrage 1 zum Positiv und Hauptfrage 3 zum Negativ nahezu denselben Grund abdecken; aber wenn Sie positiv argumentieren würden, würden Sie die Aufmerksamkeit auf die dem Regierungssystem innewohnenden Mängel lenken, wenn Sie negativ argumentieren würden, auf die vorübergehenden und entfernbaren Ursachen dafür. Unabhängig davon, auf welcher Seite Sie argumentiert haben, gibt es keinen Grund, warum Sie den Vorteil verlieren sollten, das Problem so zu formulieren, dass Sie direkt mit der Begründung Ihres Arguments beginnen können.

Im Streit um die Einführung einer Kommissionsregierung in Wytown könnten die Hauptthemen folgende sein:

Die von der Bejahung gewählten Hauptthemen:

> 1. Liegt die derzeit eingestandene Ineffizienz der Stadtverwaltung am Regierungssystem?

> 2. Wird die Annahme des Plans zu einer wirtschaftlicheren Verwaltung führen?

3. Wird die Annahme des Plans zu einem effizienteren Service für die Stadt führen?

4. Wird die direkte Verantwortung des Bürgermeisters und der Stadträte gegenüber den Bürgern ein ausreichender Schutz für die ihnen übertragene größere Macht sein?

Die vom Negativ gewählten Hauptthemen:

1. Besteht die Gefahr, so große Macht in die Hände so weniger Männer zu legen?

2. Wird der neue Plan, wenn er angenommen wird, den Standard der Beamten dauerhaft anheben?

3. Ist die Ineffizienz der Stadtverwaltung derzeit auf vorübergehende und entfernbare Ursachen zurückzuführen?

4. War der Plan an anderen Orten vor allem aufgrund seiner Neuheit erfolgreich?

5. Wird die Abberufungspflicht Beamte davon abhalten, aus Angst vor Unbeliebtheit neue Maßnahmen zu ergreifen?

In manchen Fällen wird es schwierig sein, die Anzahl der Probleme auf ein überschaubares Maß zu reduzieren; in anderen kann es aus besonderen Gründen möglich sein, einen Teil davon nur ausführlich zu behandeln. In solchen Fällen kann man immer von einem imaginären „nächsten Kapitel" oder „wird in unserem nächsten fortgeführt" Gebrauch machen. Bei der Überlegung, wie viele Probleme Sie zufriedenstellend lösen können, dürfen Sie jedoch nicht außer Acht lassen, dass die Gegenseite widerlegt werden muss; und bei der Wahl zwischen den möglichen Hauptproblemen müssen Sie stets Urteilsvermögen walten lassen. Viele Punkte, die diskutiert werden könnten, sind den Raum nicht wert, der für ihre Behandlung erforderlich wäre; Aber nicht selten müssen Sie Punkte, die ein gewisses Gewicht haben, durch andere ersetzen, die mehr haben.

Es ist nicht zu erwarten, dass die von den beiden Seiten vorgebrachten Argumente immer genau übereinstimmen, denn die Überlegungen, die für eine Vorgehensweise sprechen, können anderer Natur sein als die, die dagegen sprechen. Manchmal wird eine Seite mehr zu den endgültigen Hauptthemen beitragen, manchmal die andere. Normalerweise wird Ihnen Ihre eigene Seite die größere Anzahl von Punkten nennen, die Ihrer Meinung nach diskussionswürdig sind, denn ein bejahendes und konstruktives Argument hinterlässt normalerweise mehr Eindruck als ein negatives.

Notizbuch. *Geben Sie die wichtigsten Punkte ein, die auf den beiden Seiten Ihrer Frage angesprochen werden könnten. Geben Sie dann, nachdem Sie sie studiert und verglichen haben, die Hauptthemen ein, die Sie diskutieren möchten .*

(Die Argumente beider Seiten und die Hauptthemen des Modellarguments finden Sie auf den Seiten 74-77.)

ÜBUNG

Nehmen Sie eine der Fragen auf den Seiten 10-12, mit denen Sie einigermaßen vertraut sind, und ermitteln Sie die Hauptthemen, indem Sie zunächst die Punkte notieren, die von beiden Seiten gefordert werden könnten.

NOTIZ. Diese Übung eignet sich gut für die Klassenarbeit. Lassen Sie die Klasse die Punkte vorschlagen und schreiben Sie sie, sobald sie auftauchen, an die Tafel. Fordern Sie dann Kritik und Diskussion darüber auf, um zu den Kernthemen zu gelangen.

22. Die vereinbarte Sachverhaltsdarstellung. Nachdem Sie nun die Punkte verglichen haben, in denen die beiden Seiten unterschiedlicher Meinung sind, können Sie die Punkte heraussuchen, in denen sie sich einig sind, und entscheiden, wer von letzteren an der Diskussion teilnimmt. Sie sind daher in der Lage, die vereinbarte Sachverhaltsdarstellung zu verfassen, in der Sie so viel wie möglich über den Verlauf des Falles, den Ursprung der vorliegenden Frage sowie andere relevante Tatsachen und notwendige Definitionen kompakt zusammenfassen benötigt, um den Auftrag zu verstehen. Der Stil dieser Erklärung sollte streng erläuternd sein und es sollte nichts darin enthalten sein, worüber sich beide Seiten nicht einigen könnten. Es sollte den Sachverhaltsdarstellungen bei Gerichten ähneln, die zusammen mit den Schriftsätzen verschickt werden, wenn gegen einen Rechtsgrundsatz Berufung eingelegt wird.

Da es sich bei dieser vereinbarten Tatsachenfeststellung nicht um ein Argument handelt, werden Konjunktionen wie „weil", „für", „daher" und „daher" in geringem Umfang verwendet. Wenn Sie eine davon in Ihrer vereinbarten Aussage finden, ist es besser, sie neu zu ordnen, sodass es nicht den Anschein erweckt, als würden Sie Gründe angeben, bevor Sie mit Ihrer Argumentation begonnen haben.

Bei der Abgabe dieser vorläufigen Stellungnahme und bis zu einem gewissen Grad bei der Formulierung der Hauptthemen ist es für die beiden Parteien praktisch und ratsam, wenn beide Seiten der Frage in Argumenten dargelegt werden sollen, sei es schriftlich oder in der Debatte zusammen arbeiten. Bei dieser Zusammenarbeit sollten sie darauf abzielen, sich in möglichst vielen Punkten zu einigen. Treffen sie nörgelnd und unnachgiebig aufeinander, wird das Ergebnis am Ende sein, dass die Geduld des Publikums auf die Probe gestellt und seine Aufmerksamkeit durch langwierige Diskussionen über vorläufige Details zerstreut wird. Bei der Argumentation sollte man nie vergessen, auch nicht in der Schule und an der Universität, dass das Ziel aller Argumente darin besteht, eine Einigung herbeizuführen. Nur wenige Menschen haben großes Interesse an einem Wettbewerb in Sachen Intelligenz; Und es ist eine schlechte Angewohnheit, sich bei einer Frage, bei der es um echte und ernste Probleme geht, zu sehr darum zu kümmern, einen Gegner einfach nur zu schlagen. Jede Frage, die es überhaupt wert ist, diskutiert zu werden, wird, selbst wenn beide Seiten alles Mögliche zugestanden haben, weitaus mehr zu behandeln haben, als der durchschnittliche Student mit einiger Gründlichkeit behandeln kann.

Notizbuch. *Geben Sie diejenigen wesentlichen Fakten und Definitionen des Falles an, auf die sich beide Seiten einigen würden und die für das Verständnis des Auftrags erforderlich sind.*

Illustration. *Vereinbarte Sachverhaltsdarstellung.* Der Steuersatz in Wytown ist seit vielen Jahren hoch und ist in den letzten zehn Jahren nicht unter vierundzwanzig Dollar auf eintausend Dollar gefallen. Die Wasserversorgung der Stadt ist von zweifelhafter Reinheit, und es wurde nichts unternommen, um sie zu verbessern, vor allem weil die Verschuldung der Stadt mittlerweile nahe an der gesetzlich zulässigen Grenze liegt. Der Polizeidienst war unzureichend, insbesondere in der als South Corner bekannten Region. Obwohl in den letzten fünf Jahren zweihunderttausend Dollar für die Straßen ausgegeben wurden, ist die Hauptstraße der Stadt immer noch unbefestigt und keine der anderen Straßen ist mit Schotter bedeckt. Obwohl die Stadt nach dem lokalen Optionsgesetz einheitlich für keine Lizenz gestimmt hat, wird dennoch viel Alkohol verkauft. Die Stadtbeamten wurden regelmäßig auf Kongressen der Demokraten und Republikaner nominiert.

Die Frage ist derzeit aufgekommen aufgrund von Streitigkeiten zwischen Bürgermeister und Stadträten, aufgrund des Antrags der Stadtregierung an den Gesetzgeber, Anleihen für neue Wasserwerke über der genehmigten Schuldengrenze auszugeben, weil der Steuersatz im vergangenen Jahr höher war als je zuvor zuvor in der Geschichte der Stadt und aufgrund der Gründung einer Bürgervereinigung, die maßgeblich dazu beigetragen hat, vom Gesetzgeber einen Gesetzentwurf zu erhalten, der die Bürger ermächtigt, über die Annahme des vorgeschlagenen Plans abzustimmen.

Punkte, die hier nicht behandelt werden, werden in nachfolgenden Beiträgen aufgegriffen.

Die Definitionen auf Seite 70 sind als Teil dieser vereinbarten Erklärung zu verstehen.

ÜBUNGEN

1. Kritisieren Sie die folgenden Sätze auf ihre Eignung als Teil von Einleitungen zu Briefings:

> *ein* . Man ist sich einig, dass die Kommissionsregierung in Des Moines erfolgreich war, weil sie einfach ist und vom Volk leicht kontrolliert werden kann.

> *b* . Unter Sommerbaseball ist Baseballspielen für Geld zu verstehen, denn ein Mann, der von einem Hotel seine Unterkunft und Verpflegung zum Spielen bekommt, nimmt den Gegenwert von Geld.

> *c* . (Als eine der Argumente für die Bejahung der Frage, ob eine Straßenbahn gezwungen werden sollte, eine bestimmte neue Strecke zu bauen, die nicht sofort rentabel wäre.) Die Bequemlichkeit der Öffentlichkeit sollte vor hohen Dividenden berücksichtigt werden, da die öffentliche Hand Zuschüsse gewährt das Franchise.

2. Geben Sie eine vereinbarte Sachverhaltserklärung für ein Argument zu einem der Themen in der Liste auf den Seiten 10–12 ab.

NOTIZ. Dies ist eine gute Übung für den Unterricht: Lassen Sie die verschiedenen Mitglieder der Klasse Sachverhalte vorschlagen, über die man sich einigen kann, und legen Sie sie dann dem Rest der Klasse zur Kritik vor.

23. Materialanordnung . Für die Anordnung des Materials in einem Kurzbrief kann man keine allzu allgemeinen Ratschläge geben, da sich diese Anordnung mit dem der Argumentation eingeräumten Raum und vor allem mit dem Publikum ändern würde. In diesem Punkt wird das Wissen über Ihre Leser, ihre Vertrautheit mit dem Thema und ihre Voreingenommenheiten genauso viel zählen wie das Wissen über das Thema, wenn Sie zu den Argumenten des praktischen Lebens kommen.

Generell gilt: Wenn Ihr Publikum eher lauwarm oder gleichgültig ist, beginnen Sie mit einem Punkt, der es aufrüttelt. In der Argumentation zur Einführung einer Kommissionsregierung in Wytown , für die ich eine Kurzfassung erstellt habe, ging ich davon aus, dass die Bürger bereits für die Notwendigkeit einer Veränderung gesorgt hatten, und begann daher damit, zu zeigen, dass die Übel der gegenwärtigen Verwaltung nachvollziehbar sind hauptsächlich auf das gegenwärtige Regierungssystem. Wenn ich davon ausgegangen wäre, dass die Menschen zunächst dazu gebracht werden müssen, zu glauben, dass eine Änderung notwendig ist, hätte ich zu Beginn eine Aufdeckung der Korruption und Ineffizienz der gegenwärtigen Stadtregierung anstellen und konkrete Fälle zur Verdeutlichung dieses Sachverhalts anführen sollen.

Stellen Sie zum Abschluss Ihrer Argumentation sicher, dass Sie einen starken und wirkungsvollen Standpunkt haben. Im Fall der Kommissionsregierung für Wytown biete ich durch die Widerlegung des Einwands, dass den Stadträten zu viel Macht übertragen wird, eine Chance, gleichzeitig zu zeigen, wie vollständig die Kommissionsregierung die Kontrolle in den Händen des Volkes behält; und der letzte Punkt ist der stärkste, der für die Kommissionsregierungsform angeführt werden kann.

24. Der Ort der Widerlegung. Auch der Ort der Widerlegung und ihr Umfang unterscheiden sich bei den Zuhörern stark. Manchmal kann es praktisch den gesamten Raum einnehmen. Vor ein paar Jahren *Der Outlook* veröffentlichte einen Leitartikel, der sich gegen eine Änderung der New Yorker Gesetze zur Vivisektion aussprach (siehe einen Teil davon auf S. 44), in dem er die beiden für die Änderung vorgebrachten Argumente zurückwies und dann darauf hinwies, dass die Belastung durch Der Beweis lag immer noch auf der anderen Seite. Hier nahm die Widerlegung fast die gesamte Argumentation ein. Huxley widmete in seinen drei „Lectures on Evolution", von denen die erste auf Seite 233 abgedruckt ist, die gesamte erste Vorlesung einer Widerlegung der alternativen Theorien über den Ursprung von Pflanzen und Tieren; Da es notwendig war, akzeptierte Theorien zu beseitigen, bevor die neue Theorie Gehör finden konnte, stellte er seine Widerlegung an die erste Stelle.

Liegen solche besonderen Gründe nicht vor, kann man getrost davon ausgehen, dass man den Argumenten der Gegenseite nicht mehr Aufmerksamkeit schenken sollte als nötig. Die Widerlegung weniger wichtiger Aussagen und Behauptungen erfolgt natürlich an der Stelle der Argumentation, die sich mit diesem Teil des Themas befasst. Geben Sie sie immer wieder an, aber vergrößern Sie ihre Bedeutung nicht, indem Sie sie zu ausführlich behandeln.

Es ist oft nicht ratsam, die Widerlegung am Ende Ihrer Argumentation zusammenzufassen. Der letzte Eindruck bei Ihrem Publikum ist der stärkste: Es ist eine gute Strategie, ihn für Ihre eigenen besten Punkte zu behalten. Manchmal, wie in der Zusammenfassung auf Seite 90, ist es möglich, die Widerlegung mit positiven Argumenten zu kombinieren, die wirksam sind; Aber vergessen Sie nicht, dass ein negatives Argument viel weniger Eindruck hinterlässt als ein positives und konstruktives.

25. Der eigentliche Brief . Wir haben auf Seite 47 gesehen, dass es sich bei dem Schriftsatz im Wesentlichen um eine Darlegung des logischen Rahmens Ihrer Argumentation handelt. Sein Zweck besteht darin, Ihre Argumentation so darzulegen, dass Sie jeden Link prüfen und sicherstellen können, dass jede Behauptung und jede Gruppe von Behauptungen einer festen Grundlage unterliegt . Aus diesem Grund lässt sich der Auftrag für eine schriftliche oder mündliche Argumentation am besten in Form tabellarischer Aussagen zusammenfassen, die mit einer Reihe von Zahlen und Buchstaben gekennzeichnet sind und auf einen Blick den genauen Platz jeder Aussage oder Behauptung im gesamten Argumentationssystem erkennen lassen. Wenn Sie Ihre Argumentation sozusagen bis auf die Knochen und Sehnen zerlegen können, können Sie mit der Gewissheit fortfahren, dass Ihre Argumentation logisch kohärent ist.

Wenn Sie in die Welt hinausgehen, werden Sie Ihren eigenen Weg finden, sich für alle Argumente, die das Schicksal Ihnen auferlegt, zu rüsten. Der Wert der heutigen Übung besteht darin, die Arbeit dann ohne Zeitverschwendung erledigen zu können. Die folgenden Regeln sind das Ergebnis langer Experimente und Studien der besten Experten. Wenn Sie in einer Klasse arbeiten, sollten Sie außerdem bedenken, dass Sie viel mehr aus Ihrem Lehrer herausholen können, wenn Sie ihm Zeit sparen, indem Sie sich streng an die Einheitlichkeit der äußeren Form halten.

Ich werde zunächst zeigen, wie ein Schriftsatz aufgebaut ist, indem ich einen Teil des Prozesses für die Argumentation zur Einführung einer Provision in Wytown durchführe ; Dann werde ich die Regeln mit einer Erläuterung ihrer Funktionsweise und ihrer praktischen Zweckmäßigkeit erläutern.

Wir haben gerade gesehen, dass der Brief im Wesentlichen eine Darstellung des logischen Rahmens des Arguments ist: Er sollte daher aus den Hauptargumenten zur Stützung des Vorschlags mit den zur Stützung dieser Behauptungen angeführten Gründen sowie aus den Fakten und Fakten bestehen Gründe, die zur Stützung dieser Gründe vorgebracht werden, wobei diese sukzessive Stützung der Gründe, soweit möglich, auf die letzten Tatsachen zurückgeführt wird.

Wenn Sie mit der Ausarbeitung Ihres Briefings beginnen, beginnen Sie mit Ihren Hauptthemen, die jetzt als Behauptungen dargelegt werden. Dann geben Sie für jeden von ihnen einen oder mehrere Gründe an.

im Brief zur Einführung der Kommissionsregierung in Wytown mit den Hauptfragen für die Bejahung und wandeln sie von Fragen in Behauptungen um. Die erste Hauptausgabe würde dann lauten:

> Die derzeit eingestandene Ineffizienz der Stadtverwaltung
> ist auf das Regierungssystem zurückzuführen.

Der nächste Schritt besteht darin, Gründe für diese Behauptung anzugeben. Dementsprechend sollten wir der Behauptung ein „seit" oder ein „für" hinzufügen und diese Gründe dann darunter ordnen. Nehmen wir an, wir nennen drei Gründe:

I. Die derzeit eingestandene Ineffizienz der Stadtverwaltung ist auf das Regierungssystem zurückzuführen; für

> *A.* _ Parteiliche Politik entscheidet über Nominierungen für Ämter;

> *B.* _ Vorteilhafte Verträge können nicht abgeschlossen werden;

> *C.* _ Die Verantwortung für die Ausgaben ist verstreut.

Jede dieser Behauptungen muss eindeutig bestätigt werden, bevor sie akzeptiert wird. Folgen wir der Unterstützung des ersten und legen hier die Gründe und Tatsachen dar, die ihn unanfechtbar machen.

> *A.* _ Parteiliche Politik entscheidet über Nominierungen für Ämter; für

>> 1. Die Organisation der nationalen Parteien ist dauerhaft.

>> 2. Es gab Verhandlungen zwischen den Parteien, um politische Dienste mit städtischen Ämtern zu vergüten.

Von diesen Punkten ist der erste eine offensichtliche Tatsache; In der Argumentation bedarf es nur einer geringfügigen Ausarbeitung und Spezifizierung, um ihren Einfluss auf den Fall wirksam zu machen. Die zweite hingegen muss durch Beweise gestützt werden; und im Schriftsatz sollten wir uns dementsprechend auf die Fakten beziehen, die in Zeitungen zu bestimmten Zeitpunkten angegeben wurden, aus denen in der Argumentation vollständig zitiert würde. Hier gelangen wir dann in beiden Fällen, wenn auch auf unterschiedliche Weise, zum Grundgestein der Tatsachen, auf dem die Argumentation aufbaut. Gleichzeitig wurde jede Verbindungsstelle im Rahmen der Argumentation offengelegt, so dass keine Schwachstelle der Entdeckung entgehen kann. Dies sind immer die beiden Hauptziele einer Kurzdarstellung: auf die Fakten einzugehen, auf denen die Argumentation aufbaut, und jeden wesentlichen Schritt der Argumentation darzustellen.

26. Regeln für das Briefing. Die unten aufgeführten Regeln sind in zwei Gruppen unterteilt: Die erste Gruppe befasst sich hauptsächlich mit der Form des Auftrags; diejenigen im zweiten gehen mehr auf die Substanz ein;

aber der Unterschied zwischen den beiden Gruppen ist alles andere als absolut.

ICH

1. *Ein Brief kann in drei Teile unterteilt werden: die Einleitung, den Beweis und die Schlussfolgerung. Von diesen sollte die Einleitung unbestrittene Themen enthalten und die Schlussfolgerung sollte eine Wiederholung des Satzes sein, mit einer bloßen Zusammenfassung der Hauptthemen in bejahender (oder negativer) Form .*

Die Einleitung wurde bereits ausführlich behandelt (siehe S. 48-81). Die Schlussfolgerung fasst die Hauptpunkte der Argumentation zusammen und verleiht dem Schriftsatz den Eindruck fachmännischer Vollständigkeit. Es sollten niemals neue Punkte eingeführt werden.

2. *Halten Sie in der Einleitung jeden Schritt der Analyse für sich und kennzeichnen Sie die einzelnen Teile durch Überschriften wie „Die folgenden Begriffe bedürfen einer Definition", „Über die folgenden Tatsachen ist man sich einig", „Die folgenden Punkte werden nicht berücksichtigt." in diesem Argument" „Die Hauptargumente zum „Die Hauptthemen, zu denen argumentiert wird, sind wie folgt ."*

Es ist nicht zu erwarten, dass alle diese Schritte mit den entsprechenden Überschriften in jedem Briefing notwendig sein werden. Der einzige Zweck eines Briefings besteht darin, Ihnen bei der Formulierung eines bestimmten Arguments zu helfen, und Sie müssen jeden Fall für sich betrachten.

3. *Befolgen Sie durchgängig ein einheitliches Nummerierungssystem, sodass aus jeder verwendeten Zahl bzw. jedem verwendeten Buchstaben hervorgeht, ob die Aussage einer der Hauptgründe für Ihren Fall ist oder inwieweit sie untergeordnet ist .*

Mit anderen Worten: Die Nummerierung soll auf einen Blick erkennen lassen, ob es sich bei einer bestimmten Behauptung um einen Hauptgrund, einen Grund für einen Grund oder einen noch untergeordneten Grad der Stützung handelt. Das Nummerierungssystem im Kurzbrief auf Seite 90 ist praktisch. Welches System auch immer gewählt wird, es sollte von der gesamten Klasse befolgt werden.

4. *Die Widerlegung sollte einen eindeutigen Satz von Symbolen haben .*

Diese Symbole können durchaus mit den anderen übereinstimmen, jedoch mit dem Strichzeichen, um sie zu unterscheiden (siehe S. 93).

5. *Geben Sie bei der Begründung der Widerlegung immer zuerst die Behauptung an, die widerlegt werden soll, mit Verknüpfungen wie: „Obwohl sie behauptet wird ..., ist die Behauptung dennoch unbegründet, denn ...", „Obwohl der Fall angeführt wird, ... dennoch ist der Fall irrelevant, denn ..."*

Diese Verknüpfungen werden je nach Art der zu widerlegenden Behauptung variieren; Wichtig ist, dass Sie die Behauptung so deutlich formulieren, dass

Ihr Kritiker die Relevanz und Kraft Ihrer Widerlegung beurteilen kann. (Beispiele finden Sie auf den Seiten 91–93.)

II

6. Ein Schriftsatz sollte in allen seinen Teilen in vollständigen Sätzen formuliert werden; Bloße Themen haben keinen Wert.

Wenn in dem Schriftsatz auf Seite 90 die Überschriften unter I „ *A.* Parteipolitik, *B.* Verschwendung in Verträgen, *C.* Keine Verantwortung für Ausgaben" lauten würden, könnten weder der Verfasser des Schriftsatzes noch der Kritiker ihn mit Sicherheit wissen Verlauf der Argumentation. Es ist zweifellos wahr, dass viele Anwälte und andere Geschäftsleute nur Themenüberschriften verwenden, wenn sie eine Auseinandersetzung planen; Aber man darf nicht vergessen, dass es sich um Männer handelt, die ihr Denkvermögen intensiv trainiert haben, und dass ihre Fähigkeit, mit so wenig schriftlicher Hilfe einen Gedankengang zu erarbeiten und daran festzuhalten, keinen großen Einfluss darauf hat, was die beste Praxis ist für junge Männer, die gerade dabei sind, diese Fähigkeit zu erwerben. Um einen Sinn für eine logische und kohärente Struktur zu entwickeln, ist es am besten, die Argumentation in wenigen Argumenten vollständig darzulegen.

7. Jede Überschrift sollte nur eine einzige Aussage enthalten.

Der Grund für diese Regel liegt auf der Hand: Wenn Sie unter jeder Behauptung die Gründe für diese Behauptung angeben, geraten Sie in Schwierigkeiten, wenn Ihre Behauptung zweideutig ist, da das, was für einen Teil davon ein Grund ist, möglicherweise kein Grund ist Grund für einen anderen. Wenn im Schriftsatz auf Seite 90 unter Überschrift I *B* lauten sollte: „Vorteilhafte Verträge können nicht abgeschlossen werden, und die Verantwortung für die Ausgaben ist verstreut", unter Überschrift I *C* 2: „Die Rechnungslegung wird getrennten Ausschüssen der beiden Gremien vorgelegt, denen keine Mitglieder angehören." „Besondere Verantwortung" hätte nichts mit dem Abschluss von Verträgen zu tun, und die Unterrubrik I *B* 1 „Verträge müssen sowohl von Stadträten als auch Gemeinderäten und dem Bürgermeister weitergegeben werden" hätte nichts mit Ausgaben zu tun.

8. Im Hauptteil des Briefings sollten die Aussagen wie folgt angeordnet sein: Jede Hauptüberschrift sollte eines der in der Einleitung dargelegten Hauptthemen verkörpern; und jede der untergeordneten Behauptungen sollte als Begründung für die Behauptung dienen, der sie untergeordnet ist. Die Verbindung zwischen einer Behauptung und einer ihr untergeordneten Aussage lautet daher für, weil *oder* weil *oder dergleichen, nicht* also *oder* daher *oder dergleichen.*

Eine so zusammengestellte Kurzfassung legt die Argumentation in einer vollständigen und leicht zu prüfenden Form dar. So werden in der Zusammenfassung auf Seite 90 für die Behauptung in der ersten

Hauptausgabe, „Die gegenwärtig eingestandene Ineffizienz der Stadtverwaltung ist auf das Regierungssystem zurückzuführen", drei Hauptgründe genannt: *A*. „Partisanenpolitik bestimmt Nominierungen für Ämter", *B*. „Vorteilsverträge können nicht abgeschlossen werden", und *C*. „Die Ausgabenverantwortung ist gestreut." Anschließend werden für jede dieser sekundären Behauptungen Begründungen angeführt; also für *B*. „Vorteilhafte Verträge können nicht abgeschlossen werden", die Gründe sind I. „Verträge müssen getrennt von Stadträten, Ratsmitgliedern und dem Bürgermeister weitergegeben werden" und 2. „Verhandlungen werden zwischen den Stadträten getroffen, die verschiedene Bezirke vertreten." In diesem Fall werden für jede dieser untergeordneten Behauptungen abschließende Referenzen angegeben, so dass wir zu der letztendlichen Grundlage überprüfbarer Tatsachen gelangen, auf der die Argumentation aufgebaut werden soll.

Der Vorteil dieses Formulars besteht darin, dass Sie, wenn Sie mehrere Behauptungen als Begründung für eine andere angegeben haben und Zweifel haben, ob sie alle dorthin gehören, diese einzeln testen können, indem Sie sie einzeln hinter die Hauptaussage setzen, die sie stützen sollen ein „für" oder ein „seit" dazwischen.

Sie stellen die Behauptung zuerst und den Grund dafür an die erste Stelle, denn wenn es mehr als einen Grund gibt, der gestützt wird, müssen Sie, wenn Sie zuerst den Grund haben, die Behauptung mit jedem Grund wiederholen, sonst besteht die Gefahr einer Verwechslung. Wenn Sie zum Beispiel unter I in der Kurzdarstellung auf Seite 1 mit der Begründung beginnen würden: „Im gegenwärtigen System bestimmt die Parteipolitik die Nominierungen für Ämter" und dann das Ergebnis hinzufügen: „Deshalb ist die Stadtverwaltung ineffizient", hätten Sie dies getan das Ergebnis mit *B* und *C* wiederholen ; und wenn man zum dritten Grad der Unterstützung kam, wäre die Wiederholung unerträglich unbeholfen und verwirrend.

9. Überschriften und Zwischenüberschriften sollten nicht mehr als eine Nummerierung haben.

Der Grund für diese Regel liegt ebenfalls auf der Hand: Jede Überschrift oder Unterüberschrift markiert einen Schritt in der Argumentation, und was zu einem Schritt gehört, kann nicht gleichzeitig zu einem anderen Schritt gehören. In dem Schriftsatz auf Seite 90 wird die Behauptung, dass „Partisanenpolitik über Nominierungen für Ämter entscheidet", als Hauptgrund für die Behauptung im ersten Hauptpunkt genannt, dass „die gegenwärtig eingestandene Ineffizienz der Stadtregierung auf das Regierungssystem zurückzuführen ist." ." Es würde einen Leser verwirren, es *mit A I* zu markieren , als ob es auch im zweiten Grad eine Stütze tragen würde.

10. *Das Schriftstück sollte Hinweise auf die Beweise oder Behörden enthalten, auf die sich die Behauptungen stützen* .

Allgemeine Verweise auf Artikel und Bücher, auf die ständig Bezug genommen wird, sollten am Anfang des Briefings stehen. Verweise auf konkrete Tatsachenbehauptungen oder Meinungszitate sollten dort eingefügt werden, wo sie im Brief vorkommen (siehe Brief auf S. 90).

ÜBUNGEN

1. Kritisieren Sie den folgenden Teil eines Briefings:

Dieses College sollte längere Weihnachtsferien haben, z

I. Das College-Leben neigt dazu, das Familienleben zu zerstören;

A. _ Vater und Sohn;

B. _ Jüngere Brüder und Schwestern;

C. _ Intime Freunde.

2. Kritisieren Sie die folgenden separaten Teile eines Briefings zum Vorschlag:

Diese Stadt sollte ihre Mittel für die öffentliche Bibliothek verdoppeln und diese gegebenenfalls anpassen:

ein . II. Die Mittel für den Kauf von Büchern reichen nicht aus und das Personal ist unzureichend.

b . B. Der Lesesaal ist daher zum Ersticken überfüllt

1. Viele Menschen meiden die Bibliothek.

c . III. Die Gegner der Mittelerhöhung erklären, dass *A* . Die Bibliothek ist ein Luxus für die Reichen; somit

1. Die Reichen sollten es unterstützen; Aber

2. Das ist nicht wahr, z

ein . Die meisten Ausleiher von
Büchern sind Menschen mit
mäßigen Mitteln; daher

b . Die Stadt soll die Bibliothek
unterstützen.

d . IV. *A*. _ Die Stadt kann die Mittel verdoppeln; für

1. Es wurde größtenteils für Parks ausgegeben,

ein . Die auch der Freude und
Verbesserung der Bürger dienen;

b . Somit können Erweiterungen
der Bibliothek finanziert werden.

e . VI. Es ist nicht wahr

A. _ Dass die Leser nur aktuelle Belletristik wollen
und dass sie diese Bücher für sich selbst kaufen
sollten; für

1. Sie sind meist nicht in der Lage,
Bücher zu kaufen; somit

2. Sie sollten ermutigt werden,
andere Bücher zu lesen.

3. Nennen Sie ein Beispiel für ein
Argument und ein Publikum, bei
dem es notwendig wäre, die
Widerlegung an die erste Stelle zu
setzen. eines, bei dem es zunächst
einmal darum ginge, das Interesse
der Leser zu wecken.

4. Schlagen Sie Methoden vor, um
im letzten Fall das Interesse der
Leser zu wecken.

PROBENKURZE

Wytown sollte eine Kommissionsregierung wie die von Des Moines, Iowa,
einführen.

Allgemeine Referenzen: CR Woodruff, City Government by Commission.
New York, 1911; JJ Hamilton, The Dethronement of the City Boss, New
York, 1910; Stadtzeitungen verschiedener Datumsangaben; Entwurf der
vorgeschlagenen Charta, veröffentlicht von der Bürgervereinigung.

(Die aufeinanderfolgenden Schritte der Einleitung finden Sie auf den Seiten 43, 53, 70, 74-75, 76-77, 79-80.)

I. Die derzeit eingestandene Ineffizienz der Stadtverwaltung ist auf das Regierungssystem zurückzuführen; für

> *A._* Parteiliche Politik entscheidet über Nominierungen für Ämter; seit
>
>> 1. Die Organisation der nationalen Parteien ist dauerhaft und die einer Bürgerbewegung vorübergehend.
>>
>> 2. Es gab Verhandlungen zwischen den Parteien über die Vergütung politischer Dienste durch Stadtämter. Tageszeitungen, 12.–20. März 1909; 3.-15. März 1910.
>
> *B._* Vorteilhafte Verträge können nicht abgeschlossen werden; für
>
>> 1. Verträge müssen von den Stadträten, Gemeinderäten und dem Bürgermeister getrennt weitergegeben werden. Aktuelles Stadtrecht, Abschnitte 19-21.
>>
>> 2. Es werden Verhandlungen zwischen den Stadträten verschiedener Bezirke geschlossen. Tageszeitungen, 3. Oktober 1908; 25. Januar 1910.
>
> *C._* Die Verantwortung für die Ausgaben ist verstreut; für
>
>> 1. Abteilungsleiter sind den beiden Gremien gegenüber verantwortlich und nicht dem Bürgermeister. Gegenwärtiges Stadtrecht, Abschnitt 15.
>>
>> 2. Die Rechnungslegung wird getrennten Ausschüssen der beiden Gremien vorgelegt, in denen kein Mitglied besondere Verantwortung trägt. Derzeitiges Stadtrecht, Abschnitte 22-23.

II. Die Annahme des Plans wird zu wichtigen Einsparungen führen; für

> *A._* Die Verwaltung städtischer Angelegenheiten wird einfacher; seit

1. Die Stadträte planen die Arbeiten und sind für deren Ausführung verantwortlich. Entwurf oder Charta, Abschnitte 5 und 13.

2 . Arbeitspläne aller Abteilungen werden gemeinsam geprüft.

3. Eine kleine Körperschaft mit voller Macht kann bessere Geschäfte machen als zwei größere, die unabhängig voneinander handeln.

B. _ Der Plan hat zu Volkswirtschaften geführt, in denen er ausprobiert wurde; für

1. In Des Moines, Iowa, ergab sich im ersten Jahr unter der neuen Charta eine relative Ersparnis von 182.949,65 US-Dollar im Vergleich zum Vorjahr. CR Woodruff, wie zitiert, S. 250.

2. In Haverhill, Massachusetts, wurde im ersten Jahr der Kommissionsregierung ein Defizit von 79.452 US-Dollar in einen Überschuss von 36.511 US-Dollar umgewandelt, nachdem Schulden in Höhe von 133.000 US-Dollar abbezahlt wurden. CR Woodruff, wie zitiert, S. 278.

1'. Obwohl in einer Tageszeitung (3. April 1911) erklärt wird, dass die Stadt Haverhill gezwungen sei, Kredite aufzunehmen, ist der Bericht ohne weitere Beweise nicht vertrauenswürdig; für

ein '. An sich ist es widersprüchlich und verwirrend; Und

b '. Es ist bekannt, dass Berufspolitiker und andere Gegner des Plans häufig falsche Berichte darüber verbreitet haben. *McClure's Magazine* , Bd. XXXV, S. 107.

III. Die Annahme des Plans wird zu einem effizienteren Service für die Stadt führen; für

A. _ Eine bessere Klasse von Bürgern wird ins Amt gezogen; für

1. Stadtbeamte können ihre Politik ohne geringfügige Einmischung planen und durchführen;

2. In Cedar Rapids, Iowa, beschäftigte die Kommission einen Experten für den öffentlichen Dienst und setzte seine Empfehlungen um. JJ Hamilton, wie zitiert, S. 180.

3. In Galveston, Texas, haben Bürger einer besseren Klasse ihr Amt übernommen und der Ton der Stadtverwaltung wurde angehoben. WB Munro, in *The Chautauquan*, Bd. LI, S. 110.

B. _ Die Kommissionsregierung hat dort, wo sie versucht wurde, zu einer besseren Verwaltung geführt; für

1. Galveston und Houston (Texas), Des Moines und Cedar Rapids (Iowa) haben alle von einer besseren Polizeiverwaltung, Verbesserungen in Straßen und Parks und vorteilhafteren Beziehungen zu Unternehmen des öffentlichen Dienstes berichtet. CJ Woodruff, wie zitiert, S. 242-287.

2. Keine Stadt, die den Plan ausprobiert hat, hat ihn bisher aufgegeben. CJ Woodruff, wie zitiert, S. 310.

1'. Obwohl Chelsea, Massachusetts, als Verzicht auf eine Kommissionsregierung angeführt wird, ist der Fall seitdem nicht vergleichbar

ein '. Die Kommission, unter der die Stadt gelebt hatte, wurde nach einem verheerenden Flächenbrand   vom

Gouverneur   ernannt;
Und

b   '. Die   ersetzte
Regierungsform weist die
meisten   wesentlichen
Merkmale   der
Kommissionsregierung
auf, mit Ausnahme der
Größe des Rates, der aus
vier Mitgliedern besteht,
die insgesamt und fünf
nach Distrikten gewählt
werden.

IV'. Obwohl betont wird, dass das korrupte Element in der Politik
unbegrenzte Macht hätte, wenn es die Kommission übernehmen sollte, wird
die direkte Verantwortung gegenüber den Bürgern dennoch eine
Absicherung für die erweiterte Macht darstellen, z

A' . Jeder Akt der Stadtregierung wird bekannt sein; da
gemäß der Satzung – Abschnitte 24, 25, 29, 33 –

1'. Die Sitzungen des Rates sind öffentlich.

2'. Alle Beschlüsse bedürfen der
Schriftform und sind aktenkundig zu
machen.

3'. Alle Abstimmungen sind zu
protokollieren.

4'. Jeden Monat muss eine detaillierte
Aufstellung der Einnahmen und Ausgaben
gedruckt und verteilt werden.

5'. Verordnungen über Verträge oder die
Gewährung von Konzessionen müssen
eine Woche vor der endgültigen
Verabschiedung veröffentlicht werden
und können auf Antrag dem Volk
vorgelegt werden.

6'. In Des Moines geben die Zeitungen im
Rahmen der neuen Satzung den
Aktivitäten der Stadtregierung viel Raum.
McClure's Magazine , Bd. XXXV, S. 101.

B' . Die Bestimmungen für einen Rückruf werden eine Kontrolle korrupter Beamter sein; für

> 1'. In Des Moines wurde ein Polizeichef auf Vorschlag einer Abberufung des für seine Ernennung verantwortlichen Kommissars in den Ruhestand versetzt. *McClure's Magazine* , Bd. XXXV, S. 101.
>
> 2'. In Seattle wurde ein Bürgermeister abberufen, der sich mit dem bösartigen Element abgefunden hatte und mit öffentlichen Dienstleistungsunternehmen verbündet war. Tageszeitungen, März 1911.

ABSCHLUSS.

Wytown sollte eine Kommissionsregierung wie die von Des Moines einführen; seit

> *A.* _ Die eingestandene Ineffizienz der Stadtverwaltung ist derzeit auf das Regierungssystem zurückzuführen;
>
> *B.* _ Die Annahme des Plans wird zu wichtigen Einsparungen führen;
>
> *C.* _ Die Annahme des Plans wird zu einem effizienteren Service für die Stadt führen; Und
>
> *D.* _ Die direkte Verantwortung des Bürgermeisters und der Stadträte gegenüber den Bürgern wird ein Schutz für die ihnen übertragene größere Macht sein.

KAPITEL III

BEWEISE UND BEGRÜNDUNG

27. Beweise und Argumentation. Wir haben im letzten Kapitel gesehen, dass der Hauptwert einer Kurzbeschreibung darin besteht, dass sie zunächst Ihre Argumentation darlegt, damit Sie sie im Detail prüfen können; und zweitens zeigt es die Grundlagen Ihrer Argumentation auf Tatsachen auf, die nicht bestritten werden können. In diesem Kapitel werden wir untersuchen, welche Gründe den Beweisen und der Argumentation Gültigkeit verleihen.

Wenn die von Ihnen vorgebrachten Tatsachen von Personen stammen, die sie aus erster Hand kennen, sind sie ein direkter Beweis; Wenn Sie sie anhand anderer Tatsachen begründen müssen, handelt es sich um indirekte Beweise, und im letzteren Fall ist die Begründung ein wesentlicher Bestandteil der Tatsachenfeststellung. In diesem Kapitel werde ich daher zunächst von direkten Beweisen sprechen, dann von indirekten und dann dazu übergehen, einige der einfacheren Prinzipien zu betrachten, die das Denken regeln.

Im allgemeinen Sprachgebrauch ist das Wort „Beweis" ziemlich vage und bedeutet alles, was dazu beiträgt, die eine oder andere Seite einer Frage festzustellen, sei es eine Tatsache oder eine Politik. Das Wort kommt jedoch letztendlich aus dem Gesetz, wo es für die mündliche oder schriftliche oder materielle Aussage verwendet wird, die vorgelegt wird, um die Wahrheit von Tatsachenbehauptungen nachzuweisen: Beweise werden der Jury vorgelegt, die unter dem gemeinsamen Recht steht Das Gesetz entscheidet über Tatsachenfragen. In fast allen politischen Argumenten verwenden wir jedoch Tatsachen als Gründe für oder gegen die betreffende Politik, und deshalb müssen wir in den meisten Fällen Beweise verwenden, um diese Tatsachen zu belegen; In vielen Fällen gibt es nach Feststellung der Fakten keine weiteren Meinungsverschiedenheiten über die Politik. Bei Argumenten für und gegen ein staatliches Verbot des Spirituosenhandels ist es beispielsweise eine wesentliche Tatsache, festzustellen, ob das Verbot in dem Status, in dem es versucht wurde, scheiterte oder erfolgreich war, und ein weiterer wesentlicher Fakt, ob unter ähnlichen Bedingungen eine Kombination aus hoher Lizenz und ... Die lokale Option hat zu weniger Trunkenheit geführt oder auch nicht. Beides sind äußerst komplizierte und schwer zu entscheidende Tatsachen; Wenn jedoch eindeutige Beweise zu ihrer Begründung vorgelegt werden können, würden vernünftig denkende Menschen die Frage, welche Politik verfolgt werden sollte, im Allgemeinen als geklärt betrachten. In ähnlicher Weise würde ein Argument für die Volkswahl von Senatoren zweifellos in großem Umfang die angebliche Tatsache ausnutzen, dass es bei Wahlen durch die gesetzgebenden

Körperschaften häufig zu einer unangemessenen Einmischung von Sonderinteressen und reichen Unternehmen gekommen sei; und die Behauptung dieser Tatsache müsste durch Beweise gestützt werden. Wenn diese Tatsache so klar festgestellt wäre, würde sie als wichtiger Grund für eine Änderung unserer gegenwärtigen Politik anerkannt werden. Im Interesse der Klarheit des Denkens lohnt es sich, sich an diese Unterscheidung zu erinnern; Denn wie wir sehen werden, können wir nur dadurch bestimmen, wann die gewöhnlichen Regeln der Logik auf die Argumentationsprozesse, auf denen die Argumentation basiert, zutreffen und wann nicht. Ich werde daher hier von den Beweisen für Tatsachen und von den Gründen sprechen, die für oder gegen eine Politik sprechen.

Nebenbei lässt sich sagen, dass die äußerst komplizierten Beweisregeln des Gewohnheitsrechts praktisch nichts mit unserem gegenwärtigen Thema zu tun haben, da sie auf ganz besonderen Bedingungen beruhen und durch ganz besondere Zwecke geformt wurden. Ihr Ziel ist es, so weit wie möglich Grundsätze festzulegen, die auf alle Fälle ähnlicher Art anwendbar sind; und sie schließen daher viele Tatsachen und viele Beweise aus, die wir alle außerhalb des Gerichts ohne zu zögern für unsere Entscheidung heranziehen. Das Geschworenensystem hat eine merkwürdige und interessante Geschichte hinter sich: Richter haben Absicherungen um Geschworene aufgebaut, die dem Laien lediglich technisch und für die Zwecke der Justiz unnötig erscheinen. [14] Doch auch wenn die Aufhebung vieler dieser Regeln von Zeit zu Zeit zeigt, dass diese Ansicht gerechtfertigt war und vielleicht immer noch ist, muss man bedenken, dass das gesamte Gewohnheitsrecht auf der Anwendung von Grundsätzen basiert, die bereits in früheren Fällen festgelegt wurden neue Fälle gleichen Charakters; und dass daher große Sorgfalt darauf verwendet werden muss, keine Grundsätze festzulegen, die langfristig die gleichmäßige Gerechtigkeitsverteilung beeinträchtigen könnten (siehe zu diesem Punkt SR Gardiner, S. 103). Auch wenn in Einzelfällen die Beweisregel, die Beweise vom Hörensagen verbietet, ungerecht wirkt, so ist doch auf lange Sicht klar, dass sich Prozessbeteiligte weniger Mühe geben würden, Originalbeweise zu erhalten, wenn Hörensagen erlaubt wäre, und dass vieles vom Hörensagen völlig unglaubwürdig ist .

Ein weiterer Grund dafür, dass die Beweisregeln des Gewohnheitsrechts wenig Einfluss auf die Argumente des Alltags haben, ist der, der es unklug macht, sich viel mit der Beweislast zu befassen: Es gibt niemanden, der entweder kompetent oder interessiert ist, den Ausschluss durchzusetzen. Behauptungen und Gerüchte müssen mehr als greifbar vage sein, bevor sich der Durchschnittsmensch aus eigener Initiative die Mühe macht, sie zu hinterfragen; und selbst wenn man solches Material widerlegt, muss man seine Unzuverlässigkeit deutlich machen, wenn man erwarten will, dass normale Leser ihm ernsthaft misstrauen.

28. Direkte und indirekte Beweise. Wenn wir nun darüber nachdenken, wie wir einzelne oder komplexe Tatsachen begründen, stellen wir fest, dass wir uns sowohl zur Unterstützung unseres eigenen Urteils als auch zur Überzeugung anderer Menschen auf Beweise verlassen. Wir haben gesehen, dass Beweise grob in zwei Klassen eingeteilt werden können: Entweder stammen sie von Personen, die aufgrund ihrer eigenen Beobachtung und Erfahrung aussagen, oder sie stammen indirekt durch Argumentation auf der Grundlage bereits festgestellter oder anerkannter Tatsachen und Prinzipien. Die beiden Arten von Beweisen stoßen ineinander, und die zu ihrer Beschreibung üblicherweise verwendeten Begriffe variieren: „Direkter Beweis" wird nicht selten, wie in Huxleys Argumentation (siehe S. 240), als „Zeugnis" bezeichnet, und „indirekter Beweis" wie im selben Argument und in der unten zitierten Meinung des Obersten Richters Shaw wird als „Indizien" bezeichnet. Im Großen und Ganzen lässt sich der Gegensatz zwischen den beiden Klassen jedoch, soweit er von praktischer Bedeutung ist, am besten durch die Begriffe „direkter Beweis" und „indirekter Beweis" beschreiben. Die Unterscheidung zwischen den beiden Klassen wird im folgenden Auszug aus der Stellungnahme des Obersten Richters Shaw vom Obersten Gerichtshof von Massachusetts deutlich. Man wird bemerken, dass es sich um dieselbe Lehre handelt wie die von Huxley (siehe S. 240).

Der Unterschied zwischen direkten Beweisen und Indizienbeweisen besteht also darin. Ein direkter oder positiver Beweis liegt vor, wenn ein Zeuge aufgerufen werden kann, um die genaue Aussage zu treffen; Tatsache, die Gegenstand der Hauptverhandlung ist; Das bedeutet, dass in einem Fall von Tötungsdelikten die beschuldigte Partei tatsächlich den Tod des Verstorbenen verursacht hat. Was auch immer die Art oder Stärke des Beweises sein mag, es handelt sich um die zu beweisende Tatsache. Angenommen, bei dem Todesfall war niemand anwesend – und natürlich kann auch niemand als Zeuge dazu aufgerufen werden –, ist dies dann völlig unbrauchbar für einen rechtlichen Beweis? Die Erfahrung hat gezeigt, dass in einem solchen Fall Indizienbeweise vorgelegt werden können; Das heißt, dass eine Reihe von Tatsachen von so schlüssigem Charakter bewiesen werden kann, dass sie einen festen Glauben an die Tatsache rechtfertigen, der genauso stark und sicher ist wie der, auf dessen Grundlage diskrete Männer in Bezug auf ihre wichtigsten Anliegen zu handeln pflegen. ...

Jede dieser Beweisarten hat ihre Vor- und Nachteile; es ist nicht einfach, ihren relativen Wert zu vergleichen. Der Vorteil eines positiven Beweises besteht darin, dass Sie die direkte Aussage eines Zeugen über die zu beweisende Tatsache haben, der, wenn er die Wahrheit sagt, gesehen hat, wie es geschehen ist; und die Frage ist nur, ob er ein Recht auf Glauben hat. Der Nachteil besteht darin, dass der Zeuge möglicherweise falsch und korrupt ist und der Fall möglicherweise nicht die Möglichkeit bietet, seine Unwahrheit aufzudecken.

Aber in einem Fall von Indizienbeweisen, bei denen kein Zeuge direkt über die zu beweisende Tatsache aussagen kann, gelangt man zu dieser Aussage durch eine Reihe anderer Tatsachen, die erfahrungsgemäß mit der fraglichen Tatsache in engem Zusammenhang stehen, wie z. B. im Zusammenhang mit Ursache und Wirkung, dass sie zu einem zufriedenstellenden und sicheren Ergebnis führen; Wenn nach einem kürzlichen Schneefall Fußabdrücke entdeckt werden, ist es sicher, dass ein belebtes Wesen über den Schnee geflogen ist, seit er gefallen ist. und anhand der Form und Anzahl der Fußabdrücke lässt sich mit gleicher Sicherheit feststellen, ob es sich um einen Menschen, einen Vogel oder einen Vierbeiner handelte. Indizienbeweise basieren daher auf Erfahrungen sowie beobachteten Tatsachen und Zufällen und stellen einen Zusammenhang zwischen den bekannten und bewiesenen Tatsachen und der zu beweisenden Tatsache her. [15]

Unter die Kategorie der direkten Beweise, wie ich den Begriff verwenden werde, fallen die Beweise materieller Gegenstände: Bei einem Unfall kann beispielsweise die Narbe einer Wunde den Geschworenen gezeigt werden; oder wenn eine Stadtverwaltung zur Anlage eines Parks aufgefordert wird, kann der Stadtrat hinzugezogen werden, um sich das Land anzusehen, das er nehmen möchte. Auch wenn es sich bei solchen Beweisen nicht um Zeugenaussagen handelt, handelt es sich doch um direkte Beweise, da sie nicht auf Argumentation und Schlussfolgerungen basieren.

29. Direkte Beweise. Direkter Beweis ist die Aussage von Personen, die aus eigener Beobachtung von der Tatsache wissen: So ist die Aussage der Zeugen eines Testaments, dass sie gesehen haben, wie der Erblasser es unterzeichnet hat, die Aussage eines Forschers, dass es in Afrika Pygmäenstämme gibt, die Aussage eines Chemikers über die Bestandteile einer bestimmten Legierung oder eines Arztes über den Erfolg einer neuen Behandlung. Jeden Tag unseres Lebens geben und empfangen wir direkte Beweise; und der Wert dieser Beweise ist sehr unterschiedlich.

Erstens sollte sich niemand zu sehr auf seine eigenen, beiläufigen Beobachtungen verlassen. Es ist bekannt, dass wir das sehen, was wir zu sehen erwarten; Und niemand, der sich nicht bewusst darauf konzentriert, die Tatsachen zu beobachten, kann erkennen, wie viel von dem, was er für Beobachtung hält, in Wirklichkeit eine Schlussfolgerung aus einem kleinen Teil der ihm vorliegenden Tatsachen ist. Ich spüre, wie ein leichtes Zittern durch das Haus geht und die Fenster ein wenig klappern, und nehme an, dass ein Zug auf der Eisenbahnstrecke unterhalb des Hügels hundert Meter entfernt vorbeigefahren ist: Tatsächlich könnte es sich um eines der leichten Erdbeben gehandelt haben Erschütterungen, die in den meisten Teilen der

Welt alle paar Jahre auftreten. Die Fehler, die die meisten von ihnen bei der Erkennung von Personen machen, sind von der gleichen Art: von einem einzelnen Merkmal, das wir vermuten, zu einer Identität, die nicht existiert.

In den letzten Jahren haben sich Psychologen bemüht, genaue Fakten über diese Ungenauigkeit der menschlichen Beobachtung zu ermitteln, und es wurden verschiedene Experimente durchgeführt. Hier ist ein Bericht von einem:

So fand beispielsweise vor zwei Jahren in Göttingen eine Tagung einer wissenschaftlichen Vereinigung statt, bestehend aus Juristen, Psychologen und Ärzten, allesamt also in sorgfältiger Beobachtung geschulten Männern. Irgendwo in derselben Straße fand an diesem Abend ein öffentliches Karnevalsfest statt. Plötzlich, mitten in der Gelehrtensitzung, öffnen sich die Türen, ein Clown in buntem Kostüm stürmt in wahnsinniger Aufregung herein, und ein Neger mit einem Revolver in der Hand folgt ihm. Mitten im Saal schreit erst der eine, dann der andere wilde Phrasen; dann fällt der eine zu Boden, der andere springt auf ihn; dann ein Schuss, und plötzlich sind beide aus dem Raum. Die ganze Angelegenheit dauerte weniger als zwanzig Sekunden. Alle waren völlig überrascht, und niemand außer dem Präsidenten hatte die geringste Ahnung, dass jedes Wort und jede Handlung vorher einstudiert worden war oder dass Fotos von der Szene gemacht worden waren. Es schien ganz natürlich, dass der Präsident die Mitglieder bitten sollte, einzeln einen genauen Bericht zu verfassen, da er sicher war, dass die Angelegenheit vor Gericht kommen würde. Von den vierzig eingereichten Berichten gab es nur einen, dessen Unterlassungen schätzungsweise weniger als zwanzig Prozent der charakteristischen Handlungen ausmachten; bei vierzehn wurden zwanzig bis vierzig Prozent der Fakten weggelassen; zwölf haben vierzig bis fünfzig Prozent weggelassen, dreizehn immer noch mehr als fünfzig Prozent. Aber abgesehen von den Auslassungen gab es nur sechs unter den vierzig, die keine eindeutig falschen Aussagen enthielten; In vierundzwanzig Arbeiten waren bis zu zehn Prozent der Aussagen freie Erfindungen, und in zehn Antworten, also in einem Viertel der Arbeiten, waren mehr als zehn Prozent der Aussagen absolut falsch, obwohl dies der Fall war sie alle stammten von wissenschaftlich ausgebildeten Beobachtern. Nur vier von vierzig Personen bemerkten beispielsweise, dass der Neger nichts auf dem Kopf hatte; die anderen gaben ihm ein Derby oder einen hohen Hut und so weiter. Darüber hinaus wurden für ihn ein roter Anzug, ein brauner, ein gestreifter, eine kaffeefarbene Jacke, Hemdsärmel und ähnliche Kostüme erfunden. In Wirklichkeit trug er eine weiße Hose und eine schwarze Jacke mit einer großen roten Krawatte. Die wissenschaftliche Kommission, die über die Einzelheiten der Untersuchung berichtete, kam zu der allgemeinen Feststellung, dass die Mehrheit der Beobachter etwa die Hälfte der Vorgänge, die sich vollständig in ihrem Blickfeld abspielten, ausgelassen oder verfälscht hatte. Wie zu erwarten war, schwankte die Beurteilung der zeitlichen Dauer der Tat zwischen einigen Sekunden und mehreren Minuten. [16]

Eine andere Art von Fällen, in denen unsere direkte Aussage wertlos wäre, ist die Taschenspielertrickserei: Wir glauben, wir sehen tatsächlich, wie unserem Nachbarn Kaninchen aus dem Hut genommen werden oder wie seine Uhr in einem Mörser zerstoßen und dann ganz und gar aus einem leeren Seidentaschentuch geschüttelt wird; und nur durch die Vernunft wissen wir, dass unsere Augen getäuscht wurden.

Es ist daher offensichtlich, dass das Anzweifeln der Aussage eines Mannes nicht immer bedeutet, ihn einen Lügner zu nennen; In den meisten Fällen geht es vielmehr darum, die Genauigkeit seiner Schlussfolgerungen aus dem Teil der Tatsachen in Frage zu stellen, den er tatsächlich erfasst hat. In der Wissenschaft wird keine wichtige Beobachtung akzeptiert, bis die Experimente wiederholt und von anderen Beobachtern überprüft wurden. Tatsächlich ist der größte Teil des wissenschaftlichen Fortschritts auf die Wiederholung von Experimenten durch Beobachter zurückzuführen, die einige kritische Phänomene bemerken, die ihren Vorgängern entgangen sind.

Mit dieser Einschränkung, dass menschliche Beobachtung immer fehlbar ist, sind gute direkte Beweise im Großen und Ganzen die überzeugendsten Beweise, die Sie verwenden können. Wenn Sie eine Tatsache durch den Mund vertrauenswürdiger Zeugen belegen können und Ihren Lesern klar machen, dass diese Zeugen gute Beobachtungsmöglichkeiten hatten und über kompetente Kenntnisse des Themas verfügen, werden Sie im Allgemeinen Ihren Standpunkt begründen. Im Falle eines Unfalls in einer Straßenbahn ist es bei vielen Unternehmen üblich, von ihren Schaffnern zu verlangen, dass sie sofort die Namen einiger der angesehensten Fahrgäste notieren, die im Falle eines Rechtsstreits als Zeugen geladen werden können . Alle Beobachtungen der Wissenschaft und die meisten Tatsachen, die den Geschworenen vor Gericht vorgelegt werden, sowie die Vielzahl kleinerer und größerer Tatsachen, die wir im täglichen Leben akzeptieren, beziehen ihre Autorität aus diesem Prinzip.

Bei den Argumenten in der Schule und an der Hochschule werden Sie möglicherweise nicht viel von direkten Beweisen Gebrauch machen, da sie sich oft nicht auf einzelne, einfache Tatsachen stützen. Aber auch hier gibt es Fälle, in denen Sie die direkte Aussage von Zeugen einholen müssen. Wenn Sie argumentierten, dass Geheimbünde an einer bestimmten Schule abgeschafft werden sollten, und zeigen wollten, dass solche Gesellschaften zu langen Stunden, Kartenspielen um Geld und Alkoholkonsum geführt haben, bräuchten Sie direkte Beweise. Wenn Sie argumentieren würden, dass die Straßenbahngesellschaft Ihrer Stadt verpflichtet sein sollte, einen bestimmten Teil ihrer Strecke zweigleisig zu machen, benötigen Sie direkte Beweise für die Verspätungen und das Gedränge von Waggons mit einem Gleis.

Beweise verwenden, sollten Sie deutlich machen, dass die Person, von der sie stammt, ein kompetenter Zeuge ist, dass sie in der Lage war, die Fakten aus erster Hand zu kennen, und dass sie gegebenenfalls über die entsprechende Ausbildung verfügt um ihre Bedeutung zu verstehen. Im Falle eines Autounfalls wäre ein Mann, der noch nie ein Auto gefahren hat, nicht der beste Zeuge für die Handlungen des Chauffeurs, und ein Mann, der noch nie ein Boot gesegelt hat, wäre nicht der beste Zeuge für den Zusammenstoß zweier Segelboote . In einer wissenschaftlichen Angelegenheit hätten die Beobachtungen eines Anfängers kein Gewicht im Vergleich zu denen eines Mannes, der viele Jahre lang ein Mikroskop benutzt hat.

Auch der Zeuge muss nachweislich frei von Voreingenommenheit sein, sei es praktischer oder theoretischer Natur. Es ist eine wohlbekannte Tatsache, dass Männer hinsichtlich der Klarheit ihres Sehvermögens bei der Beobachtung der Sterne sehr unterschiedlich sind und dass Männer, die über ein außergewöhnliches Sehvermögen verfügen, mit minderwertigen Instrumenten wertvolle Entdeckungen machen können; Aber wenn ein solcher Mann beispielsweise eine Theorie über die Natur der Saturnringe vertreten hat und dafür bekannt ist, diese leidenschaftlich zu verteidigen, werden seine Beweise für das, was er gesehen hat, zwangsläufig etwas zurückgewiesen.

Selbst offiziellen Berichten kann ohne sorgfältige Prüfung nicht vertraut werden.

Tatsache ist, dass viele Dinge zusammenwirken, um einen offiziellen Bericht eingeschränkt und formell zu machen. Es gibt den natürlichen Wunsch eines jeden Menschen, die Dinge für sich selbst von der besten Seite zu zeigen, wenn er seinen Fall der Regierung und der Welt vorträgt; Untergebene müssen nachsichtig entlassen werden; man muss mit ihnen leben, und es beeinträchtigt das Wohlbefinden, wenn sie mürrisch sind. Einem Vorgesetzten eine unangenehme Aussage zu machen, könnte als Gehorsamsverweigerung ausgelegt werden. Aus Gründen des Gemeinwohls ist es zwingend erforderlich, eine schmeichelhafte Geschichte zu erzählen. Die Versuchung ist ständig, nicht die ganze Wahrheit, sondern nur die Wahrheit zu sagen. In den offiziellen Aufzeichnungen gibt es wichtige Unterdrückungen von Tatsachen, vielleicht nicht mehr als in Bezug auf Chancellorsville. [17]

Wenn Sie es mit einer historischen Angelegenheit zu tun haben, deren Zeugenaussagen aus einer mehr oder weniger fernen Vergangenheit stammen und die Beweise dürftig und mangelhaft sind, müssen Sie noch vorsichtiger sein. Der große englische Historiker, der verstorbene SR Gardiner, schrieb in seiner Untersuchung der Beweise zum Schießpulveranschlag von 1605 wie folgt über die Schwierigkeiten beim Umgang mit historischen Beweisen:

Es erscheint seltsam, einen Schriftsteller so zu finden, dass unabhängig davon, was heutzutage als erster Kanon der historischen Forschung gilt, die wertvollen Beweise fast ausschließlich die Beweise von Zeitgenossen sein müssen, die in der Lage sind, etwas über das zu wissen, was sie behaupten . Es ist wahr, dass dieser Kanon nicht pedantisch aufgenommen werden darf. Tradition ist etwas wert, jedenfalls dann, wenn sie nicht allzu weit von ihrer Quelle entfernt ist. Wenn ein Mann, dessen Charakter für Wahrhaftigkeit besonders ausgeprägt ist, mir erzählt, dass sein Vater, der ebenfalls für ehrlich gehalten wird, ihn ernsthaft darüber informiert hat, dass er etwas Bestimmtes gesehen hat, würde ich viel eher glauben, dass es so war, als wenn jemand , von dem ich wusste, dass er unwahr war, teilte mir mit, dass er heute selbst etwas gesehen habe. Der Historiker ist nicht wie der Anwalt verpflichtet, Beweise vom Hörensagen abzulehnen, da es seine Aufgabe ist, die Wahrheit einzelner Behauptungen festzustellen, während der Anwalt an die Bedeutung der Beweise nicht nur für den Fall des Gefangenen denken muss auf der Anklagebank, sondern auf einer unbeschränkten Zahl möglicher Gefangener, von denen viele zu Unrecht verurteilt würden, wenn Beweise vom Hörensagen zugelassen würden. Der Historiker muss jedoch bedenken, dass die Beweise mit jedem Glied der Kette schwächer werden. Die Aufforderung „Hinterlasse eine Geschichte immer besser, als du sie gefunden hast" entspricht den Tatsachen der menschlichen Natur. Jeder Reporter betont zwangsläufig die Seite der Erzählung, die ihm gefällt, und lässt einen anderen Teil weg, der ihn weniger interessiert. Die vom verstorbenen Herrn Spedding aufgestellte Regel : „Wenn etwas als Tatsache behauptet wird, fragen Sie immer, wer es zuerst gemeldet hat und welche Mittel er hatte, um die Wahrheit zu erfahren", ist ein bewundernswertes Korrektiv für lose traditionelle Geschichten.

Eine weitere Prüfung muss jeder Prüfer für sich selbst durchführen. Wenn wir so weit wie möglich festgestellt haben, auf welchen Beweisen unser Wissen über eine angebliche Tatsache beruht, müssen wir die inhärente Wahrscheinlichkeit der Behauptung berücksichtigen. Steht die Aussage darüber im Einklang mit der allgemeinen Funktionsweise der menschlichen Natur oder mit der besonderen Funktionsweise der Natur der Personen, denen die betreffende Handlung zugeschrieben wird? Der 18-jährige Pater Gerard beispielsweise setzt diesen Test großzügig ein. Immer wieder sagt er uns, dass diese oder jene Aussage unglaublich sei, unter anderem weil die Menschen, über die sie gemacht wurde, unmöglich in der ihnen zugeschriebenen Weise gehandelt haben könnten. Wenn ich in einem dieser

Fälle behaupte, dass es mir wahrscheinlich erscheint, dass sie so gehandelt haben, dann handelt es sich lediglich um eine Meinungsverschiedenheit gegen die andere. Auf beiden Seiten gibt es keine mathematische Gewissheit. Alles, was wir jeweils tun können, ist, die Gründe darzulegen, die uns zu der einen oder anderen Meinung veranlassen, und die Sache anderen zu überlassen, wie sie es für richtig halten.

Im Folgenden wird es notwendig sein, ausführlich auf den Angriff von Vater Gerard auf die bisher als schlüssig akzeptierten Beweise für die Tatsachen der Verschwörung einzugehen. Den Gründen für die Ablehnung seines vorläufigen Arguments, dass einige Zeitgenossen und einige, die in einer späteren Generation lebten, der Meinung waren, dass Salisbury die Handlung teilweise, wenn nicht sogar vollständig erfunden habe, sei ein kurzer Raum gewidmet. Ist ihm bewusst, wie schwierig es ist, so etwas durch irgendwelche externen Beweise zu beweisen? Wenn Beweise vom Hörensagen als Wahrscheinlichkeitsargument angesehen werden können, und in manchen Fällen sogar als starkes Wahrscheinlichkeitsargument, dann handelt es sich dabei um jemanden Es handelt sich um einen materiellen Sachverhalt. Ich bin zum Beispiel der Meinung, dass es sehr wahrscheinlich ist, dass die Geschichte von Cromwells Besuch bei der Leiche von Karl I. in der Nacht nach der Hinrichtung des Königs wahr ist, obwohl es nur Beweise dafür gibt, dass Spence sie von Pope gehört hat und Pope sie gehört hat, mittelbar oder sofort, aus Southampton, der die Szene angeblich mit eigenen Augen gesehen hat. Ganz anders verhält es sich, wenn es um Beweise für eine Absicht geht, die notwendigerweise geheim gehalten wird und nur durch offensichtliche Handlungen in Form von Manipulationen an Dokumenten, der Andeutung falscher Erklärungen von Beweisen usw. zum Ausdruck kommt. Ein Gerücht, dass Salisbury die Verschwörung in die Wege geleitet hat, ist absolut wertlos; Das Gerücht, er habe ein bestimmtes Instrument gefälscht, wäre es wert, untersucht zu werden, denn es könnte von jemandem stammen, der ihn dabei gesehen hatte. [19]

Während man selten einen Mann findet, von dem man mit Fug und Recht sagen kann, dass zwischen seinem Gedächtnis und seiner Vorstellungskraft keine Trennung besteht, gibt es doch nur wenige von uns, die sich der Tatsachen in vergangenen Angelegenheiten, die unsere Gefühle berühren, sicher sein können. Wir können nicht umhin, Ereignisse, die in der Vergangenheit verschwinden, bis zu einem gewissen Grad zu rekonstruieren: Wir vergessen die Teile eines Ereignisses, die zu diesem Zeitpunkt unsere Vorstellungskraft nicht scharf berührten, und diejenigen, die uns bewegt haben, gewinnen eine überschattende Bedeutung. Je weiter also die Ereignisse entfernt sind, die durch die Beweise rekonstruiert werden sollen, desto sorgfältiger müssen wir sie untersuchen, um festzustellen, ob es Anzeichen von Voreingenommenheit gibt.

Um den Wert direkter Beweise für einzelne und einfache Tatsachen zu prüfen, prüfen Sie daher, ob die Beweise aus einer speziell benannten Quelle stammen, ob eine Wahrscheinlichkeit besteht, dass der Zeuge bei seiner Aussage ehrlich getäuscht wurde, und ob er ein gutes Recht hatte Gelegenheit zur Kenntnisnahme des Sachverhalts und ausreichende Kenntnis des Sachverhalts, zu dem er aussagt, und schließlich, ob er in dieser Angelegenheit einigermaßen frei von Voreingenommenheit war.

Wenn Sie jedoch direkte Beweise verwenden, müssen diese direkt sein. Zu behaupten, dass „ jeder weiß, dass Geheimbünde in einer bestimmten Schule zu unmoralischen Praktiken geführt haben", ist kein direkter Beweis, noch zu behaupten, dass „die besten Autoritäten der Stadt sich darüber einig sind, dass das Unternehmen auf einer bestimmten Straße zwei Gleise verlegen sollte." ." Bei solchen Behauptungen handelt es sich meist um das umständlichste Hörensagen. Versuchen Sie, den nächsten Mann, den Sie mit solch einer pauschalen Behauptung hören, ins Kreuzverhör zu nehmen, um herauszufinden, was er wirklich über die Fakten weiß, und Sie werden bald feststellen, wie rücksichtslos solche Behauptungen aufgestellt werden. Ständig hört man schwerwiegende Tatsachenbehauptungen, deren letzte Grundlage die Fantasie eines unternehmungslustigen Zeitungsreporters ist; Doch vorsichtige und ehrliche Menschen geben sie weiter, als wären sie unzweifelhaft.

Die Nachrichtenkolumnen der Zeitungen werden größtenteils von jungen Leuten geschrieben, die gerade die High School abgeschlossen haben und das ganze Evangelium zu Themen verkünden, mit denen sie eine halbe Stunde vertraut sind, doch die meisten Leute hinterfragen ihre Aussagen nie. Die gedruckte Seite, sei es ein Haken, eine Zeitschrift oder eine Zeitung, verzaubert unser Urteilsvermögen. Solche schwebenden Behauptungen, für die es niemanden gibt, der sie hervorbringt, haben überhaupt keinen Wert. Wenn Sie Aussagen in einer Zeitung als direkten Beweis verwenden müssen, nehmen Sie sie entweder von einer Zeitung, die als faktenbewusst gilt, oder schlagen Sie den Sachverhalt in zwei oder drei Zeitungen nach und zeigen Sie, dass die Aussagen übereinstimmen.

Andererseits trägt ein spezifischer Name mit einem spezifischen Bezug zu Band und Seite wesentlich dazu bei, Ihren Lesern Vertrauen in die von Ihnen vorgelegten Beweise zu geben. Und das zu Recht, denn ein Mann mit einem Namen und einer Adresse ist Hunderte von namentlich nicht genannten „höchsten Autoritäten" wert; Und je spezifischer Sie sich auf ihn und seine Beweise beziehen, desto wahrscheinlicher ist es, dass Sie Ihr Publikum für Ihre Meinung gewinnen.

Ein berühmtes und wirksames Beispiel für die Verwendung spezifischer Namen, um einem Argument Autorität zu verleihen, und für die beiläufige

Widerlegung einer vagen und vagen Behauptung findet sich in Lincolns Ansprache am Cooper Institute, in der er im ersten Teil die Aussage von Senator Douglas aufgriff dass „unsere Väter, als sie die Regierung, unter der wir leben, formulierten, diese Frage genauso gut und sogar besser verstanden haben als wir jetzt", mit der Schlussfolgerung, dass sie der Bundesregierung die Kontrolle der Sklaverei auf Bundesebene verbieten wollten Gebiete. Lincoln zeigte, dass „unsere Väter, die die Regierung, unter der wir leben, gestaltet haben", die Schöpfer der Verfassung sein müssen: und dann zeigte er auf, welche Maßnahmen jeder einzelne von ihnen, soweit die Aufzeichnungen überliefert waren, in dieser Frage ergriffen hatte . Hier ist eine Passage aus seiner Argumentation:

Die Frage der föderalen Kontrolle in den Territorien scheint nicht direkt vor dem Konvent gestanden zu haben, der die ursprüngliche Verfassung formulierte; und daher ist nicht überliefert, dass die „Neununddreißig" oder einer von ihnen, während sie an diesem Instrument arbeiteten, irgendeine Meinung zu dieser genauen Frage geäußert hätten.

Im Jahr 1789 verabschiedete der erste Kongress, der auf der Grundlage der Verfassung tagte, ein Gesetz zur Durchsetzung der Verordnung von 1787, einschließlich des Verbots der Sklaverei im Nordwestterritorium. Der Gesetzentwurf für dieses Gesetz wurde von einem der „Neununddreißig" vorgelegt – Thomas Fitzsimmons, damals Mitglied des Repräsentantenhauses von Pennsylvania. Es durchlief alle Phasen ohne ein Wort des Widerspruchs und verabschiedete schließlich beide Zweige ohne Ja und Nein, was einer einstimmigen Verabschiedung gleichkommt. An diesem Kongress nahmen sechzehn der neununddreißig Väter teil, die die ursprüngliche Verfassung entworfen hatten. Sie waren John Langdon, Nicholas Gilman, William S. Johnson, Roger Sherman, Robert Morris, Thomas Fitzsimmons, William Few, Abraham Baldwin, Rufus King, William Paterson, George Clymer, Richard Bassett, George Read, Pierce Butler, Daniel Carroll und James Madison.

Dies zeigt, dass ihrer Auffassung nach weder eine Trennlinie zwischen lokaler und föderaler Autorität noch irgendetwas in der Verfassung dem Kongress ordnungsgemäß verbietet, die Sklaverei im Bundesgebiet zu verbieten; Andernfalls hätten sowohl ihre Treue zu korrekten Grundsätzen als auch ihr Eid, die Verfassung zu unterstützen, sie dazu gezwungen, sich dem Verbot zu widersetzen.

Auch hier war George Washington, ein weiterer der „Neununddreißig", damals Präsident der Vereinigten Staaten und genehmigte und unterzeichnete als solcher den Gesetzentwurf, vervollständigte damit seine Gültigkeit als Gesetz und zeigte damit, dass es in seinem Verständnis keine Trennlinie gab

Weder die örtliche Bundesbehörde noch irgendetwas in der Verfassung verbot der Bundesregierung, die Sklaverei auf Bundesgebiet zu kontrollieren.

Kurze Zeit nach der Verabschiedung der ursprünglichen Verfassung überließ North Carolina das Land, das heute den Bundesstaat Tennessee bildet, an die Bundesregierung. und ein paar Jahre später trat Georgia die Staaten ab, die heute die Bundesstaaten Mississippi und Alabama bilden. In beiden Abtretungsurkunden wurde von den abtretenden Staaten zur Bedingung gemacht, dass die Bundesregierung die Sklaverei im abgetretenen Land nicht verbieten sollte. Außerdem herrschte damals tatsächlich Sklaverei im abgetretenen Land. Unter diesen Umständen hat der Kongress, als er die Kontrolle über diese Länder übernahm, die Sklaverei in ihnen nicht absolut verboten. Aber sie haben sich eingemischt – sie haben die Kontrolle darüber übernommen – sogar dort, bis zu einem gewissen Grad. Im Jahr 1798 organisierte der Kongress das Territorium Mississippi. Im Organisationsakt untersagten sie die Einfuhr von Sklaven aus jedem Ort außerhalb der Vereinigten Staaten in das Territorium mit einer Geldstrafe und gewährten den so mitgebrachten Sklaven Freiheit. Dieses Gesetz wurde von beiden Teilen des Kongresses ohne Ja und Nein angenommen. An diesem Kongress nahmen drei der „neununddreißig" teil, die die ursprüngliche Verfassung ausgearbeitet hatten. Es waren John Langdon, George Read und Abraham Baldwin. Sie haben wahrscheinlich alle dafür gestimmt. Sicherlich hätten sie ihren Widerstand dagegen zu Protokoll gegeben, wenn nach ihrem Verständnis eine Trennlinie zwischen örtlicher und bundesstaatlicher Autorität oder irgendetwas in der Verfassung der Bundesregierung ordnungsgemäß verboten hätte, die Sklaverei auf Bundesgebiet zu kontrollieren.

Diese genaue Namensnennung, auf die er sich mit so großer Sorgfalt vorbereitet hatte, ermöglichte es Lincoln am Ende, mit absoluter Schlüssigkeit zusammenzufassen:

Die von mir erwähnten Fälle sind die einzigen Akte der „Neununddreißig" oder einer von ihnen, die sich auf den direkten Sachverhalt beziehen und die ich entdecken konnte.

Zählt man die Personen, die auf diese Weise handelten, auf vier im Jahr 1784, zwei im Jahr 1787, siebzehn im Jahr 1789, drei im Jahr 1798, zwei im Jahr 7804 und zwei in den Jahren 1819–1820, wären es dreißig. Aber das würde bedeuten, dass John Langdon, Roger Sherman, William Few, Rufus King und George Read jeweils zweimal und Abraham Baldwin dreimal gezählt würden. Die wahre Zahl derjenigen der „Neununddreißig", von denen ich gezeigt habe, dass sie auf die Frage reagiert haben, die sie dem Text nach besser verstanden haben als wir, beträgt dreiundzwanzig, sodass sechzehn nachweislich in keiner Weise darauf reagiert haben Weg.

Hier haben wir also dreiundzwanzig unserer neununddreißig Väter, „die die Regierung, unter der wir leben, gestaltet haben", die aufgrund ihrer offiziellen Verantwortung und ihrer leiblichen Eide genau auf die Frage reagiert haben, die ihnen der Text bestätigt. genauso gut und sogar besser verstanden als wir es jetzt tun"; und einundzwanzig von ihnen – eine klare Mehrheit der gesamten „neununddreißig" – handelten so, dass sie sich grober politischer Unangemessenheit und vorsätzlichen Meineids schuldig machten, wenn nach ihrem Verständnis eine ordnungsgemäße Trennung zwischen lokaler und föderaler Autorität, oder irgendetwas in der Verfassung, die sie selbst gemacht hatten und zu deren Unterstützung sie geschworen hatten, verbot der Bundesregierung, die Sklaverei in den Bundesgebieten zu kontrollieren. So handelten die Einundzwanzig; und so wie Taten mehr sagen als Worte, so sagen Taten unter solcher Verantwortung noch lauter.

Wenn Sie zu Beweisen für einen großen und komplexen Sachverhalt kommen, um den sich so viele Argumente im praktischen Leben drehen, werden Sie es immer noch mit einer Tatsache zu tun haben, doch die eigentliche Natur der Tatsache ändert sich den Wert und den Charakter Ihrer Beweise. Es ist vergleichsweise einfach festzustellen, ob eine bestimmte Frau beim Aussteigen aus einer Straßenbahn nach vorne oder nach hinten blickte oder ob die Eier eines Seeigels unter dem Einfluss einer bestimmten chemischen Substanz zu keimen beginnen oder nicht; Aber es ist alles andere als einfach festzustellen, ob ein freier Wahlkurs bei den Absolventen einer bestimmten Hochschule zu größerer Intelligenz und Bildung geführt hat oder nicht, oder ob die Absolventen einer anderen Hochschule, an der der klassische Kurs angeboten wird, einen schärferen und flexibleren Geist haben und verfeinerteren Geschmäckern als Ergebnis ihres Studiums der Klassiker. In solchen Fällen bringt die Anführung direkter Beweise ganz andere Schwierigkeiten mit sich als die, mit denen man konfrontiert wird, wenn man eine einzelne, einfache Tatsache nachweisen möchte . Hier sind Sie in der Regel auf zwei Hauptbeweisquellen angewiesen: Statistiken und die Beweise anerkannter Autoritäten zu diesem Thema.

30. Statistik. Statistiken, bei denen es sich um Zahlensammlungen handelt, sind bekanntermaßen tückisch. Zu vielen wichtigen Themen, wie zum Beispiel der praktischen Wirkung des Wahlsystems, ist es unmöglich, sie zu bekommen; und zu vielen anderen Themen, wie zum Beispiel den Auswirkungen eines Schutzzolls, müssen sie, wenn man ihnen überhaupt vertrauen will, in so enormer Menge vorhanden sein, dass nur fundierte Studenten damit umgehen können. Wenn die Fakten kompliziert sind und die Interessen miteinander verflochten sind, können darüber hinaus viele Zahlen eine Rolle spielen, wie insbesondere im Fall eines Tarifs; Dieses Problem ist mittlerweile so klar erkannt, dass der Kongress einen Zollausschuss ermächtigt hat, der sich aus angesehenen Wirtschaftsstudenten und Männern mit langjähriger Erfahrung im Umgang mit Zollangelegenheiten zusammensetzt, um die Fakten zu sammeln, zu untersuchen und darauf basierend Empfehlungen abzugeben. Ähnlich verhielt es sich mit der Untersuchung der Alkoholfrage vor fünfzehn Jahren durch das Komitee der Fünfzig: Die ganze Frage war so durch Behauptungen und Gegenbehauptungen verwickelt, dass es wünschenswert wurde, eine Untersuchung der Fakten durch Männer mit anerkannter Kompetenz und Unparteilichkeit durchführen zu lassen. [20]

Um Statistiken sicher verwenden zu können, ist im Allgemeinen eine umfassende Kenntnis des Themas erforderlich, insbesondere wenn die Frage in irgendeiner Weise mit den Gefühlen von Männern verknüpft ist, sei es durch die Politik oder nicht. Alle Statistiken, die wir haben, machen große Rüstungen und Kriegsvorbereitungen zunichte; Doch obwohl die menschliche Natur so ist, wie sie ist, scheint die notwendige Klugheit zu erfordern, dass jede Nation, egal wie groß sie ist. Eine sehr kleine menschliche Natur wird eine sehr große Menge an Statistiken durcheinander bringen. Darüber hinaus werden in den meisten menschlichen Angelegenheiten Ergebnisse durch eine Vielzahl von Ursachen hervorgerufen; Und obwohl Statistiken Licht auf drei Viertel aller Ursachen werfen können, die in einem bestimmten Fall wirksam sind, kann das andere Viertel, das sich nicht auf eine eindeutige Aussage reduzieren lässt, das Ergebnis völlig verändern. Wenn Sie daher in Ihrer Argumentation Statistiken als Beweis für einen großen und komplexen Sachverhalt verwenden, sollten Sie diese in der Regel bis zu einem gewissen Grad rechtfertigen, indem Sie zeigen, dass es keine Gegenkräfte gibt, die sie nicht abdecken.

Mit dieser Vorsichtsmaßnahme bilden Statistiken jedoch die Grundlage für die meisten Argumente zu großen Fragen. Wenn Sie für den Kauf örtlicher Wasserwerke plädieren würden, würden Sie Zahlen vorlegen, aus denen die Anzahl der Häuser hervorgeht, die die öffentliche Wasserversorgung nutzen, die gezahlten Tarife, die Gewinne des Unternehmens und die genauen Punkte, an denen die öffentliche Kontrolle die Wirtschaft ankurbeln könnte. Wenn Sie für eine Regel plädieren würden, dass kein Mann in einer Universitätsmannschaft spielen darf, bis er ein Jahr lang an der Universität eingeschrieben ist, benötigen Sie Statistiken, die zeigen, wie viele Männer von der Regel betroffen wären. Wenn Sie sich für eine einzelne Sitzung an einer Schule statt für zwei plädieren würden, würden Sie genau angeben, wie viele Schüler der Schule mehr als eine Meile vom Gebäude entfernt wohnen. In allen Fällen, in denen Statistiken so präsentiert werden können, dass deutlich wird, dass sie den Sachverhalt ausreichend abdecken, sind sie äußerst wertvolle Beweise. Sie verleihen dem Argument die Wirkung, als stünde es auf einem Felsen. Wenn es offensichtlich ist, dass die Statistiken frisch zusammengestellt wurden und nicht nur zufällige und aus zweiter Hand gesammelte Informationen sind, haben sie eine noch größere Wirkung, denn dann haben sie eine sekundäre Aussagekraft, indem sie das persönliche Wissen bezeugen, das der Zeuge über das Thema hat. Wir werden später die Gefahr des Irrtums sehen, auf einer zu engen Grundlage zu verallgemeinern: Eine Verallgemeinerung, die auf einer guten Statistik basiert, birgt keine Gefahr dieses Irrtums.

31. Die Meinung anerkannter Autoritäten. Die andere Hauptbeweisquelle zur Feststellung einer Tatsache, bei der es sich um einen großen und komplexen Sachverhalt handelt, ist die Meinung anerkannter Autoritäten zu diesem Thema. Die Stärke eines solchen Beweises hängt davon ab, ob das Publikum die von Ihnen zitierte Person als Autorität in der Angelegenheit anerkennt. Die meisten von uns lesen Zeitungen oder Zeitschriften, auf deren Meinungen wir Vertrauen haben, weil sie auf Nachforschungen und kompetentem Wissen zu beruhen scheinen. Der Jahresbericht des Finanzministers ist ein hervorragender Beweis für die Lage der Staatsfinanzen. Die Berichte von Hochschulpräsidenten sind ein hervorragender Beweis von Behörden zu Fragen wie dem Wert des Wahlsystems oder den Auswirkungen einer Anhebung des Zulassungsstandards. Der Bericht eines Dekans oder eines Schulleiters über den Wert der organisierten Leichtathletik ist wirkungsvoll, wenn das Publikum weiß, dass er Sport im Freien mag und sich die Zeit nimmt, die Spiele zu sehen. Beweise, die von einer Autorität stammen, die von der Gegenseite wahrscheinlich genutzt wird, sind doppelt wirksam, da Ihre Leser erkennen, dass seine Kompetenz anerkannt wird.

Wenn ein Mann sein Leben dem Studium eines Themas gewidmet hat und Bücher veröffentlicht hat, die von anerkannter Autorität sind, werden seine Beweise von besonderem Gewicht sein. Die Meinung von Herrn Bryce zu allen Fragen, die die Lage in diesem Land betreffen, würde sofort als gewichtig anerkannt werden, denn er hat Zeit und Studium darauf verwendet, die Vielzahl kleiner Tatsachen zu sammeln, die die große Tatsache ausmachen. Seine Meinung, dass die politische Ehrlichkeit bei uns zunimmt, hat vielen guten Bürgern Trost gespendet, die angesichts der Berichte über wiederkehrende Schurkereien in den Zeitungen und Zeitschriften verzweifelt waren. Dies ist ein typischer Fall für die Zitierung von Autoritäten; denn die Tatsachen sind zahlreich, sehr weit verstreut und oft widersprüchlich. Nur ein Mann, der sich die Mühe gemacht hat, sich ständig auf dem Laufenden zu halten, dessen Urteilsvermögen durch langes Nachdenken und Vergleichen der Fakten geschärft wurde und der mit dem richterlichen Temperament geboren ist, kann die Autorität von Mr. Bryce erlangen.

Es wird Fälle geben, in denen Sie das Recht haben, sich als Autorität hervorzuheben, denn in vielen Fächern, die in den Bereich der Studierenden fallen, ist ihr Wissen aus erster Hand. Insbesondere bei allen Fragen der Leichtathletik hat ein Student oft eine beträchtliche Menge an Fakten im Kopf. Ebenso kann man über die Ergebnisse bestimmter Zulassungsvoraussetzungen zum Studium aus aktuellen Erfahrungen sprechen. Auch in Angelegenheiten, die Ihre eigene Stadt betreffen, verfügen Sie möglicherweise über originelles Wissen.

Wenn Sie sich jedoch als Autorität präsentieren wollen, müssen Sie Ihr Wissen über die Fakten abrunden, indem Sie es über Ihre persönliche Erfahrung hinaus erweitern. Wenn es um die Zugangsvoraussetzungen geht, darf man sich nicht auf die eigenen Erfahrungen beschränken, auch nicht auf die der eigenen Schulklasse. Sie müssen die Aufzeichnungen einer Reihe von Unterrichtsstunden vor und möglicherweise nach Ihrem eigenen noch einmal durchgehen und sie mit dem Schulleiter besprechen, um festzustellen, ob es besondere Umstände gibt, die einen von ihnen betreffen. Wenn Sie für oder gegen eine Änderung der aktuellen Fußballregeln plädieren, müssen Sie über die Spiele Ihrer eigenen College-Mannschaft und über die Spiele der aktuellen Saison hinausgehen. Wenn es zum Beispiel darum ginge , die Regeln für den Vorwärtspass zu ändern, könnte man nicht mit voller Autorität sprechen, wenn man sich nicht zumindest zwei oder drei Jahre lang die Abrechnungen der Hauptspiele angesehen hätte. Wenn Sie sich als Zeuge in einem dieser Fälle mit komplizierten Sachverhalten melden, müssen Sie Ihren Lesern klar machen, dass Sie ein Recht darauf haben, als solcher angesehen zu werden. Wenn Sie das Recht dazu haben, wäre es töricht, Ihr Licht unter den Scheffel zu stellen.

Ein Beispiel für die Sorgfalt von Männern, die sich in ihren Fächern zu Autoritäten entwickelt haben, findet sich in der folgenden Passage aus der Ansprache von Präsident Eliot: „Ein breiteres Spektrum an Wahlfächern bei den Zulassungsvoraussetzungen für Hochschulen". [21] Beachten Sie, wie breit er seine Schlussfolgerungen sowohl auf Fakten als auch auf die Meinungen anderer Autoritäten stützt.

> Was sollte die Grundlage einer gerechten Bewertung aller Fächer sein, die bei Zulassungsprüfungen vorgelegt werden können, die zahlreiche Wahlmöglichkeiten umfassen?
>
> Diese Frage führt uns zu einer schwierigen Untersuchung. Es ist natürlich keine intelligente Methode, jedem Fach einen Wert entsprechend der Zeit zuzuordnen, die für die Prüfung in diesem Fach aufgewendet wird. Welchen Hinweis haben wir auf eine bessere Methode zur Bestimmung des Wertes, der jedem der zahlreichen Wahlfächer beigemessen werden sollte, wenn die jungen Männer nicht alle zulässigen Fächer präsentieren können,

und zwar kaum drei Fünftel davon, wenn das Spektrum angemessen erweitert wird? ? Ich glaube, dass das beste Kriterium zur Bestimmung des Werts jedes Fachs die Zeit ist, die diesem Fach in Schulen gewidmet wird, die über ein intelligentes Studienprogramm verfügen. Das Zehnerkomitee [22] untersuchte die Anzahl der Fächer, die in etwa zweihundert der besten weiterführenden Schulen in diesem Land verwendet werden, sowie die Zeitzuteilung für die verschiedenen Fächer. Sie fanden eine große Vielfalt an Übungen sowohl bei der Auswahl der Themen als auch bei der Zeiteinteilung vor. Man kann kaum sagen, dass es an diesen weiterführenden Schulen für irgendein Fach eine akzeptierte Zeitzuteilung gibt – nicht einmal für die alten traditionellen Fächer. Die Zeiteinteilung ist in verschiedenen Teilen des Landes und sogar in verschiedenen Schulen im selben Teil des Landes sehr unterschiedlich. Wenn wir also anhand der Schulzeitkontingente die Bewertungen der verschiedenen Pflicht- und Wahlfächer bestimmen wollen, die in die Aufnahmeprüfungen eingehen können, müssen wir über eine Art Standardprogramm für weiterführende Schulen verfügen. Gegenwärtig (1896) kenne ich außer den vorläufigen Programmen des Zehnerausschusses keine Programme, die diesem Zweck gerecht werden könnten. Man kann mit Fug und Recht sagen, dass es sich dabei um die derzeit am besten untersuchten Programme des Landes handelt und dass sie den größten Anteil an beruflicher Zustimmung repräsentieren, einfach weil sie das Ergebnis der Arbeit erstens von neunzig Schul- und Hochschullehrern sind, aufgeteilt in neun verschiedene Konferenzen nach Fachgebieten, und zweitens von zehn repräsentativen Lehrern, die die Arbeit der Konferenzen zusammenfassen und überarbeiten, unter sorgfältiger Berücksichtigung des gegenwärtigen Zustands der amerikanischen Schulen.

32. Indirekte Beweise. Der Begriff „indirekter Beweis" kann für alle Tatsachenbeweise verwendet werden, bei denen die Argumentation bewusst eine Rolle spielt. Ohne sie wären wir in weiten Bereichen unseres geistigen Lebens, insbesondere in Wissenschaft und Geschichte, und ständig im Alltag hilflos. Offensichtlich ist die Grenze zwischen direktem und indirektem Beweis vage und unsicher; Es ist eine der ersten Erkenntnisse der

Psychologie, dass unsere Wahrnehmungen und Urteile über Dinge um uns herum fast nie ausschließlich auf den Aussagen unserer Sinne basieren und dass wir ständig voreilige Schlussfolgerungen aus sehr unvollständigen Beobachtungen ziehen.

Professor Münsterberg nennt aus eigener Erfahrung folgendes Beispiel für diese unbeabsichtigte Ersetzung indirekter Beweise durch direkte:

Letzten Sommer musste ich mich als Zeuge in einem Prozess einer Jury stellen. Während ich mit meiner Familie an der Küste war, wurde in mein Stadthaus eingebrochen und ich wurde aufgefordert, über meine Erkenntnisse gegenüber dem Täter zu berichten, den sie mit einem Teil der Beute erwischt hatten. Ich berichtete unter Eid, dass die Einbrecher durch ein Kellerfenster eingedrungen seien und beschrieb anschließend, welche Räume sie aufgesucht hatten. Um auf eine direkte Frage zu beweisen, dass sie nachts dort gewesen waren, erzählte ich , dass ich im zweiten Stock Kerzenwachstropfen gefunden hätte. Um zu zeigen, dass sie zurückkehren wollten, berichtete ich, dass sie eine große, in Geschenkpapier verpackte Kaminuhr auf dem Esszimmertisch zurückgelassen hatten. Was schließlich die Menge der mitgenommenen Kleidungsstücke anbelangt, habe ich behauptet, dass die Einbrecher nicht mehr als eine bestimmte Liste erhalten hätten, die ich der Polizei übergeben hatte.

Nur wenige Tage später stellte ich fest, dass jede einzelne dieser Aussagen falsch war. Sie waren nicht durch das Fenster eingetreten, sondern hatten das Schloss der Kellertür aufgebrochen; die Uhr wurde von ihnen nicht in Geschenkpapier verpackt, sondern in eine Tischdecke; der Kerzenstreu lag nicht im zweiten Stock, sondern auf dem Dachboden; die Liste der verlorenen Kleidungsstücke sollte um sieben weitere Stücke erweitert werden; und obwohl in meiner Geschichte unter Eid immer von zwei Einbrechern die Rede war, weiß ich nicht, dass es mehr als einen gab. [23]

Im täglichen Leben stellen wir ständig beiläufige Behauptungen auf, in dem festen Glauben, dass wir direkte Beweise liefern, während wir in Wirklichkeit Schlussfolgerungen verkünden. Die Unterscheidung ist in vielerlei Hinsicht von Bedeutung, nicht zuletzt, um hitzige Auseinandersetzungen zu vermeiden; Denn wenn man die Schlussfolgerungen eines Menschen in Frage stellt, ist die Wahrscheinlichkeit, dass er ihn verärgert, viel geringer, als dass man seine Tatsachenbehauptung leugnet.

Für die praktischen Zwecke der Argumentation können wir die Unterscheidung zwischen Beobachtung und Folgerung und folglich die zwischen direktem und indirektem Beweis davon abhängen lassen, ob die Folgerung ein bewusster und leicht unterscheidbarer Teil des Urteils ist oder nicht. Obwohl das Aufdecken einer unbewussten Schlussfolgerung oft ein wesentlicher Bestandteil der Aufdeckung falscher Überlegungen ist, wo es keine solche praktische Konsequenz gibt, müssen wir hier nicht allzu neugierig auf die Grenze zwischen direkter Beobachtung und Schlussfolgerung aus der Beobachtung sein. Für die groben und einfachen Zwecke alltäglicher Argumente ist es genau genug zu sagen, dass Sie sich auf indirekte Beweise stützen, wenn Sie erkennen, dass Sie Ihre Schlussfolgerung zu einer Tatsache auf einen Argumentationsprozess stützen. Wenn Sie die Schlussfolgerung nicht ohne Überlegung erkennen, verlassen Sie sich auf direkte Beweise.

In der folgenden Erörterung der Argumentation werde ich mich manchmal damit befassen, eine Tatsache zu beweisen, manchmal mit der Argumentation, die zu einer Politik führt. In vielen Fällen sind die beiden Prozesse praktisch identisch, denn wenn die Tatsache festgestellt wird, folgt die Vorgehensweise ganz selbstverständlich: In diesen Fällen werde ich daher der Einfachheit halber die Begriffe austauschbar verwenden und sie nur dort, wo sie vorhanden sind, getrennt halten Es besteht Verwechslungsgefahr.

33. Begründung. Obwohl die verschiedenen Formen des Denkens und die Prinzipien, denen sie folgen, eher Gegenstand der Psychologie und Logik als einer praktischen Arbeit über das Schreiben von Argumenten sind, helfen uns diese Wissenschaften dennoch, die Prozesse des Geistes zu verstehen, durch die wir zunächst uns selbst überzeugen. und dann andere Leute, von der Existenz von Tatsachen, wenn aus dem einen oder anderen Grund ein direktes Zeugnis fehlt. Die Psychologie beschreibt die Prozesse des Denkens als Teil der geistigen Aktivität, analysiert sie in ihre Teile und zeigt ihre Funktionsweise. Die Logik befasst sich vielmehr mit den Formen des Denkens: Ihr Ziel ist es, Prinzipien und Regeln festzulegen, deren Anwendung ein korrektes Denken gewährleistet.

Ich werde zunächst kurz und sehr einfach die zugrunde liegende Natur des Denkprozesses skizzieren, wie er von Psychologen beschrieben wird; dann werde ich zur praktischen Anwendung der dabei gewonnenen Prinzipien übergehen; Als nächstes werde ich einige der einfachsten und klarsten Denkprozesse darlegen, die durch die Logik entwickelt wurden; und schließlich werde ich einige der bekanntesten Formen falscher Argumentation diskutieren. Sowohl aus der psychologischen Beschreibung als auch aus den Regeln der Logik werden wir praktische Vorschläge zur Feststellung von Fakten ableiten, die in einer Argumentation benötigt werden können.

> Das wesentliche Merkmal des Denkprozesses besteht darin, dass er vom Gleichen zum Gleichen geht, indem er ganze Fakten und Phänomene aufschlüsselt und die Implikationen oder Konsequenzen eines oder mehrerer Teile untersucht. [24] Wenn ich zum Beispiel, wenn mein Hund mit

entschuldigender Miene und mit Blut und Federn im Maul aus einem Stall kommt, daraus schließe, dass er eine Henne getötet hat, zerstöre ich das gesamte Phänomen des Aussehens des Hundes, und er achtete nur auf das Blut und die Federn auf seinem Kopf; und diese führen mich direkt zu ähnlichen Erscheinungen, wenn ich ihn auf frischer Tat ertappt habe. Wenn ich argumentiere: „ *Jeder Schüler, der seine Aufmerksamkeit konzentrieren kann, kann schnell lernen, George Marston hat eine bemerkenswerte Konzentrationsfähigkeit. Daher kann George Marston schnell lernen"*, zerlege ich erneut die Abstraktion „ *Schüler* " und die konkrete Tatsache „ *George Marston"* und achte darauf jeder auf das einzelne Merkmal, *Konzentration der Aufmerksamkeit* . Anhand dieser ähnlichen Teile verschiedener Ganzheiten komme ich also von der Aussage über die Klasse als Ganzes zur Aussage über den konkreten Fall. Dieser Prozess, zunächst der Analyse und dann der Abstraktion von Ähnlichkeiten , ist der wesentliche Teil jedes Denkvorgangs.

Bei intuitivem oder unbegründetem Urteil hingegen kommen wir zu einer voreiligen Schlussfolgerung, ohne die Zwischenschritte zu analysieren. Wenn ich sage: *„Ich habe das Gefühl, dass es morgen regnen wird,* oder *es wird mir bewusst, dass unser Team gewinnen wird"* , sind die Empfindungen und Ideen, die ich so in einen Topf werfe, zu subtil und zu komplex für eine Analyse , und die Schlussfolgerung, auch wenn sie sich als fundiert erweisen mag, wird nicht durch Argumentation erreicht. Der Unterschied zwischen solchen intuitiven und unvernünftigen Urteilen und dem so genannten Denken im eigentlichen Sinne liegt in der Abwesenheit oder Anwesenheit des Zwischenschritts, durch den wir bewusst ein einzelnes Attribut oder Merkmal der Tatsache oder Tatsachen, die wir betrachten, erkennen und auswählen und weitergeben von dort auf andere Fälle, in denen es auftritt.

Die Fähigkeit des Denkers besteht daher aus zwei Teilen: erstens der Scharfsinnigkeit, aus der komplexen Tatsache, die ihm vorliegt, das Attribut oder die Eigenschaft herauszusuchen, die für seinen gegenwärtigen Zweck von Bedeutung ist; und zweitens die umfassende Kenntnis des Themas, die es ihm ermöglicht, es in anderen Fällen zu verfolgen, in denen es unter anderen Umständen auftritt, oder mit anderen Worten, eine Ähnlichkeit anhand verschiedener Fälle zu verfolgen. Darwins große Leistung bei der Begründung des Evolutionsprinzips beruhte zunächst auf der wissenschaftlichen Scharfsinnigkeit, die ihm nach Jahren geduldigen Studiums klar wurde, dass die einzige gemeinsame Tatsache in der Vielzahl von Pflanzen und Tieren der Kampf ums Dasein ist, durch den alle kämpfen Lebewesen bleiben bestehen, diejenigen, die am besten zu ihren Umständen passen, überleben; und zweitens in seinem reichen Wissen über die Welt der Natur, das es ihm ermöglichte, dieses Merkmal bei allen Arten von Pflanzen und Tieren zu verfolgen und so zum allgemeinen Gesetz zu gelangen. Aber ob es nun eine so weltumspannende Schlussfolgerung wie seine ist oder meine Schlussfolgerung, dass mein Hund eine Henne getötet hat, der Prozess ist derselbe: Analyse oder Aufschlüsselung der komplexen Tatsache und Verfolgung der Konsequenzen oder Implikationen eines ausgewählten Teils davon in andere Fälle.

Alle Überlegungen reduzieren sich somit letzten Endes auf einen Prozess des Übergangs von Gleichem zu Gleichem: Wir bemerken, dass der vorliegende Fall anderen Fällen gleicht, die wir bereits kennen: denn diese Fälle waren in der Vergangenheit immer von bestimmten Umständen oder Konsequenzen begleitet Wir glauben, dass auch der vorliegende Fall dieselben Umstände oder Konsequenzen aufweisen wird. Wann immer mein Hund getötet hat, wenn die Fälle im Blut und in den Federn an seinem Maul ähnlich waren; in diesem Fall hat er Blut und Federn am Mund; deshalb muss er eine Henne getötet haben. Es überleben einzelne Pflanzen und Tiere, die durch besondere Eigenschaften an ihre Umgebung angepasst sind, und diejenigen, die nicht so angepasst sind, sterben; Pflanzen- und Tierarten sowie Individuen zeigen eine besondere Anpassung an ihre Umwelt; Daher haben Arten durch denselben Prozess der natürlichen Selektion überlebt.

Daraus folgt, dass die Argumentation, ob sie zu einem allgemeinen Gesetz oder zu einem konkreten Urteil führt, von der Annahme abhängt, dass die Natur – und mit Natur meinen wir hier das gesamte Universum, wie wir es kennen – einheitlich ist; dass es Verbindungen zwischen Tatsachen gibt, die es uns ermöglichen, sicher zu sein, dass, wenn eine bestimmte Tatsache eintritt, immer auch eine andere Tatsache als Wirkung oder als Ursache auftritt oder auf andere Weise damit verbunden ist. Ohne diese Gewissheit der Einheitlichkeit der Dinge gäbe es keine Argumentation und daher kein Argument aus indirekten Beweisen. Huxley legt diese grundlegende Wahrheit zu Beginn der ersten seiner „Lectures on Evolution" (siehe S. 234) klar und eindrucksvoll dar.

Aus praktischen Gründen können die verschiedenen Arten dieser Ähnlichkeitsfolgerung bequem in drei Gruppen eingeteilt werden. Es ist offensichtlich, dass zwischen ihnen keine feste und unpassierbare Grenze besteht.

„Wenn eine Schlussfolgerung auf einer neu entdeckten, seltenen oder zweifelhaften Ähnlichkeit beruht, wird sie eine Schlussfolgerung aus einer Analogie genannt; wenn sie auf der Grundlage einer etablierten Klassifikation getroffen wird, wird sie eine Verallgemeinerung genannt; wenn sie eine Vielzahl von Ähnlichkeiten umfasst Wenn Ähnlichkeiten so kombiniert sind, dass sie sich auf einen einzigen Punkt beziehen, wird dies üblicherweise oder häufig als Schlussfolgerung aus Indizienbeweisen bezeichnet. 25

Ich werde jeden dieser Typen aufgreifen und zeigen, wie wir sie in der praktischen Argumentationsarbeit verwenden. Es zeigt sich, dass die Ergebnissicherheit sehr unterschiedlich ist.

34. Argumentation aus Analogie. Die Analogie in ihrer dürftigsten Form ist als Grundlage für eine tatsächliche Schlussfolgerung schwach, obwohl sie als Mittel zum Ausdruck eines intuitiven Urteils oft wirksam ist, wenn die Gründe für eine formale Erklärung zu subtil und unklar sind. Als Lincoln mitten im Bürgerkrieg sagte, dass Männer beim Überqueren eines Baches nicht die Pferde tauschen, wurde die Analogie, wenn auch subtil, als real empfunden. Populäre Sprichwörter und Sprichwörter sind gängige Ausdrucksmittel für solche tiefgreifenden Analogien: zum Beispiel: „Wo Rauch ist, ist auch Feuer"; „Der Faule sagt: Da ist ein Löwe im Weg." Auch die Poesie ist voll von diesen subtilen, prägnanten Ähnlichkeiten, die die Dinge in einem Aspekt verbinden, in allen anderen jedoch versagen.

> Sterben; schlafen;
> Nicht mehr; und durch einen Schlaf sagen wir, wir beenden
> den Herzschmerz und die tausend natürlichen
> Erschütterungen, die das Fleisch erben muss. Das ist eine
> Vollendung, die man sich unbedingt wünschen kann .
> Sterben; schlafen ;-
> Schlafen? Vielleicht zum Träumen! Ja, da ist das Problem.
> Denn in diesem Todesschlaf können alle Träume
> auftauchen,
> die uns, wenn wir diese sterbliche Hülle abgestreift
> haben , eine Pause geben müssen.

Aber wie in diesem Fall von Hamlet halten poetische Analogien keiner großen Belastung stand; Der Aspekt, in dem die Ähnlichkeit besteht, ist normalerweise der einzige Aspekt, den die beiden Fälle gemeinsam haben, und Poesie als präzise Formulierung von Tatsachen zu betrachten, bedeutet, sowohl gegen Humor als auch gegen fundierte Argumentation zu verstoßen.

Im täglichen Leben denken wir ständig anhand von Analogien. Wenn Sie argumentieren, dass ein bestimmter Mann, der an der Spitze einer Eisenbahngesellschaft erfolgreich war, daher ein guter Präsident für ein College sein wird, weil es sich ebenfalls um eine komplexe Institution handelt, oder dass dies wahrscheinlich der Fall sein wird, weil die Selbstverwaltung an einer bestimmten Schule gut funktioniert hat in einer Hochschule gut arbeiten, oder weil ein Freund durch einen Spaziergang kurz vor dem Zubettgehen von Schlaflosigkeit geheilt wurde, sodass jeder, der schlecht schläft, auf die gleiche Weise geheilt werden kann – in all diesen Fällen argumentieren Sie anhand von Analogien. In jedem Fall wird auffallen, dass Sie von einer Ähnlichkeit, die in einem einzelnen Fall oder in einer kleinen Anzahl von Fällen besteht, zu der Schlussfolgerung gelangen würden. Die Argumentation ist jedoch nur insofern stichhaltig, als sich die Ähnlichkeit auf den eigentlichen Zweck bezieht: Im ersten Beispiel, wenn der Erfolg des Eisenbahnpräsidenten auf der Fähigkeit beruht, Menschen zu verstehen und philosophische Einsicht in große Probleme zu haben, dann ist der Argumentation wird wahrscheinlich gültig sein; Im letzten Beispiel könnte es schlimm sein, wenn es bei Schlaflosigkeit aufgrund von Überarbeitung angewendet wird.

In praktischen Angelegenheiten lassen sich leicht Beispiele für analoges Denken finden, insbesondere in politischen Argumenten. Der erste Prozess gegen die Stadtregierung durch eine Kommission basierte auf solchen Überlegungen: Als Galveston, Texas, von einem Sturm verwüstet wurde, wurde argumentiert, dass in Geschäftsangelegenheiten eine kleine Gruppe ausgewählter Männer mit uneingeschränkter Macht im Notfall am effizientesten sei, und das seit dem Da es sich beim Wiederaufbau der Stadt im Wesentlichen um eine geschäftliche Angelegenheit handelte, wäre ein solches Gremium die beste Lösung für die Notlage. Daher folgte die Ausweitung der Kommissionsregierung in anderen Staaten zunächst einer analogen Argumentation: Die Kommissionsregierung funktionierte in Galveston gut; In Des Moines würde es wahrscheinlich gut funktionieren. Ebenso verhält es sich mit den Argumenten für eine Paketpost: Sie gehen von der Analogie des bisherigen, bisher erfolgreichen Postdienstes und vom Erfolg der Paketpost in fast allen Ländern Europas aus. Wenn Sie argumentieren würden, dass „Association" (oder „Fußball") zu einer der wichtigsten Sportarten an Ihrer Hochschule gemacht werden sollte, würden Sie aus der Analogie zu seiner großen Beliebtheit bei Engländern auf der ganzen Welt schließen, dass es wahrscheinlich auch beliebt sein würde in Amerika.

Wenn Sie jedoch das Analogieargument verwenden, müssen Sie sicherstellen, dass die Ähnlichkeit zwischen den beiden Fällen bis zu dem Punkt reicht, den Sie feststellen möchten. Im folgenden Auszug aus einem Argument zugunsten einer Kommissionsregierung für alle Städte beschränkt der Autor seine Argumentation ausdrücklich von der Analogie zu Washington auf den Punkt der Ausweitung des Systems auf Großstädte.

Wenn wir in diesem Land nach erfolgreichen Kommissionsregierungen suchen, ist es nicht schwer, sie in unseren größten Städten zu finden. Die Stadt Washington wird von einer kleinen Kommission regiert und gilt als eine unserer am besten regierten Städte. Auch wenn diese Kommission auf völlig andere Weise entstanden ist als die Regierungsform der Kommission, ist eine erfolgreiche Verwaltung unter ihrer Herrschaft eine gültige Antwort auf das Argument, dass kleine Kommissionen nur für die Verwaltung kleiner Städte geeignet seien. [26]

Wann immer Sie diese Art von Argumentation verwenden, ist es ratsam, ihre Bedeutung einzuschränken. Wenn Sie sich in einem Argument für die Zulassung von Geheimgesellschaften an einer weiterführenden Schule auf die Analogie zum Universitätsleben stützen, achten Sie darauf, zu zeigen, dass die Ähnlichkeit auch das gesellschaftliche Leben einer Schule abdeckt. Wenn Sie argumentieren, dass Ihre Stadt ein städtisches Gymnasium einrichten sollte, und sich dabei auf die Argumentation einer Familie verlassen, in der alle Mitglieder ein direktes Interesse an der Gesundheit der anderen haben, zeigen Sie, dass dieses Interesse praktische Gründe für das Wohlergehen hat , und beruht nicht ausschließlich auf Zuneigung. Geben Sie diese in jedem Fall an, es sei denn, die Grenzen der Analogie sind offensichtlich, um Ihre Leser sicher bei sich zu haben.

35. Falsche Analogie. Eine besondere Gefahr des Analogiearguments ist der Trugschluss, der als falsche Analogie bekannt ist, oder als Argumentation zu einer Schlussfolgerung, die die Ähnlichkeit nicht stützt. Argumente, in denen es viele Redewendungen gibt, vor allem wenn der Stil überhaupt florid ist, neigen dazu, in diesen Trugschluss abzurutschen. Bildung mit dem Entfalten einer Blume zu vergleichen, ist völlig in Ordnung, wenn man nicht weiter argumentiert, dass ein Kind in der Schule keine Arbeit verrichten sollte, weil das Maiglöckchen weder schuftet noch spinnt. Es wird gesagt, dass Herr Stolypin, der verstorbene Ministerpräsident Russlands, sich in der Duma einmal halb für die Langsamkeit seiner Reformen entschuldigte und sagte, er sei wie ein Mann, der mit einer Steinschlossmuskete schieße; Daraufhin antwortete einer der liberalen Abgeordneten, es gehe nicht um Waffen, sondern ums Zielen, und wenn Seine Exzellenz weiterhin auf das Volk schießen wolle, sei es besser, wenn er weiterhin Steinschlösser verwende.

Unter der Schirmherrschaft der Carnegie Institution untersuchte ein Experte für Betriebswirtschaftslehre die Lehr- und Forschungsmethoden der Physik an verschiedenen amerikanischen Universitäten und gab Empfehlungen auf der Grundlage des Verhaltens von Unternehmen ab. Ein Physikprofessor zeigte in seiner Antwort auf, in wie vielerlei Hinsicht die Analogie zwischen einem Geschäftsunternehmen, dessen Ziel der Gewinn ist, und einem physikalischen Labor, dessen Ziel die Weiterentwicklung von Wissen ist, falsch und irreführend ist. Der Experte hatte ein allgemeines Forschungsgremium vorgeschlagen, um die Forschungen zu korrelieren; Der Professor führte die Fälle von Airy an, dem königlichen Astronomen von England, der durch seine beherrschende Stellung die astronomische Forschung in England eine Generation lang zurückhielt, und von Sir Humphry Davy, der die Arbeit von Faraday entmutigte, als dieser sein Assistent war. Der Experte schlug vor, dass Geräte von einem Forscher an einen anderen weitergegeben werden könnten: Der Professor antwortete, dass nur wenige Menschen Geräte verwenden könnten, die für andere Zwecke entwickelt worden seien , und dass die Kosten für den Wiederaufbau die Kosten für neue Maschinen übersteigen würden. Kurz gesagt, er hat das vom Experten aufgestellte Analogieargument völlig entkräftet. [27]

Ein bemerkenswertes Beispiel für die schlüssige Widerlegung eines Arguments, das auf einer falschen Analogie basiert, findet sich in William James' Ingersoll Lecture on Immortality. Er griff das übliche Argument gegen die Unsterblichkeit der Seele auf, das ausgehend von der anerkannten physiologischen und psychologischen Formel „Das Denken ist eine Funktion des Gehirns" besagt, dass mit dem Tod und Verfall des Gehirns auch das Denken und das Bewusstsein sterben .

Das ist also der Einwand gegen die Unsterblichkeit; Und als nächstes möchte ich versuchen, Ihnen klar zu machen, warum ich glaube, dass es streng logisch gesehen keine abschreckende Wirkung hat. Ich muss Ihnen zeigen, dass die fatale Konsequenz kein Zwang ist, wie gemeinhin angenommen wird; und dass, auch wenn das Leben unserer Seele (wie es uns hier unten offenbart wird) im wahrsten Sinne des Wortes die Funktion eines Gehirns hat, das zugrunde geht, es dennoch keineswegs unmöglich, sondern im Gegenteil durchaus möglich ist, dass das Leben dies kann geht auch dann weiter, wenn das Gehirn selbst tot ist.

Die vermeintliche Unmöglichkeit ihres Fortbestehens ergibt sich aus einem zu oberflächlichen Blick auf die anerkannte Tatsache der funktionalen Abhängigkeit. Sobald wir uns näher mit dem Begriff der funktionalen Abhängigkeit befassen und uns beispielsweise fragen, wie viele Arten funktionaler Abhängigkeit es gibt, erkennen wir sofort, dass es zumindest eine Art gibt, die ein Leben im Jenseits keineswegs ausschließt. Die fatale Schlussfolgerung des Physiologen ergibt sich daraus, dass er spontan eine andere Art funktioneller Abhängigkeit annimmt und sie als die einzig vorstellbare Art behandelt.

Wenn der Physiologe, der glaubt, dass seine Wissenschaft jede Hoffnung auf Unsterblichkeit zunichte macht, den Satz ausspricht: „Denken ist eine Funktion des Gehirns", denkt er über die Sache genauso nach, wie er denkt, wenn er sagt: „Dampf ist eine Funktion des Teekessels." „Licht ist eine

Funktion des Stromkreises", „Energie ist eine Funktion des sich bewegenden Wasserfalls." In diesen letzteren Fällen haben die verschiedenen materiellen Objekte die Funktion, ihre Wirkungen innerlich zu erzeugen oder hervorzurufen, und ihre Funktion muss *produktive* Funktion genannt werden. Genau so, denkt er, es muss am Gehirn liegen. Da es in seinem Inneren Bewusstsein erzeugt, so wie es Cholesterin , Kreatin und Kohlensäure erzeugt, muss seine Beziehung zum Leben unserer Seele auch als produktive Funktion bezeichnet werden. Wenn natürlich eine solche Produktion die Funktion ist, dann muss die Seele mit Sicherheit sterben, wenn das Organ stirbt, da die Produktion nicht mehr fortgesetzt werden kann. Eine solche Schlussfolgerung ist in der Tat aus dieser besonderen Auffassung der Tatsachen unvermeidlich.

In der Welt der physischen Natur sind produktive Funktionen dieser Art nicht die einzigen, die uns bekannt sind. Wir haben auch eine freigebende oder erlaubende Funktion; und wir haben eine Übertragungsfunktion.

Der Abzug einer Armbrust hat eine Auslösefunktion: Er entfernt das Hindernis, das die Sehne festhält, und lässt den Bogen wieder in seine natürliche Form fliegen. Wenn also der Hammer auf eine Sprengmasse fällt. Durch das Ausschalten der inneren molekularen Hindernisse können die Gasbestandteile wieder ihre normale Masse annehmen und so die Explosion ermöglichen.

Im Falle eines farbigen Glases, eines Prismas oder einer brechenden Linse haben wir eine transmissive Funktion. Die Energie des Lichts, egal wie erzeugt, wird durch das Glas gefiltert und in der Farbe begrenzt, und durch die Linse oder das Prisma auf einen bestimmten Weg und eine bestimmte Form festgelegt. Ebenso haben die Tasten einer Orgel nur eine übertragende Funktion. Sie öffnen nacheinander die verschiedenen Rohre und lassen den Wind im Luftkasten auf verschiedene Weise entweichen. Die Stimmen der verschiedenen Pfeifen bestehen aus den beim Auftauchen zitternden Luftsäulen. Aber die Luft wird nicht in der Orgel erzeugt. Das eigentliche Organ ist im Unterschied zu seinem Luftkasten nur ein Apparat, um Teile davon in diesen besonders begrenzten Formen auf die Welt loszulassen.

Meine These lautet nun: Wenn wir an das Gesetz denken, dass das Denken eine Funktion des Gehirns ist, müssen wir nicht nur an die produktive Funktion denken; *wir sind berechtigt, auch eine permissive oder transmissive Funktion zu berücksichtigen* . Und das lässt der gewöhnliche Psychophysiologe außer Acht. [28]

Die Frage nach der Gültigkeit einer Analogie in der Argumentation ist immer, wie hier, ob die Ähnlichkeit, auf der die Argumentation beruht, tatsächlich zwischen den beiden vorliegenden Fällen besteht oder nicht nur eine allgemeine Ähnlichkeit ist, die durch eine Phrase oder ein Wort ausgedrückt wird, die eine Bedeutung zu haben scheinen mehr als es tut. Mit anderen Worten: Wenn Sie eine Analogie testen, sei es Ihre eigene oder die eines Gegners, stellen Sie sicher, dass die Ähnlichkeit im vorliegenden Fall real ist. Eine malerische Redewendung kann einem Argument Leben verleihen, aber auch eine Lücke in der Argumentation schließen.

36. Argumentation durch Klassifizierung oder Verallgemeinerung. Offensichtlich nimmt die Aussagekraft der Analogie mit der Anzahl der Fälle zu, auf die Sie als Beleg für die Ähnlichkeit verweisen können, auf die Sie sich verlassen, denn dann können Sie mit der Verallgemeinerung und Klassifizierung beginnen.

Die Analogie drückt unsere natürliche Tendenz aus, das Neue mit dem Alten zu assimilieren und das Fremde und Unbekannte im Lichte dessen zu interpretieren, was wir bereits wissen. Man kann daher von einer Klassifizierung im Entstehen sprechen. Die Ähnlichkeiten, die uns leiten, werden Analogien genannt, solange sie neu gesehen, selten oder zweifelhaft sind; aber wenn die Zahl der Fälle zunimmt, geht die Analogie in unmerklichen Stufen in die etablierte Klassifikation über. [22]

Ein hervorragendes Beispiel für diesen Übergang ist der gegenwärtige Stand der Argumentation zugunsten einer Kommissionsregierung: Zunächst hing sie, wie wir gesehen haben, hauptsächlich von analogen Überlegungen ab; Mittlerweile haben genügend Städte den Plan übernommen, um eine Klassifizierung und somit eine Verallgemeinerung zu ermöglichen.

Am Rande sei angemerkt, dass Verallgemeinerung und Klassifizierung zwei Aspekte desselben Denkprozesses sind. Wenn man von den einzelnen Tatsachen zu der größeren Tatsache übergeht, die sie zusammenbringt, wie in der Behauptung „ *Mitglieder der Phi Beta Kappa sind gute Gelehrte* ", führt man eine Verallgemeinerung durch; wenn man von einem Individuum die größere Tatsache bchauptet, wie in der Behauptung „ My ." *Ist mein Bruder ein guter Gelehrter* (Mein *Bruder gehört zur Klasse der Guten Gelehrten*), nimmt man eine Einstufung vor.

Wenn eine Klassifikation oder Verallgemeinerung konstant und vertraut ist, bringt sie durch die natürliche Ökonomie der Sprache einen Namen für die Klasse oder das Prinzip hervor; „Föderation", „Laubbäume", „Gefühl", „Endmoräne" sind alles Namen von Klassen; „Anziehung der Schwerkraft", „Erosion", „Degeneration", „natürliche Selektion" sind Namen von Prinzipien, die Akte der Verallgemeinerung zusammenfassen. Fast immer beginnen diese Namen als Redewendungen, aber wenn sie korrekt verwendet werden , haben sie eine vollkommen genaue Bedeutung. Darwin hat diesen Sprachprozess beschrieben:

„Es wurde gesagt, dass ich von natürlicher Selektion als einer aktiven Kraft oder Gottheit spreche, aber wer hat etwas dagegen, wenn ein Autor davon spricht, dass die Anziehungskraft der Schwerkraft die Bewegungen von Planeten regelt? Jeder weiß, was mit solchen metaphorischen Ausdrücken gemeint ist, und sie sind der Kürze halber fast notwendig: Auch hier ist es schwierig, eine Personifizierung des Wortes „Natur" zu vermeiden. Unter Natur verstehe ich jedoch die Gesamtwirkung und das Produkt vieler Gesetze und unter Gesetzen die von uns festgestellte Abfolge von Ereignissen. [30]

Wenn die Tatsachen, die mit einer Phrase gemeint sein sollen, auf diese Weise sorgfältig spezifiziert und abgegrenzt werden, hört die Phrase auf, eine Redewendung zu sein, und wird zum Namen einer Klasse oder eines Prinzips.

Verallgemeinerung und Einordnung erfolgen immer zum Zwecke der Begründung; [31] und die von ihnen abhängige Argumentation beruht auf der Annahme, dass die Dinge ihrer Natur nach einheitlich korreliert sind; Wenn wir Dinge in Klassen zusammenfassen, gehen wir davon aus, dass das, was für ein Mitglied einer Klasse gilt, sofern es Mitglied dieser Klasse ist, im gleichen Maße und für den Zweck, für den die Klasse geschaffen wurde, auch für alle anderen gilt Mitglieder dieser Klasse.

In der Praxis beruht ein großer Teil unserer Überlegungen auf Verallgemeinerungen und Klassifizierungen. und wie wir gesehen haben, hat es eine substanziellere Grundlage, als wenn wir uns auf eine Analogie stützen. Wenn Sie hören, dass Ihr Bruder in die Phi Beta Kappa gewählt wurde, schließen Sie aus der Verallgemeinerung, dass alle Mitglieder der Phi Beta Kappa hohe Gelehrte sind, die Schlussfolgerung, dass Ihr Bruder einen hohen Rang angenommen haben muss. Wenn ich sehe, wie eine Tischlerbande um vier Uhr nachmittags Feierabend macht, schließe ich daraus, dass sie der Gewerkschaft angehören müssen, denn ich weiß, dass die Gewerkschaften als Klasse einen Acht-Stunden-Tag eingeführt haben. Wenn Sie argumentieren würden, dass die Standards für den Hochschulabschluss angehoben werden sollten, würden Sie versuchen zu zeigen, dass jedes Jahr genügend Männer mit geringen intellektuellen Leistungen ihren Abschluss machen, um eine Klasse zu bilden, die groß genug ist, um Verallgemeinerungen zu ermöglichen. Wenn Sie plädieren würden, dass Ihre Stadt eine städtische Turnhalle einrichten sollte, würden Sie versuchen zu zeigen, dass von den Jungen und jungen Männern, die wegen Bagatelldelikten und schwerwiegenderer Straftaten vor die Polizeigerichte gestellt wurden, fast alle keine Chance hatten, ihren tierischen Geist abzubauen eine gesunde Art und Weise. Überall dort, wo Sie Ihren Spezialfall auf diese Weise in einer

Klasse etablieren können, die bekannte Merkmale oder Konsequenzen hat, können Sie dann die Merkmale und Konsequenzen der Klasse auf Ihren Spezialfall anwenden.

„Der gesamte Zweck eines jeden Klassennamens besteht darin, einzelne Mitglieder, die nicht nur gleich, sondern unterschiedlich sind, zusammenzufassen (um allgemeine Aussagen zu machen) und so trotz aller Unterschiede Einheit zu schaffen." – A. Sidgwick, The Use of Words in Reasoning, London, 1901, S. 165.]

Wenn anerkannt wird, dass die Klasse eindeutige Merkmale oder Konsequenzen aufweist, können Sie Ihre Schlussfolgerung ziehen, indem Sie zeigen, dass Ihr Fall in die Klasse fällt. Manchmal liegt die Betonung Ihrer Argumentation darin, deutlich zu machen, dass die Konsequenz oder das Merkmal, von dem Ihre Argumentation abhängt, tatsächlich zu Ihrer Klasse gehört. Wenn Sie zum Beispiel wie die Klasse von 1985 am Amherst College argumentieren würden, dass Ihr College zu so etwas wie der altmodischen klassischen Ausbildung zurückkehren sollte, würden Sie versuchen, die Tatsache nachzuweisen, dass Männer, die die alte- Die klassische Bildung zeichnet sich in der Regel durch Intelligenz, liberale Kultur und Aufgeschlossenheit aus . In solchen Fällen ist die Verallgemeinerung, auf der der Unterricht basiert, der schwierige Teil Ihrer Aufgabe.

Wenn Sie Ihren Lesern jedoch im Allgemeinen zeigen können, dass der vorliegende Fall zu einer Klasse von Fällen gehört, die anhand definierbarer Merkmale als zusammengehörig erkannt werden können, haben Sie eine hervorragende Grundlage für eine auf diesen Merkmalen basierende Schlussfolgerung geschaffen.

37. Argumentation durch Kausalzusammenhang. Das Denken durch Verallgemeinerung gewinnt jedoch deutlich an Sicherheit, wenn man die Wirkungsweise von Ursache und Wirkung aufzeigen kann. Wenn ein College jedes Jahr von einer bestimmten Schule eine Reihe von Jungen aufnimmt, die faule und faule Schüler sind, verallgemeinert der Dekan dieses Colleges möglicherweise und geht davon aus, dass die meisten Jungen dieser Schule schlechte Leute sind. Wenn er jedoch feststellt, dass der Schulleiter jeden Jungen, der in der Stadt lebt, aufnimmt und behält, kann er aus diesem Grund die Schlussfolgerung ziehen, dass die Standards der Schule niedrig sind, und daraus wiederum schließen niedrige Standards als Ursache für die schlechte Qualität der Absolventen der Schule.

Hier ist ein weiteres Beispiel von Professor James:

> Ich sitze in einem Eisenbahnwaggon und warte darauf, dass
> der Zug abfährt. Es ist Winter und der Ofen füllt das Auto
> mit beißendem Rauch. Der Bremser kommt herein und

mein Nachbar bittet ihn, „das Rauchen im Ofen zu stoppen". Er antwortet, dass es ganz zum Stillstand kommt, sobald das Auto anfängt, sich zu bewegen. „Warum?" fragt der Passagier. „Das geht *immer* ", antwortet der Bremser. Aus diesem „Immer" geht hervor, dass der Zusammenhang zwischen der Bewegung des Autos und dem Anhalten des Rauchs im Kopf des Bremsers ein rein empirischer, aus Gewohnheit entstandener Zusammenhang war. Aber wenn der Passagier ein scharfsinniger Denker gewesen wäre ... [und] aus all den zahlreichen Punkten, die dazu führen, dass ein Ofen nicht raucht, den einen besonderen Punkt herausgegriffen hätte, bei dem der Rauch ungehindert aus der Öffnung des Ofenrohrs strömt, würde er wahrscheinlich ... .wurden sofort an das Gesetz erinnert, dass eine Flüssigkeit schneller aus der Mündung einer Pfeife austritt, wenn gleichzeitig eine andere Flüssigkeit über diese Mündung strömt. [32]

Hier wäre die Gewissheit des Passagiers, dass das Rauchen aufhören würde, viel größer gewesen, wenn er, wie Professor James vorschlägt, auf die Ursache gedrängt hätte, anstatt sich auf die Verallgemeinerung der Erfahrung des Bremsers zu verlassen.

In wissenschaftlichen Angelegenheiten ist die Suche nach Ursache und Wirkung die wichtigste Art des Fortschritts. General Sternbergs Artikel „Yellow Fever and Mosquitoes" (S. 251) ist eine bewundernswerte Darstellung dieses Fortschritts von der Wahrscheinlichkeit zur Gewissheit, der aus der Demonstration der notwendigen Abfolge resultiert, die wir Ursache und Wirkung nennen. Als Major Reed und seine Mitarbeiter gezeigt hatten, dass es in Fällen, in denen Mücken ferngehalten wurden, kein Gelbfieber gab, dass aber in Fällen, in denen infizierte Mücken Patienten stechen durften, Gelbfieber folgte, stellten sie die Wahrscheinlichkeit fest, dass Mücken der Überträger des Gelbfiebers waren Fieber in eine Gewissheit. Ebenso verhält es sich mit der Gletschertheorie: Bereits zur Zeit des älteren Professors Agassiz war festgestellt worden, dass bestimmte Regionen Nordeuropas und Amerikas aufgrund des Auftretens bestimmter Phänomene – abgerundete Hügel, geglättete und mit Kratzern versehene Felsvorsprünge – zusammengefaßt werden könnten mehr oder weniger nach Norden und Süden verlaufend, Ablagerungen von sauberem Kies und Sand, Felsbrocken verschiedener fremder Gesteinsarten, verstreut über die Oberfläche des Landes; Als er zeigte, dass Gletscher in ihren Bewegungen alle diese Phänomene hervorrufen, legte er die Ursache der Phänomene offen und demonstrierte so mit praktischer Sicherheit die Theorie der früheren Existenz einer riesigen Gletscherplatte auf der Nordhalbkugel. Wo immer Sie nachweisen können, dass Ihr Fall nicht nur zu einer anerkannten Klasse von Fällen mit anerkannten Merkmalen gehört, sondern auch, dass in diesen Merkmalen eine notwendige Abfolge von Ursache und Wirkung besteht, haben Sie Ihren Standpunkt bewiesen.

Im obigen Beispiel eines Arguments für die Einrichtung eines städtischen Gymnasiums können Sie, nachdem Sie gezeigt haben, dass alle Jungen und jungen Männer, die in die Gerichtshöfe kommen, keine normale und gesunde Möglichkeit haben, ihren natürlichen Tiergeist abzubauen, dies zeigen An Orten, an denen durch Siedlungen oder kommunale Aktionsturnhallen die Zahl der Verhaftungen von Jungen und jungen Männern stark zurückgegangen ist, haben Sie die Grundlage für eine Schlussfolgerung von Ursache und Wirkung geschaffen, die Ihrer Argumentation eine völlig neue Kraft verleiht. Im Fall des Arguments für eine Rückkehr zu einem klassischen Studiengang an einer Hochschule wäre es sehr schwierig, diese Abfolge von Ursache und Wirkung festzustellen, da man sich hier tief im komplexesten und subtilsten Bereich der menschlichen Natur befände. Wo immer es möglich ist, leiten Sie jedoch die Schlussfolgerung von einer Klassifizierung oder Verallgemeinerung zu einer Schlussfolgerung von Ursache und Wirkung weiter.

38. Induktion und Deduktion. Unser nächster Schritt besteht darin, zu überlegen, wie wir zu den Verallgemeinerungen kommen, auf denen wir einen Großteil unserer Überlegungen stützen. Wie wir gesehen haben, ist die Wissenschaft, die sich mit ihrer Entstehung, ihrer Grundlage und den Regeln, die die daraus gezogenen Schlussfolgerungen regeln, beschäftigt, die Logik.

Logiker unterscheiden im Allgemeinen zwischen zwei Zweigen ihrer Wissenschaft: dem induktiven und dem deduktiven Denken. Beim induktiven Denken gehen wir von einzelnen Tatsachen zu allgemeinen Prinzipien über; Beim deduktiven Denken gehen wir von allgemeinen Prinzipien zu Schlussfolgerungen über einzelne Tatsachen über. Die Unterscheidung erregt jedoch in jüngster Zeit weniger Interesse als früher, und Logiker der heutigen Generation neigen dazu, an ihrer lebenswichtigen Bedeutung zu zweifeln. [33] Sie weisen darauf hin, dass wir in der Praxis die beiden Arten fast untrennbar miteinander vermischen, dass die Unterscheidung zwischen Fakten und Prinzipien vorübergehend und unbeständig ist und dass wir einige der gängigen Formen der Schlussfolgerung nicht ohne schwierige und komplizierte Neuformulierung in diese Kategorien einordnen können.

Da deduktive Logik und induktive Logik jedoch alte und altehrwürdige Begriffe sind, die Teil des Vokabulars gebildeter Männer geworden sind, lohnt es sich, den Unterschied zwischen ihnen etwas zur Kenntnis zu nehmen, worauf ich hier nicht näher eingehen möchte um einige der wichtigeren Prinzipien zu erklären. Ich werde mit der induktiven Logik beginnen, da es sich dabei um den Zweig handelt, der sich mit der Erstellung von Verallgemeinerungen aus individuellen Tatsachen befasst und daher die Argumente des Durchschnittsmenschen auf seinem Lebensweg am meisten beschäftigt.

39. Induktives Denken. Beim induktiven Denken fassen wir einzelne Fakten und Fälle auf der Grundlage einer definierbaren Ähnlichkeit zu einer Klasse zusammen und leiten daraus dann ein allgemeines Prinzip ab. Die Arten des induktiven Denkens wurden von Logikern auf bestimmte Kanons reduziert, diese reduzieren sich jedoch auf zwei Hauptmethoden, die davon abhängen, ob wir bei einer bestimmten Argumentation von der Ähnlichkeit zwischen den Fällen oder von den Unterschieden zwischen ihnen ausgehen. Von diesen beiden Methoden, der Methode der Übereinstimmung und der Methode der Differenz, hängen alle Prozesse der modernen Wissenschaft und die meisten unserer alltäglichen Argumente ab.

Die Vereinbarungsmethode wurde wie folgt definiert:

Wenn zwei oder mehr Fälle des untersuchten Phänomens nur einen Umstand gemeinsam haben, ist der Umstand, in dem allein alle Fälle übereinstimmen, die Ursache (oder Wirkung) des gegebenen Phänomens. [34]

Einige Beispiele, die sich leicht vervielfältigen lassen, zeigen, wie häufig wir diese Methode im Alltag anwenden. Angenommen, ein Lehrer ärgert sich in etwas unregelmäßigen Abständen durch Flüstern und Lachen im hinteren Teil des Klassenzimmers, wofür er keinen Grund finden kann, aber er merkt sofort, dass der Ärger immer dann beginnt, wenn ein bestimmtes Jungenpaar dort zusammensitzt; er schließt daraus, dass diese beiden Jungen die Ursache des Ärgers sind.

Früher, bevor man entdeckte, dass Malariaerreger von Mücken übertragen werden, wurde die Krankheit einem Miasma zugeschrieben, das nachts über niedrigem Boden schwebte; und die Gastwirte der römischen Campagna, wo Malaria die Bevölkerung fast vertrieben hatte, forderten ihre Gäste auf, ihre Fenster nachts niemals offen zu lassen, aus Angst, das Miasma hereinzulassen. Im Licht der damaligen Zeit war dies eine gute Argumentation nach der Methode der Einigung, denn es war allgemein bekannt, dass von all den vielen Menschen, die bei offenem Fenster schliefen, die meisten an Malaria litten. Wir wenden diese Methode ständig in Fällen dieser Art an, bei denen wir aufgrund der Beobachtung sicher sind, dass eine einzige Ursache unter verschiedenen Umständen am Werk ist. Wenn die Fälle ausreichend zahlreich und vielfältig genug sind, erreichen wir für die Praxis ein sicheres Maß an Sicherheit. Wie der soeben zitierte Fall zeigt, lässt sich mit dieser Methode jedoch keine Ursache mit großer Sicherheit feststellen.

Ganz gleich, wie viele Fälle wir sammeln: Wenn ein völlig neues Feld mit Bezug zu diesem Thema erschlossen wird, kann die Vereinbarung scheitern.

Die Methode der Differenz, die in manchen Fällen die Ursachen mit größtmöglicher Sicherheit ermittelt, wie es für die Fehlbarkeit des Menschen möglich ist, funktioniert umgekehrt: Anstatt eine große Anzahl von Fällen zu sammeln und den einzigen Punkt der Übereinstimmung zu notieren, wird ein einziger Fall herangezogen und variiert ein einzelnes seiner Elemente. Die Methode wurde wie folgt angegeben:

Wenn ein Fall, in dem das Phänomen auftritt, und ein Fall, in dem es nicht auftritt, alle Umstände gemeinsam haben, bis auf einen, der nur im ersteren auftritt; Der Umstand, in dem sich die beiden Fälle allein unterscheiden, ist die Wirkung oder die Ursache oder ein unverzichtbarer Teil der Ursache des Phänomens . [35]

Das Prinzip ist im konkreten Beispiel klarer und verständlicher als in der abstrakten Aussage; Tatsächlich wird es bei jeder experimentellen Ursachensuche angewendet . Das Agricultural College of New York zum Beispiel kaufte im Zuge bestimmter Experimente auf Apfelplantagen einen Obstgarten, der keine guten Erträge gebracht hatte, und teilte ihn in zwei Hälften; Eine Hälfte wurde dann weiter gepflügt und kultiviert, die andere Hälfte wurde im Gras belassen; Ansonsten war die Behandlung gleich. Wenn die Hälfte, die kultiviert wurde, einen viel größeren Ertrag lieferte als die andere, konnte man mit Sicherheit schließen, dass die Kultivierung die Ursache für den höheren Ertrag war. Dr. Ehrlich, der große deutsche Pathologe, soll sechshundertfünf verschiedene Substanzen ausprobiert haben, bevor er eine fand, die den Keim einer bestimmten Krankheit abtöten konnte; In jedem Experiment verwendete er die Differenzmethode und behielt die gleichen Bedingungen bei, mit Ausnahme eines einzigen Punktes, nämlich der Zugabe der in diesem bestimmten Experiment verwendeten Substanz. Überall dort, wo die Bedingungen eines Experiments auf diese Weise kontrolliert werden können, bietet die Differenzmethode eine sehr genaue Möglichkeit, Ursachen zu entdecken. Mit fortschreitendem Wissen kann eine vermeintliche Ursache wiederum so analysiert werden, dass jeder ihrer Teile separat variiert werden kann, um der tatsächlichen Abfolge näher zu kommen.

Es wurde darauf hingewiesen[36] dass es sich bei den beiden Methoden in Wirklichkeit um Aussagen darüber handelt, was für die Verifizierung einer Theorie in zwei Phasen ihrer Entwicklung erforderlich ist: Wenn wir zum ersten Mal einen flüchtigen Blick auf einen Kausalzusammenhang zwischen zwei Tatsachen werfen, sammeln wir alle Fälle in was sie in möglichst großer Vielfalt vorkommen, um zu sehen, ob der Zusammenhang wirklich universell ist; Nachdem wir dann die allgemeine Reihenfolge festgestellt haben, nähern wir uns ihr in einem einzigen kritischen Fall an, indem wir die Bedingungen einzeln variieren, bis wir diejenige kennen, ohne die die Wirkung nicht stattfinden kann.

Es gibt kein treffenderes und aufschlussreicheres Beispiel für diesen Zusammenhang zwischen den beiden Methoden und deren erfolgreiche Wirkungsweise als das in dem Artikel von General Steinberg, „Yellow Fever and Mosquitoes" (S. 251). In diesem Fall waren zuerst Dr. Carlos Finlay aus Havanna und dann Dr. Sternberg selbst durch den Vergleich vieler Fälle von Gelbfieber davon überzeugt, dass es einen Zwischenwirt für den Bazillus gab, der die Krankheit verursachte. Zu diesem Schluss gelangten sie durch die Methode der Einigung. Dr. Finlays Experimente mit der Methode der Differenz hatten es jedoch unbestreitbar nicht geschafft, die Ursache zu ermitteln, da er nicht sah, dass es notwendig war, dem Bazillus mindestens zwölf Tage Zeit für die Inkubation im Körper der Mücke zu lassen. Der endgültige und endgültige Beweis, der dank der großartigen Hingabe der für das Experiment verantwortlichen Chirurgen und einiger Männer, die sich freiwillig bereit erklärten, zum Versuchsobjekt gemacht zu werden, erbracht wurde, erfolgte durch die Methode der Differenz. Diese tapferen Männer ließen sich den Mücken aussetzen, die bereits fieberkranke Patienten gebissen hatten, und erkrankten sofort an der Krankheit; Einer von ihnen, Dr. Lazear, gab sein Leben für seinen Einsatz für die Sache seiner Mitmenschen. Dann wurden andere Männer in einem mückensicheren Raum Kleidung und anderen Gegenständen ausgesetzt, die direkt von Gelbfieberpatienten mitgebracht wurden, und zeigten keine negativen Auswirkungen. Somit war, obwohl der Bazillus selbst nicht gefunden worden war, absolut bewiesen, dass Gelbfieber von Mücken übertragen wird und nicht durch gewöhnliche Ansteckung.

Die erfolglosen Experimente von Dr. Finlay und der spätere Erfolg von Major Reed zeigen, wie die Wissenschaft durch die Verfeinerung der Analyse bei der Anwendung der Methode Fortschritte macht. Die Hypothese, die ersterem zugrunde lag, war, dass alle Mücken, die einen Gelbfieberpatienten gebissen hatten, die Krankheit übertragen können. Dr. Reed und seine Mitarbeiter analysierten das Phänomen genauer und versuchten ihre Experimente mit der Hypothese, dass nur Mücken, die zwölf Tage nach dem Biss des Patienten gelebt haben, in der Lage sind, die Krankheit weiterzugeben. Diese Verfeinerung der Analyse und Beobachtung ist der wichtigste Fortschritt in den Wissenschaften, die auf Experimenten beruhen.

Wissenschaftliche Argumente bedienen sich daher ständig beider Methoden. Medizinische Forschung beginnt häufig mit dem Sammeln von Statistiken aus gemeldeten Fällen, und die durch die Methode der Übereinstimmung vorgeschlagene Theorie oder Theorien, die auf diesen Fakten basieren, führt zur Anwendung der Differenzmethode durch eine Reihe kritischer Experimente. Im Allgemeinen hängen die Schlussfolgerungen der

Wissenschaft dort, wo Experimente nicht verwendet werden können, von der Methode der Übereinstimmung ab, insbesondere in den größeren Theorien der Biologie und Geologie, wo der Lauf unzähliger Jahrhunderte notwendig ist, um Veränderungen herbeizuführen. In der Physik, in der Chemie, in der Medizin hingegen sind kritische Experimente grundsätzlich möglich, und so geschieht der Fortschritt durch die Methode der Differenz. In Fächern wie Politikwissenschaft und Regierung, in denen ein Experiment nicht in Frage kommt, muss man sich hauptsächlich auf die Methode der Einigung verlassen, außer in den weiter unten erwähnten Fällen, in denen eine Änderung der Politik die gleiche Wirkung hat wie ein Experiment. Dabei darf man jedoch nicht vergessen, dass in allen menschlichen Angelegenheiten die unberechenbare Nachsichtigkeit der menschlichen Natur alle Ergebnisse verkompliziert und dass Emotionen und Gefühle immer irrational sind.

Durch dieselben Prozess erhalten wir die meisten unserer Erklärungen über die Welt, während wir sie durchleben, und die meisten Fakten, auf die wir unser Urteil und unser Handeln stützen. Wenn dasselbe in einer Reihe ziemlich unterschiedlicher Fälle passiert, beginnen wir zu vermuten, dass es einen Grund dafür gibt; und wenn wir zu diesem Thema argumentieren wollen, nehmen wir die Fälle zur Kenntnis und versuchen, sie irgendwie zu ordnen und tabellarisch aufzulisten. Die Befürworter eines Schutzzolls sammeln Wohlstandsfälle unter einem solchen Zoll, die Befürworter des Freihandels Wohlstandsfälle unter Freihandel, die Anhänger der klassischen Bildung Fälle von auf diese Weise ausgebildeten Männern, die es zu Ansehen gebracht haben, Anhänger des Wahlfachs Systemfälle von Männern, die Produkte dieses Systems sind und die gleiche Bedeutung erlangt haben. In den meisten Fällen führt eine solche Sammlung von Beispielen nicht weit zu einem Zwangsargument; Die Fälle sind zu komplex, als dass Sie behaupten könnten, dass ein einzelner Faktor die Ursache für das Ergebnis ist.

In einem anderen Fall können Sie etwas näher kommen. In einem Argument für die Einrichtung einer Kommissionsregierungsform in einer bestimmten Stadt oder Gemeinde gibt es mittlerweile in der Praxis genügend Fälle dieser Art von Regierung, um eine gute Argumentation durch die Methode der Einigung zu ermöglichen; Die Orte sind über das Land verstreut, im Norden und Süden, Osten und Westen, und variieren stark in Größe und Umgebung; und alle berichten bisher (1911) von einer Verbesserung der Effizienz und Ehrlichkeit der Regierung. Dementsprechend ist es eine berechtigte Vermutung, dass die Verbesserung auf die Einführung der neuen Regierungsform zurückzuführen ist, da die Orte, die sie ausprobiert haben, in jeder anderen Hinsicht wenig gemeinsam haben.

Ein wichtigeres Ergebnis der Untersuchung besteht darin, uns zu einer Anwendung der Differenzmethode zu führen. Ausgehend von dieser hohen Wahrscheinlichkeit, dass die Verbesserung auf die neue Regierungsform zurückzuführen ist, können wir einen Schritt weiter gehen und einen einzelnen Fall untersuchen, um die Abfolge von Ereignissen, die wir als Ursache bezeichnen, klarer zu ermitteln. Im Falle einer bestimmten Stadt, die die Kommissionsregierung übernommen hat, steht uns das Material für die Anwendung der Differenzmethode zur Verfügung, sofern in der Stadt nichts anderes als die Regierungsform geändert wurde. Die Einwohner und die Wähler sind die gleichen, die physischen Bedingungen sind die gleichen. Wenn wir nun nach der Ursache für eine anerkannte Verbesserung in der Verwaltung der städtischen Angelegenheiten suchen, sind wir gezwungen, sie dem einzigen Faktor in diesem Fall zuzuschreiben, der sich geändert hat, und dies ist die Regierungsform. Ein solches Argument ist offensichtlich stichhaltig, wenn es durch Zahlen und konkrete Fakten untermauert wird.

Die gleiche Art von Argument wird ständig in der Diskussion über Verbote und lokale Optionen als Mittel zur Reduzierung des Alkoholkonsums in einer Gemeinde verwendet, da die häufigen Änderungen sowohl in Staaten als auch in kleineren Gemeinden Anlass für die Anwendung derselben Methode geben des Unterschieds. Hier sind die Faktoren jedoch komplexer, da sich der Charakter der Bevölkerung an verschiedenen Orten unterscheidet und sie angeborene Gewohnheiten in Bezug auf den Konsum von Wein, Bier und anderen Spirituosen haben.

40. Fehlerhafte Verallgemeinerung. Sowohl die Verallgemeinerung durch die Methode der Übereinstimmung als auch die Zuordnung von Ursachen durch die Methode der Differenz bergen jedoch wie alle Formen des Denkens ihre Gefahren. Eine Diskussion dieser Gefahren wird Licht auf die Prozesse selbst werfen.

Die Hauptgefahr bei der Argumentation mit der Methode der Einigung besteht darin, zu früh zu einer Schlussfolgerung zu gelangen, bevor Sie genügend Fälle für eine sichere Schlussfolgerung gesammelt haben. Damit wird der Trugschluss begangen, der als voreilige Verallgemeinerung bekannt ist. Es ist der Fehler des dogmatischen Weltenbummlers, der Ihnen nach einem sechswöchigen Aufenthalt in von der Schweiz geführten Hotels in Italien eine umfassende Meinung über die Regierung, die Moral und die Bräuche des Landes liefert. In einer weniger krassen Form wirkt es sich auf das Urteilsvermögen der meisten Engländer aus, die Bücher über dieses Land schreiben, denn sie kommen mit Empfehlungsschreiben nach New York, Boston, Chicago und San Francisco und verallgemeinern dann den Rest des Landes und seine Umgebung Bevölkerung.

Wir sind jedoch alle durch diesen Trugschluss in Gefahr, denn es ist ein notwendiges Gesetz des Geistes, dass wir beginnen, Meinungen und Urteile zu einem Thema zu fällen, sobald wir uns damit vertraut machen. Die einzigen Schutzmaßnahmen bestehen erstens darin, diese vorläufigen Urteile vorläufig und fließend zu halten, und zweitens darin, sie für sich zu behalten, bis die Notwendigkeit besteht, sie zum Ausdruck zu bringen. Der Weg zur Weisheit im Handeln führt über Aufgeschlossenheit und Vorsicht.

Wenn man ein Argument widerlegen muss, das fehlerhaft verallgemeinert ist, kann man oft leicht darauf hinweisen, dass sein Autor nicht genügend Zeit oder Gelegenheit hatte, Beobachtungen anzustellen, oder darauf hinweisen, dass die Beispiele, auf die er sich stützte, keine fairen Beispiele dafür sind ihre Klasse. In der Praxis liegt die Stärke eines Arguments, in dem dieser Fehler zu finden ist, größtenteils in der Bestimmtheit, mit der es ausgesprochen wird; denn es liegt in der Natur des Menschen, Meinungen zu akzeptieren, die äußerlich den Anschein von Gewissheit erwecken.

Eine nicht ungewöhnliche Form der fehlerhaften Verallgemeinerung besteht darin, ein Argument auf eine bloße Aufzählung ähnlicher Fälle zu stützen. Dies ist eine schlechte Grundlage für ein Argument, insbesondere für eine Wahrscheinlichkeit in der Zukunft, es sei denn, die Aufzählung nähert sich einer erschöpfenden Liste aller möglichen Fälle. Vor ein paar Jahren zu argumentieren, dass Yale, weil es Harvard fünfzehn Jahre lang fast jedes Jahr im Rudern geschlagen hatte, eine dauerhafte Überlegenheit in Bezug auf Kraft und Geschicklichkeit seiner Ruderer habe, wäre gefährlich gewesen, wenn man die Jahre vor diesem Zeitraum nachgeschlagen hätte Andersherum hätten sie Ergebnisse gezeigt. Und eine Aufzählung kann sehr lange dauern und am Ende trotzdem durcheinander geraten.

Für einen Bewohner Zentralafrikas schien es vor fünfzig Jahren wahrscheinlich keine Tatsache zu geben, die auf einer einheitlicheren Erfahrung beruhte als die, dass alle Menschen schwarz sind. Vor nicht allzu langer Zeit erschien den Europäern der Satz „Alle Schwäne sind weiß" als ein ebenso eindeutiges Beispiel für die Gleichförmigkeit im Lauf der Natur. Weitere Erfahrungen haben beiden gezeigt, dass sie sich geirrt haben; Aber auf dieses Erlebnis mussten sie fünfzig Jahrhunderte warten. Während dieser langen Zeit glaubte die Menschheit an eine Einheitlichkeit des Naturablaufs, obwohl es eine solche Einheitlichkeit in Wirklichkeit nicht gab. [37]

Wenn Sie Ihr Thema nicht so umfassend und vollständig betrachten, dass Sie praktisch sicherstellen können, dass Ihre Aufzählung erschöpfend ist, ist es nicht sicher, davon auszugehen, dass etwas, was in der Vergangenheit immer so geschehen ist, auch in Zukunft immer so geschehen wird. Die notorische Schwierigkeit, ein Negativ zu beweisen, geht auf dieses Prinzip zurück.

Der voreiligen Verallgemeinerung so ähnlich, dass man sie nicht klar von ihr trennen kann, sind fehlerhafte Überlegungen, die aus der Vernachlässigung von Ausnahmen von einem allgemeinen Prinzip entstehen. Alle unsere Verallgemeinerungen, mit Ausnahme derjenigen, die so nah an Binsenweisheiten sind, dass sie von Interesse sind, sind mehr oder weniger grob und fertig, und der Prozess ihrer Verfeinerung ist ein Prozess, bei dem Ausnahmen gefunden und das Prinzip so umformuliert werden, dass es den Fall erfüllt die Ausnahmen.

Darwin soll „die Macht gehabt haben, Ausnahmen niemals unbemerkt bleiben zu lassen. Jeder nimmt eine Tatsache als Ausnahme wahr, wenn sie auffällig oder häufig ist, aber er hatte einen besonderen Instinkt, eine Ausnahme aufzuhalten." [38] Es war dieser Instinkt, der ihn bei der Aufstellung seiner Hypothesen so vorsichtig und daher so sicher machte: Nachdem ihm die Idee der natürlichen Selektion als Erklärung für die Entstehung der Arten der natürlichen Welt in den Sinn gekommen war, verbrachte er zwanzig Jahre mit dem Sammeln weitere Fakten und verifizierende Beobachtungen, um die Theorie zu testen, bevor er sie der Welt präsentierte. Eine Verallgemeinerung, dass die republikanische Regierungsform mehr Frieden und Wohlstand bringt als die monarchische, würde die offensichtlichen Ausnahmen in den zentralamerikanischen Republiken außer Acht lassen; und um sie überhaupt haltbar zu machen, müsste die Verallgemeinerung einen Vorbehalt haben wie „unter Völkern germanischer Rasse". Selbst dann wären die Ausnahmen zahlreicher als die Fälle, die unter die Regel fallen würden. [39] Beim Aufstellen von Theorien muss man den Respekt vor Tatsachen pflegen: Eine Theorie sollte immer so vorläufig gehalten werden, dass alle neuen oder unbemerkten Tatsachen ihren gebührenden Einfluss darauf haben können, sie zu ändern.

Von den Fehlern bei der Argumentation über eine Ursache ist keiner häufiger als der, der in der älteren Logik als „ *post hoc, ergo propter hoc* " (danach, also deswegen) oder, kurz gesagt, als „ *post hoc* "-Irrtum bekannt ist. Jeder von uns, der ein Lieblingsheilmittel gegen eine Erkältung hat, begeht diesen Trugschluss wahrscheinlich in zwei von drei Fällen, wenn wir behaupten, dass unsere Chinin-, Rhinitis- oder Kampferpille uns geheilt hat; Denn wie ein weiser alter Arzt vor zwei Generationen erklärte und wie die neuen Lehren der medizinischen Forschung deutlich machen, sind in neun von zehn Fällen Naturheilmittel möglich.

Denselben Charakter haben die im täglichen Leben verbreiteten Aberglauben, zum Beispiel, dass, wenn dreizehn zusammen an einem Tisch sitzen, einer innerhalb eines Jahres sterben wird, oder dass das Überqueren eines Trauerzuges Unglück bringt. Wenn ein solcher Aberglaube mehr als nur spielerisch vertreten wird, handelt es sich um grobe Fälle, in denen man ihn als Ursache bezeichnet, die in keinem Zusammenhang mit dem Ereignis steht. Hier ist ein weiteres Beispiel aus einem Brief an *The Nation:* [40]

Im letzten Band der Shakespeare-Kontroverse lässt sich das Argument, das „dem Leser" vorgebracht wird, treffend wie folgt zusammenfassen: Die Stücke werden als wunderbar anerkannt; Gelehrte staunen über das Wissen der dortigen Klassen, Juristen über das Recht, Reisende über die minutiöse

Genauigkeit der Beschreibungen fremder Städte; Sie zeigen einen scharfen Kritiker der Hofetikette und des französischen Soldatentums; Der einzig mögliche Mann dieser Zeit mit dieser enzyklopädischen Einstellung war Francis Bacon. Sowohl im Original als auch in der Zusammenfassung scheint ein *beiläufiger* Zusammenhang angedeutet zu sein, nämlich dass die Stücke aufgrund des Wissens wunderbar sind und dass Bacon der Autor ist. Aber wenn man es so unverblümt formuliert, ist der Irrtum offensichtlich. Es ist nicht so, dass die Elisabethaner die Stücke besuchten oder dass wir sie heute lasen, weil der Autor „durch sein Studium nahezu alle Erkenntnisse gewonnen hatte, die man aus Büchern gewinnen konnte". aber das liegt daran, dass in ihnen wunderbare Charakterisierungen zu finden sind, die auf dramatische Weise zum Ausdruck gebracht werden, und zwar vor einem Publikum. Und dieses Publikum scheinen die Gelehrten zu vergessen. Denn dadurch sind dem Dramatiker Grenzen gesetzt, denn die Tiefe des Denkens oder die Fähigkeit zur Anspielung ist in künstlerischer Hinsicht gut oder schlecht, genau in dem Verhältnis, in dem der Gedanke verstanden oder die Anspielung verstanden wird.

Manchmal wird dieser Trugschluss durch die Annahme verursacht, dass ein Kausalzusammenhang bestehe, weil ein bestimmtes Ergebnis einem Ereignis im einzigen bekannten Fall folgte. Bei einer Anhörung vor einem Ausschuss der gesetzgebenden Körperschaft von Massachusetts zu einem Gesetzentwurf zur Herstellung engerer Beziehungen zwischen Boston und seinen Vororten wurde einem Zeugen die Frage gestellt, ob er glaube, dass im Fall Londons „die Londoner Polizei genauso effizient gewesen wäre wie sie". wären jetzt, wenn es keine Annexion" der umliegenden Städte gegeben hätte; Er antwortete sehr treffend: „Das ist eine schwer zu beantwortende Frage, weil wir nur die bestehende Seite betrachten können. Wir wissen nicht, wie es als getrennte Gemeinschaften gewesen wäre." Wo für ein Phänomen mehrere Ursachen möglich sind, ist es unsicher, von einem Einzelfall aus zu argumentieren.

Eine andere Form des Fehlers bei der Begründung einer Ursache besteht darin, anzunehmen, dass eine Tatsache einfach ist, obwohl sie wirklich komplex ist, wie im folgenden Beispiel:

> Ich glaube nicht, dass ich die Grenzen überschreite, wenn ich sage, dass die Leitung einer Körperschaft oder eines Staates oder auch nur die Leitung der Vereinigten Staaten größere allgemeine Fähigkeiten, Charakterstärke oder Verwaltungskenntnisse erfordert als der Verwaltungschef eines Staates eine tolle Stadt wie New York oder Berlin. Wir wissen, dass Letzteres gut verwaltet wird, Ersteres – sagen wir mal, weniger. Der ganze Unterschied liegt in den

Systemen. Wenden Sie das Berliner System auf New York an, und Sie werden Berliner Ergebnisse erhalten.

Hier ignoriert der Autor alle möglichen aktiven Ursachen für diesen Unterschied völlig: Berlin hat eine einigermaßen homogene Bevölkerung, New York die heterogenste der Welt; Deutsche respektieren von Natur aus Gesetz und Autorität und sehnen sich nach Zentralisierung; Die Amerikaner erlassen und brechen Gesetze leichtfertig und sind widerspenstig gegenüber Autoritäten. und man könnte leicht noch weiter gehen.

Argumente, dass der nationale Wohlstand auf einen höheren oder niedrigeren Tarif zurückzuführen sei, können durch diesen Fehler besonders entkräftet werden. Es ist nicht so, dass der Zoll nichts mit dem Wohlstand zu tun hätte, sondern dass damit noch andere Ursachen in Zusammenhang stehen, die möglicherweise eine unmittelbarere Wirkung hatten. Eine schlechte Getreideernte oder eine Saison rücksichtsloser Spekulation kann alle nachvollziehbaren Gründe für eine Tarifänderung zunichte machen. Auch Motivargumente neigen dazu, in diesen Irrtum zu verfallen. Es ist bekannt, dass die menschlichen Motive gemischt sind. Wenn Sie argumentieren, dass eine ganze Klasse von Unternehmensorganisationen böse sind, weil sie ausschließlich zu dem Zweck gegründet wurden, übermäßige und erdrückende Gewinne zu erzielen, lassen Sie ein Motiv aus den Augen, das unter amerikanischen Geschäftsleuten stark verbreitet ist – das Interesse an einem großartigen Unternehmen effizienter verwaltet werden und der Wunsch, Macht wohltätig auszuüben; und Ihr Argument leidet unter der illegitimen Annahme einer einfachen Ursache. Wenn Sie also für oder gegen die Vorteile des Wahlsystems an einer Schule oder einem College, einer klassischen Ausbildung oder der Leichtathletik argumentieren, wäre es töricht anzunehmen, dass eine einzelne Ursache oder Wirkung das Ganze abdeckt Fall. Wann immer Sie in einer Argumentation versuchen, eine so große und komplexe Tatsache nachzuweisen, müssen Sie vorsichtig sein, damit Sie nicht eine einzige Ursache annehmen, während es in Wirklichkeit eine Legion von Ursachen gibt.

41. Deduktive Logik – der Syllogismus. Wie wir gesehen haben, befasst sich die deduktive Logik mit dem Denken, das von allgemeinen Prinzipien auf Einzelfälle übergeht. Seine typische Form ist der Syllogismus, in dem wir von zwei gegebenen Sätzen zu einem dritten, dem Schluss, übergehen. Von den beiden ersteren handelt es sich bei dem einen um einen allgemeinen Grundsatz, bei dem anderen um die Behauptung eines Einzelfalls. Das klassische Beispiel des Syllogismus, der mit Aristoteles begann und durch Wiederholungen grau geworden und so ehrwürdig geworden ist, dass er zu den Gemeinplätzen gebildeter Rede gehört, lautet wie folgt: „ *Alle Menschen sind sterblich, Sokrates ist ein Mensch, also ist Sokrates sterblich.* ". Hier gibt es den allgemeinen Grundsatz: „ *Alle Menschen sind sterblich* " und die Aussage im

Einzelfall: „*Sokrates ist ein Mensch*". Die beiden haben einen gemeinsamen Begriff: *Männer* (oder genauer gesagt: die Klasse Mensch), der als mittlerer Begriff bekannt ist, wodurch wir zu dem Schluss kommen, dass das Merkmal der Sterblichkeit, in dem alle Menschen ähnlich sind, auch für Sokrates gilt. weil er ein Mann ist. Von den anderen Begriffen ist der umfassendere Begriff *sterblich* als Hauptbegriff und der weniger umfassende Begriff *Sokrates* als Nebenbegriff bekannt. Die ersten beiden Sätze sind die Prämissen, wobei derjenige, der den Hauptbegriff enthält, als Hauptprämisse und der andere als Nebenprämisse bezeichnet wird.

Die Gültigkeit des Syllogismus liegt, wie ich bereits sagte, in der Behauptung eines allgemeinen Prinzips und der Einordnung des vorliegenden Einzelfalls unter dieses Prinzip: wenn das Prinzip als unumstößlich anerkannt wird und der Sonderfall tatsächlich unter dieses Prinzip fällt , die Schlussfolgerung ist unvermeidlich.

Auf dem Syllogismus in seinen verschiedenen Formen hat die deduktive Logik eine imposante Struktur von Regeln und Schlussfolgerungen aufgebaut. In der Praxis ist der Wert des Syllogismus weitgehend indirekt. Das Problem damit, dass es sich dabei um eine Art Fortschritt im Denken handelt, ist zweierlei: Erstens gibt es nur sehr wenige allgemeine Prinzipien, die man, wenn man vorsichtig ist, ohne Vorbehalte akzeptieren wird; und zweitens ist die entscheidende Frage in einer anderen Reihe von Fällen, ob der gegebene Fall wirklich unter den allgemeinen Grundsatz fällt. Der Syllogismus „*Alle großen Staatsmänner sind weitsichtig, Daniel Webster war ein großer Staatsmann, deshalb war Daniel Webster weitsichtig*" klingt einfach; aber zwei Generationen waren sich nicht einig über die Frage, ob Webster ein großer Staatsmann war; und sowohl „*großer Staatsmann*" als auch „*weitsichtig*" sind so vage und umfassende Begriffe, dass man entweder ein allgemeines Prinzip, dessen Begriffe sie sind, als harmlose Binsenweisheit akzeptieren würde oder sich davor sträuben würde, einen Satz zu vertreten, der unerwartete Bedeutungen enthalten könnte. Diese doppelte Schwierigkeit verfolgt den Syllogismus als Mittel zur Weitergabe von Wissen: Entweder stellt er eine Wahrheit dar, die so umfassend und vage ist, dass man nicht sagen kann, ob man sie für alle Fälle akzeptiert oder nicht, oder die Meinungsverschiedenheit beruht auf einer der Prämissen, und es sei denn, es sei denn Wenn beide Prämissen gegeben sind, kommt eine rein syllogistische Argumentation nicht in Gang.

Dennoch hat der Syllogismus einen großen praktischen Wert für die Überlegungen und Argumente des Alltagslebens: Erstens bietet er ein Mittel zur Erweiterung und Prüfung der komprimierten Formen des Denkens, die so verbreitet und so nützlich sind; und zweitens kann es verwendet werden, um die Ergebnisse einer Argumentation in unwiderlegbarer Form zusammenzufassen und darzulegen. Ich werde diese beiden Verwendungen des Syllogismus untersuchen und veranschaulichen; Aber zuerst werde ich bestimmte Regeln angeben, die jedes vernünftige Denken durch Syllogismen regeln. Sie wurden von Aristoteles, dem großen griechischen Philosophen, erfunden.

42. Die Regeln des Syllogismus. (Ein Begriff wird als verbreitet oder allgemein verstanden bezeichnet, wenn der Satz, dessen Teil er ist, eine Aussage über alle in dem Begriff enthaltenen Objekte macht. In dem Satz „Alle Menschen sind sterblich" wird der Begriff „ *Männer* " *verwendet* ist offensichtlich verteilt, *Sterbliche jedoch* nicht; denn es wird keine Aussage über alle Sterblichen gemacht, sondern nur über diejenigen, die zu allen Menschen zählen. In der Proposition *Keine Hühner sind intelligent* werden beide Begriffe verteilt; denn die Behauptung erstreckt sich auf alle Hühner und auch auf die ganze Klasse intelligenter Wesen, da von der Klasse als Ganzes behauptet wird, dass sie keine Hühner enthält.)

> I. *Ein Syllogismus muss drei Begriffe enthalten und darf nicht mehr als drei Begriffe enthalten.*

Diese Regel ist insbesondere mittelfristig als Schutz vor Unklarheiten zu verstehen; Wenn der Mittelbegriff oder einer der anderen auf zwei Arten verstanden werden kann, ist der Syllogismus nicht stichhaltig.

> II. *Ein Syllogismus muss aus drei und nur drei Sätzen bestehen* . Die Gründe für diese Regel liegen auf der Hand.

> III. *Der Mittelbegriff des Syllogismus muss mindestens einmal in den Prämissen verteilt werden* .

Wenn es nicht auf diese Weise verteilt oder allgemein angenommen würde, könnten sich die beiden Prämissen auf getrennte Teile des Mittelbegriffs beziehen, und es gäbe daher keinen Nährboden für die Schlussfolgerung. Im Syllogismus *„Alle guten Sportler verleihen ein sauberes Leben", „Diese Männer führen ein sauberes Leben", „Deshalb sind diese Männer gute Sportler"* liegt der Trugschluss darin, dass in keiner der beiden Prämissen eine Aussage über alle Männer gemacht wird, die ein sauberes Leben führen. Dieser Irrtum, der in der Praxis bei komplizierten Begriffen nicht ungewöhnlich ist, wird als Irrtum der undistributed middle bezeichnet.

> IV. *In der Schlussfolgerung darf kein Begriff verteilt werden, es sei denn, er wurde in mindestens einer der Prämissen verteilt* .

Mit anderen Worten: Wenn Sie Prämissen haben, die sich nur auf einen Teil einer Klasse beziehen, können Sie keine Schlussfolgerung über die gesamte Klasse ziehen. Im Syllogismus „ *Alle Zeitungsredakteure können schreiben, alle Zeitungsredakteure werden bezahlt, deshalb werden alle Männer bezahlt, die schreiben können"*, ist der Trugschluss offensichtlich. Aber im Folgenden: *Alle erbitterten*

Partisanen sind gefährliche Bürger. Dieser Mann ist kein erbitterter Partisan. Daher ist dieser Mann kein gefährlicher Bürger. Möglicherweise muss man die Argumentation ein wenig hinterfragen, um zu erkennen, dass der Irrtum in der Tatsache liegt, dass es sich um einen *gefährlichen Bürger handelt* in der Konklusion allgemein angenommen wird, da ein Satz mit negativem Prädikat eine Aussage über das gesamte Prädikat macht, aber in der Prämisse, in der er auftritt, nicht allgemein angenommen wird. Ein Trugschluss, der dadurch entsteht, dass man nicht bemerkt, dass ein negatives Prädikat seinen Term verteilt, kann heimtückisch sein.

> V. *Aus zwei negativen Prämissen kann keine Schlussfolgerung gezogen werden.*

Mit anderen Worten: Wenn sowohl der Hauptbegriff als auch der Nebenbegriff außerhalb des Mittelbegriffs liegen, gibt uns der Syllogismus keine Möglichkeit zu wissen, in welcher Beziehung sie zueinander stehen. Das folgende Beispiel soll den Grund verdeutlichen: *Kein Amateursportler hat ein Gehalt fürs Spielen, John Gorman ist kein Amateursportler, daher hat John Gorman ein Gehalt fürs Spielen.*

> VI. *Wenn eine der Prämissen negativ ist, muss die Schlussfolgerung negativ sein.*

Wenn eine der Haupt- und Nebenprämissen negativ ist, dann stimmt entweder der Haupt- oder der Nebenterm nicht mit dem Mittelterm überein, und der andere stimmt nicht überein; daher können Dur- und Mollterm nicht miteinander übereinstimmen.

43. Der Syllogismus im praktischen Gebrauch. Der praktische Wert des Syllogismus und seiner Regeln kommt, wie ich bereits sagte, erst dann zum Tragen, wenn wir eine verdichtete Form der Argumentation in Form eines Syllogismus in ihre Gesamtheit entfalten. Unsere begründeten Urteile nehmen normalerweise die verkürzte Form an: *Sokrates ist sterblich, weil er ein Mann ist; Das Körperschaftssteuergesetz ist verfassungsgemäß, da es sich um eine Steuer auf die Art und Weise der Geschäftstätigkeit handelt.* In jedem dieser Fälle gehen wir von einem allgemeinen Prinzip aus, das zuvor festgestellt wurde, und von einer besonderen Art, die besondere Tatsache vor uns zu begreifen, gehen aber davon aus, dass das allgemeine Prinzip verstanden wird. In den oben genannten Fällen ist die Bedeutung klar, ohne ausführlich zu erklären: „*Alle Menschen sind sterblich*" oder „*Alle Steuern auf die Art und Weise, Geschäfte zu machen, sind verfassungsgemäß.*"

Wenn Sie jedoch jederzeit eine Argumentation in dieser komprimierten Form finden, sei es Ihre eigene oder die einer anderen, die Ihnen verdächtig vorkommt, werden Sie, wenn Sie sie zu einem vollständigen Syllogismus ausbauen, alle ihre Teile zur Prüfung freilegen. Nehmen Sie zum Beispiel die

Behauptung: *„Robinson Crusoe" muss eine wahre Geschichte sein, denn alles darin ist so genau beschrieben* : Wenn Sie es auf den vollständigen Syllogismus erweitern, sind *alle Bücher wahr, in denen die Beschreibung genau ist: „Robinson Crusoe." „ist ein Buch, in dem die Beschreibung minutiös ist. Daher ist „Robinson Crusoe" wahr* , man würde sofort bei der Hauptprämisse bleiben. Wenn Sie also eine Mehrdeutigkeit in der Verwendung von Begriffen vermuten, können Sie diese, sofern vorhanden, durch die gleiche Art der Erweiterung an die Oberfläche bringen. In der Argumentation, dass *Junggesellen bestraft werden sollten, weil sie ein Naturgesetz brechen* , wird die Mehrdeutigkeit deutlich, wenn man es erweitert: *Alle Gesetzesbrecher sollten bestraft werden, Junggesellen brechen ein Naturgesetz, deshalb sollten Junggesellen bestraft werden* ; Man sieht sofort, dass *Gesetz* in zwei Bedeutungen verwendet wird: zum einen als *Gesetz des Landes* und zum anderen als Aussage über eine Einheitlichkeit in der Natur. In der Argumentation *„Diese Männer sind gute Bürger, denn sie interessieren sich für Politik"* zeigt die Ausweitung auf „ *Alle guten Bürger interessieren sich für Politik, Diese Männer interessieren sich für Politik, deshalb sind diese Männer gute Bürger",* [41] zeigt, dass die Argumentation Folgendes enthält: Verstoß gegen die dritte Regel des Syllogismus (siehe S. 148) und ist daher ein Fall des Trugschlusses der nicht verteilten Mitte.

Wann immer Sie eine Behauptung aufstellen oder finden, deren Begründung durch ein Wort wie „seit", „für" oder „weil" verbunden ist, oder eine Behauptung mit einer Konsequenz, die durch ein Wort wie „deshalb", „daher" oder „ dementsprechend haben Sie einen Fall dieser komprimierten Argumentation, die Sie zumindest theoretisch zu einem vollständigen Syllogismus erweitern und so die Argumentation Link für Link durchgehen können.

Manchmal ist die Erweiterung jedoch alles andere als einfach, da unsere Urteile bei vielen praktischen Erfordernissen des Alltagslebens intuitiv und nicht begründet sind. Bei solchen Urteilen gelangen wir voreilig zu einer Schlussfolgerung aufgrund eines unartikulierten, unbegründeten Gefühls darüber, was wahr oder zweckmäßig ist, und die Gründe für dieses Gefühl können so unklar und komplex sein, dass sie niemals angemessen dargelegt werden können.

„Über weite Teile unseres Denkens befinden wir uns alle immer noch in einem Zustand der Wildheit. In uns wirkt Ähnlichkeit, aber es hat keine Abstraktion stattgefunden. Wir wissen, wie der gegenwärtige Fall ist, wir wissen, woran er uns erinnert." eine Intuition für den richtigen Kurs haben, wenn es sich um eine praktische Angelegenheit handelt. Aber das analytische Denken hat keine Spuren hinterlassen, und wir können uns anderen gegenüber nicht rechtfertigen. In ethischen, psychologischen und ästhetischen Fragen eine klare Begründung für das eigene Urteil anzugeben wird allgemein als Zeichen seltener Genialität anerkannt. Die Hilflosigkeit

ungebildeter Menschen, ihre Vorlieben und Abneigungen zu erklären, ist oft lächerlich. Fragen Sie das erste irische Mädchen, warum ihr dieses Land besser oder schlechter gefällt als ihre Heimat, und sehen Sie, wie viel sie sagen kann Aber wenn Sie Ihren gebildetsten Freund fragen, warum er Tizian Paul Veronese vorzieht, werden Sie kaum eine bessere Antwort bekommen; und Sie werden wahrscheinlich überhaupt keine Antwort bekommen, wenn Sie fragen, warum Beethoven ihn an Michael Angelo erinnert oder wie es dazu kommt Eine nackte Figur mit übermäßig gebeugten Gelenken kann von letzterem die moralische Tragödie des Lebens andeuten ... Die bekannte Geschichte des alten Richters, der dem neuen rät, niemals Gründe für seine Entscheidungen zu nennen, „die Entscheidungen werden es wahrscheinlich tun." „Wenn man Recht hat, werden die Gründe sicherlich falsch sein", veranschaulicht dies. Der Arzt wird das Gefühl haben, dass der Patient dem Untergang geweiht ist, der Zahnarzt wird eine Vorahnung haben, dass der Zahn brechen wird, obwohl keiner von beiden einen Grund für seine Vorahnung nennen kann. Der Grund liegt eingebettet, aber noch nicht offengelegt, in allen vorangegangenen Fällen wird er durch den tatsächlichen Fall nur schwach angedeutet, und alle rufen dieselbe Schlussfolgerung hervor, zu der der Adept sich so hingezogen fühlt, ohne zu wissen, wie oder warum."
42

Der kleine Junge, der sagte, er könne nicht Schritt halten, weil er eine Erkältung im Kopf habe, verließ sich als Hauptprämisse auf die gesunde allgemeine Wahrheit: „ Erkältungen *im Kopf machen einen dumm* " , *aber sein Zustand hinderte ihn daran, sie zu entwirren;* und wir alle nutzen jeden Tag kleinere Prämissen, für die wir nicht in der Lage sein sollten, die größeren anzugeben.

Eine zweite praktische Verwendung des Syllogismus besteht darin, eine Argumentationskette in unwiderlegbarer Form darzulegen. Wenn Sie über einen allgemeinen Grundsatz verfügen, der zutrifft, und nachgewiesen haben, dass Ihr Fall mit Sicherheit unter diesen Grundsatz fällt, können Sie eine wirksame Zusammenfassung erstellen, indem Sie die Argumentation in die Form eines Syllogismus bringen.

Umgekehrt können Sie einen Syllogismus verwenden, um einen wesentlichen Teil der Argumentation eines Gegners hervorzuheben, von dem Sie wissen, dass er sich für das Publikum nicht empfehlen wird, wie es Lincoln in seiner Debatte mit Douglas in Galesburg tat. Douglas hatte die Dred-Scott-Entscheidung des Obersten Gerichtshofs der Vereinigten Staaten verteidigt, wonach das Eigentumsrecht eines Sklaven in der Verfassung der Vereinigten Staaten verankert sei. Lincoln wollte die Konsequenzen dieser Doktrin so deutlich wie möglich machen. Er tat dies wie folgt :

> Ich denke, daraus folgt, und ich unterwerfe mich der
> Überlegung von Männern, die in der Lage sind, zu

argumentieren, ob das Argument, wie ich es in syllogistischer Form darlege, irgendeinen Fehler enthält.

Nichts in der Verfassung oder den Gesetzen eines Staates kann ein Recht zerstören, das in der Verfassung der Vereinigten Staaten ausdrücklich und ausdrücklich verankert ist.

Das Eigentumsrecht an einem Sklaven ist in der Verfassung der Vereinigten Staaten ausdrücklich und ausdrücklich verankert.

Daher kann nichts in der Verfassung oder den Gesetzen eines Staates das Eigentumsrecht eines Sklaven zerstören.

Ich glaube, dass in diesem Argument kein Fehler festgestellt werden kann; Unter der Annahme, dass die Prämissen wahr sind, folgt die Schlussfolgerung, soweit ich überhaupt in der Lage bin, sie zu verstehen, unweigerlich. [43]

Lincoln wusste, dass diese Doktrin, dass kein Staat in die Sklaverei eingreifen dürfe, für die Bevölkerung von Illinois, vor der er seinen Feldzug führte, untragbar wäre; und dieser Syllogismus machte ihnen die Konsequenzen der Entscheidung des Obersten Gerichtshofs klar.

Oder Sie können einen Syllogismus verwenden, um einen Fehler in der Argumentation Ihres Gegners deutlich zu machen, wie im folgenden Beispiel:

Angesichts der bisherigen Geschichte der Kommissionsregierung in diesem Land liegt die Beweislast bei denen, die zu zeigen versuchen, dass eine Regierung, die in Städten mittlerer Größe so erfolgreich war, in unseren größten Städten keinen Erfolg haben wird Städte. Der Syllogismus, den sie beweisen müssen, lautet kurz wie folgt:

Es wird anerkannt, dass die Kommissionsregierung in Städten mit einer Größe von 130.000 Einwohnern erfolgreich war, aber

In Städten mit mehr als 130.000 Einwohnern wurde es noch nicht ausprobiert;

Daher wird es in Städten mit mehr als vierhunderttausend Einwohnern keinen Erfolg haben, was eine *reductio ad absurdum darstellt* .

Die Torheit des Versuchs zeigt sich bereits in der Aussage der Schlussfolgerung. [44]

44. Das Dilemma. Eine besondere Form des Syllogismus ist mitunter ein so starkes Argument, dass sie hier besondere Erwähnung verdient, nämlich das Dilemma. Hierbei handelt es sich um einen Syllogismus, bei dem die Hauptprämisse aus zwei oder mehr hypothetischen Sätzen besteht (d. h. Sätze mit einem „Wenn"-Satz) und der Nebensatz aus einem disjunktiven Satz (einem Satz mit zwei oder mehr Sätzen, die durch „oder" verbunden sind) besteht.

Im Verlauf der Lincoln-Douglas-Debatte stellte Lincoln Douglas eine Frage wie folgt: „Können die Menschen eines US-Territoriums auf irgendeine rechtmäßige Weise, gegen den Willen eines Bürgers der Vereinigten Staaten, die Sklaverei aus ihrem Gebiet ausschließen?" Grenzen vor der Bildung einer Staatsverfassung? Die Frage kann als Quelle eines Dilemmas angesehen werden, sowohl im praktischen als auch im syllogistischen Sinne des Begriffs.

Tatsächlich handelte es sich um eine Situation, die syllogistisch gesehen mehr als ein Dilemma beinhaltete . Sie können wie folgt angegeben werden:

> I. Wenn Douglas mit Ja antwortet, beleidigt er den Süden, und wenn er mit Nein antwortet, beleidigt er den Norden;
>
>> Aber er muss entweder mit Ja oder Nein antworten;
>>
>> Deshalb wird er entweder den Süden oder den Norden beleidigen.
>
> II. Wenn Douglas den Süden vor den Kopf stößt, verliert er die Nominierung für die Präsidentschaft im nächsten Kongress; und wenn er den Norden beleidigt, verliert er die Wahl zum Senator der Vereinigten Staaten (und seine Chancen auf die Präsidentschaft);
>
>> Aber er muss entweder den Süden oder den Norden beleidigen;
>>
>> Daher verliert er entweder das Präsidentenamt oder das Senatorenamt .
>
> Oder III. Wenn Douglas den Süden beleidigt, kann er nicht Präsident werden; und wenn er den Norden beleidigt, kann er nicht Präsident werden;
>
>> Aber er muss entweder den Süden oder den Norden beleidigen;
>>
>> Deshalb kann er nicht Präsident werden. [45]

Das Dilemma ist ein äußerst wirksames Argument in der Politik und in der Wettbewerbsdebatte, wenn es keine Lücke lässt, durch die sich die Gegenseite durchschleichen kann. Wenn Sie Ihren Gegner auf diese Weise in einem Punkt zwischen Teufel und Tiefsee bringen können, der in den Augen Ihres Publikums interessant und kritisch ist, haben Sie seinen Fall lahmgelegt. Aber wenn der Punkt nicht bedeutsam ist, obwohl Ihr Publikum das Dilemma amüsant finden mag, laufen Sie Gefahr, sich den Vorwurf der „Klugheit" einhandeln zu lassen, wenn Sie sehr laut darüber jubeln.

Andererseits wird ein Dilemma, das nicht erschöpfend ist, niemanden halten. Viele der Argumente gegen die Erhebung einer Bundessteuer auf Körperschaften gingen davon aus, dass die Steuer im Falle einer Erhebung bald unangemessen hoch würde. Die meisten Argumente, dass die andere Seite jede ihr gegebene Macht missbrauchen wird, können als in die Klasse des unvollständigen Dilemmas fallend angesehen werden. Ein Redner, der ein Leaky-Dilemma nutzt, muss großes Vertrauen in die Unintelligenz seines Publikums haben, aber es ist überraschend zu sehen, wie oft solche Dilemmata in politischen Debatten auftreten.

45. Argumentation anhand von Indizienbeweisen. Die auf Seite 120 genannte dritte Art der Argumentation aus Ähnlichkeit ist die Argumentation auf der Grundlage von Indizienbeweisen. Der Begriff ist jedem aus Mordprozessen und Kriminalromanen bekannt . Websters Argumentation im White Murder Case, aus dem ich auf Seite 157 einen kurzen Auszug abdrucke, ist ein berühmtes Beispiel für eine Argumentation über Indizienbeweise; und in der Belletristik hat Sir Conan Doyle viele bemerkenswerte und geniale Fälle davon zu unserem Vergnügen geschaffen. Aber die Argumentation auf der Grundlage von Indizienbeweisen beschränkt sich bei weitem nicht nur auf Kriminalfälle und Fiktionen; Wie Huxley betont (siehe S. 241), ist es auch die Grundlage einiger der umfassendsten und aufschlussreichsten Verallgemeinerungen der Wissenschaft; und das folgende Beispiel von Macaulay ist nur einer von unzähligen Fällen seiner Verwendung in der Geschichte.

Das Denken auf der Grundlage von Indizien unterscheidet sich vom Denken auf der Grundlage von Analogien oder Verallgemeinerungen dadurch, dass es auf Ähnlichkeiten beruht, die in eine Reihe unterschiedlicher Richtungen reichen, die jedoch alle im vorliegenden Fall konvergieren. Auf diese Konvergenz weist Macaulay in dem folgenden bewundernswerten kleinen Argument zur Urheberschaft der *Junius-Briefe hin* , bei denen es sich um eine Reihe pseudonymer und bösartiger Angriffe auf die britische Regierung um 1770 handelte:

War er [Franziskus] der Autor der Juniusbriefe? Wir sind fest davon überzeugt, dass er es war. Die Beweise sind unserer Meinung nach geeignet, ein Urteil in einem Zivil- oder Strafverfahren zu stützen. Die Handschrift von Junius ist die sehr eigenartige Handschrift von Franziskus, leicht verschleiert. Was die Stellung, Beschäftigungen und Verbindungen von Junius betrifft, so sind die folgenden die wichtigsten Tatsachen, die als eindeutig bewiesen angesehen werden können: erstens, dass er mit den technischen Formen des Amtes des Staatssekretärs vertraut war; zweitens, dass er mit den Geschäften des Kriegsministeriums bestens vertraut war; drittens, dass er im Jahr 1770 an Debatten im House of Lords teilgenommen und sich Notizen zu Reden gemacht habe, insbesondere zu den Reden von Lord Chatham; viertens, dass er die Ernennung von Herrn Chamier zum stellvertretenden Kriegsminister bitter verärgert habe; fünftens, dass er durch eine starke Bindung zum ersten Lord Holland verbunden war. Nun verbrachte Francis einige Jahre im Amt des Außenministers. Anschließend war er Obersekretär des Kriegsamtes. Er erwähnte wiederholt, dass er 1770 selbst Reden von Lord Chatham gehört hatte; und einige dieser Reden wurden tatsächlich aus seinen Notizen abgedruckt. Aus Unmut über die Ernennung von Herrn Chamier legte er sein Referendariat im Kriegsministerium nieder . Durch Lord Holland wurde er erstmals in den öffentlichen Dienst eingeführt. Nun, hier sind fünf Merkmale, die alle in Junius zu finden sein sollten. Sie sind alle fünf bei Franziskus zu finden. Wir glauben nicht, dass mehr als zwei davon in irgendeiner anderen Person zu finden sind. Wenn diese Vereinbarung die Frage nicht klärt, ist jede Argumentation auf Indizienbeweisen beendet. [46]

Hier sind die fünf Punkte oder Merkmale der Ähnlichkeit zwischen dem Verfasser der Briefe und Philip Francis von einer solchen Vielfalt, dass es ein außergewöhnlicher Zufall wäre, wenn es zufällig zwei Männer gegeben hätte, zu denen sie passen würden: wo so viele Zeilen so eng zusammenlaufen An einem einzigen Punkt wäre es kaum möglich, dass sie sich auf mehr als eine Person treffen.

Der folgende kurze Auszug aus Websters Argumentation im White Murder Case zeigt die gleiche Art der Konvergenz von Ähnlichkeiten: Jeder Umstand für sich ist kaum stark genug, um einen Grund für ein Analogieargument zu liefern, aber alle zusammengenommen weisen sie unwiderstehlich in eine Richtung, nämlich , auf die Tatsache einer Verschwörung.

Lassen Sie mich daher zunächst auf die Erscheinungen am Morgen nach dem Mord aufmerksam machen, die darauf hindeuten, dass der Mord nach einem vorher festgelegten Operationsplan erfolgte. Was sind Sie? Ein Mann wurde ermordet in seinem Bett aufgefunden. Kein Fremder hatte die Tat begangen, niemand, der das Haus nicht kannte, hatte sie getan. Es war offensichtlich, dass sich jemand von innen geöffnet hatte und dass jemand von außen eingetreten war. Offensichtlich und sicher hatte es ein Konzert und eine Zusammenarbeit gegeben. Die Bewohner des Hauses waren nicht beunruhigt, als der Mord verübt wurde. Der Attentäter war ohne Aufruhr oder Gewalt eingedrungen. Er hatte den vor ihm vorbereiteten Weg gefunden. Das Haus war bereits zuvor geöffnet worden. Das Fenster wurde von innen entriegelt und seine Befestigung aufgeschraubt. An der Tür der Kammer, in der Mr. White schlief, befand sich ein Schloss, aber der Schlüssel war verschwunden. Es war weggenommen und geheim gehalten worden. Draußen waren die Schritte des Mörders zu sehen, die zum Fenster tendierten. Das Brett, über das er das Fenster betrat, blieb noch übrig. Der Weg, den er einschlug, war ihm somit bereitet. Das Opfer wurde getötet und der Mörder war entkommen. Alles deutete darauf hin, dass jemand im Inneren mit jemandem im Äußeren zusammengearbeitet hatte. Alles deutete darauf hin, dass einige der Insassen oder jemand, der Zugang zum Haus hatte, an dem Mord beteiligt gewesen seien. Angesichts der Umstände war es daher offensichtlich, dass es sich um einen vorsätzlichen, konzertierten Mord handelte; dass es eine Verschwörung gegeben habe, um es zu begehen. [47]

Die Stärke der Argumentation auf der Grundlage von Indizienbeweisen liegt in der Anzahl und Vielfalt der Ähnlichkeitspunkte mit dem vorliegenden Punkt. Wenn es wenige davon gibt, erhöht sich die Möglichkeit des Zufalls, ebenso wie dann, wenn die Ähnlichkeitspunkte aus derselben Quelle stammen oder von derselben Art sind. Diese Möglichkeit eines Zufalls ist ein guter grober Test für den Wert einer Schlussfolgerung auf der Grundlage von Indizienbeweisen: Wo die Theorie eines Zufalls alle Wahrscheinlichkeiten überfordern würde, kann man sie getrost außer Acht lassen.

In der Praxis kommt die Argumentation auf der Grundlage von Indizienbeweisen in der Erfahrung von Anwälten häufiger vor als in der anderer Männer; Aber früher oder später muss jeder auf eine solche Begründung verzichten, denn wo direkte Beweise nicht in Frage kommen, kann es notwendig sein, die Situation durch Indizienbeweise zusammenzufassen. Gegen solche Beweise bestehen gewisse Vorurteile, die auf gemeldete Fälle von Justizirrtümern in darauf basierenden Verurteilungen zurückzuführen sind. Solche Fälle kommen jedoch in der Realität sehr selten vor und werden wahrscheinlich nicht so viele sein wie die Fälle, in denen eine falsche oder falsche direkte Aussage zu Unrecht geführt hat.

46. Einige Fallstricke des Denkens – Mehrdeutigkeit. Ich habe bereits über einige der Gefahren gesprochen, denen das Denken ausgesetzt ist – falsche Analogien, fehlerhafte Verallgemeinerungen verschiedener Art und verschiedene Sünden gegen die Regeln des Syllogismus. Es gibt noch einige allgemeine Gefahren, über die man sprechen muss. Es sollte beachtet werden, dass die verschiedenen Arten von Trugschlüssen ineinander übergehen und nicht selten eine bestimmte schlechte Argumentation unter mehr als einem von ihnen beschrieben werden kann.

Von allen Quellen fehlerhafter und irreführender Argumentation ist Mehrdeutigkeit die fruchtbarste und umfassendste.

Dies ergibt sich aus der Tatsache, dass Wörter, mit Ausnahme derjenigen, die fast technisch spezifisch sind, ständig in mehr als einer Bedeutung verwendet werden und dass viele der Wörter, die wir im Alltag verwenden, im Wesentlichen eine vage Bedeutung haben. So gebräuchliche Wörter wie „Freiheit", „Recht", „Gentleman", „besser", „klassisch", „Ehre" und unzählige andere bedürfen jeweils einer Abhandlung für eine gründliche Definition; und dann wäre die Definition, wenn sie vollständig wäre, größtenteils eine tabellarische Auflistung der völlig richtigen Bedeutungen, in denen die Wörter verwendet werden können, oder eine Liste der Arten, wie sie von verschiedenen Menschen verwendet wurden. Abgesehen von dieser notorischen Unbestimmtheit vieler gebräuchlicher Wörter haben viele Wörter, wie ich bereits gezeigt habe (S. 54), zwei oder mehr unterschiedliche und definierbare Bedeutungen.

Streng genommen liegt die Mehrdeutigkeit nicht im Wort selbst, sondern in seiner Verwendung in einer Behauptung, da Mehrdeutigkeit nur entstehen kann, wenn wir eine Behauptung aufstellen. Es wurde definiert als „die Vernachlässigung von Unterscheidungen in der Bedeutung von Begriffen, wenn diese Unterscheidungen für den gegebenen Anlass wichtig sind." [48] Angenommen, Sie argumentieren zum Beispiel gegen eine bestimmte Verbesserung in einem Studentenwohnheim mit der Begründung, dass diese zu Luxus führt: Offensichtlich ist „Luxus" ein Wort, das für Sie das eine und für die Hälfte Ihres Publikums eine andere Bedeutung haben kann. An sich ist es ein unbestimmtes Wort, außer in seiner emotionalen Bedeutung; und seine Bedeutung variiert je nach den Menschen, für die es verwendet wird, denn was für einen auf einem Bauernhof aufgewachsenen Jungen Luxus wäre, wäre für den Sohn wohlhabender Eltern in der Stadt bloßer Trost. Tatsächlich haben die Fortschritte im Sanitärbereich der letzten Generation die relative Bedeutung der Wörter „Komfort" und „Luxus" in Bezug auf Badezimmer und Badewannen völlig verändert. Im Fall eines solchen Wortes liegt das Gewicht der obigen Definition dann auf dem letzten Satz, „wenn diese Unterscheidungen für den gegebenen Anlass wichtig sind"; Hier liegt ein Fall vor, in dem der Anlass, bei dem das Wort „Luxus" verwendet wird, fast seine gesamte Bedeutung bestimmt. Wenn Sie in der Praxis den Verdacht hegen, dass ein Wort in einem anderen Sinn verstanden werden könnte, als Sie es beabsichtigen, ist das erste, was Sie tun müssen, es zu definieren – also so genau wie möglich die Fälle festzulegen, die es in der Gegenwart abdecken soll Anlass und die Bedeutung, die es in diesen Fällen haben soll. Gute Beispiele für diese aufgeklärte Vorsicht finden Sie in den Definitionen auf den Seiten 54–65, insbesondere in der von Bagchot .

Eine ähnliche Schwierigkeit ergibt sich bei den Wörtern, die im etwas schlampigen Alltagsgebrauch eine gewissermaßen gleitende Bedeutung erlangt haben.

Wir mögen keine Schwierigkeiten damit haben, die Behauptungen zu verstehen, dass Brown, Jones und Robinson „ehrlich" seien, aber wenn wir zum Fall Smith kommen , stellen wir fest, dass es schwierig ist, ihn eindeutig auf beiden Seiten der Linie zu platzieren. Diese Schwierigkeit ist nichts Geringeres als die Schwierigkeit, die Bedeutung zu kennen, die dem Wort in dieser bestimmten Behauptung gegeben wird. Wir könnten uns zum Beispiel darauf einigen, dass wir mit Smiths „Ehrlichkeit" meinen, dass ihm rechtlich keine zwielichtigen Geschäfte nachgewiesen werden konnten, oder dass er „nach seinen Erkenntnissen ehrlich" ist, oder wiederum, dass er ungefähr so ehrlich ist wie die meisten seiner Kollegen Nachbarn oder der Durchschnitt seines Gewerbes oder Berufs. [42]

Dass dies kein Fantasiefall ist, lässt sich daran erkennen, wie oft wir von „transparenter" Ehrlichkeit oder von „absoluter" Ehrlichkeit sprechen: Dies ist insbesondere eines der Wörter, für die wir eine gleitende Werteskala haben, die erheblich variiert das Alter und die Gemeinschaft. „Politische Ehrlichkeit" hat im heutigen England eine ganz andere Bedeutung als im 18. Jahrhundert. Um die genaue Bedeutung von Ehrlichkeit zu verstehen, brauchen wir entweder für Mr. Sidgwicks Brown, Jones, Robinson und Smith oder für Mr. Asquith und Mr. Balfour im Vergleich zu Walpole oder Pitt viel mehr als ein Wörterbuch Definition. Was bereits (S. 65) über die Nutzung der Fallgeschichte gesagt wurde, um ein vorläufiges Verständnis der zu diskutierenden Frage und der darin zu verwendenden Begriffe zu erhalten, gilt für die gesamte Argumentation Streit. Überprüfen Sie alle Begriffe, die Sie selbst verwenden, sowie diejenigen, die in Argumenten auf der anderen Seite verwendet werden.

Ich habe bereits auf die Mehrdeutigkeit der emotionalen Implikationen von Wörtern hingewiesen; Aber die Gefahr, die davon ausgeht, ist so subtil und so bedrohlich, dass es sich lohnen wird, noch einmal darüber nachzudenken. Es gibt viele Fälle, in denen es keinen Zweifel an der Bedeutung des Wortes gibt – die Fälle, die es benennen soll –, in denen aber die beiden Seiten einer Kontroverse das Wort für sich und mit völlig unterschiedlicher Wirkung verwenden die Gefühle anderer Menschen. Vor dem Bürgerkrieg war fast der gesamte Süden dazu übergegangen, das Wort „Sklaverei" als Bezeichnung für eine der etablierten Institutionen des Landes zu verwenden, die mehr oder weniger durch göttliche Verordnung geheiligt war; Gleichzeitig betrachtete ein großer Teil des Nordens es als einen Gräuel für den Herrn. Hier bestand kein Zweifel an der Bedeutung des Wortes; aber in einer sehr wichtigen Hinsicht war es zweideutig, denn es implizierte eine völlig andere Reaktion bei den Menschen, die es benutzten. In einem Fall, in dem der Kontrast so deutlich ist, besteht kaum eine Verwechslungsgefahr; Aber es gibt viele Fälle, in denen ein Wort sehr unterschiedliche Auswirkungen auf die Gefühle eines Publikums haben kann, ohne dass die Tatsache deutlich an die Oberfläche kommt. „Liberal" ist für die meisten Amerikaner ein Begriff, der in gewisser Weise Lob impliziert; Für Kardinal Newman implizierte es, was für ihn die respektlosen und gefährlichen Häresien des freien Denkens waren, und daher war es in seinem Mund ein Wort der Verurteilung. [50]„Ästhetik" hat für viele gute Menschen eine Bedeutung von Weiblichkeit und Kleinigkeit, die alles andere als lobenswert ist; Für Künstler und Kritiker mag es das Bewundernswerteste der Zivilisation zusammenfassen. Wenn Sie in einem Streit über die Abschaffung von Fußball als Hochschulsport Folgendes beschrieben haben:

Wenn ein bestimmtes Spiel „mit Elan und Wildheit" gespielt wird, halten Fußballspieler es für ein gutes Spiel, doch Gegner des Fußballs sind der Meinung, dass eine solche Beschreibung es ihnen rechtfertigt, das Spiel als Preiskampf einzustufen. Wenn also einer der von Ihnen verwendeten Begriffe einen Teil Ihres Publikums auf die eine und den anderen Teil auf genau die entgegengesetzte Weise berührt, haben Sie es mit einer unangenehmen Art von Mehrdeutigkeit zu tun.

Es ist leicht, zu denken, dass die Bezeichnung eines Wortes – die Dinge, die es benennt – der einzige Teil seiner Bedeutung ist, der zählt; Aber bei vielen Wörtern hat die Konnotation – ich verwende das Wort eher im rhetorischen als im logischen Sinne, um seine Implikationen, Assoziationen und die allgemeine emotionale Färbung einzubeziehen – mehr Einfluss auf die menschliche Natur. Es ist ein großer Unterschied, ob man einem Mann sagt, seine Behauptung sei „falsch", „unwahr" oder „falsch"; Wenn Sie letzteres verwenden und er überhaupt cholerisch ist, kann es zu einer Explosion kommen. In einer Argumentation, bei der es darum geht, sowohl zu überzeugen als auch zu überzeugen, ist die Frage nach den Gefühlen Ihres Publikums und wie es durch die von Ihnen verwendeten Begriffe beeinflusst wird, natürlich von großer Bedeutung. Und wenn Sie Begriffe wie „Gentleman", „politische Ehrlichkeit", „Sozialist" oder „Koedukation" verwenden, dürfen Sie nicht vergessen, dass solche Wörter eine eindeutige emotionale Konnotation haben, die je nach Leser stark variieren wird.

47. Die Frage stellen. Der Trugschluss, „die Frage zu stellen", besteht darin, etwas für wahr zu halten, was die andere Seite nicht zugeben würde. Besonders heimtückisch ist es in den komprimierten Argumenten, von denen ich vor ein paar Seiten gesprochen habe. Eine häufige Form des Trugschlusses besteht darin, einen Beinamen einzufügen, der stillschweigend die eigene Sicht auf die Frage als selbstverständlich voraussetzt, oder einen Ausdruck zu verwenden, der die eigene Sicht auf die Frage als richtig annimmt. Wenn man zum Beispiel für einen Wechsel in der Stadtregierung plädiert, wäre es fraglich, zu erklären, dass alle intelligenten Bürger dafür sind. Wenn man in einem Argument für den Schutz von Krähen zu Beginn sagen würde: „Nur wenige Menschen wissen, wie viele dieser nützlichen Vögel jedes Jahr getötet werden", würde dies die Frage aufwerfen, da es bei der Argumentation darum geht, ob Krähen nützlich sind oder nicht. Eine grobe und unhöfliche Form dieses Trugschlusses besteht darin, bei der Beschreibung von Personen, die eine andere Meinung vertreten, schmähliche Schimpfwörter zu verwenden, wie im folgenden Satz aus einem Artikel in einer Zeitschrift über die Frage der Prüfungen für den Hochschulzugang:

Was Interesse und Abwechslung betrifft, was könnte beides wirksamer zerstören und tabuisieren als die starren und rigorosen Anforderungen einer formellen Reihe von Prüfungen, die in der Regel von pedantischen Spezialisten vorbereitet werden, die praktisch nichts über die grundlegenden Probleme und Bedürfnisse der High School wissen.

Das Aufwerfen dieser Frage erfolgt oft im Zuge der Definition von Begriffen, wie in der folgenden Passage aus Kardinal Newmans „Idee einer Universität":

Wie Sie sehr wohl wissen, ist es derzeit Mode, sogenannte Universitäten zu errichten, in denen überhaupt keine theologischen Lehrstühle vorgesehen sind. Institutionen dieser Art gibt es sowohl hier [Irland] als auch in England. Ein solches Verfahren scheint mir eine intellektuelle Absurdität zu sein, obwohl es von Schriftstellern der gerade verstorbenen Generation mit vielen plausiblen Argumenten und nicht wenig Witz verteidigt wird; und mein Grund dafür, das zu sagen, läuft, mit welcher Abruptheit auch immer, in die Form eines Syllogismus: „Eine Universität, so sollte ich es nennen, gibt schon ihrem Namen nach vor, universelles Wissen zu lehren; Theologie ist sicherlich ein Wissenszweig; Wie ist es dann möglich, dass sie sich zu allen Wissenszweigen bekennt und dennoch einen von den Themen ihrer Lehre ausschließt, der, gelinde gesagt, ebenso wichtig und so groß ist wie jeder andere von ihnen? Ich sehe nicht, dass eine der beiden Prämissen dieses Arguments eine Ausnahme darstellt. [51]

Die offensichtliche Antwort ist, dass „Universität" ein vager Begriff ist und dass es viele Arten von Universitäten geben kann, wie es in diesem Land tatsächlich der Fall ist; Darüber hinaus ist die Bedeutung der Theologie selbst unter Kirchenmitgliedern umstritten.

Eine bekannte, aber oft subtile Form des Bittens um eine Frage ist das sogenannte „Disputieren im Kreis". Normalerweise ist der Trugschluss so in Worte gehüllt, dass er schwer zu erkennen ist. Hier ist eine klare und gut formulierte Darstellung eines Falles davon:

Es gibt ein Argument für Kinderarbeit, das so unamerikanisch und unmenschlich ist, dass ich mich fast schäme, es zu zitieren, und dennoch wurde es verwendet, und ich fürchte, es steckt insgeheim in den Köpfen einiger, die es nicht offen befürworten würden . Ein Fabrikant, der in der Nähe des Ofens eines Gewächshauses stand und auf eine Prozession junger slawischer Jungen zeigte, die das Glas auf Tabletts trugen, bemerkte: „Sehen Sie sich ihre Gesichter an, und Sie werden sehen, dass es müßig ist, sie der Reihe nach aus dem Gewächshaus zu holen." ihnen eine Ausbildung zu geben: Sie sind, was sie sind, und werden immer bleiben, was sie sind. Er meinte, dass es einige Menschen gibt – und diese Slawen zählen zu ihnen –, die geistig unheilbar sind und intellektuell so tief schlafen, dass sie nicht geweckt werden können; Daher ist sie von der Natur dazu bestimmt, Holz zu hauen und Wasser zu schöpfen. Diese grausame und böse Sache wurde von den Slawen gesagt; Es ist dasselbe, was seit jeher von den Sklavenhaltern ihrer Sklaven gesagt wurde. Erstens erniedrigen sie den Menschen, indem sie ihm die Möglichkeit verweigern, seine bessere Natur zu entwickeln: keine Schulen, kein Unterricht, keine Freiheit, keine Perspektive; und dann verweisen sie wie im Spott auf die erniedrigte Lage ihrer Opfer als Grund dafür, dass es ihnen niemals gestattet werden sollte, dieser Lage zu entkommen. [52]

In einer diffusen und ungeordneten Auseinandersetzung besteht immer die Möglichkeit, eine Fragestellung zu finden, die darin bestehen kann, zu einer Annahme des Originals zurückzukehren

oder einfach davon auszugehen, dass das, was behauptet wurde, bewiesen sei. Der Trugschluss des erfundenen Beispiels, bei dem ein fiktiver Fall als Illustration beschrieben und gegenwärtig als realer Fall angenommen wird, ist eine nicht ungewöhnliche Form, die Frage aufzuwerfen.

48. Die Frage ignorieren. Dies ist ein eng verwandter Denkfehler, der wahrscheinlich auf die gleiche Art von verwirrtem und schwammigem Denken zurückzuführen ist. Es besteht darin, sich in der Debatte von der Frage zu entfernen und energisch über etwas anderes zu argumentieren. Eine berühmte Enthüllung des Trugschlusses ist Macaulays Ablehnung der Argumente zugunsten Karls I.:

Die Befürworter Karls lehnen ebenso wie die Befürworter anderer Übeltäter, gegen die überwältigende Beweise vorgelegt werden, im Allgemeinen jede Kontroverse über die Tatsachen ab und begnügen sich damit, Zeugenaussagen über den Charakter zu machen. Er hatte so viele private Tugenden! Und hatte Jakob II. keine privaten Tugenden? War Oliver Cromwell, dessen erbittertste Feinde selbst Richter waren, ohne private Tugenden? Und welche Tugenden werden Charles schließlich zugeschrieben? Ein religiöser Eifer, nicht aufrichtiger als der seines Sohnes und genauso schwach und engstirnig, und ein paar der gewöhnlichen häuslichen Anstande, die die Hälfte der Grabsteine in England für diejenigen in Anspruch nehmen, die darunter liegen. Ein guter Vater! Ein guter Ehemann! Ich möchte mich in der Tat für fünfzehn Jahre der Verfolgung, Tyrannei und Lüge entschuldigen!

Wir beschuldigen ihn, seinen Krönungseid gebrochen zu haben; und uns wird gesagt, dass er sein Eheversprechen gehalten hat! Wir beschuldigen ihn, er habe sein Volk den gnadenlosen Folgen der hitzköpfigsten und hartherzigsten Prälaten ausgeliefert; und die Verteidigung ist, dass er seinen kleinen Sohn auf sein Knie nahm und ihn küsste! Wir tadeln ihn dafür, dass er gegen die Artikel der Petition of Right verstoßen hat, nachdem er aus guten und wertvollen Gründen versprochen hatte, sie einzuhalten; und wir erfahren, dass er es gewohnt war, um sechs Uhr morgens Gebete zu hören! Solchen Überlegungen, zusammen mit seinem Vandyke-Kleid, seinem hübschen Gesicht und seinem Spitzbart, verdankt er, wie wir wirklich glauben, den größten Teil seiner Popularität bei der heutigen Generation. [53]

In einem Argument für das Frauenwahlrecht mit der Begründung, dass das Wahlrecht ein Recht sei, das nicht verweigert werden dürfe, würde man die Frage außer Acht lassen, nur um die verschiedenen Möglichkeiten aufzuzählen, wie die Verantwortung einer Stimme dazu beitragen könnte, die Lage der Frauen zu verbessern.

Das Ignorieren der Frage durch den Versuch, die Öffentlichkeit auf eine falsche Fährte zu locken, ist ein ständiger Trick von Beamten, denen Fehlverhalten vorgeworfen wird. Ein US-Senator, dessen Wahl in Frage gestellt worden war, gab zu seiner Verteidigung einen ausführlichen und erschütternden Bericht über die Kämpfe seiner Kindheit. Ein wegen Inkompetenz angeklagter Gutachterausschuss beendete seine Verteidigung, in der er die Vorwürfe nicht zur Kenntnis genommen hatte, wie folgt:

Die Kritik am Board of Assessors wird von denen, deren Bemühungen um das Gemeinwohl sich auf wissenschaftliche Aufsätze über gute Regierungsführung beschränken, mit Unmut geäußert. Es schmeckt zu sehr nach dem geschickten Taschendieb, der, als er sich in großer Bedrängnis befindet, sich der Verfolgung anschließt und dabei genauso lautstark schreit wie jeder gedankenlose Pöbel: „Stopp, Dieb!"

Das Merkwürdige ist, dass dieser Trick, die Fährte zu überqueren, so viele Menschen vom Weg abbringt.

Das sogenannte *argumentum ad hominem* und das *argumentum ad populum* sind Sonderfälle des Ignorierens der Frage: Sie bestehen aus Appellen an die Gefühle oder besonderen Interessen des Lesers oder des Publikums, die vor der fraglichen Frage davonlaufen. Sie sind in Kurzreden und anderen

Argumenten, deren Hauptzweck darin besteht, Begeisterung zu wecken, keine Seltenheit.

Ein Streit über den Zoll mündet beispielsweise manchmal in Appellen, dieses großartige Land vor dem Ruin, vor den Trusts oder vor einem anderen Schicksal zu bewahren, das der Redner als ein unschuldiges und schlichtes Volk beschreibt. Ein Argument für die Wiederherstellung des klassischen Bildungssystems, das in Lobreden auf die guten alten Zeiten münden sollte, könnte leicht zu einem *Argumentum ad populum werden* ; Ein Argument für einen neuen Park, der sich auf selbstsüchtige Vorteile konzentrieren sollte, die die Anwohner ohne Rücksicht auf die größere Kommunalpolitik erzielen könnten, wäre wahrscheinlich ein *Argumentum ad hominem* .

Offensichtlich hängen diese beiden Formen der Verschiebung des Sachverhalts eng mit dem Element der Überzeugung in einem Argument zusammen, und bei der Unterscheidung muss man den gesunden Menschenverstand anwenden. Ihr Gegner kann Sie wegen eines *argumentum ad hominem* oder *ad populum zurechtweisen* , wenn Sie glauben, dass Sie sich innerhalb der Grenzen der legitimen Überzeugung halten; Aber im Allgemeinen ist es sicher, seine Selbstachtung zu schützen, indem man eine breite Grenze zwischen Ausweichen und unwürdigen Appellen an Vorurteile und berechtigten Appellen an Gefühle und persönliche Interessen zieht.

ÜBUNGEN

1. Nennen Sie eine politische Frage, die durch die Feststellung einer umstrittenen Tatsache gelöst werden könnte.

2. Finden Sie in den Tageszeitungen einen Bericht über einen Prozess, in dem Beweise für unzulässig erklärt wurden, die nach den Regeln des Gesetzes vom Durchschnittsmann außerhalb des Gerichts bei seiner eigenen Entscheidung berücksichtigt worden wären.

3. Nennen Sie drei Fragen, bei denen die Aussage durch Temperaments- und andere Voreingenommenheiten des Zeugen beeinflusst werden würde.

4. Nennen Sie eine wissenschaftliche Frage, bei der eine wichtige Tatsache durch Schlussfolgerungen aus anderen Tatsachen begründet wird.

5. Nennen Sie einen Fall aus dem wirklichen Leben oder einer Fiktion, in dem eine Tatsache durch Indizienbeweise nachgewiesen wurde. Analysieren Sie die Beweise und zeigen Sie, wie sie auf der Schlussfolgerung aus Ähnlichkeit beruhen.

6. Geben Sie einen Fall an, in dem Sie durch die direkte Beobachtung einer Tatsache getäuscht wurden.

7. Geben Sie innerhalb einer Woche ein Beispiel aus Ihrer eigenen Erfahrung an, bei dem vage Autoritäten als direkte Beweise angeführt wurden.

8. Was würden Sie von dem Verfasser der folgenden Sätze als Zeuge der Anzahl und Bedeutung der Teilnehmer an der Frauenwahlprozession halten, von der er berichtet?

> Selten, wenn überhaupt, war die Fifth Avenue so voll wie am Samstagnachmittag, und noch nie habe ich so viele Frauen unter den Zuschauern eines vorbeiziehenden Festumzugs gesehen. Viele Reihen tief säumten die Marschlinie und diese Scharen bestanden überwiegend aus Frauen. Als ich von Block zu Block ging, konnte ich mich des Gedankens nicht erwehren, dass die allermeisten von ihnen herzzerreißend waren und sich schämten, dass auch sie nicht in der Reihe hinter der Kiltkapelle standen, die die Prozession anführte, den historischen symbolischen Festwagen, und die beschrifteten Banner, zusammen mit ihren dreitausend oder mehr Schwestern. Hier waren Frauen, die einen guten Kampf für die Sache der Frauen führten – für die unterbezahlten Fabrikarbeiter und die überernährte Glücksdame, der das Mitspracherecht in der Regierung über ihr geerbtes Eigentum entzogen ist. (Bericht in einer Tageszeitung, 8. Mai 1911)

9. Finden Sie ein Beispiel für historische Beweise in einem Fall, in dem es keine direkten Zeugen für die Tat gibt. Diskutieren Sie es anhand der Tests von SR Gardiner (S. 103).

10. Finden Sie zwei Beispiele aus Tageszeitungen, in denen Statistiken zur Feststellung einer komplexen Tatsache verwendet werden.

11. Nennen Sie zwei Themen, zu denen Sie Statistiken erstellen könnten, und die Quellen, aus denen Sie diese beziehen würden.

12. Bringen Sie im Unterricht die Aussage einer anerkannten Autorität zu einem komplexen Sachverhalt vor und erklären Sie, warum seine Aussage Gewicht hat.

13. Nennen Sie ein Thema, zu dem Sie mit Autorität sprechen können, und erklären Sie, warum Ihre Aussage zu diesem Thema Gewicht haben sollte.

14. Nennen Sie aus Ihrer eigenen Erfahrung ein Beispiel für einen Fall, in dem es schwierig ist, zwischen direkten und indirekten Beweisen zu unterscheiden.

15. Finden Sie in den Tageszeitungen oder aktuellen Zeitschriften ein Argument, das auf einer Analogiebegründung basiert; eine, die auf

Argumentation durch Verallgemeinerung basiert; eine basierend auf Indizienbeweisen; Erklären Sie den Charakter jedes einzelnen.

16. Finden Sie ein Beispiel für ein Argument, das auf der Schlussfolgerung eines Kausalzusammenhangs basiert.

17. Finden Sie ein Beispiel für ein Argument aus der Aufzählung ähnlicher Fälle, das leicht umgeworfen werden könnte.

18. Welche Bedeutung könnte dem Wort „Gentleman" in dem Satz „Ein Gentleman sollte kein professioneller Baseballspieler werden" beigemessen werden?

19. Unterscheiden Sie zwischen der Bedeutung von *Gesetz* in den Ausdrücken „moralisches Gesetz", „natürliches Gesetz" und „Gesetz des Landes".

20. Welche andere Bedeutung hatte das Wort „Trost" zur Zeit Ihres Großvaters im Vergleich zu heute?

21. Nennen Sie zwei Beispiele für Wörter mit „gleitender Bedeutung".

22. Nennen Sie zwei Beispiele für Wörter, deren Bedeutung feststeht, deren Konnotation oder emotionale Implikationen jedoch bei verschiedenen Menschen unterschiedlich wären.

23. Finden Sie ein Beispiel für eine falsche Analogie.

24. Kritisieren Sie die Argumentation im folgenden Auszug aus einem Brief an eine Zeitung, in dem Republikaner und Demokraten dazu aufgefordert werden, bei den Kommunalwahlen in einer kleinen Stadt des Landes Stimmen zu erhalten.

> Es ist eine anerkannte Tatsache, dass der Wettbewerb im Wirtschaftsleben unserer Stadt dem Verbraucher zugute kommt. Wenn das so ist, warum wird der Wettbewerb in städtischen Angelegenheiten dem Steuerzahler dann nicht ebenso gute Ergebnisse bringen?

25. Nennen Sie ein Beispiel für eine voreilige Verallgemeinerung, die Sie kürzlich gehört haben. Erklären Sie seine Schwäche.

26. Geben Sie ein eigenes Beispiel für den *Post-hoc*- Irrtum.

27. Geben Sie ein Beispiel für eine falsche Argumentation, die auf der Annahme beruht, dass eine komplexe Tatsache einfach sei.

28. Kritisieren Sie die Argumentation in den folgenden Auszügen:

> *ein* . [Versand an eine Tageszeitung.] Haverhill, 30. März 1911. Gegner der Kommissionsform der Regierung sind nicht wenig zufrieden mit der Entwicklung von Aussagen,

die durch Zahlen der Rechnungsprüfungsabteilung der Stadt Haverhill über diese Verwaltungsmethode bestätigt werden Kommunale Angelegenheiten haben sich dort bisher als kostspieliges Experiment erwiesen ... Der Gesamtbetrag der in den letzten siebenundzwanzig Monaten ausgegebenen Anleihen, die den Zeitraum der Tätigkeit der Kommissionsregierung abdeckten, betrug 576.000 US-Dollar; die derzeitige Kreditaufnahmekapazität der Stadt beträgt nur etwa 35.000 US-Dollar; dass die Schuldverschreibungen der Stadt in den letzten fünf Jahren von 441.264 US-Dollar auf 1.181.314 US-Dollar gestiegen sind; die Nettoschulden haben sich innerhalb von drei Jahren mehr als verdoppelt; dass der geschätzte Wert um 5.000.000 $ gestiegen ist; und der Steuersatz wurde innerhalb von fünf Jahren von 17,40 $ auf 19 $ erhöht. Die Kreditaufnahmekapazität von 341.696 US-Dollar am 1. Januar 1906 ist am 1. Januar 1911 auf 95.000 US-Dollar gesunken. Die Regierungsform der Kommission trat in Haverhill am ersten Montag im Januar 1909 in Kraft.

b. Aus einem Artikel in einer Zeitschrift, der sich gegen den Plan des Generalpostmeisters wendet, das Porto für die Anzeigenteile von Zeitschriften zu erhöhen: Beachten Sie insbesondere das Wort „Zensur":

Wir sehen zwei schwerwiegende Einwände gegen den Plan des Generalpostmeisters. Erstens erfordert es eine Zensur, um zu bestimmen, welche Zeitschriften „Magazine" sind, deren Werbeseiten besteuert werden müssen, und welche pädagogischen und religiösen Zeitschriften weiterhin in den Genuss dessen kommen sollen, was der Präsident eine „Subvention" nennt. Eine solche Zensur wäre ein neues Merkmal in der Postverwaltung, und es scheint sehr schwierig zu sein, sie auf einer fairen Grundlage durchzusetzen.

29. In einem Zeitungsbericht über eine Untersuchung des Direktors des Gymnasiums der Columbia University zu den Auswirkungen des Rauchens finden sich folgende Sätze:

In der Wissenschaft waren die Nichtraucher deutlich im Vorteil. Die Raucher erreichten in ihren Studien zu Beginn durchschnittlich 80 Prozent, in den ersten beiden Jahren 62 Prozent und bei Misserfolgen 7 Prozent. Die Nichtraucher erreichten in ihren Aufnahmeprüfungen einundneunzig

Prozent und in den ersten beiden Studienjahren neunundsechzig Prozent, während nur vier Prozent durchfielen. In dieser Hinsicht ist Dr. Meylan der Ansicht, dass es einen deutlichen Zusammenhang zwischen Rauchen und Wissenschaft gibt.

Von derselben Studentengruppe gewannen 47 Prozent der Raucher einen Platz in den Sportmannschaften der Universitäten, während nur 37 Prozent der Nichtraucher einen Platz ergattern konnten.

Wenn im vorletzten Satz gestanden hätte: „Rauchen scheint daher ein Grund für mangelnde Wissenschaftlichkeit zu sein", was hätten Sie dann von der Begründung halten sollen?

30. Kritisieren Sie die Argumentation im folgenden Teil eines Arguments für ein Verbot:

Dr. Williams sagt: „Wir finden keine Beweise dafür, dass die Verbotsgesetze in der Vergangenheit den Konsum alkoholischer Getränke wirksam verringert haben." ... Das Fehlen von Logik in Dr. Williams' Schlussfolgerung lässt sich leicht erkennen, wenn man in seiner Argumentation das Übel „Alkohol" durch das Übel „Mord" und „Gier" ersetzt.

Seit ihrer Gründung haben die Vereinigten Staaten versucht, mit der Prohibition dem Übel der Morde abzuhelfen. In jedem Staat gibt es Gesetze mit strengen Strafen, die Mord verbieten. Und doch ist die Zahl der Morde in den Vereinigten Staaten stetig gestiegen, bis sie 1910 bei achttausendneunhundertfünfundsiebzig lag. Da die Zahl der Tötungsdelikte in den letzten hundert Jahren aufgrund eines Gesetzes, das sie mit strengen Strafen verbietet, stetig zugenommen hat, war und ist ein Verbotsgesetz kein Heilmittel gegen Tötungsdelikte.

31. Kritisieren Sie die Argumentation im folgenden Auszug aus einem Argument für die Elektrifizierung des Endteils einer Eisenbahnstrecke:

Es ist wahr, dass der Rauch und das Gas von Lokomotiven Menschen nicht direkt töten; aber dass ihr Einfluss, auch wenn er nicht sofort messbar ist, die Lebensdauer verkürzt, meines Erachtens nicht erfolgreich bekämpft werden kann ... Vor ein paar Jahren habe ich einige Berechnungen auf der Grundlage der Aufzeichnungen über den zehnjährigen Betrieb der Eisenbahnen in diesem Staat angestellt und festgestellt dass, wenn ein Mann seine ganze Zeit Tag und

Nacht in Eisenbahnzügen mit einer durchschnittlichen Geschwindigkeit von dreißig Meilen pro Stunde fahren würde und wenn er durchschnittlich viel Glück hätte, er nicht öfter als einmal durch Unfall und ohne eigenes Verschulden getötet würde fünfzehnhundert Jahre alt, und dass er keine Verletzung erlitten hätte, die so schwerwiegend gewesen wäre, dass sie häufiger als einmal in fünfhundert Jahren gemeldet worden wäre. Ich bitte Sie, zu schätzen, wie lange ein Mensch Ihrer Meinung nach leben würde, wenn er ununterbrochen Tag und Nacht die Luft unserer Stationen einatmen müsste, ohne die Möglichkeit zu haben, seine Lungen durch einen Hauch reinerer und besserer Luft zu entlasten.

32. Nennen Sie ein Beispiel, in dem Sie selbst in der letzten Woche die Methode der Einigung genutzt haben, um zu einer Schlussfolgerung zu gelangen.

33. Geben Sie aus einer Ihrer Studien ein Beispiel für die Verwendung der Vereinbarungsmethode.

34. Nennen Sie ein Beispiel, das Ihnen kürzlich bekannt geworden ist, für die Verwendung der Differenzmethode.

36. Kritisieren Sie die folgenden Syllogismen und begründen Sie, warum Sie sie für sinnvoll halten oder nicht:

ein . Alle reichen Männer sollten mit ihrem Reichtum barmherzig umgehen; Wohltätige Männer vergeben ihren Feinden; Deshalb sollten alle reichen Männer ihren Feinden vergeben.

b . Jeder Mann, der gut Baseball spielt, hat ein gutes Auge und ein schnelles Urteilsvermögen; Jeder gute Tennisspieler hat ein gutes Auge und ein schnelles Urteilsvermögen; Daher ist jeder gute Tennisspieler ein guter Baseballspieler.

c . Immer wenn Sie einen Mann finden, der stark trinkt, finden Sie einen Mann, der unzuverlässig ist; Unser Kutscher trinkt nicht viel; Deshalb ist er zuverlässig.

d . Alle Dampfschiffe, die den Ozean am schnellsten überqueren, sind bequem; Dieses Dampfschiff ist langsam; Deshalb fühlt sie sich nicht wohl.

e . Nicht alle Hunde, die ständig bellen, sind schlecht gelaunt; Dieser Hund bellt nicht ständig; Deshalb ist er nicht schlecht gelaunt.

f. Alle Kälte kann durch Hitze vertrieben werden; Johns Krankheit ist eine Erkältung; Daher kann es durch Hitze ausgetrieben werden. (Von Minto)

g. Der Gebrauch glühender Geister sollte gesetzlich verboten werden, da er Elend und Verbrechen verursacht, deren Verhütung eines der Hauptziele des Gesetzes ist. (Von Bode)

h. Vernünftige Wesen sind für ihre Handlungen verantwortlich; Rohlinge, die nicht rational sind, sind daher von der Verantwortung befreit. (Von Jevons)

36. Erweitern Sie die folgenden Argumente zu Syllogismen und kritisieren Sie ihre Stichhaltigkeit:

ein. Der Schnee wird zu Regen, weil es wärmer wird.

b. Der Junge hat seine Untersuchung gut bestanden, denn er sah fröhlich aus.

c. Wir hatten letztes Jahr eine sparsame Regierung, daher wird der Steuersatz gesenkt.

d. Lee wird ein guter Bürgermeister sein, denn Männer mit Energie und gutem Urteilsvermögen können ihren Mitbürgern unschätzbares Gutes tun.

e. Es gibt unbestätigte Beweise dafür, dass jedes Mitglied des Rats der Stadträte Bestechungsgelder erhielt und George O. Carter Mitglied dieses Vorstands war.

f. Der Kandidat für den Schlaganfall in der Erstsemestermannschaft kam von der Santos School, daher muss er ein guter Ruderer sein.

37. Kritisieren Sie die Argumentation in den folgenden Argumenten und weisen Sie darauf hin, ob sie stichhaltig oder unstichhaltig sind und warum:

ein. Es kostet einen Bauern in Nebraska zwanzig Cent, einen Scheffel Mais anzubauen. Wenn der Maispreis auf zwanzig Cent sinkt, kann er nichts mehr kaufen, und er kann nicht mehr als zwölf oder fünfzehn Dollar pro Monat für Hilfe bezahlen. Wenn es 35 Cent kostet, gibt der Bauer seinen Kindern die bestmögliche Ausbildung und kauft ein Auto. Daher wird der Landwirt ruiniert sein, wenn der Maiszoll nicht erhöht wird.

b . Seit vielen Jahren haben sich die demokratischen Plattformen explizit oder implizit gegen die Zölle auf Zucker ausgesprochen; Sollten die Demokraten an die Macht kommen und die Zölle senken, würden sie ihre Stärke in den Staaten verlieren, die Rohrzucker und Rübenzucker produzieren; Wenn sie die Steuer nicht senken, geben sie zu, dass ihre Plattformen unaufrichtig waren. (Zusammenfassung eines Leitartikels in einer Zeitung. März 1911)

c . Ich brauche kaum zu sagen, dass ich gegen ein solches System wie das von Galveston bin, oder, um es bei seinem umfassenderen Namen zu nennen, das Provisionssystem. Es ist nur ein anderer Name für Despotismus. Ludwig XIV. war ein Kommissar zur Wahrnehmung der Regierungsaufgaben in Frankreich. Philipp II. war in Spanien dasselbe. Die Decemvirs und Triumvirs von Rom waren nichts dergleichen, ebenso wie das Direktorium in Frankreich. Sie kamen alle zum selben Ende. Madison sagt in Nr. XLVII von *The Federalist* : „Die Anhäufung aller Befugnisse, der Legislative und der Judikative, in denselben Händen, ob von einem, einigen wenigen oder vielen, und ob erblich, selbsternannt oder gewählt, kann zu Recht erfolgen." als die Definition von Tyrannei ausgesprochen werden." Herr Justice Story sagte: „Wenn diese Abteilungen alle einer Person oder Körperschaft von Männern übertragen werden, ist die Regierung in Wirklichkeit ein Despotismus, wie auch immer er genannt wird, sei es eine Monarchie, eine Aristokratie oder eine Demokratie."

d . Das Verfahren von Berlin enthält ein Element der Gerechtigkeit, das unsere Beachtung verdient; Wer große Eigentumsinteressen vertritt, hat die Sicherheit, zumindest vertreten zu werden. Ein solches System muss entwickelt werden, wenn das ordnungsgemäße Halten überhaupt als moralisch und notwendig für unsere Zivilisation angesehen werden soll. Denken Sie daran, dass Sie im Großen und Ganzen nur eine eingetragene Aktiengesellschaft sind. Können Sie sich vorstellen, dass die Kontrolle über eine andere Aktiengesellschaft denjenigen übertragen wird, die keine oder nur die geringsten Anteile daran haben? Können Sie sich zum Beispiel die New York & New Haven Railroad vorstellen, die von den Passagieren kontrolliert wird, unter Ausschluss der Aktionäre? Dies ist nun in großem Maße in vielen unserer Städte geschehen. Wir haben den wahren Aktionären in einigen Fällen jegliche Vertretung entzogen. Daher bin ich der Meinung, dass es nur Sinn und Gerechtigkeit ist, dem Eigentum eine Stimme bei der Kontrolle einer kommunalen Körperschaft zu geben.

e . Wir haben es mit Kommissionen in Buffalo in Zweigstellen unserer Stadtverwaltung versucht. Sie haben sie in fast jeder Stadt dieses Landes ausprobiert. Wir haben unsere Polizei durch Kommissionen verwaltet, unsere Parks durch Kommissionen, unsere öffentlichen Arbeiten durch Kommissionen. Die Kommissionsverwaltung war viele Jahre lang eine Modeerscheinung in diesem Land, und sie ist in Misskredit geraten, so dass wir in letzter Zeit die Kommissionen abgeschafft und einzelne Abteilungen mit exekutiven Funktionen und einigen kleineren gesetzgeberischen Funktionen, wie etwa Parkverwaltungen, mit einzelnen Leitern ausgestattet haben. und Polizeibehörden und haben versucht, die Verantwortung auf diese Weise zu bündeln. Im Erie County und in ganz New York regiert eine vom Volk gewählte Kommission unsere Countys. Der Aufsichtsrat ist eine Kommissionsregierung. Es war nie glaubwürdig – immer schlecht, selbst im Vergleich zu unseren Stadtverwaltungen. Natürlich handelt es sich nicht nur um eine Kommissionsregierung dieser Art. Es handelt sich um einen größeren Auftrag; Es wird nicht auf breiter Front gewählt, sondern nach Bezirken, aber es ist ein Versuch desselben. Daher sage ich, dass die Idee einer Regierung durch eine Kommission nichts Neues ist.

KAPITEL IV

DAS ARGUMENT AUSGESCHRIEBEN

49. Der Auftrag und das Argument . Wenn Ihr Schriftsatz gründlich ausgearbeitet ist und auf einer sorgfältigen Beweisaufnahme basiert, sollte die Arbeit an Ihrer Argumentation zu mindestens zwei Dritteln erledigt sein. Das letzte Drittel sollte jedoch nicht vernachlässigt werden, denn davon werden Ihre praktischen Ergebnisse bei der Beeinflussung Ihrer Leser weitgehend abhängen. Selbst eine rechtliche Auseinandersetzung wird selten allein aufgrund einer schriftlichen Stellungnahme vor Gericht geführt; und der durchschnittliche Leser wird sich niemals die Mühe machen, eine solche Zusammenfassung, wie wir sie hier geplant haben, durchzulesen und zu verstehen. Darüber hinaus werden Sie nur wenige Leser finden, wenn Ihre vollständige Argumentation lediglich aus einer Kopie des Briefings in aufeinanderfolgende Sätze und Absätze besteht. Die Erstellung des Briefings vervollständigt lediglich den architektonischen Teil Ihrer Arbeit; Beim Verfassen einer Argumentation wird Ihr gesamtes Geschick in der Wortwahl und deren Zusammenstellung zum Einsatz kommen.

Wir haben in Kapitel I gesehen, dass das Argument auf zweierlei Art für den Leser Anklang findet: Einerseits appelliert es durch seine Überzeugungskraft an seine Vernunft; andererseits appelliert es durch seine Überzeugungskraft an seine Gefühle und seine moralischen und praktischen Interessen. Die Überzeugungskraft dieser beiden Arten der Berufung wird weitgehend von der Gründlichkeit der Analyse und der Effizienz der Vereinbarung bestimmt und hängt daher zu einem großen Teil von der Arbeit ab, die bei der Erstellung des Briefings geleistet wurde; Die Überzeugungskraft hingegen hängt, obwohl sie zum Teil von der im Schriftsatz dargelegten Angriffslinie und der Auswahl der zu argumentierenden Punkte abhängt, viel stärker von der Ausfüllung des Arguments in der fertigen Form ab. Selbst das strengste wissenschaftliche Argument ist jedoch viel mehr als die bloße Zusammenfassung des Gedankengangs, der in einer Kurzfassung zu finden wäre; und in einem Argument wie den Reden in den meisten politischen Kampagnen würde eine kurze Darstellung des Gedankens den größten Teil des Arguments auslassen. Wo immer es darum geht, Menschen zu Dingen aufzurütteln, beginnt man erst, wenn man ihre Vernunft überzeugt hat.

50. Die Einführung des Arguments . Viel hängt vom ersten Teil Ihrer Argumentation ab, der Einleitung. Die Länge variiert stark und kann in anderer Hinsicht stark von der Einleitung zu Ihrem Briefing abweichen. Wenn die Leute, die Sie überzeugen möchten, mit dem Thema vertraut sind, brauchen Sie kaum eine Einführung; Eine kurze, aber klare Darstellung der

Grundlagen wird diesem Zweck genügen. Für ein solches Publikum ist es vor allem wichtig, die Themen hervorzuheben, damit es genau die Punkte erkennt, um die sich die Frage dreht. Je früher Sie dann daran arbeiten, sie zu überzeugen, desto besser. Bei solchen Argumenten wird sich die Einleitung inhaltlich vielleicht nicht wesentlich von der Einleitung zum Schriftsatz unterscheiden, sie muss jedoch auf eine fortlaufende und angenehme Form reduziert werden. Das andere Extrem ist ein Argument wie das von Huxley (S. 233), bei dem er den Weg sehr sorgfältig vorbereiten musste, damit das Vorurteil gegen eine revolutionäre und ungewohnte Sicht auf die belebte Welt die Gedanken seiner Zuhörer nicht schon vorher gegen ihn verschließen würde er war wirklich am Anfang. Bevor er mit seiner Einleitung zum Abschluss kam, erläuterte er daher nicht nur die drei Hypothesen, zwischen denen die Wahl getroffen werden muss, sondern auch das Gesetz der Einheitlichkeit der Natur sowie die Prinzipien und die Natur von Indizienbeweisen. Wo man zwischen diesen beiden Extremen stehen bleibt, ist eine Frage der Einzelargumentation.

Eines ist jedoch fast immer ratsam; In der Tat würde man nicht viel falsch machen, wenn man sie als allgemeine Regel vorschreibt, das heißt, indem man mit fast unverblümter Deutlichkeit darlegt, wie viele Hauptthemen es gibt und was sie sind. Wenn Sie eine Argumentation verfassen, können Sie immer davon ausgehen, dass die meisten Ihrer Leser unvorsichtige Leser sein werden. Nur wenige Menschen haben die Gabe, genau und genau zu lesen und das Gelesene mit einiger Deutlichkeit weiterzugeben. Machen Sie es Ihren Lesern deshalb leicht, Ihre Argumente zu verstehen und weiterzugeben. Wenn Sie ihnen sagen, dass Sie drei oder fünf Punkte hervorheben werden, ist es viel wahrscheinlicher, dass sie sich an diese drei oder fünf Punkte erinnern, als wenn sie sie sich im Laufe der Zeit selbst heraussuchen müssten. Huxley, vielleicht der fähigste Verfasser wissenschaftlicher Argumente in dieser Sprache, praktizierte dieses Kunstgriff ständig. In seinem großartigen Argument zur Evolution sagt er (siehe S. 235): „Soweit ich weiß, gibt es nur drei Hypothesen, die jemals aufgestellt wurden oder die durchaus aufgestellt werden können, wenn man die vergangene Geschichte der Natur berücksichtigt"; und dann nimmt er, wie man sehen wird, jedes einzelne der Reihe nach auf, mit der Nummerierung „erster", „zweiter" und „dritter". In seinem Aufsatz „Die physische Basis des Lebens" sagt er gleich zu Beginn: „Ich schlage vor, Ihnen zu zeigen, dass trotz dieser offensichtlichen Schwierigkeiten eine dreifache Einheit – nämlich eine Einheit der Macht oder Fähigkeit, eine Einheit der Form und eine Einheit der wesentlichen Zusammensetzung – durchdringt tatsächlich die gesamte lebende Welt." Burke sagte in seiner großartigen Rede „Über die Versöhnung mit Amerika": „Die wichtigsten Leitfragen, über die Sie heute entscheiden müssen, sind zwei: erstens, ob Sie nachgeben sollten, und zweitens, wie Ihr Zugeständnis aussehen sollte."

Es ist kaum übertrieben zu sagen, dass diejenigen Autoren, deren Sinn für Stil am weitesten entwickelt ist, die Themen am ehesten mit der unverblümtesten und direktesten Präzision darlegen.

Die Darstellung der Themen wird deutlich machen, wie wichtig es ist, die Anzahl der Hauptthemen eng zu begrenzen. Es gibt nur wenige Argumentationsthemen, die nicht in vielerlei Hinsicht die Interessen und Überzeugungen ihres Publikums berühren; Aber von diesen Aspekten sind einige offensichtlich weitaus wichtiger als andere. Wenn Sie in Ihrer Einleitung versuchen, all diese kleinen und großen Probleme darzulegen, werden Sie mit Sicherheit Verwirrung hinterlassen. Nur sehr wenige Menschen sind in der Lage, mehr als drei oder vier Sachverhalte deutlich genug darzulegen, um ihr Urteil über den gesamten Fall zu beeinflussen; und selbst von diesen werden sich einige nicht die Mühe machen, dies zu tun. Wenn Sie den Fall auf ein, zwei oder drei kritische Punkte reduzieren können, sind Sie auf einem guten Weg, die Aufmerksamkeit Ihrer Leser zu gewinnen.

Eine gute Darstellung der Geschichte des Falles kann ein nützlicher und wertvoller Teil einer Einleitung sein, insbesondere bei Argumenten, die sich mit der öffentlichen Politik befassen. Wenn Sie die Leser an die Fakten erinnern, können Sie ihnen die aktuelle Situation, von der aus Sie ausgehen, leichter verdeutlichen. Ein Argument für die Erhöhung oder Senkung des Zolls auf einen bestimmten Artikel wäre geeignet, die Geschichte des Zolls in Bezug auf diesen Artikel und die Fortschritte bei der Einfuhr und Herstellung im Land darzustellen. Wenn man das Argument aus dem Brief auf Seite 90 niederschreibt, würde man fast zwangsläufig die jüngste Geschichte der Stadtregierung mit einbeziehen.

Im Allgemeinen ist es am besten, diese vorläufige Darstellung des Fallverlaufs gewissenhaft und ausdrücklich unparteiisch zu formulieren. Ein Publikum wird sich wahrscheinlich über jeden Anschein ärgern, die Tatsachen zu verdrehen, um sie dem Fall anzupassen; Und wenn sie auf den ersten Blick Ihre Behauptungen ablehnen, ist es klüger, sich auf andere Weise auf Ihre Argumentation vorzubereiten. Es gibt mehr Möglichkeiten, ein Argument zu beginnen, als die Tatsachenbehauptung; und Ressourcen bei der Präsentation eines Falles tragen wesentlich dazu bei, ihn zu gewinnen.

Es ist oft ratsam, Ihre Definitionen sorgfältig anzugeben, insbesondere bei Begriffen, die Ihrem gesamten Fall zugrunde liegen. Die Definition von Bagchot auf Seite 58 ist ein gutes Beispiel. Hier ist der Anfang einer Ansprache von Präsident Eliot aus dem Jahr 1896 zum Thema „Ein breiteres Spektrum an Wahlfächern bei den Zulassungsvoraussetzungen für Hochschulen":

Wie üblich ist es notwendig, das Thema ein wenig zu definieren. „Ein breiteres Spektrum an Wahlfächern bei den Zulassungsvoraussetzungen für

Hochschulen." An welchen Bereich denken wir, wenn wir dieses Thema ansprechen? Wenn wir die Vereinigten Staaten meinen, ist das Angebot an Wahlfächern bereits sehr groß. Nehmen Sie zum Beispiel die Voraussetzungen für die Zulassung zur Leland Stanford University. Es werden zwanzig Themen mit sehr unterschiedlichem Charakter und Umfang genannt, von denen der Kandidat zehn beliebige vortragen kann. Botanik zählt genauso viel wie Latein. Bei der Zulassung zur University of Michigan gibt es eine breite Auswahl an Studiengängen, die zu zahlreichen Abschlüssen führen. Das heißt, es gibt eine breite Palette von Fächern, die für einen Kandidaten zugelassen sind, der sich für einen der vielen Abschlüsse bewerben möchte. Wenn wir näher nach Hause schauen, stellen wir fest, dass an einer so konservativen Institution wie dem Dartmouth College drei verschiedene Abschlüsse mit drei unterschiedlichen Zulassungsvoraussetzungen und drei verschiedenen Kursen innerhalb des Colleges angeboten werden. Mir ist aufgefallen, dass es beim letzten Studienbeginn einundvierzig Abschlüsse der altmodischen Art und siebenundzwanzig Abschlüsse der neueren Art gab, die vom Dartmouth College vergeben wurden. Hier in Harvard gibt es seit vielen Jahren eine beträchtliche Auswahl an Wahlfächern in den Zulassungsprüfungen, insbesondere im Bereich der sogenannten „Advanced Requirements". Daher müssen wir unser Thema ein wenig einschränken, indem wir sagen, dass wir an ein breiteres Angebot an Zulassungswahlfächern an den Colleges im Osten und Mittleren Bundesstaat denken, da das Angebot an Wahlfächern weiter westlich in vielen Fällen bereits groß ist. [54]

Professor William James beginnt in seinem Aufsatz „The Will to Believe", in dem er darlegt, dass es sowohl richtig als auch unvermeidbar ist, dass unsere Gefühle an der Entstehung unseres Glaubens beteiligt sind, mit einer sorgfältigen Definition und Veranschaulichung bestimmter Begriffe, die er beschreibt Werde es ständig nutzen.

Als nächstes nennen wir die Entscheidung zwischen zwei Hypothesen eine Option. Es gibt verschiedene Arten von Optionen. Sie können (1) *lebend* oder *tot sein*; (2) *erzwungen* oder *vermeidbar*; (3) *bedeutsam* oder *trivial*; und für unsere Zwecke können wir eine Option als *echte* Option bezeichnen, wenn sie erzwungener, lebendiger und bedeutsamer Art ist.

1. Eine lebende Option ist eine, bei der beide Hypothesen real sind. Wenn ich Ihnen sage: „Sei ein Theosoph oder ein Mohammedaner", ist das wahrscheinlich eine tote Option, denn für Sie ist wahrscheinlich keine der beiden Hypothesen lebendig. Aber wenn ich sage: „Seien Sie ein Agnostiker oder seien Sie ein Christ", dann ist es etwas anderes: So geschult Sie auch sind, jede Hypothese hat einen gewissen Appell an Ihren Glauben, und sei er noch so klein.

2. Wenn ich Ihnen als nächstes sage: „Wählen Sie, ob Sie mit oder ohne Regenschirm ausgehen möchten", biete ich Ihnen keine echte Option an, denn sie ist nicht erzwungen. Sie können es leicht vermeiden, indem Sie überhaupt nicht ausgehen. Ebenso ist Ihre Option vermeidbar, wenn ich sage: „Entweder liebe mich oder hasse mich", „Entweder nenne meine Theorie wahr oder nenne sie falsch". Möglicherweise bleiben Sie mir gegenüber gleichgültig, weder liebend noch hassend, und Sie können es ablehnen, ein Urteil über meine Theorie abzugeben. Aber wenn ich sage: „Entweder akzeptierst du diese Wahrheit oder verzichtest du darauf", dann stelle ich dir eine erzwungene Option vor, denn außerhalb der Alternative gibt es keinen Halt. Jedes Dilemma, das auf einer vollständigen logischen Disjunktion basiert, ohne die Möglichkeit, nicht zu wählen, ist eine Option dieser erzwungenen Art.

3. Wenn ich schließlich Dr. Nansen wäre und Ihnen vorschlagen würde, an meiner Nordpolexpedition teilzunehmen, wäre Ihre Option bedeutsam; denn dies wäre wahrscheinlich Ihre einzige vergleichbare Gelegenheit, und Ihre jetzige Wahl würde Sie entweder von der Art der Unsterblichkeit am Nordpol ganz ausschließen oder zumindest die Chance darauf in Ihre Hände legen. Wer sich weigert, eine einzigartige Chance wahrzunehmen, verliert den Preis so sicher, als hätte er es versucht und wäre gescheitert. *Im Gegensatz dazu* ist die Option trivial, wenn die Gelegenheit nicht einzigartig ist, wenn der Einsatz unbedeutend ist oder wenn die Entscheidung rückgängig gemacht werden kann, wenn sie sich später als unklug erweist. Solche trivialen Optionen gibt es im wissenschaftlichen Leben zuhauf. Ein Chemiker findet, dass eine Hypothese lebendig genug ist, um ein Jahr mit ihrer Überprüfung zu verbringen: Er glaubt in diesem Maße an sie. Sollten sich seine Experimente jedoch in irgendeiner Weise als ergebnislos erweisen, wird er wegen des Zeitverlusts entlassen, da kein lebenswichtiger Schaden entstanden ist.

Es wird unsere Diskussion erleichtern, wenn wir alle diese Unterschiede im Auge behalten. [55]

In einigen Argumentationen kann die Ausarbeitung der Definitionen einiger Hauptbegriffe viel Raum einnehmen. Matthew Arnold, ein berühmter Kritiker der letzten Generation, schrieb als Einleitung zu einem Band mit Auszügen aus Wordsworths Gedichten einen Aufsatz mit der These, dass Wordsworth nach Shakespeare und Milton der größte Dichter sei, der auf Englisch geschrieben habe; und um seinen Standpunkt zu untermauern, definierte er, dass „Poesie im Grunde eine Kritik des Lebens ist; dass die Größe eines Dichters in seiner kraftvollen und schönen Anwendung von Ideen auf das Leben liegt – auf die Frage, wie man lebt . " Der Entwicklung dieser Definition widmete er mehrere Seiten, denn der Erfolg seines

Hauptarguments bestand darin, seine Leser dazu zu bewegen, sie zu akzeptieren.

Bei vielen juristischen Argumenten geht es ausschließlich um die Festlegung von Definitionen, insbesondere in den Fällen, in denen es um das Gesetzesrecht geht. Die jüngsten Entscheidungen des Obersten Gerichtshofs der Vereinigten Staaten in den Fällen Körperschaftssteuer und Standard Oil sind Beispiele dafür: In beiden Fällen ging es um die genaue Bedeutung der Wörter, die in bestimmten vom Kongress verabschiedeten Gesetzen verwendet wurden. Auch im Gewohnheitsrecht gibt es viele Ausdrücke aus vergangenen Jahrhunderten, deren Bedeutung immer wieder neu definiert wurde, als neue Fälle aufkamen. Wir haben gesehen (S. 63), wie sorgfältig die Definition des Wortes „Mord" sein kann. „Böswilliger Vorsatz" ist ein weiteres bekanntes Beispiel: Es klingt einfach, aber wenn man anfängt, die Grenzen festzulegen, an denen plötzlicher Zorn in kühle und absichtliche Feindschaft übergeht, oder wie weit ein Mann betrunken sein muss, bevor er das Bewusstsein verliert Selbst ein Laie kann erkennen, dass es Schwierigkeiten gibt.

In solchen Fällen wäre eine Wörterbuchdefinition lediglich ein Ausgangspunkt. Es kann jedoch ein sehr nützlicher Ausgangspunkt sein, wie im folgenden Auszug aus einem Artikel von Herrn EP Ripley, Präsident der Atchison, Topeka, and Santa Fe Railway Company, über „Die Eisenbahnen und die Menschen":

Es gibt einen Punkt in dieser Angelegenheit, den viele vergessen: Es gibt nämlich in allen Angelegenheiten zwei Arten von Diskriminierung. Es gibt die Art, die, wie das Wörterbuch es ausdrückt, „sich als anders auszeichnet", die „genau unterscheidet", und es gibt die völlig unterschiedliche Art, die „ungleich behandelt". In allen gewöhnlichen Angelegenheiten des Lebens verurteilen wir diejenigen als „unvoreingenommen", die so wenig Urteilsvermögen und Gerechtigkeit haben, dass sie nicht „genau unterscheiden" oder „Dinge, die anders sind, nicht voneinander abgrenzen" – die Dinge, die ungleich sind, entweder gleich behandeln oder Dinge ungleich behandeln die gleich sind. Wenn nun der Eisenbahnverkehrsleiter „Dinge, die anders sind, aussondert" und anders behandelt, dann tut er einfach das, wozu jeder die Pflicht hat. [56]

Anschließend entwickelt er diese Definition weiter, indem er die Fakten aufzeigt, auf die sie sich beziehen muss.

Andererseits langweilen Sie Ihre Leser nicht mit Wörterbuchdefinitionen von Wörtern, an deren Bedeutung niemand zweifelt ; Das ist eine Verschwendung von gutem Papier für Sie und von guter Zeit für sie; und wir haben in Kapitel II gesehen, wie sinnlos das Wörterbuch für Fälle ist, in denen tatsächlich Meinungsverschiedenheiten über die Bedeutung eines Wortes bestehen.

Es wird dann ersichtlich sein, dass die Analyse, die Sie zur Vorbereitung des Briefings durchgeführt haben, in der Argumentation selbst große oder kleine Auswirkungen haben kann. Daher ist es ratsam, die für die Einleitung des Briefings geleistete Arbeit als eine Arbeit zu betrachten, die hauptsächlich dazu dient, Ihre eigenen Gedanken zu diesem Thema zu klären; Wenn Sie dazu kommen, das Argument selbst aufzuschreiben, können Sie zur Einleitung des Briefings zurückgehen und sehen, wie viel Platz Sie ihm jetzt einräumen werden.

Bei einem Streit an der Universität oder in der Schule werden Sie dem Streit normalerweise ziemlich genau folgen; und Sie tun gut daran, dies zu tun, denn Sie werden sich so ein nützliches Modell im Kopf festsetzen. Aber wenn Sie in die Welt hinausgehen, müssen Sie in jedem Fall die Bedürfnisse und Vorurteile des jeweiligen Publikums berücksichtigen. Hier wie überall in der Argumentation müssen Sie Ihr Urteilsvermögen walten lassen; Es gibt keine Formel, die für alle Fälle passt. Das in Kapitel II dargelegte Analyseschema des Falles hat sich als bestes Mittel bewährt, das bisher gefunden wurde, um ein Thema zu untersuchen und Klarheit des Denkens und Sicherheit des Angriffs zu gewährleisten. [57], aber ich kenne kein einziges festes Schema für das Argument selbst, das nicht durch das erste halbe Dutzend praktischer Argumente, auf die Sie es anwenden, zerrüttet wird.

51. Der Kern des Arguments. Im Hauptteil der Argumentation wird der Unterschied zum Schriftsatz weitgehend eine Frage der Erweiterung sein: Der Schriftsatz gibt die Beweise an, die Argumentation führt sie ausführlich aus. Auch hier schneiden Sie Ihre Argumentation so ab, dass sie zu Ihrem Publikum und dem Ihnen zur Verfügung stehenden Raum passt. In einer Argumentation im Leitartikel einer Zeitung, die selten länger ist als ein langes College-Thema, gibt es wenig Platz für die Darlegung von Beweisen. In Websters Argumentation im White Murder Case, die etwa dreizehntausend Wörter umfasst und deren Vortrag zwei Stunden oder länger gedauert haben muss, werden die Fakten bis ins kleinste Detail untersucht. Die meisten Menschen sind überrascht, wie viel Platz eine vollständige Beweisaufnahme verschlingt; Wenn die Fakten überhaupt kompliziert sind, müssen sie einzeln analysiert und dargelegt und ihre Bedeutung für den Fall vollständig dargelegt werden. Diese Notwendigkeit, Platz zu nutzen, um Fakten klar zu machen, ist der Grund, warum es so schwierig ist, angemessene und überzeugende Argumente zu finden, die auf weniger als fünfzehn oder zwanzig Seiten gedruckt werden können. Das Problem bei einem schnellen und kompakten Argument wie dem von Macaulay über die Urheberschaft der *Junius-Briefe* (siehe S. 155) besteht darin, dass man nicht weiß, ob man die dargelegten Fakten akzeptieren soll oder nicht, es sei denn, man hat sich selbst mit der

Frage befasst. Wenn Sie sie akzeptieren, ist die Schlussfolgerung unvermeidlich; Wenn Sie jedoch wissen, dass die Gelehrten die Entscheidung lange Zeit für zweifelhaft gehalten haben, möchten Sie mehr über die Fakten im Detail erfahren, bevor Sie sich Macaulays Schlussfolgerung hingeben. Für einen durchschnittlichen Leser von heute, der wenig über die Fakten weiß, müsste dieses Argument erheblich ausgeweitet werden.

Diese Erweiterung bietet Ihnen die Gelegenheit, Ihr ganzes Geschick in der Darstellung auszuschöpfen, das Sie aufbringen können, und den subtilen Appell an die Gefühle Ihrer Leser, der in der Lebendigkeit und Präzision der Formulierung liegt – Überlegungen, auf die ich weiter unten gesondert eingehen werde. Fragen des Raumverhältnisses können wir hier berücksichtigen.

Die einzige Regel, die für die Aufteilung Ihres Raums aufgestellt werden kann, besteht darin, Ihren Scharfsinn und Ihr gesamtes Wissen über Ihr Thema und Ihr Publikum einzusetzen. Bei einer schriftlichen Argumentation haben Sie den Vorteil, dass Sie Ihren Stift über Ihren ersten Entwurf laufen lassen und dann zurückgehen und die relative Kraft der verschiedenen Teile der Argumentation abwägen und sie immer wieder ausschneiden können, bis Sie die besten Argumente für den Zweck finden haben den meisten Platz. In einer Debatte wird das gleiche Ziel durch Proben der Hauptreden erreicht; Bei der Widerlegung, die am besten spontan erfolgt, muss man sich auf das durch die Praxis gewonnene Urteil verlassen.

Unter sonst gleichen Bedingungen lockt die Kürze jedoch ein Publikum. Wenn Sie Ihren Fall in der Hälfte der Zeit zusammenfassen können, die die Gegenseite benötigt, um ihren Standpunkt darzulegen, ist die Wahrscheinlichkeit groß, dass Ihr Publikum glaubt, dass Sie Recht haben. Hüten Sie sich vor allem davor, Ihre Leser zu langweilen, indem Sie Einzelheiten oder Aspekte des Falles, die sie nicht interessieren, zu ausführlich erläutern. Ich nehme an, es gibt niemanden von uns, der nicht einen oder zwei würdige Freunde hat, die einen ganzen Abend lang darüber reden, ob ein Rasen am Abend oder am frühen Morgen bewässert werden sollte oder ob das achte Loch auf dem Golfplatz nicht bewässert werden sollte fünfzig Meter länger. Man darf nicht wie der Mann sein, der vor ein paar Jahren in der Diskussion über den Bimetallismus seine Frau nachts wach hielt und ihr die Ungerechtigkeiten und Ungleichheiten eines einzigen Standards darlegte. Es ist sicherer, die Ausdauer und Geduld Ihres Publikums zu unterschätzen als zu überschätzen.

52. Die Widerlegung. Der Ort der Widerlegung wird, wie wir im Kapitel über die Planung (siehe S. 82) gesehen haben, je nach Argumentation und Publikum stark variieren. Sein Zweck besteht darin, die von der Gegenseite vorgebrachten Hauptpunkte so wirksam wie möglich aus dem Weg zu räumen. Bei einer Tatsachenbehauptung geschieht dies sowohl durch das Aufdecken von Schwachstellen in der Argumentation als auch dadurch, dass Zweifel an den angeführten Tatsachen geweckt werden, entweder durch den Nachweis, dass ihnen bessere Beweise widersprechen, oder dass die zu ihrer Begründung vorgebrachten Beweise unsicher oder nicht schlüssig sind. In einer politischen Argumentation wird den Punkten auf der anderen Seite entweder dadurch entsprochen, dass Zweifel an den Tatsachen geweckt werden, auf denen sie beruhen, oder indem gezeigt wird, dass die Punkte selbst keine zwingende Kraft haben.

Wenn es auf der anderen Seite wirklich starke Argumente gibt, ist es in beiden Argumentationsarten oft sinnvoll, deren Stärke anzuerkennen. Dies gilt insbesondere für politische Argumente, bei denen die Vorteile eng ausgewogen sind. Wenn Sie versuchen, einen Jungen davon zu überzeugen, dass er auf Ihre Hochschule statt auf eine andere gehen sollte, haben Sie keinen Nutzen, wenn Sie ihm sagen, dass die andere Hochschule nicht gut ist; Wenn es sich lohnt, ihn zu besiegen, wird er es besser wissen. Und im Allgemeinen wird Ihr Argument in seiner Wertschätzung sinken, wenn Sie einem Mann zu verstehen gegeben haben, dass es für die Gegenseite nichts zu sagen gibt, und er anschließend feststellt, dass es starke Gründe dafür gibt.

Bei Ihrer Widerlegung tendieren Sie zu Nüchternheit und Höflichkeit. Es wurde gesagt, dass der schlechteste Nutzen, den man einem Menschen bieten kann, darin besteht, ihn zu widerlegen; und es ist sicher, dass im Hin und Her der Auseinandersetzungen im aktiven Leben die persönlichen Siege und Niederlagen am schnellsten vergessen werden. Wenn Sie nach einer Weile eine Tatsache in der Geschichte oder Biologie nachweisen müssen oder ein Urteil einer Jury oder einen positiven Bericht des Ausschusses einer Legislative einholen müssen, werden Sie viel mehr über die Argumente Ihrer Gegner nachdenken als über sie sie persönlich. Es gibt wenige Argumente, bei denen man es sich leisten kann, die Stärken der anderen Seite außer Acht zu lassen; und wenn die Beweislast stark bei Ihnen liegt, kann Ihr eigenes Argument fast vollständig widerlegt werden; Aber man sollte immer bedenken, dass es auf der anderen Seite etwas zu sagen gibt, und zwar etwas von ernster Bedeutung, wenn es sich überhaupt lohnt, darüber zu streiten .

53. Die Schlussfolgerung. Die Schlussfolgerung Ihrer Argumentation sollte kurz und prägnant sein. Fassen Sie die Hauptthemen zusammen und formulieren Sie sie in leicht zu merkenden Begriffen. Die bloße Wiederholung der Punkte, die Sie in Ihrer Einleitung dargelegt haben, klingt vielleicht zu sehr nach einem Mangel an Ressourcen; Andererseits hilft es, Ihre Argumente bekannt zu machen und ihnen klarzumachen. Sorgen Sie auf jeden Fall dafür, dass Ihre Behauptungen leicht zu merken sind. Die meisten von uns kommen einer rätselhaften Frage viel näher, wenn wir Argumente, die wir gelesen oder gehört haben, gegenüber jemand anderem wiederholen.

Wenn Sie Ihr Argument so auf den Punkt bringen können, dass Ihre Leser Ihre Argumente unbewusst an ihre Nachbarn weitergeben, dann haben Sie sie wahrscheinlich. Wenn Sie andererseits mit Ihrer Argumentation fertig sind und anfangen, sich abzusichern, zu modifizieren und auf Punkte zurückzukommen, die zuvor nicht ausreichend hervorgehoben wurden, werfen Sie alles weg, was Sie gewonnen haben. Beim Argumentieren ist nichts so erfolgreich wie Entscheidung und Gewissheit der Aussage. Sogar Dogmatismus ist besser als der Anschein von Geschwätz. Es sind Männer wie Macaulay, die alles schwarz und weiß ohne Schattierungen dazwischen sehen, die die Meinungsführer der Welt sind. Fassen wir also zusammen, wo immer es angemessen ist, so, als ob es nur eine Seite des Falles gäbe, und diese könnte in drei Zeilen dargelegt werden.

54. Die Kraft der Überzeugung. Die überzeugende Kraft eines Arguments hängt von seiner Anziehungskraft auf die Vernunft seiner Leser ab. Um die gleiche Tatsache anders auszudrücken: Ein Argument ist überzeugend, wenn es die Tatsachen, mit denen es sich befasst, reibungslos und intelligent in die übrige Erfahrung des Lesers integrieren kann. Wenn ein Argument über eine komplizierte Masse von Fakten, wie zum Beispiel die Beweise in einem langen Mordfall, den Leser dazu bringt, zu sagen: „Ja, jetzt verstehe ich, wie alles passiert ist", oder ein Argument für die Direktwahl von US-Senatoren ihn dazu bringt Sagt er: „Ja, das ist eine schlichte Umsetzung der Grundprinzipien der Volksregierung", dann ist er überzeugt. In diesem Aspekt geht das Argument in die Darstellung über. Es ist bezeichnend, dass, wie bereits erwähnt, sowohl Matthew Arnolds Argument, Wordsworth sei der größte englische Dichter nach Shakespeare und Milton, als auch Huxleys Argument, dass die physikalischen Grundlagen des Tier- und Pflanzenlebens dieselben seien, in einem Beispielbuch verwendet werden der Ausstellung. [58] Der wesentliche Unterschied zwischen Argumentation und Darstellung liegt aus dieser Sicht in der Betonung: Normalerweise deckt eine Erklärung den gesamten Fall gleichmäßig ab; Ein Argument bringt bestimmte Teile und Aspekte des Falles ans Licht.

Wenn Ihre Argumentation also, um überzeugend zu sein, eine vernünftige Erklärung des gesamten Sachverhalts liefern muss, zu dem der Fall gehört, können Sie alle Möglichkeiten nutzen, um eine klare und wirksame Erklärung zu erhalten. Ich werde daher einige davon kurz besprechen.

Über den Wert einer Einführung, die den zu behandelnden Grund darlegt, habe ich bereits gesprochen. Je klarer Sie Ihren Lesern eine Vorstellung davon vermitteln können, welchen Kurs Sie in Ihrer Argumentation einschlagen werden, desto wahrscheinlicher ist es, dass sie dem folgen. Da der Erfolg Ihrer Argumentation davon abhängt, dass Sie sie bei den Hauptthemen mitnehmen, teilen Sie ihnen im Voraus mit, um welche Themen es sich handelt, und zwar auf eine Art und Weise, dass sie sie mit minimalem Aufwand beantworten können. Der Wert einer klaren und gleichsam landkartenartigen Einleitung ist in einer Argumentation noch größer als in einer Darstellung.

Zweitens: Nutzen Sie Ihre Absätze so gut es geht, und das ist eine Menge. Der Erfolg einer Erklärung oder eines Arguments beruht auf der Art und Weise, wie sie eine Masse von Fakten auseinandernimmt und sie einfach und übersichtlich neu ordnet; und es gibt kein Kompositionsmittel, das so viel zur Klarheit beiträgt wie gute Absätze. Stellen Sie daher bei der Erstellung Ihres endgültigen Entwurfs sicher, dass jeder Absatz einheitlich ist. Wenn Sie Zweifel haben, versuchen Sie, den Absatz in einem einzigen einfachen Satz zusammenzufassen. Schauen Sie sich dann die Anfänge der Absätze an, um zu sehen, ob Sie es Ihren Lesern leicht gemacht haben, zu verstehen, worum es in den einzelnen Absätzen geht. Macaulays Stil ist im Großen und Ganzen klarer und für ein breites Publikum wirkungsvoller als der jedes anderen englischsprachigen Schriftstellers; und seine Angewohnheit, jeden Absatz mit einer sehr klaren Ankündigung seines Themas zu beginnen, ist fast ein Manierismus. Übrigens gibt es keinen besseren groben Test für die Einheitlichkeit Ihrer Absätze, als ihnen im ersten Satz so etwas wie einen Titel zu geben. Oft lohnt es sich auch, am Ende eines wichtigen Absatzes dessen Wesentliches in prägnanter Form zusammenzufassen . Die Menschheit ist im Allgemeinen faul im Denken und mehr als bereit, ein Argument zu akzeptieren, das leicht zu merken und zu wiederholen ist. Das Ende eines Absatzes ist der Platz für ein Schlagwort.

Als Drittes binden Sie die Sätze in Ihren Absätzen zusammen. Wenn man einen ersten Entwurf erstellt und Fakten aus verschiedenen Quellen zusammenstellt, ist es unvermeidlich, dass das Ergebnis etwas unzusammenhängend ist. Überarbeiten Sie den ersten Entwurf gründlich und arbeiten Sie ihn gemeinsam aus. Sorgen Sie dafür, dass alle Sätze in die gleiche Richtung weisen. Pronomen sind die effektivsten Konnektoren, die wir haben; Formulieren Sie daher Ihre Sätze so, dass es möglichst wenig Themenwechsel gibt. Verwenden Sie dann die expliziten Konnektive so vielfältig wie möglich. Es ist unwahrscheinlich, dass Ihre Absätze für den Durchschnittsleser zu eng zusammenhängen.

Viertens verbinden Sie Ihre Argumentation als Ganzes durch Konnektive am Anfang der Absätze und durch kurze zusammenfassende Absätze. In der heutigen Generation von Schülern haben viele über Burkes Rede „Über die Versöhnung mit Amerika" gestöhnt; Aber wenn einer dieser Betroffenen zum ersten Mal wirklich ernsthaft argumentieren muss und sich an Burke wenden wird, um einige der Geräte zu kaufen, mit denen diese Argumente zusammengeführt werden, wird er überrascht sein, wie praktisch und effizient diese Geräte sind. Und keine davon zählt mehr für Klarheit und Gründlichkeit als die gewissenhafte Art und Weise, mit der Burke seine

Zuhörer zu Beginn jedes Absatzes und an jeder Wendung seiner Argumentation an die Hand nahm, um sicherzustellen, dass sie genau wussten, wovon sie kamen von einem Punkt zum anderen.

Von der Lehre der klaren Erklärung können wir also die Gewohnheit, den Grundstein am Anfang zu legen, auf die Darlegung klarer Argumente übertragen, die Absätze ihre volle Wirkung entfalten zu lassen, indem wir auf Einheit, Betonung und Kohärenz achten. und die Absätze zu einem engmaschigen Ganzen zusammenzufügen.

55. Die Kraft der Überzeugung. Schließlich müssen wir uns mit der Frage befassen, wie ein Argument überzeugend gemacht werden kann – wahrscheinlich das schwierigste Thema im Bereich der Rhetorik, zu dem es praktische Ratschläge zu geben gilt. Der Schlüssel zu der ganzen Sache liegt darin, sich daran zu erinnern, dass wir es hier mit Gefühlen zu tun haben und dass Gefühle irrational und das Produkt persönlicher Erfahrung sind. Die Erfahrung kann bitter oder süß sein, und bis zu einem gewissen Grad werden ihre Auswirkungen durch Erziehung verändert; Aber im Wesentlichen machen Sie Ihre Gefühle und Emotionen zu dem, was Sie sind, und Ihre Fähigkeiten in diesen Richtungen wurden mit Ihnen geboren. Wenn die Bürger einer Stadt kein Gefühl für politische Unehrlichkeit haben, kann es sein, dass Reformer sich die Kehle rausreden, ohne dass es zu einem Ergebnis kommt; Erst wenn die Steuern unerträglich werden oder die Abwasserkanäle zum Himmel stinken, wird etwas unternommen. Es sterben viele Menschen, über deren Tod jeder von uns Trauer empfinden sollte, aber wenn diese Menschen nie unsere Gefühle berührt haben, können wir uns vergeblich überlegen, dass wir zutiefst betrauert sein sollten. Gefühle und Emotionen sind der tiefste und primitivste Teil der menschlichen Natur; und sehr wenig von seinem Gebiet wurde auf die Verallgemeinerungen der Vernunft reduziert. [59]

Wenn Sie also bei Ihrer Argumentation so weit kommen, die Gefühle Ihrer Leser zu diesem Thema zu wecken, verschwenden Sie keine Zeit damit, darüber nachzudenken, was sie fühlen sollten: Die einzig relevante Frage ist, was sie wirklich fühlen. Ihr Erfolg als Anwalt hängt davon ab, wie geschickt Sie einschätzen können, was diese Gefühle sind und wie stark sie sind. Taktgefühl ist die Fähigkeit, die Sie jetzt brauchen – die Fähigkeit, über Männer zu urteilen, zu wissen, wann sie eine Berufung einlegen und wann sie träge und desinteressiert daliegen werden. Dies ist eine Angelegenheit, über die Sie nicht nachdenken können; Wenn Sie die Fähigkeit dazu haben , wird es Ihnen klar werden, wie andere Männer zu Ihrem Thema denken werden. Die Fähigkeit von Politikern, die sich nicht darauf beschränken, abzuschätzen, wie viel das Volk vor einem Aufstand aushalten wird, besteht in dieser Intuition der Bewegung der öffentlichen Meinung; und die großen Führer sind die Männer, die ein so sicheres Gespür für diese großen Wellen des Volksgefühls haben, dass sie im richtigen Moment das Wort aussprechen können, das dieses diffuse und unkristallisierte Gefühl zu einer lebendigen Kraft zusammenfasst. Lincolns Erklärung: „Ein in sich selbst gespaltenes Haus kann nicht bestehen. Ich glaube, dass diese Regierung nicht dauerhaft halb Sklave und halb Freier ertragen kann", brachte einen Konflikt auf die Spitze, der seit der Verabschiedung der Verfassung schwelte, und machte ihn zum Unvermeidlichen Anführer, der es zu Ende bringen sollte. Man wird jedoch bemerken, dass die Zeit kommen musste, bevor das inspirierte Wort seine Wirkung entfalten konnte. Die Abolitionisten und Antisklaverei-Verfechter predigten schon lange die gleiche Doktrin, die Lincoln vertrat, und die Torheit und Bosheit der Sklaverei war seit Generationen von Philosophen und Predigern bewiesen worden. Bis die Zeit reif ist, berührt die vernünftigste Lehre nicht die Herzen der Menschen; Wenn die Zeit reif ist, weiß der Anführer es und spricht das Wort, das die Welt für Gerechtigkeit entzündet.

Die gleiche Fähigkeit, in kleinerem Maßstab, braucht jeder von uns, der versucht, andere Menschen dazu zu bringen, etwas zu tun. Die tatsächliche Nutzung der Fähigkeit wird jedoch aufgrund unterschiedlicher Argumentationen stark variieren. In manchen wissenschaftlichen Argumentationen wäre jeder Versuch einer Überzeugung als solcher eine Zumutung: ob Wärme eine Bewegungsart ist, ob es so unendlich kleine Körper wie die Ionen gibt, von denen die Physiker heute annehmen, dass sie bestimmte neue Phänomene erklären, ob Materie besteht unendlich kleiner Kraftwirbel – in all diesen Fragen beruft sich ein Argument ausschließlich auf die Vernunft; und in solchen hat Bacons Lieblingsapophthegma die volle Macht: „Trockenes Licht ist immer das Beste." In Huxleys Argumenten für die Evolutionstheorie spielten Gefühle eine gewisse Rolle, denn als Darwin die Theorie zum ersten Mal verkündete, dachten einige religiöse Menschen, dass sie die Grundlagen ihres Glaubens verletzte, und Huxley musste zeigen, dass Loyalität gegenüber der Wahrheit ein Gleichheitsgefühl ist Heiligkeit für wissenschaftliche Männer: Daher gibt es in seiner Argumentation einen gewissen, wenn auch unterdrückten Anflug von Gefühlen und ein klares Bewusstsein für die Gefühle seiner Zuhörer.

Das andere Extrem sind die Argumente, bei denen der Appell an Gefühle alles ist, da klar ist, dass das Publikum bereits die Denkweise des Redners teilt. Beispiele für solche Argumente finden sich am ehesten in Reden in politischen Wahlkämpfen und in Spendenaufrufen für Wohltätigkeitsorganisationen aller Art. Es ist wahrscheinlich, dass die meisten Bekehrungen in politischen Angelegenheiten durch Lektüre erfolgen; Der Zweck der Reden besteht daher darin, die Aufregung und Stimmung so stark zu schüren, dass möglichst viele Wähler der Partei sich die Mühe machen, zur Wahl zu gehen . Argumente, die sich an diese Klasse richten, sind dementsprechend fast ausschließlich Appelle an das Gefühl. Die berühmte Debatte zwischen Lincoln und Douglas im Jahr 1858 hatte diesen Charakter; Von den Tausenden Menschen, die sie in der einen oder anderen der sieben Debatten hörten, hatten die meisten bereits Partei ergriffen. In einem Fall wie diesem jedoch, in dem eine Änderung der allgemeinen politischen Meinung bevorstand, waren die Argumente der Debatten eindringlicher als in gewöhnlichen Zeiten und verhalfen wahrscheinlich vielen Wählern zu einem klareren Blick auf eine sehr beunruhigende und belastende Situation. In der Zwischenzeit jedoch, in der Politik, wo es keine großen moralischen oder praktischen Unterschiede zwischen den Parteien gibt, ist der Zweck von Reden fast ausschließlich überzeugend. Um auf die eine oder andere Weise erfolgreich zu sein, geht es darum, die Wähler herauszuholen, die mehr oder weniger passiv und aus Gewohnheit an der Partei festhalten. Parteisprecher nutzen daher alle Mittel, um ihre Wähler aufzuwecken und ihnen einzureden, dass eine echte Krise bevorsteht. Es wird jeder Versuch unternommen, moralische Fragen mit den Parteiprogrammen zu verknüpfen und zu zeigen, wie der materielle Wohlstand der Wähler scheitern wird, wenn die andere Partei gewinnt.

Grob gesagt können wir daher sagen, dass Überzeugungsarbeit in der Argumentation von Tatsachen tendenziell eine kleine Rolle spielt, in politischen Fragen hingegen eine größere. Dies ist nur eine grobe Verallgemeinerung, denn jeder weiß, welche Beredsamkeit und Bemühungen um Beredsamkeit in die Argumente vor den Geschworenen in Kapitalfällen fließen und wie trocken und abstrakt die Argumente vor den Richtern zu Rechtsfragen oder zu Fragen der öffentlichen Ordnung sind Bücher der politischen Ökonomie. Aber auf lange Sicht ist es umso besser, je weniger Gefühl in Entscheidungen über Tatsachenfragen einfließt.

Von den Faktoren, die die Überzeugungskraft eines Arguments ausmachen, werde ich hier von drei sprechen: Klarheit der Aussage, Appell an die praktischen Interessen des Publikums und direkter Appell an seine Gefühle.

Es besteht kein Zweifel daran, dass die Klarheit der Aussage ein starkes Element ist, um ein Argument überzeugend zu machen, auch wenn der Reiz, den sie auf die Gefühle des Lesers ausübt, gering und subtil ist. In der Praxis lesen wir Argumente meist, um uns zu einer Meinung zu einem Thema zu verhelfen oder um Hilfe bei der Verteidigung von Ansichten zu erhalten, für die wir keine Unterstützung haben. Im letzteren Fall müssen wir nicht überzeugt werden; Im ersteren Fall kann es jedoch keinen Zweifel daran geben, dass ein Argument, das das Thema klärt und es verständlich macht, wo es zuvor verwirrend war, auf uns eine Wirkung hat, die über die bloße Unterstützung unseres Denkens hinausgeht.

56. Die praktischen Interessen des Publikums. Von direkter Überzeugungskraft sind jedoch die beiden anderen Faktoren – der Appell an die praktischen Interessen der Leser und der Appell an ihre Emotionen. Von diesen hat die Berufung auf praktische Interessen in Argumentationen über Tatsachenfragen keinen angemessenen Platz, wohl aber einen großen und völlig angemessenen Anteil in den meisten politischen Argumenten. Henry Ward Beechers Rede zum Thema Sklaverei im Bürgerkrieg vor den Baumwollarbeitern von Liverpool im Jahr [60] ist ein klassisches Beispiel für den direkten Appell an die praktischen Interessen eines Publikums. Sie waren dem Norden gegenüber erbittert feindselig, weil die Baumwollversorgung durch die Blockade unterbrochen worden war; und nachdem er ihnen Gehör verschafft hatte, indem er sich auf den englischen Sinn für Fairplay berief, vertrat er die Lehre, dass eine Sklavenbevölkerung nur wenige Kunden für die Produkte englischer Mühlen habe. Dann ging er zur moralischen Seite der Frage über.

Argumente zu fast allen öffentlichen Fragen – direkte Wahl von Senatoren, direkte Vorwahlen, Regierungsform der Kommission, Tarif, Währung, Kontrolle von Unternehmen oder, in lokalen Angelegenheiten, die Größe eines Schulkomitees, die Gewährung von Konzessionen an Straßenbahnen oder Wasser Unternehmen, die Gestaltung von Straßen, die Regeln für Parks – alles Fragen der Politik, bei denen der größte praktische Vorteil für den größten Teil der Interessierten die kontrollierende Kraft bei der Entscheidung ist. Zu bestimmten Zeiten und an bestimmten Orten können moralische Fragen in einige dieser Fragen eine Rolle spielen, aber normalerweise kommen wir zu ihnen, um Fragen von praktischem Nutzen zu klären.

Bei Argumenten zu all diesen Fragen ist daher der direkte Appell an die praktischen Interessen der Menschen, an die man sich wendet, der Hauptfaktor, der die Überzeugungskraft ausmacht. Wird eine Änderung hin zu einer Kommissionsregierung zu einer Senkung der Steuern und zu höheren und gerechter verteilten Erträgen für die erhobenen Steuern führen? Wird die direkte Vorwahl für Staatsbeamte es dem Durchschnittsbürger des Staates einfacher und sicherer machen, die Art von Männern ins Amt zu wählen, die er im Amt haben möchte? Wird eine Notenbank oder eine ähnliche Institution die Geschäfte des Landes auf einer Grundlage regeln, die weniger wahrscheinlich durch Paniken gestört wird? Wird eine konkurrierende Straßenbahnlinie für einen besseren und günstigeren Transport in der Stadt sorgen? In all diesen Fragen sind die einzigen Entscheidungsgründe praktischer Natur und beruhen auf dem Wohlstand und der Bequemlichkeit der Menschen, die die Entscheidung treffen.

Um in solchen Fällen überzeugende Argumente zu liefern, müssen Sie zeigen, wie sich die Frage auf die praktischen Interessen Ihrer Leser auswirkt und dass der Plan, den Sie unterstützen, ihnen den größten Vorteil bringt. Allgemeines und große politische Wahrheiten können Ihnen helfen, sie zu überzeugen; Aber um sie zu aktivem Interesse und Handeln zu bewegen, muss man sich mit den Realitäten befassen, die sie persönlich berühren. Wenn Sie aus wirtschaftlichen Gründen für eine Kommissionsregierung in Ihrer Stadt plädieren, zeigen Sie in Dollar und Cent, welchen Teil seines Einkommens der Eigentümer eines Hauses und Grundstücks im Wert von fünf- oder zehntausend Dollar jedes Jahr aufgrund der gegenwärtigen Extravaganz und Verschwendung zahlt . Wenn Sie einem Wähler klar machen können, dass er durch die Änderung wahrscheinlich zehn, fünfundzwanzig oder hundert Dollar pro Jahr einsparen wird, haben Sie ein überzeugendes Argument vorgebracht. Die Argumente für die Reformierung unseres Währungssystems zielen direkt auf die materiellen Interessen der Geschäftsleute des Landes und ihrer Angestellten; und die Plädoyers für das eine oder andere System versuchen zu zeigen, wie jedes zu größerer Sicherheit und größerem Gewinn für die größtmögliche Zahl von Menschen beitragen wird.

Damit solche Argumente gelten, müssen Sie jedoch konkret vorgehen. Ein aktuelles Argument [61] für die Einrichtung einer allgemeinen Paketpost in diesem Land präsentiert Zahlen, die zeigen, dass die Eisenbahn für den Transport eines Pakets per Express zum Preis von 45 Cent 22,5 Cent für den Service erhält was es für fünf Cent mit einem stattlichen Gewinn machen konnte. Die Gültigkeit dieser Zahlen kann ich nicht beurteilen; Aber die Wirksamkeit des Arguments liegt darin, dass es jedem seiner Leser eine Tatsache klar macht, die ihn jedes Mal berührt, wenn er ein Paket per Express verschickt. Es sind Argumente dieser Art, die überzeugen, denn die Art und Weise, wie wir unser Geld ausgeben und was wir dafür bekommen, kommt den meisten von uns sehr nahe. Von allen praktischen Interessen sind diejenigen des Geldbeutels zwangsläufig für alle außer den sehr Reichen die bewegendsten.

Geldinteressen sind jedoch bei weitem nicht die einzigen praktischen Interessen, die uns beschäftigen: Es gibt viele Angelegenheiten der Bequemlichkeit und Bequemlichkeit, bei denen ein Einzelner oder eine Gemeinschaft nicht an die Kosten denkt. Solche Fragen wie die Art des Ofens, den man aufstellen soll, ob man ein Haus aus Ziegeln oder aus Zement bauen soll, welche Eisenbahnlinie man zwischen zwei Städten nehmen soll, sind Fragen, die nicht von Werbeagenten, sondern von anderen Menschen als Argumenten herangezogen werden. Von anderer Art sind Fragen, die Bildung betreffen. Auf welches College soll ein Junge gehen? Soll er in einer öffentlichen Schule, einer privaten Tagesschule oder einem Internat vorbereitet werden? Soll eine bestimmte Hochschule eine Zulassung auf Grundlage eines Zeugnisses vornehmen oder eine eigene Prüfung verlangen? Soll eine bestimmte öffentliche Schule Griechisch von ihrer Studienliste streichen? Soll ein Lehrgang für handwerkliche Ausbildung eingerichtet werden? All dies sind Beispiele für eine weitere Reihe von Fragen, die praktische Interessen sehr eng berühren. Wenn Sie also in Auseinandersetzungen zu solchen Fragen die Macht haben wollen, zu überzeugen und damit das Handeln zu beeinflussen, müssen Sie sich mit den Interessen der Menschen auseinandersetzen, die Sie bewegen wollen. Die Frage der Schule ist für einen Jungen in einem kleinen Dorf auf dem Land ganz anders als für einen Jungen in New York City; Die Frage der Zulassung ist für eine staatliche Universität unterschiedlich und für eine Stiftungshochschule; Die Frage des Griechischen ist für eine Schule, die nur wenige Schüler aufs College schickt, anders als für eine, die viele Schüler schickt: Und in jedem Fall müssen Sie, wenn Sie Einfluss auf die Handlung nehmen wollen, Fakten darlegen, die sich auf das Problem beziehen, mit dem dieses bestimmte Publikum konfrontiert ist . Außer vielleicht höchster Beredsamkeit gibt es keine universelle Überzeugungskraft. Die Fragen, die den Durchschnittsmenschen aktiv betreffen, betreffen meist kleine Gruppen von Menschen, und jede Gruppe muss durch Anreize, die an ihre besonderen Interessen angepasst sind, zum Handeln angeregt werden.

57. Der Appell an moralische Interessen. Noch weiter entfernt von den Interessen, die den Geldbeutel berühren und ständig in gesundem und erhebendem Vorgehen gegen sie sind, liegen die moralischen Interessen. Der Appell an moralische Motive wird von Männern, die sich selbst als praktisch bezeichnen, manchmal ausgelacht, aber in Amerika ist er auf lange Sicht der stärkste Appell, den man machen kann. Wir sind den Männern, die den Bürgerkrieg durchkämpft haben, immer noch nahe genug, in dem jede Seite leidenschaftlich an dem festhielt, was ihrer Meinung nach das moralische Recht war, dass wir ohne allzu große Selbstgefälligkeit glauben können, dass moralische Kräfte die Kräfte sind, die uns beherrschen eine Nation. Herr Bryan und Herr Roosevelt wurden beide Prediger genannt, und der Einfluss, den sie auf große, wenn auch unterschiedliche Teile des amerikanischen Volkes hatten, ist unbestreitbar. Wenn eine Frage, über die Sie argumentieren müssen, eine moralische Seite hat, ist es nicht nur Ihre Pflicht, sondern auch der Weg der Zweckmäßigkeit, durch das moralische Prinzip Berufung einzulegen.

Die Hauptschwierigkeit bei der Berufung auf moralische Prinzipien besteht darin, sie in anderen als abstrakten Begriffen darzulegen, da sie das Produkt einer Reihe von Gefühlen sind, die zu tief liegen, als dass sie leicht in bestimmte Worte gefasst werden könnten. In den meisten Fällen wissen wir, was richtig ist, lange bevor wir erklären können, warum es richtig ist; und ein Mann, der die moralischen Kräfte, die seine Mitmenschen bewegen, in klare Worte fassen kann, ist ein Prophet und Führer der Menschen. Darüber hinaus muss man bedenken, wenn man sich auf moralische Prinzipien beruft, dass aufrichtige Menschen nicht in allen Punkten einer Meinung sind, und dass es noch mehr Zweifel und Meinungsverschiedenheiten gibt, wenn es um die praktische Anwendung der Prinzipien geht. Wir haben in Kapitel I gesehen, welche erbitterte Spaltung zur Zeit unserer Väter über das Recht und die Gerechtigkeit der Sklaverei entstand; und wie heute in vielen Staaten gute und gottesfürchtige Menschen in der Frage des Verbots uneins sind.

Aber selbst wenn sich die beiden Seiten einer Frage über das moralische Prinzip einig sind, um das es geht, bedeutet dies keineswegs, dass sie sich auch über dessen Anwendung in einem bestimmten Fall einig sind. Die Mitglieder der Kirche akzeptieren den Grundsatz, dass man Sündern vergeben und ihnen bei der Reform helfen muss; Aber es ist eine andere Sache, wenn es darum geht, Arbeit für einen Mann zu finden, der im Gefängnis war, oder Hilfe für eine Frau, die ihren Mann verlassen hat. Inwieweit ist die Duldung von Straftaten mit der Wahrung gesellschaftlicher Standards vereinbar? Und in welchen Fällen sollten wir das Prinzip der Vergebung anwenden? Wie weit kann man bei einer Geschäftstransaktion die Goldene Regel ausweiten? Das Leben wäre einfacher, wenn moralische Prinzipien immer leicht auf konkrete Fälle anwendbar wären.

Man muss den Appell an moralische Prinzipien daher nüchtern und mit Diskretion nutzen. Der gesunde Menschenverstand der Leser wird rebellieren, wenn ihr moralischer Sinn unnötig beansprucht wird; Und selbst wenn sie nicht erklären können, warum sie einen solchen Appell für unzutreffend halten, wird ihnen ihr Instinkt doch sagen, dass es so ist. Der Schöpfer, dessen rechte Hand sich immer zum Himmel erhebt, um Gott zum Zeugen zu rufen, verstößt gegen das rechte Gefühl seiner Zuhörer. Wenn es hingegen um moralische Prinzipien geht, sollte es keine Kompromisse geben. Wenn in einem politischen Wahlkampf die Frage zwischen Ehrlichkeit und Korruption im öffentlichen Dienst oder zwischen einer offenen Diskussion aller Geschäfte, die das Gemeinwohl berühren, und privaten Verhandlungen mit Parteimanagern liegt, können die moralischen Grundsätze nicht verborgen bleiben. Wenn es bei einer Frage ernsthaft um ein echtes moralisches Prinzip geht, muss sich die Debatte auf die Ebene dieses Prinzips begeben und praktische Überlegungen außer Acht lassen. Und jeder Bürger, der den Vorteil hat, über eine höhere Bildung zu verfügen als seine Mitmenschen, ist dadurch verpflichtet, die Debatte auf diesem höheren Niveau zu führen.

58. Der Reiz des Stils. Schließlich müssen wir den Appell an die Emotionen betrachten, der das charakteristische Wesen der Beredsamkeit ausmacht, und die Versuche dazu. Teilweise erfolgt dieser Appell durch den Appell an Prinzipien und Assoziationen, die dem Publikum am Herzen liegen, teils durch konkrete und bildliche Sprache, teils durch den undefinierbaren

Nervenkitzel und die Musik eines Stils, der jenseits von Definition und Belehrung liegt.

Den Appell an verehrte Prinzipien, den wir bereits betrachtet haben, haben wir eher von der Seite der Moral als der Seite der Emotionen betrachtet. Aber Moral ist, soweit sie eine Zwangskraft im menschlichen Verhalten darstellt, emotional; Unsere moralischen Maßstäbe liegen jenseits und über der Vernunft in dem größeren Teil unserer Natur, der durch Gefühl und Intuition weiß. Alle Menschen haben bestimmte Maßstäbe und Prinzipien, deren Namen starke und ehrfürchtige Gefühle hervorrufen. Solche Standards sind nicht alle im engeren Sinne religiös oder moralisch; Einige von ihnen haben ihre Wurzeln in Regierungssystemen. In einem Rechtsfall, bei dem es ausschließlich um eine Rechtsfrage geht, scheint es keine große Chance zu geben, sich auf das Gefühl zu berufen; Aber Herr Joseph H. Choate appellierte in seiner Argumentation zur Verfassungsmäßigkeit der Einkommensteuer von 1894 vor dem Obersten Gerichtshof der Vereinigten Staaten wie folgt an den Grundsatz der Heiligkeit des Privateigentums, und die von ihm verwendeten Worte konnten haben es nicht versäumt, im Gericht tiefe und starke Gefühle zu wecken.

Vor nicht allzu langer Zeit, wenn das Gericht so will, am Tag des Trauerzuges von General Sherman in New York, hatte ich das Glück, viele Stunden mit einem der ehemaligen Präsidenten der Vereinigten Staaten zu verbringen, der seitdem diesem großen Krieger gefolgt ist zu dem Ort , zu dem wir ihn damals trugen. Präsident Hayes brachte seine große Sorge um die Zukunft dieses Volkes zum Ausdruck. In seinem Ruhestand hatte er die Entwicklung politischer und sozialer Ziele und Ereignisse beobachtet. Er hatte beobachtet, wie die Besitzer politischer Macht in den letzten Jahren erstmals lernten, diese zur Durchsetzung sozialer und persönlicher Ziele zu nutzen. Er sagte zu mir: „Sie werden wahrscheinlich den Tag erleben, an dem der Staat im Falle des Todes eines Mannes mit großem Vermögen alles, was über einer bestimmten vorgeschriebenen Grenze liegt, für sich übernimmt und es aufteilt oder anwendet. " der gleiche Nutzen für das ganze Volk, um den reichen Mann für seinen Reichtum zu bestrafen und ihn unter denen aufzuteilen, die, was auch immer ihre Sünden gewesen sein mögen, diese zumindest nicht begangen haben." Ich betrachtete es als die Wanderungen eines träumenden Mannes; Und doch, wenn ich gewusst hätte, dass ich innerhalb von weniger als fünf kurzen Jahren vor diesem Tribunal stehen würde, um die Gültigkeit eines angeblichen Kongressakts, eines sogenannten Gesetzes, anzufechten, das hier von den autorisierten Rechtsvertretern des Kongresses verteidigt wurde Unter Berufung auf die Behauptung, es handele sich um eine Steuer, die nur von Klassen und extrem reichen Männern erhoben werde, hätte ich den Warnungen dieses angesehenen Staatsmannes ganz andere Beachtung schenken sollen. [62]

Unsere Emotionen steigen jedoch nicht mehr, wenn wir die Grundprinzipien von Religion und Regierung verehren, als wenn es um persönlichere Emotionen geht. Der Appell an die Verfassung wird von den Politikern, die sich bei jeder Wahl, ob klein oder groß, darauf berufen, etwas abgenutzt, ebenso wie der Appell an die Prinzipien der Pilgerväter. Es braucht jetzt Beredsamkeit, um unsere Gefühle für diese Prinzipien zu wecken. Wenn Sie einen Fall haben, der wichtig genug ist, um die Berufung auf solch großartige Prinzipien zu rechtfertigen, und wenn Sie über die Sprachkenntnisse verfügen, die Ihrer Berufung Lebendigkeit verleihen, können Sie Ihre Leser wirklich begeistern. Aber im Großen und Ganzen ist es ein guter Rat zu sagen: Warten Sie ein paar Jahre, bevor Sie sie anrufen.

Die zweite Möglichkeit, die Gefühle Ihres Publikums durch konkrete und bildliche Sprache anzusprechen, ist eher für Befürworter zugänglich, die noch im College-Alter sind. Dies gilt insbesondere für die Verwendung konkreter Sprache. Es ist allgemein bekannt, dass Menschen sich nicht über abstrakte Prinzipien aufregen; Sie erteilen ihre Zustimmung, oft ohne wirklich zu wissen, was das allgemeine Prinzip impliziert, und gehen gähnend davon. Andererseits wird der Mann, der über die realen und aktuellen Dinge spricht, die Sie kennen, wahrscheinlich Ihre Aufmerksamkeit fesseln. Dies geht auf die Wahrheit zurück, dass unsere Emotionen und Gefühle in erster Linie die Reaktion auf die konkreten Dinge sind, die uns passieren. Das spontane Pfeifen und Summen von Melodien, die auf ein fröhliches Herz schließen lassen, erhebt sich auf natürliche Weise als Reaktion auf das Sonnenlicht im Frühling; Die Angst vor dem Schrecken, der in einem Albtraum fliegt, ist die instinktive und körperliche Reaktion auf Verdauungsstörungen. Wir trauern über den Verlust unserer eigenen Freunde, aber nicht über den Verlust der Freunde anderer . Die Geschichten, die uns bewegen, sind die Geschichten, die sich mit tatsächlichen, greifbaren Realitäten in einer Weise befassen, dass sie uns das Gefühl geben, die Geschichte selbst zu leben. Stevenson findet in seinem Essay „A Gossip on Romance" einige weise Worte zu diesem Thema. Die Lehre gilt auch für die Argumentation.

Auch wenn wie in Burkes Rede „Über die Versöhnung mit Amerika" Abstraktheit keine Unbestimmtheit bedeutet, wäre der Stil für das reichere Gefühl, das über und um ein konkretes Vokabular herum hängt, wirkungsvoller. Die große Lebendigkeit von Macaulays Stil und seine Kühnheit bei so vielen Lesern ist größtenteils darauf zurückzuführen, dass er stets das spezifische Wort verwendet. Wenn Sie sich die Mühe machen, zu beachten, welche Argumente Ihnen in den letzten Monaten besonders überzeugend erschienen sind, werden Sie überrascht sein, wie eindeutig und konkret die verwendeten Begriffe sind.

Wenn Sie die Leser Ihrer Argumentation wach und aufmerksam halten möchten, verwenden Sie daher Begriffe, die ihre Alltagserfahrung berühren.

Wenn Sie für die Einrichtung einer Kommissionsregierung plädieren, geben Sie in Dollar und Cent den Betrag an, den es nach dem alten System gekostet hat, die dreihundert Meter der A Street zwischen der 12. und 13. Straße zu pflastern. Der verstorbene Mr. Godkin von der New York *Evening Post* verwendete in seinem lebenslangen Kampf gegen korrupte Regierungen deren Spitznamen, um seinen Lesern den tatsächlichen Zustand ihrer Stadtverwaltung und den Charakter der Männer, die sie leiteten, vor Augen zu führen; „Long John" Corrigan zum Beispiel (wenn es eine solche Persönlichkeit gegeben hätte); und „Bath-house John Somebody" war ein Thema von Kampagnen in Chicago. Der Wert solcher Namen liegt bei geschickter Verwendung darin, dass sie durch ihre Assoziationen und Konnotationen Gefühle hervorrufen. Wenn Sie sich vor einem Publikum von Absolventen für den Wechsel von einem Gruppensystem zu einem freien Wahlsystem an Ihrer Hochschule einsetzen, würden Sie die Namen von Kursen verwenden, mit denen sie vertraut wären, und die Namen von Professoren, bei denen sie studiert haben. Wenn Sie für die Einführung einer handwerklichen Ausbildung in einer Schule plädieren würden, würden Sie die Steuerzahler für die Angelegenheit interessieren, wenn Sie ihnen die genaue Zahl der Schüler dieser Schule mitteilen würden, die direkt in Mühlen oder in andere Arbeiten dieser Art gegangen sind, und wenn Sie anschaulich beschreiben, was unter manuellem Training zu verstehen ist. Wenn Ihre Beschreibung allgemein gehalten ist, kann es sein, dass sie Ihnen Ihr Prinzip zusichern und dann aus bloßer Trägheit und einem vagen Gefühl gegen Veränderungen in die andere Richtung stimmen.

Ein grober Test für die Konkretheit ist Ihr Wortschatz: Wenn Ihre Wörter überwiegend angelsächsisch sind, sprechen Sie normalerweise über konkrete Dinge; wenn es lateinisch und mehrsilbig ist, ist es wahrscheinlich abstrakt und allgemein. Die meisten Dinge und Handlungen des alltäglichen Lebens, die einzelnen Dinge wie „Mauern" und „Welpen", „Sommer" und „Jungen", „Kaufen" und „Verkaufen", „Beten" und „Singen", haben Namen, zu denen sie gehören der angelsächsische Teil der Sprache; Und obwohl es viele Ausnahmen gibt, wie zum Beispiel „Tische", „Telefone" und „Professoren", ist es doch umso wahrscheinlicher, dass Ihr Wortschatz konkret ist und Ihre Leser fesselt, je mehr er aus nicht-lateinischen Wörtern besteht ' Aufmerksamkeit und Gefühle lebendig. Benutzen Sie daher die einfachen Begriffe des Alltags und nicht die gelernten Wörter, die Ihnen helfen würden, wenn Sie viele Fälle verallgemeinern würden. Bleiben Sie beim Einzelfall und bei den Interessen der konkreten Personen, die Sie für sich gewinnen möchten. Um ihre Gefühle zu berühren , denken Sie daran, dass Sie über die Dinge sprechen müssen, für die sie Gefühle haben.

Die Verwendung von Gleichnissen, Metaphern und anderen Bildsprachen wirft eine schwierige Frage auf. Im Großen und Ganzen ist vielleicht der beste Rat, sie zu verwenden: Tun Sie es nicht , es sei denn, Sie müssen es tun. Mit anderen Worten, wo eine Redewendung eine Notwendigkeit des Ausdrucks ist, wo Sie Ihren Gedanken nicht klar machen und ihm die Gefühlswärme verleihen können, mit der er in Ihrem eigenen Geist umhüllt ist, außer durch einen Hauch fantasievoller Farbe, dann verwenden Sie a Redewendung, wenn Ihnen eine in den Sinn kommt. Wenn Sie es absichtlich als Zierde Ihrer Rede hinzufügen, wird es einen falschen Ton anschlagen; Wenn man es mühsam erfindet, wird man die Mühe sehen. Sofern Ihre Gedanken und Ihre Begeisterung für Ihr Thema nicht auf natürliche und unweigerliche Weise in ein Bild einfließen, ist es besser, bei der einfachen Sprache zu bleiben, denn jede Andeutung von Unaufrichtigkeit ist für die Überzeugungskraft eines Arguments fatal.

Der Wert der Redewendung liegt vor allem darin, Gefühlen Ausdruck zu verleihen, die nicht in abstrakten Worten ausgedrückt werden können, deren gesamte Bedeutung definiert werden kann: in der Konnotation von Wörtern – dem undefinierbaren Teil ihrer Bedeutung, der in ihren Assoziationen besteht, Implikationen und die allgemeine emotionale Färbung – darin liegt ihre Kraft, Gedanken mit der reichen Gefühlsfarbe zu kleiden, die das Leben ausmacht. Gleichzeitig dienen sie als Aufmerksamkeitsverstärker. Es gibt nicht sehr viele Menschen, die ihren Geist lange auf einen rein abstrakten Gedankengang fokussieren können, und niemand schafft es ohne Anstrengung. Professor William James ist ein bemerkenswertes Beispiel für einen Schriftsteller, dessen Gedanken spontan in notwendige Redewendungen flossen:

> Wenn man sich dem großartigen Gebäude der Naturwissenschaften zuwendet und sieht, wie es errichtet wurde; Was für tausende uneigennützige moralische Leben von Menschen in seinen bloßen Fundamenten begraben liegen; Welche Geduld und welcher Aufschub, welche Unterdrückung der Präferenzen, welche Unterwerfung unter die eisigen Gesetze der äußeren Tatsache sind in seinen Steinen und Mörtel verankert; Wie absolut unpersönlich es in seiner unermesslichen Erhabenheit wirkt – wie vernarrt und verächtlich erscheint dann jeder kleine Sentimentalist, der freiwillig seine Rauchkränze bläst und vorgibt, die Dinge aus seinem privaten Traum heraus zu entscheiden [63]

Bei einem solchen Stil kann man nicht einschlafen, denn abgesehen von der offensichtlichen Aufrichtigkeit und dem Ansturm warmer Gefühle ist die Lebendigkeit der Figuren wie die der Poesie. Auf beiden Seiten muss man bedenken, dass es nur wenigen Männern gelingt, die unerforschte Beredsamkeit von Professor James zu erreichen.

Fabeln und Anekdoten dienen im Wesentlichen dem gleichen Zweck, vor allem aber bringen sie das Prinzip, das sie darlegen sollen, in eine einprägsame Form. Es gibt viele Wahrheiten, die entweder so komplex oder so subtil sind, dass sie sich nicht in kompakter Form formulieren lassen, doch ihre Wahrheit kennen wir alle durch Intuition. Wenn Sie für eine solche Wahrheit eine kompakte Veranschaulichung finden, können Sie sie viel fester im Gedächtnis Ihrer Leser verankern als durch jede systematische Darlegung. Lincoln zum Beispiel brachte in seiner Rede in Springfield das im Norden so verbreitete Gefühl deutlich zum Ausdruck, dass jeder Schritt vorwärts auf dem Vormarsch der Sklaverei so sehr in alle früheren passte, dass so etwas wie ein konzertierter Plan angenommen werden muss:

> Wir können nicht absolut sicher sein, dass alle diese genauen Anpassungen das Ergebnis eines Vorkonzerts sind. Aber wenn wir viele gerahmte Balken sehen, von denen wir wissen, dass sie zu unterschiedlichen Zeiten, an unterschiedlichen Orten und von verschiedenen Handwerkern geschnitten wurden – zum Beispiel Stephen, Franklin, Roger und James –, sehen wir, wie diese Balken zusammengefügt wurden zusammen, und sieh zu, dass sie genau den Rahmen eines Hauses oder einer Mühle bilden, alle Zapfen und Zapfen genau passen und alle Längen und Proportionen der verschiedenen Teile genau an ihren jeweiligen Platz angepasst sind, und kein Stück zu viel oder zu wenig, nicht einmal das Gerüst weglassend, – oder, wenn ein einzelnes Teil fehlt, sehen wir, dass die Stelle im Rahmen genau eingepasst und vorbereitet ist, noch ein solches Teil einbringen muss – in einem solchen Fall können wir nicht umhin, zu glauben, dass Stephen und Franklin und Roger und James verstanden sich alle von Anfang an und arbeiteten alle an einem gemeinsamen Plan oder Entwurf, der vor dem ersten Schlag ausgearbeitet wurde.

Andererseits besteht die Gefahr, dass man sich übertreibt oder den Clown spielt, wenn man zu viele Geschichten erzählt. Ob Ihr Stil blumig wirkt oder nicht, hängt stark von dem Teil des Landes ab, für den Sie schreiben. Es besteht kein Zweifel, dass der Geschmack des Südens und eines großen Teils des Westens für einen Stil steht, der vielfältiger und farbenprächtiger ist, als es dem nüchterneren Geschmack des Ostens entspricht. Aber für welchen Teil des Landes Sie auch schreiben, sobald Ihr Stil den besonderen Lesern mit Ornamenten überladen vorkommt, wird er unaufrichtig wirken. Wenn Sie zu oft innehalten, um eine Geschichte zu erzählen oder Ihre Leser zum Lachen zu bringen, erwecken Sie den Eindruck, als würden Sie sich nur mit

Ihrem Thema beschäftigen. Achten Sie in beiden Fällen darauf, die Aufmerksamkeit Ihrer Leser nicht vom Thema auf Ihren Stil abzulenken.

Der ultimative und am wenigsten analysierbare Reiz des Stils liegt in der Spannung der Stimme, die im geschriebenen Stil als Rhythmus und Harmonie erscheint. Bestimmte Männer sind mit der Fähigkeit ausgestattet, ihre Stimmen so zu modulieren und ihren Tönen Kraft zu verleihen, dass jeder, der sie hört, einen undefinierbaren Nervenkitzel verspürt. Beim Schreiben gilt also : Wo Töne auf Töne in harmonischer Reihenfolge folgen und der Takt des Akzents sich der Regelmäßigkeit annähert, ohne in sie zu verfallen, nimmt die Sprache die Ausdruckskraft von Musik an. Es ist bekannt, dass Musik eine Bandbreite an Gefühlen ausdrückt, die jenseits der Kraft von Worten liegt: Wer kann zum Beispiel erklären, welchen Nervenkitzel eine gute Blaskapelle in ihm auslöst, oder die undefinierbare Melancholie und Düsterkeit, die die Moll-Harmonien eines solchen hervorrufen? der großen Trauermärsche oder, in einer anderen Richtung, der Impuls, der ihn an einem hellen Sommermorgen zum Pfeifen oder Singen bringt? Es gibt viele solcher Arten von Gefühlen, reale und wirksame Teile unseres Bewusstseins; und wenn wir sie überhaupt zum Ausdruck bringen können, müssen wir dies durch den Rhythmus und andere sinnliche Qualitäten des Stils tun, die reine Empfindung sind.

Wie geht das? Die Antwort ist schwierig und gilt auch für den Gebrauch von Bildsprache: Versuchen Sie es nicht zu bewusst. Wenn Sie, ohne dass Sie darüber nachdenken, feststellen, dass Sie ernsthafter sprechen und von der Ernsthaftigkeit des Themas, über das Sie sprechen, mehr beeindruckt sind, wird Ihre Stimme dies ganz natürlich zum Ausdruck bringen. Wenn Sie also schreiben: Ihr Ernst wird sich, wenn Sie die Ausbildung und die natürliche Ausdrucksfähigkeit in Worten haben, in einem sich verlängernden und stärker ausgeprägten Rhythmus, in einer unmerklich reicheren Klangfärbung zeigen. In der Sprache zeigt sich der Rhythmus häufig in der sogenannten Parallelstruktur, der Wiederholung derselben Satzform und in rhetorischen Fragen. Beim Schreiben wirken diese Formen eher aufgeregt oder künstlich. Auch eine anhaltende periodische Struktur kann von der Sprechstimme getragen werden, während sie beim Schreiben zurückbleiben würde. Jeder erkennt diesen unübertragbaren Nervenkitzel der Beredsamkeit bei großen Rednern und Schriftstellern, aber er ist so sehr ein Geschenk der Natur, dass es nicht klug ist, ihn bewusst zu kultivieren.

59. Fairness und Aufrichtigkeit . Auf lange Sicht macht jedoch nichts ein Argument für den Leser attraktiver als ein Hauch von Fairness und Aufrichtigkeit. Wenn in einem Tatsachenargument deutlich wird, dass Sie die Wahrheit herausfinden wollen, oder in einem politischen Argument, dass Ihr einziges Ziel das größte Wohl aller Beteiligten ist, wird Ihr Publikum Ihnen wohlwollend zuhören. Wenn es Ihnen hingegen hauptsächlich um die

Eitelkeit eines persönlichen Sieges geht oder Sie an selbstsüchtige Vorteile denken, werden sie Ihnen kühl zuhören und Ihre Argumente eifersüchtig prüfen.

Gehen Sie daher bei Ihrer Vorbefragung zur Vorbereitung der Sachverhaltsdarstellung, auf die sich beide Seiten geeinigt haben, so weit wie möglich bei der Punktevergabe. Wenn es sich überhaupt lohnt, über die Frage zu diskutieren, werden Sie immer noch alle Hände voll zu tun haben, sie innerhalb Ihres Raums zu klären. Verzichten Sie insbesondere auf alle trivialen Punkte: Nichts ist für den Leser ermüdender, als ausführliche Diskussionen über Punkte zu führen, die am Ende niemanden interessieren. Und treffen Sie die andere Seite zumindest auf halbem Weg darin, sich über die Tatsachen einig zu sein, die nicht erörtert werden müssen. Sie werden Ihrem Publikum Vorurteile bereiten, wenn Sie widerwillig Zugeständnisse machen. Gleichermaßen sollten Sie den von der Gegenseite vorgebrachten Argumenten, wann immer Sie wollen, mit größter Fairness begegnen; Wenn Ihr Publikum Grund zu der Annahme hat, dass Sie die Behauptungen der Gegenseite zu Ihrem eigenen Vorteil verdrehen, haben Sie deren Vertrauen in Sie erschüttert und dadurch die Überzeugungskraft Ihrer Argumentation geschwächt. Gehen Sie mit Sarkasmus vorsichtig um und hüten Sie sich vor jeglichem Anschein von Triumph. Sarkasmus wird leicht billig, und ein Hauch von Triumph kann wie kleinliche Klugheit aussehen.

Kurz gesagt: Nehmen Sie beim Schreiben Ihrer Argumentation stets die Haltung eines Menschen an, der ernsthaft danach strebt, die Meinungsverschiedenheit zwischen den beiden Seiten zu beenden. Wenn Sie sich mit einer Tatsachenfrage befassen, besteht Ihre einzige Pflicht darin, die Wahrheit herauszufinden. Wenn Sie sich mit einer politischen Frage befassen, wissen Sie von Anfang an, dass eine Seite, egal in welche Richtung die Entscheidung ausfällt, einen Nachteil erleiden wird; Ziel ist es jedoch, diesen Nachteil zu verringern und einen Weg zu finden, der der größtmöglichen Zahl den größtmöglichen Gewinn bringt. Ein offensichtlicher Geist der Versöhnung ist ein großer Vorteil bei der Überzeugungsarbeit.

Machen Sie mit der Schlichtung Ihre Aufrichtigkeit deutlich. Eine Hauptschwierigkeit bei der überzeugenden Gestaltung von Argumenten, die in der Schule oder im College verfasst wurden, besteht darin, dass sie sich so oft mit Themen befassen, bei denen es offensichtlich ist, dass die eigenen Gefühle des Autors keine große Rolle spielen. Diese Schwierigkeit wird verschwinden, wenn Sie in die Welt hinausgehen und ernsthaft argumentieren. Ein großer Teil von Lincolns Erfolg als Anwalt soll darauf zurückzuführen sein, dass er immer versuchte, seine Fälle zu formulieren und Frieden zwischen den Prozessparteien zu schaffen, und dass er nie einen Fall annahm, an den er nicht glaubte. Wenn Sie bei Ihrem Publikum den Eindruck hinterlassen, dass Sie es aufrichtig und ernst meinen, haben Sie einen großen Schritt getan, um seine Gefühle zu gewinnen.

Wenn man also über die Frage der Überzeugung nachdenkt, ist die Redewendung einer Schlacht im Großen und Ganzen nicht sehr treffend. Es ist völlig in Ordnung, wenn Sie Ihren Auftrag zum Reden darlegen, Ihre verschiedenen Punkte zur Geltung bringen, einen Angriff auf den schwächsten Punkt Ihres Gegners richten, Reservematerial zur Widerlegung vorbringen; Aber wenn die Figur Sie auf die Idee bringt, dass Sie Ihren Gegner immer vernichten und ihn wie einen Feind behandeln müssen, schadet das. Wenn Sie sich die Mühe machen, die Kontroversen zu verfolgen, die in Ihrer eigenen Stadt und Ihrem Staat über öffentliche Angelegenheiten stattfinden, werden Sie bald feststellen, dass beide Seiten in den meisten Fällen ausgeglichen sind, was Intelligenz und Gemeinsinn betrifft. Bei jeder Transaktion gibt es zwei Seiten; und der Präsident einer Straßenbahngesellschaft kann genauso ehrlich und desinteressiert sein, wenn es darum geht, das Beste aus dem Geschäft für seine Straße herauszuholen, wie die Vertreter der Stadt versuchen, das Beste daraus für die Öffentlichkeit herauszuholen. Es hat keinen Sinn, eine Frage dieser Art mit der Annahme zu beantworten, dass man sich auf einer höheren moralischen Ebene befindet als die andere Seite. In einigen Fällen, in denen es um eine moralische Frage geht, gibt es nur eine Ansicht darüber, was richtig ist; Wenn Ehrlichkeit auf dem Spiel steht, kann es keine andere Seite geben. Aber wie wir gesehen haben, gibt es moralische Fragen, bei denen man seine größte Kraft für das Richtige einsetzen muss, wie man es für richtig hält, und dennoch stets wissen muss, dass auf der anderen Seite ebenso ehrliche Männer genauso hart kämpfen. Kein Amerikaner, der sich an den Fall von General Robert E. Lee erinnert, kann diese rätselhafte Wahrheit vergessen. Wenn also kein Zweifel an der Unehrlichkeit Ihres Gegners besteht, wenden Sie Ihre Kräfte gegen seine Sache und nicht gegen ihn. und vertreten die Auffassung, dass das richtige Ende einer Auseinandersetzung nicht so sehr darin besteht, Siege zu erringen, sondern vielmehr darin, so viele Menschen wie möglich zu einer Einigung zu bringen.

ÜBUNGEN

1. Vergleichen Sie die Länge des einleitenden Teils der Argumentation mit den Beispielen am Ende dieses Buches. Geben Sie gegebenenfalls Gründe für den Längenunterschied an.

2. Finden Sie zwei Argumente, die nicht in diesem Buch enthalten sind und in denen die wichtigsten Streitpunkte nummeriert sind.

3. Finden Sie ein Argument, das nicht in diesem Buch enthalten ist und in dessen Einleitung die Geschichte des Falles enthalten ist.

4. Finden Sie ein Argument, das nicht in diesem Buch enthalten ist und in dem die Definitionen von Begriffen etwas Platz einnehmen.

5. Welche Begriffe müssen in der Argumentation, an der Sie arbeiten, definiert werden? Wie viel Platz sollten die Definitionen im fertigen Argument einnehmen? Warum?

6. Wie viel von dem Material aus der Einleitung zum Brief sollen Sie in der Argumentation, an der Sie arbeiten, in der Argumentation selbst verwenden? Beeinflusst die Zielgruppe, an die Sie denken, die Entscheidung?

7. Wie wollen Sie Ihren Raum auf die Hauptthemen verteilen, über die Sie diskutieren werden?

8. Wie viel wird die Erklärung in Ihre Argumentation einfließen?

9. Finden Sie ein Argument, das nicht in diesem Buch enthalten ist und bei dem die Erklärung hauptsächlich die überzeugende Kraft ausmacht.

10. In welcher der Argumentationen in diesem Buch spielt die Erklärung die geringste Rolle?

11. Untersuchen Sie fünf aufeinanderfolgende Absätze in Huxleys Argumentation zur Evolution oder *dem Outlook*- Argument zum Workman's Compensation Act unter dem Gesichtspunkt einer guten Erklärung.

12. Finden Sie zwei Beispiele für Argumente, die nicht in diesem Buch enthalten sind und deren Hauptanziehungskraft auf die Gefühle gerichtet ist.

13. Finden Sie ein Argument, nicht in diesem Buch, das die Macht des Taktgefühls gut veranschaulicht.

14. Nennen Sie ein Argument, das Sie innerhalb weniger Monate gelesen haben und das Sie durch seine Klarheit besonders beeindruckt hat.

15. Finden Sie in den Tageszeitungen ein Argument zu lokalen oder akademischen Themen, das die praktischen Interessen des Publikums effektiv anspricht. Analysieren Sie diesen Appell.

16. Nennen Sie drei Themen von lokalem und unmittelbarem Interesse, zu denen Sie eine Argumentation verfassen könnten, in der Sie sich hauptsächlich an die praktischen Interessen Ihrer Leser wenden würden.

17. Nennen Sie zwei aktuelle politische Fragen, die die praktischen Interessen des Landes als Ganzes betreffen.

18. Nennen Sie zwei öffentliche Fragen, die derzeit diskutiert werden und bei denen moralische Fragen eine Rolle spielen. Akzeptieren beide Seiten in diesen Fragen die gleiche Sicht auf die Tragweite der moralischen Fragen?

19. Finden Sie ein Argument, das nicht in diesem Buch enthalten ist und bei dem die Beredsamkeit des Stils einen deutlichen Teil der Überzeugungskraft ausmacht.

20. Was halten Sie von der Überzeugungskraft von Burkes Rede „Über die Versöhnung mit Amerika"? von seiner Überzeugungskraft?

21. Finden Sie ein Argument, das nicht in diesem Buch enthalten ist und bei dem die Konkretheit der Sprache zur Überzeugungskraft beiträgt.

22. Finden Sie zwei Beispiele für treffende und wirksame Redewendungen in einer Argumentation, die nicht in diesem Buch enthalten sind.

23. Finden Sie ein Beispiel für eine passende Anekdote oder Fabel, die in einem Argument verwendet wird.

24. Was halten Sie in Lincolns Ansprache am Cooper Institute von seiner Haltung gegenüber dem Süden in Bezug auf Fairness?

25. Wie groß wäre die Chance, in dem Streit, an dem Sie arbeiten, eine Einigung zwischen den beiden Seiten herbeizuführen?

KAPITEL V

DEBATIEREN

60. Die Natur der Debatte . Der wesentliche Unterschied zwischen Debatte und schriftlicher Auseinandersetzung liegt nicht so sehr im natürlichen Unterschied zwischen allen gesprochenen und schriftlichen Diskursen, sondern darin, dass in einer Debatte jeglicher Art die Möglichkeit einer unmittelbaren Antwort auf den Gegner besteht. Die Schnelligkeit des Geistes, die Schwachstellen auf der anderen Seite zu erkennen, die Bereitschaft, sie anzugreifen, und die Geschicklichkeit, die eigenen Punkte zu verteidigen, zeichnen den Debattierer im Unterschied zu dem Mann aus, der, wenn ihm genügend Zeit gegeben wird, einen beeindruckenden und gewichtigen Vortrag halten kann Argumentation schriftlich. Die beste Debatte findet in Beratungsgremien statt, die nicht zu groß sind und in denen die Regeln nicht zu ausführlich sind. Das vielleicht beste der Welt befindet sich im britischen Unterhaus, denn dort ist der Raum nicht so groß, dass das Hören schwerfällt, und Geschicklichkeit im Stoßen und Parieren wird seit Generationen geschätzt und praktiziert.

Die militärische Figur als Argument ist in Debatten treffender als anderswo, denn bei der Abstimmung kommt es zu einem tatsächlichen Sieg und einer Niederlage, die sich ihrer Natur nach ganz von der fruchtlosen Entscheidung von Richtern in interkollegialen und interschulischen Wettbewerben unterscheidet. Es kommt zweifellos selten vor, dass eine bestimmte Debatte in einem gesetzgebenden Körperschaft tatsächlich das Ergebnis ändert; Aber auf lange Sicht prägen die Debatten in solchen Gremien die öffentliche Meinung und führen innerhalb der Gremien zu einer Verschmelzung oder Auflösung von Parteibindungen. Die nötigen Ressourcen und die nötige Kenntnis des zur Debatte stehenden Themas, um in solchen witzigen Wettkämpfen mithalten zu können, sind ein geradezu wesentliches Merkmal eines Parteiführers. Auf diese beiden Eigenschaften werde ich mich in diesem Kapitel hauptsächlich konzentrieren.

61. Themen zur Debatte . In der Debatte geht es fast immer um politische Fragen. Bei Gerichtsverfahren vor einer Jury kommt es zu einer Debatte über Tatsachenfragen; Aber die Regeln der Beweisführung sind so speziell und in ihrem Rahmen so streng, dass die Argumente, auch wenn sie vorgetragen werden, wenig von dem freien Geben und Nehmen haben können, das das Leben und das Interesse einer echten Debatte ausmacht. Dementsprechend werde ich meine Illustrationen hier anhand von Fragen der Politik und soweit wie möglich anhand der Art von Frage anstellen, auf die die Studierenden ihre Aufmerksamkeit wahrscheinlich richten werden. Die späteren Schuljahre und das gesamte College-Studium sind oft die prägenden Jahre für die Ansichten eines Mannes zu allen möglichen öffentlichen Fragen. Man sagt, dass sich die Ansichten eines Mannes nach seinem 25. Lebensjahr selten ändern; und obwohl man einen solchen Ausspruch nicht zu wörtlich nehmen darf, so hat er doch zweifellos die Wahrheit. Auf jeden Fall ist es sicher, dass ein Student, ob in der High School oder im College, wenn er seiner Pflicht als Bürger nachkommen will, anfangen muss, über viele der Fragen nachzudenken, die im Kongress, in den gesetzgebenden Körperschaften der Bundesstaaten usw. entschieden werden kleinere, lokalere Körperschaften. Gleichzeitig werden in jeder Schule und Hochschule ständig Fragen diskutiert, die eine gute Praxis für die Debatte darstellen. Einige dieser Fragen müssen vom Schulausschuss, vom Schulleiter, von der Fakultät oder vom Kuratorium entschieden werden, und die meisten davon erfordern die Nachforschung von Fakten. Sie würden ein bewundernswertes Material für die Entwicklung von Urteilsvermögen und Ressourcen bei der Debatte liefern, und in manchen Fällen könnte eine Debatte darüber Auswirkungen auf die tatsächliche Entscheidung haben.

Die Wahl des Themas ist für die Debatte noch wichtiger als für die schriftliche Auseinandersetzung. Wenn Sie in einer schriftlichen Argumentation eine Frage haben, die zwei vertretbare Seiten hat, macht es keinen großen Unterschied, ob die eine leichter zu verteidigen ist als die andere: In einer Debatte könnte ein solcher Unterschied den Nutzen des Themas zerstören. Obwohl für einige ältere Köpfe die Abschaffung des Fußballs eine umstrittene Frage ist, wäre das Thema vor einem Publikum von Studenten, die über die Begründetheit der Frage abstimmen müssten, nutzlos, da die Seite, die die Abschaffung fordern müsste, hier eine nahezu unmögliche Chance hätte Aufgabe. In einer Debatte über den „Closed Shop" würde also in den meisten Arbeiterclubs das Negative wenig bewirken können, da die andere Seite in den Vorurteilen und Voreingenommenheiten des Publikums verwurzelt wäre. In politischen Gremien kommt es häufig zu Ungleichheiten zwischen den Parteien, denn eine Minderheit muss immer ihre Doktrinen verteidigen, egal wie überwältigend die Abstimmung auch sein mag. In den formellen Debatten in Schule und Hochschule hingegen, wo die Bedingungen mehr oder weniger künstlich sein müssen, besteht die erste Bedingung darin, eine Frage zu wählen, die beiden Seiten gleiche Chancen einräumt.

Ein fairer Test dieser Gleichmäßigkeit der Seiten besteht darin, zu sehen, ob die Öffentlichkeit, die sich mit der Frage beschäftigt, gleichmäßig geteilt ist: Wenn etwa die gleiche Anzahl von Männern, die mit dem Thema vertraut sind und als fair gesinnt gelten, entgegengesetzte Seiten vertritt, wird die Frage gestellt ist wahrscheinlich ein gutes Thema für eine Debatte. Selbst dieser Test kann jedoch irreführend sein, da es sehr unterschiedliche Dinge sind, ob man eine Politik für solide hält und ob man nachweisen kann, dass dies der Fall ist. Die Gründe für die Einführung des Ehrensystems an einer bestimmten Schule oder Hochschule sind wahrscheinlich leichter anzugeben und zu befürworten als die Gründe gegen die Einführung; Letzteres kann jedoch zweifellos gewichtig sein.

Im Allgemeinen sind Argumente, die auf großen und mehr oder weniger abstrakten Prinzipien beruhen, im Nachteil gegenüber Argumenten, die auf einem unmittelbaren und dringenden Übel oder einer offensichtlichen Zweckmäßigkeit beruhen. Argumente für oder gegen einen Schutzzoll auf der Grundlage allgemeiner Grundsätze der politischen Ökonomie sind für das Durchschnittspublikum schwieriger interessant und daher überzeugend zu formulieren als Argumente, die auf direkten praktischen Gewinnen oder Verlusten beruhen. Dieser Unterschied in der Leichtigkeit, mit der die beiden Seiten einer Frage argumentiert werden können, muss bei der Wahl eines Themas berücksichtigt werden.

Zweitens sollte das Thema so formuliert sein, dass es unweigerlich zu einem „Frontalzusammenstoß" zwischen den beiden Seiten kommt. Wenn ein Vorschlag wie „Die derzeitige Stadtregierung sollte geändert werden" für eine Debatte ausgewählt würde, könnte die eine Seite argumentieren, dass es sich um eine Frage der Partei oder der Männer handelt, die zu diesem Zeitpunkt zufällig die Kontrolle hatten, und die andere Seite als eine Frage der Partei oder der Männer, die gerade die Kontrolle hatten Frage der Regierungsform. Wenn es also um die Frage der Selbstverwaltung einer Hochschule oder Schule geht, könnten sich die beiden Seiten während der Debatte streiten und nicht aufeinander stoßen, wenn die Art der Selbstverwaltung nicht sorgfältig definiert würde. Was in Kapitel II über die Formulierung des Vorschlags für ein Argument gesagt wurde, gilt umso mehr für das Finden des Vorschlags für eine Debatte; Denn wenn sie sich hier nicht aufgrund einer unüberbrückbaren Meinungsverschiedenheit begegnen, hat ihr Zusammenkommen wenig Sinn.

Drittens ist es wünschenswert, dass die Aussage so formuliert ist, dass die Beweislast auf die Bejahung fällt. Sofern die Seite, die die Debatte eröffnet, nichts Bestimmtes vorzuschlagen hat, muss die Debatte mehr oder weniger lahm beginnen, denn es ist schwer, etwas anzugreifen oder abzulehnen, das dargelegt werden soll, nachdem man mit dem Reden fertig ist. Hier muss jedoch, wie auch bei schriftlichen Argumenten, beachtet werden, dass der Begriff „Beweislast" ein vager und heikler Begriff ist; „Wer behauptet, muss beweisen" ist eine Maxime, die in der Debatte nur für die größeren Themen gilt, und das durchschnittliche Publikum wird sich kaum um die feineren Anwendungen dieser Maxime kümmern. Wenn Sie eine Änderung der aktuellen Bedingungen vorschlagen und die aktuellen Bedingungen nicht sehr schlecht sind, wird von Ihnen erwartet, dass Sie darlegen, warum es eine

Änderung geben sollte, und dass Sie deutlich machen, dass die von Ihnen vorgeschlagene Änderung eine Verbesserung bewirken wird. Erst wenn die Bedingungen unerträglich geworden sind, denkt ein Publikum zuerst an das Heilmittel. In der normalen Schule oder Hochschule zum Beispiel gibt es unter den gegenwärtigen Bedingungen kaum einen Grund, das Ehrensystem in Prüfungen einzuführen: In einem solchen Fall wäre die Beweislast für die Bejahung offensichtlich, wenn dies jedoch, wie es gelegentlich vorkommt, der Fall ist Wenn es in der schriftlichen Arbeit zu einer Epidemie der Unehrlichkeit gekommen wäre, würden die Schulbehörden und die Eltern wissen wollen, warum es keine Änderung geben sollte. Aber es würde ein Publikum sowohl langweilen als auch verwirren, ihm die Theorie der Beweislastumkehr ausführlich zu erklären; und die Chancen stehen gut, dass sie sagen würden: „Warum beweist er nicht seinen Standpunkt und verbringt seine Zeit nicht damit, um den heißen Brei herumzureden?"

Schließlich sollte der Vorschlag, wenn möglich, sowohl zum Negativen als auch zum Positiven konstruktive Argumente liefern. Wenn eine Seite sich ausschließlich damit beschäftigt, die Schwächen der Argumente der anderen Seite aufzuzeigen, kommt man bei der Begründetheit der Frage nicht weiter; Trotz allem, was in der Debatte gezeigt wurde, mag der von den Befürwortern vorgebrachte Vorschlag fundiert sein, und die einzige Schwäche liegt bei seinen Verteidigern. Darüber hinaus muss sich die negative Seite vor dem Trugschluss „der Einwände" hüten, wenn sie kein konstruktives Argument für die Begründetheit der Frage findet oder sich auf destruktive Argumente beschränkt. das heißt, davon auszugehen, dass die Angelegenheit geklärt ist, wenn sie einige Einwände gegen den Vorschlag vorgebracht hat. Wie ich in dieser Abhandlung so oft betont habe , lohnt es sich nicht, über eine Frage zu streiten, wenn sie nicht zwei Seiten hat; und das bedeutet auf andere Weise lediglich, dass es auf beiden Seiten berechtigte Einwände gibt. Wenn sich eine negative Seite auf destruktive Argumente beschränkt, muss sie deutlich machen, dass die Einwände, die sie vorbringt, tatsächlich destruktiv sind oder zumindest deutlich schwerwiegender sind als diejenigen, die dagegen vorgebracht werden können, die Dinge so zu lassen, wie sie sind. Und wenn sie sich darauf beschränken, die von der Befürworterseite in dieser speziellen Debatte vorgebrachten Argumente zu vernichten, müssen sie deutlich machen, dass diese Argumente die stärksten sind, die von dieser Seite vorgebracht werden können.

Bei allen Fragen zur Auslegung von Begriffen und zur Beweislast sollte man sich im Vorfeld darüber im Klaren sein, dass die Richter einer formellen Debatte alles wie Kleinigkeiten oder Spitzfindigkeiten hart bestrafen werden. Die beiden Seiten sollten ihr Bestes tun, um eine „frontale" Lösung zu finden; und jeder Versuch, sich auf eine präzise Definition zu berufen, oder jede scharfe Praxis, die andere Seite von der Hauptfrage abzulenken, sollte als Spielverfehlung angesehen werden. Wenn die Richter, wie es gewöhnlich der Fall ist, aus geschäftserfahrenen Männern bestehen, werden sie den wahren Wert dieser jungenhaften Klugheit schätzen .

62. Technische Formulare . Die formellen Debatten in Schule und Hochschule haben bestimmte Formen und Konventionen, die teils auf parlamentarischen Verfahren basieren, teils so ausgearbeitet wurden, dass diese Debatten interessanter und praktischer werden; und es gibt bestimmte Vorkehrungen, die das Debattieren sowohl als intellektuelles Training als auch als Spaß verbessern. Ich werde zunächst auf die Formen und Konventionen eingehen.

Bei Debatten in Schule und Hochschule ist es üblich, dass zwei oder drei auf einer Seite sind, und das aus guten Gründen. Erstens wird die Arbeit der Aufarbeitung des Themas geteilt und es macht mehr Spaß, mit jemand anderem zusammenzuarbeiten. Dann gibt es in der Debatte selbst mehr Abwechslung. Bei Klassendebatten gibt es in der Regel zwei Redner auf jeder Seite, wobei vor den abschließenden Gegenreden Zeit für mehrere vier- oder fünfminütige Redebeiträge vorgesehen ist. [64]Bei so vielen Rednern muss eine Frist von zwei Stunden eingeplant werden. Dieses Zeitkontingent wird selbstverständlich den besonderen Gegebenheiten angepasst; Zum Beispiel, wenn es wünschenswert ist, dass es mehr Redner aus dem Saal gibt, oder wenn man möchte, dass die ganze Zeit den regulären Debattierern gewidmet wird. Bei wichtigen interkollegialen Debatten gibt es in der Regel drei Redner, von denen jeder zehn Minuten für seine Hauptrede und fünf Minuten für die Widerlegung hat. Diese Regelung variiert jedoch an verschiedenen Orten stark, und nicht selten gibt es nur eine Widerlegungsrede. In der Regel wird die letzte Rede bejaht, da es nachteilig ist, die Debatte eröffnen zu müssen. Offensichtlich kann in der Praxis jedoch oft das Gegenteil der Fall sein, da eine geschickte Eröffnungsrede den Verlauf der Debatte weitgehend bestimmen kann; und aus diesem Grund lassen viele Debattierclubs und Hochschulen zu, dass die Schlussrede negativ ausfällt. Es ist ratsam, keine dieser Regeln als unantastbar anzusehen. [65]

Die Verteilung der Punkte auf die Redner einer Seite sollte im Voraus erfolgen, jedoch immer unter der Bedingung, dass die Erfordernisse der Debatte die Vereinbarung durcheinander bringen können. Wir werden gleich sehen, welchen Vorteil es hat, wenn jedes Mitglied eines „Teams" bereit ist, alle Punkte seiner Seite zu verteidigen. Die einzige Rede, für die im Voraus ein festes Programm erstellt werden kann, ist die erste Bejahungsrede: Selbstverständlich muss diese auf jeden Fall die wichtigsten Fakten darlegen, die das Publikum kennen muss, um die folgenden Reden zu verstehen. Danach sollte jeder Redner bereit sein, entweder direkt auf das gerade Gesagte zu antworten oder zu erklären, warum er die Antwort aufschiebt. Gleichzeitig muss er, sofern er nicht dazu gezwungen wurde, den Punkt oder die Punkte darlegen, die ihm im vorläufigen Feldzugsplan übertragen wurden. Jeder Redner nach dem ersten nimmt sich im Allgemeinen ein oder zwei Minuten Zeit, um die Position so zusammenzufassen, wie seine Seite sie sieht; und der letzte Redner auf jeder Seite sollte sich Zeit nehmen, um die wichtigsten Punkte, die seine Seite vorgebracht hat, und die wichtigsten Einwände gegen die Argumente auf der anderen Seite zu rekapitulieren und deutlich zu machen. Abgesehen von diesen Vorschlägen, die sich nicht zu unveränderlichen Regeln verfestigen dürfen, muss vieles dem raschen Urteil der Debattierer überlassen werden. Es ist ein guter Test für das Geschick im Debattieren, zu wissen, wann man sich an solche Regeln halten und wann man sich von ihnen lösen sollte.

Ein Debattierer verwendet bestimmte Formen, die im Parlamentsrecht seit langem etabliert sind. Erstens verwendet er nie den Namen seines Gegners: Wenn er sich auf ihn beziehen muss, bezieht er sich indirekt in einer solchen Form wie „der letzte Redner", „der erste Redner für die Bejahung", „die Herren aus Wisconsin", „unsere Gegner", „mein Kollege, der gerade gesprochen hat." Dies ist eine unantastbare Regel aller debattierenden Gremien, sei es eine Klasse in einer Schule oder einem College oder eines der Häuser des Kongresses.

In einer formellen Debatte wird das Thema vom Vorsitzenden, der in der Regel nicht zu den Richtern gehört, dargelegt und stellt außerdem jeden Redner in der zuvor vereinbarten Reihenfolge vor.

Bei Klassendebatten wird das Thema in der Regel vom Dozenten vorgegeben, der die Redner benennen, Freiwillige heranziehen oder jedes Mitglied der Klasse in regelmäßigen Abständen an die Reihe kommen lassen kann. Diese Verteilung wird sich normalerweise an die Klasse und die Umstände anpassen. In interschulischen und interkollegialen Debatten wird das Thema im Allgemeinen dadurch ausgewählt, dass eine Seite eine Reihe von Themen vorschlägt, aus denen die andere Seite eines auswählt. Manchmal hat das Team, das nicht die Wahl des Themas hat, die Wahl der Seiten, nachdem das andere Team das Thema ausgewählt hat. In einer Dreiecksdebatte werden von jedem Team zwei oder drei Themen vorgeschlagen, und dann wird eines durch Vorzugsabstimmung aller Teilnehmer ausgewählt, wobei die erste Wahl drei Punkte zählt, die zweite zwei und die dritte einen. In einem solchen Wettbewerb besteht jede Institution aus zwei Teams, von denen eines die bejahende und das andere die negative befürwortet. und die drei Debatten finden am selben Tag oder Abend statt.

In Klassendebatten sollten sich die beiden Seiten bei der Ausarbeitung einer vereinbarten Sachverhaltserklärung vereinen, die so viel über die Geschichte des Falles enthält, wie relevant ist, Tatsachen und Fragen, auf die man sich geeinigt hat, soll außer Acht gelassen werden, sowie eine Darstellung der Hauptthemen. Darüber hinaus ist es äußerst wünschenswert, dass die Parteien einander Kurzdarstellungen vorlegen, in denen die wesentlichen Punkte ihres Falles dargelegt werden. Bei solchen Vorbereitungen ist die Wahrscheinlichkeit gering, dass es zu einem Misserfolg kommen kann. Die gleichen Vorbereitungen wären bei interschulischen und interkollegialen Debatten nützlich, wo immer sie praktikabel sind. Alles, was zu einer gründlichen Diskussion identischer Punkte und der daraus resultierenden Aufklärung der Frage führt, macht diese Unterhaltungen wertvoller.

Für interkollegiale und interschulische Debatten ist es ratsam, Anweisungen für die Richter zu haben, die vorher vereinbart werden sollten. Diese Anweisungen müssen deutlich machen, dass es bei der Entscheidung nicht um die Begründetheit der Frage geht, wie im wirklichen Leben, sondern um die Begründetheit der Debattierer. Zu diesen Vorzügen sollte die Substanz viel mehr zählen als die Form. Zu den Punkten, die bei der Beurteilung des Inhalts der Debatte zählen, zählen in den Anweisungen die Schärfe der Analyse, die Aussagekraft, die Gründlichkeit der Vorbereitung, das Urteilsvermögen bei der Auswahl der Beweise, die Bereitschaft und Wirksamkeit bei der Widerlegung sowie das Verständnis des Themas als Ganzes. Zur Form können in den Anweisungen Haltung, Leichtigkeit und Angemessenheit der Gestik, Qualität und Ausdruckskraft der Stimme, Aussprache und Aussprache sowie die allgemeine Wirksamkeit der Übermittlung erwähnt werden. Manchmal werden diese Punkte mit Prozentsätzen angegeben, um ihr angemessenes Gewicht anzuzeigen; aber es ist zweifelhaft, ob eine so genaue Berechnung jemals von praktischem Wert sein kann. In den meisten Fällen entscheiden die Richter auf der Grundlage eines viel weniger klaren Gespürs dafür, welche Seite im Vorteil ist. [66]

63. Vorbereitungen für die Debatte . Da der Hauptwert des Debattierens im Gegensatz zu schriftlichen Argumenten darin besteht, die Bereitschaft und Flexibilität des Witzes zu kultivieren, sollte das Sprechen so weit wie möglich spontan erfolgen. Dies bedeutet nicht, dass das Reden unvorbereitet erfolgen sollte: Im Gegenteil, die Vorbereitung für eine gute Debatte ist schwieriger als für eine schriftliche Argumentation, denn wenn Sie auf dem Podium stehen, können Sie nicht zu Ihren Büchern oder Notizen rennen um Ihr Gedächtnis aufzufrischen oder neues Material zu finden. Der ideale Debattierer ist der Mann, der das gesamte Thema so im Kopf hat, dass ihm die Fakten beim Reden in den Sinn kommen und sich ohne Unterbrechung in den Plan seiner Argumentation einfügen. Für die seltenen Männer, die sich an alles erinnern, was sie lesen, ist eine solche Bereitschaft selbstverständlich, aber für die weitaus größte Zahl von Rednern erreicht sie sie nur durch sorgfältiges Studium des Materials. Daniel Webster erklärte, dass das Material für seine berühmte Antwort an Hayne seit Monaten in seinem Schreibtisch liege. Soweit das Debattieren in der Rezitation festgelegter Reden besteht, die zuvor niedergeschrieben und auswendig gelernt wurden, verwirft es das meiste, was das Debattieren wertvoll macht, und tendiert dazu, zur Rede zu werden. Wir werden hier daher Möglichkeiten betrachten, wie Redner sich mit dem zu debattierenden Thema so vertraut machen können, dass sie getrost von ihren Notizen loskommen können.

Erstens sollte sich jeder Debattierer in einem Team auf das gesamte Thema vorbereiten, nicht nur auf die gesamte eigene Seite, sondern auch auf die gesamte Gegenseite. Es ist üblich, die wichtigsten Punkte, die ein Team vorbringen soll, unter seinen verschiedenen Mitgliedern aufzuteilen; aber in den plötzlichen Wendungen, denen jede Debatte unterliegt, kann eine solche Zuordnung leicht unmöglich werden. Wenn die Gegenseite neues Material vorbringt oder einen Punkt so vorbringt, dass er das Publikum offensichtlich beeindruckt, muss der nächste Redner möglicherweise den ihm zugewiesenen Punkt über Bord werfen und sich sofort der Widerlegung der gerade vorgebrachten Argumente widmen. Dann müssen seine Punkte seinen Kollegen überlassen werden, und diese müssen sie effektiv nutzen können. Ebenso sollte ein Team die Stärken der Gegenseite und der eigenen Seite kennen und mit Argumenten auf die Plattform kommen, um diese zu erfüllen. Um dieses Vorwissen über die andere Seite sicherzustellen, treffen die Redner bei interkollegialen Wettbewerben im Rahmen ihrer Vorbereitung Männer aus ihrer eigenen Hochschule, die die andere Seite ausführlich und ausführlich diskutieren. Bei einem Dreieckswettbewerb hat jedes Team einer Hochschule den Vorteil, dass es das Thema in einer tatsächlichen Debatte gegen das andere ausgearbeitet hat. Je gründlicher Sie beide Seiten der Frage ausgearbeitet haben, desto geringer ist die Wahrscheinlichkeit, dass Sie von einem Argument überrascht werden, dem Sie nicht zu begegnen wissen.

64. Auf der Plattform . Wenn es um die tatsächliche Debatte geht, zeigt die Erfahrung, dass auswendig gelernte Reden im Vergleich zu spontanen Reden fast immer wirkungslos sind. Selbst wenn Ihr Selbstvertrauen nicht durch eine schlüpfrige Erinnerung gestört wird, liegt in der vorbereiteten Rede ein unmerklicher Hauch von Künstlichem, der ihre Lebendigkeit beeinträchtigt. Andererseits kann man, insbesondere bei den ersten Reden auf beiden Seiten, nicht aufstehen und sich ganz auf die Inspiration des Augenblicks verlassen; Sie müssen sich etwas ausgedacht haben. Einer der renommiertesten Dozenten der Harvard University bereitet seine Vorlesungen auf eine Art und Weise vor, die für Debattierer ein hervorragendes Vorbild ist. Er verfasst zuvor einen vollständigen analytischen und tabellarischen Plan seiner Vorlesung, ähnlich den hier in Kapitel II empfohlenen Kurzdarstellungen, mit jedem der Hauptprinzipien seiner Vorlesung und mit eingefügten Untergliederungen und Illustrationen. Dann lässt er diesen Entwurf zu Hause und spricht mit vollem und geordnetem Geist. Ein solcher Plan ist der bestmögliche für die Hauptreden in einer Debatte. Oft lässt sich der Plan am einfachsten vorbereiten, indem man die Argumentation vollständig aufschreibt; und diese Erweiterung des Arguments hat den zusätzlichen Vorteil, dass Sie einen Großteil Ihrer Formulierungen erhalten. Aber es ist besser, sich nicht die ganze Argumentation einzuprägen: Die Zusammenfassung reicht aus, wenn sie gründlich verdaut und so studiert wird, dass sie einem sofort in den Sinn kommt. Dann erhalten Sie durch Üben, Üben, Üben die Leichtigkeit und Geläufigkeit, die Sie brauchen.

Die Widerlegung sollte immer unzeitgemäß erfolgen. Selbst wenn Sie die stärksten Argumente Ihres Gegners vorhergesehen und sich darauf vorbereitet haben, sie zu treffen , können Sie nicht vorhersehen, wie er die Punkte erzielen wird. Nichts ist in einer Debatte unangenehmer, als mit ein paar offensichtlich spontanen Bemerkungen zu beginnen und dann eine kleine Rede loszulassen, die sozusagen im Kühlhaus aufbewahrt wurde und einfach nicht zu der Rede passt, zu der sie gehören sollte eine Antwort. Es ist besser, die Gegenargumentation etwas weniger pauschal zu gestalten, als sie sein könnte, und sie auf die Rede zu beschränken, die sie angreift. Bereites und spontanes Geschick im Widerlegen ist die letzte Exzellenz des Debattierens. Gleichzeitig sollte die Fähigkeit so natürlich sein, dass Witz und gute Laune ihre Chance haben. Wenn Sie von Anfang an üben, Ihre Widerlegungsreden spontan zu halten, gewinnen Sie immer mehr Selbstvertrauen, wenn Sie zum Reden aufgefordert werden.

Ob Notizen auf der Plattform gemacht werden sollen oder nicht, ist eine etwas umstrittene Frage. Wenn Sie ohne sie sprechen und beim Kern Ihrer Argumentation bleiben können, ist das umso besser. Andererseits haben die meisten Anwälte ihre Schriftsätze, wenn sie über Rechtsfragen streiten, und eine Art grobe Notizen, wenn sie vor einer Jury streiten; und wenn sie unauffällig und natürlich verwendet werden, werden Notizen vom Publikum kaum wahrgenommen. Aber wenn Sie Notizen haben, versuchen Sie nicht, sie zu verbergen: Halten Sie sie so, dass das Publikum weiß, was sie sind, und sich nicht wundert, was Sie tun, wenn Sie in Ihre Handfläche schauen.

Wenn Sie Passagen aus einem Buch oder einem anderen Dokument zitieren möchten, legen Sie das Buch neben sich auf den Tisch. Sein Erscheinungsbild verleiht Ihrem Standpunkt mehr Substanz und das Publikum erhält den visuellen Beweis dafür, dass Sie genau zitieren.

Zur Widerlegung ist es üblich, Material auf Karten nach den Hauptunterteilungen des Themas zu ordnen, damit es leicht gefunden werden kann. Diese Karten können in den kleinen Holz- oder Pappschachteln aufbewahrt werden, die zu diesem Zweck in Schreibwarengeschäften an Hochschulen verkauft werden. Wenn die Karten die richtigen Überschriften haben, können Sie sie leicht durchsehen, während

Ihr Gegner spricht, und die wenigen herausnehmen, die sich auf den Punkt beziehen, mit dem Sie es zu tun haben. Beispiele für diese Karten finden Sie in Kapitel II. Für den Einsatz in einer Debatte ist es wichtig, dass die Überschriften so klar und sachdienlich sind, dass Sie die gewünschte Karte sofort finden können. Selbstverständlich haben Sie sich vorher ausführlich damit vertraut gemacht.

Wenn Sie Statistiken verwenden müssen, vereinfachen Sie diese, damit Ihre Zuhörer sie mühelos verstehen können. Große Zahlen sollten in runden Zahlen angegeben werden, es sei denn , durch die vollständige Angabe soll eine besondere Betonung oder vielleicht eine halbhumorvolle Wirkung erzielt werden. Zitate aus Büchern oder Reden müssen unbedingt kurz sein: Wenn Sie selbst nur zehn Minuten Zeit haben, können Sie den Worten eines anderen Mannes keine fünf Minuten widmen.

Halten Sie Ihr Publikum bei Laune; Wenn Sie gelegentlich die Feierlichkeit des Anlasses auflockern können, indem Sie sie zum Lachen bringen, werden sie Sie dafür umso mehr mögen und Ihr Argument nicht schlechter bewerten. Denken Sie andererseits daran, dass eine solche Ablenkung zufällig ist und dass Ihre Hauptaufgabe darin besteht, sich ernsthaft mit einer ernsten Frage zu befassen. Das unruhige Selbstbewusstsein, das einen Mann dazu bringt, immer lustig zu sein, ist nirgendwo fehl am Platz als in einer Debatte.

65. Stimme und Position . Die Frage der Lieferung ist äußerst wichtig, und hier kann sich kein Mensch auf das Licht der Natur verlassen. Jede Stimme kann weiter getragen und ausdrucksvoller gemacht werden, und die schwächste und dünnste Stimme kann verbessert werden. Jeder Schüler, der davon träumt, ein öffentlicher Redner zu werden, sollte Sprech- oder Gesangsunterricht oder beides nehmen. Sowohl die Ausdruckskraft als auch die Tragkraft und Ausdauer einer Stimme hängen von der Kenntnis des Umgangs mit der Brust-, Hals- und Gesichtsmuskulatur ab; und Stimmtrainer haben Methoden für den richtigen Einsatz all dieser Muskelgruppen erarbeitet. Ein Mann, der seinen Atem aus der Höhe seiner Brust ausführt und nicht den großen Blasebalg benutzt, der bis zum Zwerchfell reicht, kann nur eine geringe Tragkraft erreichen. Das Gleiche gilt für die Kehle: Wenn sie steif und eingeklemmt ist, werden die Töne hoch und gezwungen sein, und das Zuhören wird das Publikum fast genauso ermüden, wie es den Sprecher ermüden wird, wenn man ihnen zuhört. Schließlich ist die Ausdruckskraft einer Stimme, der Nervenkitzel, der den Hörer unbewusst, aber kraftvoll bewegt, größtenteils eine Frage der Resonanz, die aus den Räumen über dem Mund und hinter der Nase kommt. Ein humorvoller Gesangslehrer erklärte einmal, dass die Seele im Nasenrücken wohne; und das Sprichwort ist nicht so paradox, wie es klingt. Der Unterricht in der Verwendung all dieser Teile und die sorgfältige

Ausübung der dazugehörigen Übungen sind für jeden Mann, der sich in öffentlichen Reden einen Namen machen möchte, unerlässlich.

Mit der Verwendung der Stimme, wenn auch weniger wichtig, geht es um die Position und Haltung auf der Plattform. Es ist nicht notwendig, darauf zu bestehen, dass es umso besser ist, je natürlicher es ist. Wenn Sie sich selbst völlig vergessen und nur an Ihre Punkte denken können, ist die Wahrscheinlichkeit groß, dass sich Ihre Einstellungen und Ihre Position von selbst regeln. Aber bevor Sie sich selbst vergessen, gewöhnen Sie sich an, zu reden, ohne die Hände in die Taschen zu stecken. Sie sollten Ihre Hände zum Reden brauchen, wenn auch nicht so sehr wie die eines Franzosen oder Italieners, aber doch genug, um Ihre Punkte auf natürliche Weise hervorzuheben. Der bloße physische Reiz für das Auge Ihres Publikums, indem Sie Ihren Bewegungen folgen, wird dazu beitragen, seine Aufmerksamkeit wach zu halten. Jeder , der schon einmal versucht hat, vor einer großen Klasse einen Vortrag zu halten, weiß, wie viel einfacher es ist, sie zu halten, wenn er von Zeit zu Zeit aufsteht und sich ein wenig bewegt. Lernen Sie, leicht und natürlich zu stehen, mit gut gestreckter Brust und einem bequem auf Ihren Füßen verteilten Gewicht. Wenn es für Sie selbstverständlich ist, bewegen Sie sich von Zeit zu Zeit ein wenig auf der Bühne; Aber achten Sie darauf, dass Sie nicht bei jeder Bewegung den Eindruck erwecken, als wäre an einer Schnur gezogen worden. Was Haltung und Geste angeht, ist der einzig lohnende Rat: Sei natürlich.

Seien Sie für all diese Vorbereitungsfragen, sowohl was Sie sagen werden, den Einsatz Ihrer Stimme als auch Ihre Einstellung und Ihr Handeln auf der Bühne, auf hartes Üben mit kompetenter Kritik vorbereitet. Es empfiehlt sich, bei geöffneter Uhr das Sprechen anhand Ihrer Umrisse zu üben, bis Sie Ihre Rede genau in der Ihnen zur Verfügung stehenden Zeit zu Ende bringen können. Der Gewinn an Selbstvertrauen, wenn Sie an der Debatte teilnehmen, wird sich an sich schon lohnen. Üben Sie auch hier das Sprechen vor einem Glas, um sicherzustellen, dass Sie beim Sprechen keine bösen Blicke werfen oder Grimassen schneiden, und um sich daran zu gewöhnen, aufrecht zu stehen und sich gut zu halten. Was Sie selbst von Ihrem eigenen Verhalten sehen, wird Ihnen mehr helfen als der Rat eines Kritikers.

Aber denken Sie bei all Ihrer Vorbereitung über die spezielle Debatte hinaus, auf die Sie sich vorbereiten. Was Sie anstreben oder anstreben sollten, ist Gewohnheit – die instinktive, spontane Ausführung von Regeln, die Sie vergessen haben. Wenn die Gewohnheit etabliert ist, können Sie all diese Fragen der Stimme, der Haltung, der Gesten aus Ihrem Kopf fallen lassen und Ihre ganze Aufmerksamkeit den Ideen widmen, die Sie entwickeln, und der Sprache, in die Sie sie kleiden werden. Dann wird der Ton Ihrer Stimme auf die Ernsthaftigkeit Ihres Gefühls reagieren und Ihre Gesten werden die spontane Reaktion auf die Betonung Ihres Gedankens sein. Sie werden kein perfekter Debattierer sein, bis all diese Dinge aus den unbewussten Tiefen Ihres Geistes heraus geregelt werden.

Seien Sie in Ihrer Haltung gegenüber den Debattierern auf der anderen Seite peinlich fair und freundlich. Bei Klassendebatten ist die Sache erledigt, wenn die Debatte beendet ist; und was Sie suchen, ist Geschicklichkeit und nicht, jemanden zu schlagen . In interschulischen und interkollegialen Debatten ist der Sieg das Ende; Aber auch dort gehen Sie nach der Debatte oft mit Ihren Gegnern zum Abendessen aus. Zerstöre daher ihre Argumente, aber zerschmettere nicht ihre Urheber.

Wenn Sie die erste Rede halten, legen Sie die Fakten so dar, dass Ihre Gegner nicht nur keine Korrekturen oder Proteste vornehmen müssen, sondern auch bereit sind, von Ihrer Grundlage aus zu beginnen. Geben Sie alle trivialen Punkte auf: Es ist Zeitverschwendung und ein Beweis für ein unentwickeltes Augenmaß, um Punkte zu feilschen, die am Ende niemanden interessieren. Sie haben einen Punkt gewonnen, wenn Sie es schaffen, dem Publikum und den Juroren das Gefühl zu geben, dass Sie darauf bedacht sind, der Gegenseite alles zu ermöglichen, was möglich ist.

Wenn Ihr Gegner über einen unbedeutenden Tatsachen- oder Argumentationspunkt stolpert, stören Sie ihn nicht; Lassen Sie es durchgehen oder weisen Sie es bestenfalls mit einer freundlichen Prise Humor darauf hin. Wenn seine Fakten oder seine Argumentation in wichtigen Punkten falsch sind, ist das Ihre Chance, und Sie müssen das Beste daraus machen. Aber auch dann bleiben Sie bei der Argumentation und vermeiden Sie jeglichen Anschein von Persönlichkeit.

66. Die Moral des Debattierens . Die Praxis des Debattierens hat eine moralische oder ethische Seite, die man nicht ignorieren darf. Es ist gefährlich, sich anzuwöhnen, leichtfertig für Dinge zu argumentieren, an die man nicht glaubt; und Studierende können dazu gezwungen werden, wenn sie bei der Auswahl der Fächer und Seiten nicht große Sorgfalt walten lassen. Die Abhilfe besteht darin, Fragen zu verwenden, in denen es kein moralisches Element gibt, soweit sie interessant bleiben; aber immer noch besser darin, die Seiten so zuzuteilen, dass sie den tatsächlichen Ansichten und Vorlieben der Debattierer entsprechen. Wenn es um eine Grundsatzfrage geht, sollte niemand jemals gegen seine Überzeugungen argumentieren. Die bessere Klasse von Anwälten ist in dieser Hinsicht gewissenhaft: Sie wird kein Mandat annehmen, von dem sie glaubt, dass es sich um eine Sache handelt, die nicht gewinnen sollte. Wenn Sie sich zu einer Frage der öffentlichen Ordnung eindeutig entschieden haben, befinden Sie sich in einer falschen Position, wenn Sie, selbst wenn es um die Praxis geht, gegen das argumentieren, was Sie für richtig halten.

Die formellen Debatten in Schule und Hochschule sind zwangsläufig ergebnislos; Doch selbst hier haben Ihre Diskussionen einen starken Einfluss auf die Meinungsbildung. Es ist eine Gewohnheit der Menschheit, träge über ein Thema zu reden und ebenso träge Partei zu ergreifen; dann, wenn das Gespräch wärmer wird, in dem natürlichen Wunsch, einen Punkt zu vertreten, um sich selbst zum Glauben zu überreden. Dies ist eine menschliche, wenn auch nicht sehr vernünftige Art, Ihre Ansichten zu öffentlichen Fragen zu formulieren. und es trägt weder zur Konsistenz noch zur Nützlichkeit als Wähler bei. Es ist nicht gut, sich auf die Meinung zu verlassen, was zum Gemeinwohl beiträgt.

Darüber hinaus ist eine Debatte etwas ganz anderes als ein Streit: Über ein Thema herumzureden, blind zu widersprechen und Behauptungen aufzustellen, ohne Fakten vorzubringen, hat seinen Platz in unserem Leben mit unseren Freunden, solange es gutmütig ist; aber es bringt keine Erleuchtung. Der Kern der Debatte, sei es im Klassenzimmer, im Stadtrat oder im Kongress, sollte darin bestehen, Licht in dunkle Ecken zu bringen und die Sichtweise zu entwirren, die dem Allgemeinwohl am meisten dient. Für uns in Amerika gilt *„noblesse oblige"* für jeden gebildeten Mann. Der Absolvent einer High School und noch mehr der Absolvent eines Colleges hat außergewöhnlichen Nutzen aus der Gemeinschaft gezogen. Dieser Verpflichtung kann er zum Teil nachkommen, indem er allen Bürgern zu einem besseren Verständnis der Themen verhilft, von denen der Fortschritt der Nation abhängt.

Schließlich sollte das Debattieren den Schwung vermitteln, der von jedem guten Spiel ausgeht, das harte Arbeit und einen ehrenhaften Kampf mit Gegnern bedeutet, die man respektiert und mag. Es handelt sich in erster Linie um eine soziale Beschäftigung. Das Unterhaus gilt seit langem als bester Verein Englands; und dieses Gefühl der Kameradschaft, der fortwährenden Freundschaft und Intimität verleiht dem englischen Parlamentsleben einen Charme, der mit der übergroßen Zahl und dem riesigen Saal unseres eigenen Repräsentantenhauses kaum möglich ist, der aber aus der kleineren und fortwährenden Mitgliederschaft des Senats entspringt . Eine Klasse im Debattieren sollte das Gefühl der Kameradschaft haben, das aus harter gemeinsamer Arbeit und dem Ausprobieren der eigenen Kräfte gegen Gleichgestellte und Bessere entsteht, und aus der Erinnerung an hart umkämpfte Wettbewerbe; und interkollegiale und interschulische Wettbewerbe sollten im gleichen Geist der Begeisterung für die harte Arbeit, des gesunden Siegeswillens und der Kameradschaft mit würdigen Gegnern durchgeführt werden.

ÜBUNGEN

1. Nennen Sie drei Fragen in nationalen Angelegenheiten, die innerhalb eines Monats diskutiert wurden und über die Sie gewinnbringend diskutieren könnten; drei in Staatsangelegenheiten; drei in lokalen Angelegenheiten.

2. Nennen Sie zwei Themen, die Ihre Schule oder Hochschule betreffen und derzeit diskutiert werden.

3. Nennen Sie zwei Themen, zu denen Sie eine Argumentation verfassen könnten, die aber für eine Debatte nicht gewinnbringend wären. Erklären Sie den Grund.

4. Nennen Sie zwei gute Diskussionsthemen aus der Leichtathletik; zwei aus einer aktuellen akademischen Frage; zwei aus lokalen oder kommunalen Angelegenheiten.

5. Finden Sie einen Vorschlag, bei dem die beiden Seiten einer Debatte in gutem Glauben aneinander vorbeikommen könnten, ohne sich zu treffen. Überarbeiten Sie es so, dass das Problem unvermeidbar ist.

6. Formulieren Sie einen Vorschlag, bei dem die Beweislast nicht bei der Bejahung liegt. Machen Sie es so, dass die Beweislast bei der Bejahung liegt.

7. Erstellen Sie ein Schema für eine Debatte über einen der Vorschläge aus Übung 4, mit einer vorläufigen Punktevergabe an drei Debattierer auf einer Seite.

8. Erstellen Sie eine Reihe von Anweisungen für Richter für eine interkollegiale oder interschulische Debatte, die so formuliert sind, dass sie zu einer Entscheidung über die Punkte führen, die Ihnen am wichtigsten erscheinen.

9. Bereiten Sie sich auf eine fünfminütige spontane Rede zu einem Thema vor, zu dem Sie eine Argumentation verfasst haben.

10. Nennen Sie drei Fragen, zu denen Sie ohne Gewalt gegen Ihre Überzeugungen nicht auf mehr als einer Seite argumentieren könnten.

ANHANG I

BEISPIELE FÜR ARGUMENTE

DIE DREI HYPOTHESEN ZUR GESCHICHTE DER NATUR [67]
THOMAS H. HUXLEY

Dies ist der erste von drei Vorträgen, die in New York gehalten wurden und eine fortlaufende Argumentation vorbringen. 18., 20. und 22. September 1876. Es sollte daher als einleitender Teil der Argumentation angesehen werden; und tatsächlich kommt es nicht zu Huxleys positivem Beweis, sondern ist damit beschäftigt, die anderen Theorien zu entkräften. Nachdem diese Widerlegung abgeschlossen war, stand es Huxley frei, mit dem bejahenden Argument fortzufahren, wie er im letzten Absatz der Vorlesung andeutet.

Das Argument ist eine bemerkenswerte Argumentation zu einem wissenschaftlichen Thema, und zwar in einer Formulierung, die es für alle gebildeten Männer verständlich macht. Als Huxley sprach, war die Hitze, die durch die erste Ankündigung der Evolutionstheorie in Darwins „Entstehung der Arten" entfacht worden war, immer noch lodernd; und es gab viele Kirchenleute, die der Meinung waren, dass die Theorie die Religion untergräbt, ohne sich die Mühe zu machen, sie zu verstehen. Diese schüchterne Geisteshaltung erklärt Hurleys Herangehensweise an das Thema.

Wir leben in einem System von Dingen von immenser Vielfalt und Verwirrung, das wir Natur nennen, und sind Teil davon. und es ist für uns alle von größtem Interesse, dass wir uns eine gerechte Vorstellung von der Verfassung dieses Systems und seiner vergangenen Geschichte machen. In Bezug auf dieses Universum ist der Mensch in seiner Ausdehnung kaum mehr als ein mathematischer Punkt, in seiner Dauer jedoch nur ein flüchtiger Schatten: Er ist lediglich ein Rohr, das von den Winden der Kraft geschüttelt wird. Aber wie Pascal vor langer Zeit bemerkte, ist er, obwohl er nur ein Schilfrohr ist, ein denkendes Schilfrohr; und aufgrund dieser wunderbaren Denkfähigkeit ist er in der Lage, für sich selbst eine symbolische Vorstellung vom Universum zu entwerfen, die, obwohl sie als Bild des großen Ganzen zweifellos äußerst unvollkommen und unzureichend ist, dennoch ausreicht, um ihm als Diagramm zu dienen für die Führung seiner praktischen Angelegenheiten. Es hat lange Jahrhunderte mühsamer und oft fruchtloser Arbeit gedauert, um den Menschen in die Lage zu versetzen, die wechselnden Szenen der Phantasmagorie der Natur ständig zu betrachten und zu erkennen, was unter ihren Schwankungen fest und was unter ihren scheinbaren Unregelmäßigkeiten regelmäßig ist; und erst vor relativ kurzer Zeit, in den letzten Jahrhunderten, ist die Vorstellung einer universellen Ordnung und eines bestimmten Laufs der Dinge, den wir den Lauf der Natur nennen, entstanden.

Aber einmal entstanden, ist die Vorstellung von der Konstanz der Ordnung der Natur zur vorherrschenden Idee des modernen Denkens geworden. Für jeden, der mit den Tatsachen vertraut ist, auf denen diese Vorstellung basiert, und in der Lage ist, ihre Bedeutung einzuschätzen, ist es nicht mehr vorstellbar, dass der Zufall irgendeinen Platz im Universum haben sollte oder dass Ereignisse von etwas anderem als dem Natürlichen abhängen sollten Abfolge von Ursache und Wirkung. Wir sind dazu gekommen, die Gegenwart als Kind der Vergangenheit und als Eltern der Zukunft zu betrachten; und da wir den Zufall von einem Ort im Universum ausgeschlossen haben, ignorieren wir die Vorstellung eines Eingriffs in die Ordnung der Natur, selbst als Möglichkeit. Was auch immer die spekulativen Lehren der Menschen sein mögen, es ist ganz sicher, dass jeder intelligente Mensch sein Leben lenkt und sein Vermögen in der Überzeugung riskiert, dass die Ordnung der Natur konstant ist und dass die Kette der natürlichen Ursachen niemals unterbrochen wird.

Tatsächlich hat kein Glaube, den wir hegen, eine so vollständige logische Grundlage wie der, auf den ich gerade Bezug genommen habe. Es liegt stillschweigend jedem Denkprozess zugrunde; es ist die Grundlage jedes Willensaktes. Es basiert auf der umfassendsten Induktion und wird durch die beständigsten, regelmäßigsten und universellsten deduktiven Prozesse verifiziert. Aber wir müssen bedenken, dass jeder menschliche Glaube, egal wie breit seine Grundlage ist und wie vertretbar er auch erscheinen mag, letzten Endes nur ein wahrscheinlicher Glaube ist und dass unsere weitesten und sichersten Verallgemeinerungen lediglich Aussagen mit dem höchsten Grad an Wahrscheinlichkeit sind. Obwohl wir uns über die Konstanz der Ordnung der Natur in der Gegenwart und im gegenwärtigen Zustand der Dinge völlig im Klaren sind, folgt daraus keineswegs notwendigerweise, dass wir berechtigt sind, diese Verallgemeinerung auf die unendliche Vergangenheit auszudehnen und zu leugnen, absolut, dass es möglicherweise eine Zeit gegeben hat, in der die Natur keiner festen Ordnung folgte, in der die Beziehungen zwischen Ursache und Wirkung nicht eindeutig waren und in der außernatürliche Kräfte in den allgemeinen Lauf der Natur eingriffen. Vorsichtige Menschen werden zugeben, dass es ein Universum gegeben haben könnte, das sich von dem, was wir kennen, so sehr unterscheidet; So wie ein sehr aufrichtiger Denker zugeben könnte, dass eine Welt existieren könnte, in der zwei und zwei nicht vier ergeben und in der zwei gerade Linien tatsächlich einen Raum einschließen . Aber die gleiche Vorsicht, die das Eingeständnis solcher Möglichkeiten erzwingt, erfordert eine Menge

Beweise, bevor sie sie als etwas Wesentlicheres anerkennt. Und wenn behauptet wird, dass sich die Ereignisse vor so vielen tausend Jahren auf eine Weise abspielten, die den bestehenden Naturgesetzen völlig fremd war und nicht mit ihnen übereinstimmte, dann sind die Menschen, die, ohne besonders vorsichtig zu sein, einfach ehrliche Denker, nicht bereit, sich selbst oder andere zu täuschen Bitten Sie um vertrauenswürdige Beweise für die Tatsache. Sind die Dinge so geschehen oder nicht? Dies ist eine historische Frage, deren Antwort genauso gesucht werden muss wie die Lösung jedes anderen historischen Problems.

Soweit ich weiß, gibt es nur drei Hypothesen, die jemals in Bezug auf die vergangene Geschichte der Natur aufgestellt wurden oder die durchaus vertreten werden können. Ich werde zunächst die Hypothesen darlegen und dann überlegen, welche Beweise, die sich darauf beziehen, in unserem Besitz sind und in welchem Licht der Kritik diese Beweise interpretiert werden sollen.

Die erste Hypothese basiert auf der Annahme, dass Naturphänomene, die denen der heutigen Welt ähneln, schon immer existiert haben. mit anderen Worten, dass das Universum seit Ewigkeit in dem Zustand existiert, den man allgemein als seinen gegenwärtigen Zustand bezeichnen könnte.

Die zweite Hypothese besagt, dass der gegenwärtige Zustand der Dinge nur eine begrenzte Dauer hatte; und dass irgendwann in der Vergangenheit ein Zustand der Welt entstand, der im Wesentlichen der Winde, die wir heute kennen, ähnelte, ohne dass es einen Präzedenzfall gab, aus dem er natürlich hätte hervorgehen können. Die Annahme, dass aufeinanderfolgende Stadien der Natur entstanden sind, die jeweils keinen Bezug zwischen natürlicher Ursache und einem vorhergehenden Zustand haben, ist eine bloße Modifikation dieser zweiten Hypothese.

Auch die dritte Hypothese geht davon aus, dass der gegenwärtige Zustand nur von begrenzter Dauer war; aber es geht davon aus, dass dieser Zustand durch einen natürlichen Prozess aus einem vorhergehenden Zustand und dieser aus einem anderen usw. entwickelt wurde; und nach dieser Hypothese wird der Versuch, der Reihe vergangener Veränderungen irgendeine Grenze zuzuordnen, normalerweise aufgegeben.

Es ist so wichtig, sich klare und klare Vorstellungen darüber zu machen, was mit jeder dieser Hypothesen wirklich gemeint ist, dass ich Sie bitten möchte, sich vorzustellen, was jeder dieser Hypothesen zufolge für einen Betrachter der Ereignisse sichtbar gewesen wäre, die die Geschichte der Erde ausmachen . Nach der ersten Hypothese würde der Betrachter, egal wie weit zurück in der Zeit er sich befindet, eine Welt sehen, die im Wesentlichen, wenn auch vielleicht nicht in allen Einzelheiten, der heutigen ähnelt. Die existierenden Tiere wären die Vorfahren der heute lebenden Tiere und ihnen ähnlich; die Pflanzen wären in gleicher Weise so, wie wir sie kennen; und die Berge, Ebenen und Gewässer würden die hervorstechenden Merkmale unseres heutigen Landes und Wassers vorwegnehmen. Diese Ansicht wurde in der Antike mehr oder weniger deutlich vertreten, manchmal verbunden mit der Vorstellung wiederkehrender Zyklen des Wandels; und sein Einfluss ist bis heute spürbar. Es ist erwähnenswert, dass es sich um eine Hypothese handelt, die nicht im Widerspruch zur Doktrin des Uniformitarismus steht, mit der Geologen vertraut sind. Diese Doktrin wurde von Hutton und in seinen früheren Tagen von Lyell vertreten. Hutton war beeindruckt von der Demonstration der Astronomen, dass sich die Störungen der Planetenkörper, so groß sie auch sein mögen, früher oder später von selbst beheben; und dass das Sonnensystem über eine selbstregulierende Kraft verfügt, durch die diese Aberrationen alle auf einen mittleren Zustand zurückgeführt werden. Hutton stellte sich vor, dass Ähnliches auch auf irdische Veränderungen zutreffen könnte; obwohl niemand klarer erkannte als er, dass das trockene Land ständig von Regen und Flüssen heruntergespült und im Meer abgelagert wird; und dass so in längerer oder kürzerer Zeit die Unebenheiten der Erdoberfläche eingeebnet und ihre hohen Fette in den Ozean gebracht werden müssen. Aber unter Berücksichtigung der inneren Kräfte der Erde, die den Meeresboden anheben und neues Land entstehen lassen, glaubte er, dass diese Vorgänge der Degradierung und Hebung sich gegenseitig kompensieren könnten: und dass somit für jede bestimmbare Zeit das Allgemeine Merkmale unseres Planeten könnten bleiben, was sie sind. Und da es unter diesen Umständen keine Grenzen für die Fortpflanzung von Tieren und Pflanzen geben muss, ist es klar, dass die konsequente Umsetzung der einheitlichen Idee Auswirkungen auf die Vorstellung von der Ewigkeit der Welt haben könnte. Ich möchte damit nicht sagen, dass entweder Hutton oder Lyell diese Auffassung vertraten – gewiss nicht; sie wären die ersten gewesen, die es abgelehnt hätten. Dennoch spricht die logische Entwicklung ihrer Argumente direkt für diese Hypothese.

Die zweite Hypothese geht davon aus, dass die gegenwärtige Ordnung der Dinge zu einem nicht allzu fernen Zeitpunkt einen plötzlichen Ursprung hatte und dass die Welt, wie sie jetzt ist, das Chaos als phänomenale Vorgeschichte hatte. Das ist die Lehre, die Sie am ausführlichsten und klarsten in dem unsterblichen Gedicht von John Milton, der englischen *Divina Commedia, finden werden* : „Paradise Lost". Ich glaube, dass es vor allem dem Einfluss dieses bemerkenswerten Werks in Verbindung mit den täglichen Lehren, die wir alle in unserer Kindheit gehört haben, zu verdanken ist, dass diese Hypothese ihre allgemeine weite Verbreitung als eine der aktuellen Überzeugungen englischsprachiger Menschen verdankt. Wenn Sie sich das siebte Buch von „Paradise Lost" ansehen, werden Sie dort die

Hypothese finden, auf die ich mich beziehe, die kurz gesagt lautet: Dass unser sichtbares Universum in keinem großen zeitlichen Abstand von der Gegenwart entstanden ist; und dass die Teile, aus denen es besteht, in einer bestimmten, bestimmten Reihenfolge im Zeitraum von sechs natürlichen Tagen erschienen, so dass am ersten dieser Tage Licht erschien; dass auf der zweiten Seite das Firmament oder der Himmel das Wasser darüber vom Wasser unter dem Firmament trennte; dass sich am dritten Tag das Wasser vom trockenen Land zurückzog und darauf ein vielfältiges Pflanzenleben auftauchte, ähnlich dem, was jetzt existiert; dass der vierte Tag durch das Erscheinen der Sonne, der Sterne, des Mondes und der Planeten angekündigt wurde; dass am fünften Tag Wassertiere in den Gewässern entstanden; dass am sechsten Tag die Erde unsere vierfüßigen Landgeschöpfe und alle Arten von Landtieren hervorbrachte, mit Ausnahme der Vögel, die am Vortag erschienen waren; und schließlich erschien dieser Mensch auf der Erde und die Entstehung des Universums aus dem Chaos war vollendet. Milton erzählt uns ohne die geringste Zweideutigkeit, was ein Zuschauer dieser wunderbaren Ereignisse miterlebt hätte. Ich bezweifle nicht, dass sein Gedicht Ihnen allen bekannt ist, aber ich möchte Ihnen eine Passage ins Gedächtnis rufen, damit meine Ausführungen zu dem völlig konkreten, eindeutigen Bild der Herkunft des Tieres gerechtfertigt sind Welt, die Milton zeichnet. Er sagt:

„Der sechste und letzte der Schöpfung entstand
mit Abendharfen und Matin, als Gott sagte:
‚Lass die Erde lebendige Seelen hervorbringen in ihrer Art,
Vieh und Kriechtiere und Tiere der Erde, jedes in seiner
Art!‘ Die Erde gehorchte, und als sie gerade ihren
fruchtbaren Schoß öffnete, wimmelte es von einer Geburt.
Unzählige Lebewesen, vollkommene Formen, Gliedmaßen
und ausgewachsen. Aus der Erde erhob sich das wilde
Tier, wie aus seiner Höhle, wo es im wilden Wald siegt
, im Gestrüpp, im Dickicht oder in der Höhle: Zwischen
den Bäumen erhoben sie sich paarweise, sie gingen;
gekalbt; jetzt erscheint die Hälfte des gelbbraunen Löwen,
der mit den Pfoten scharrt, um seine Hinterteile zu
befreien – dann springt er auf, als sei er von den Fesseln
gebrochen, und schüttelt zügellos seine gebräunte Mähne;
die Unze, der Libbard und der Tiger, wie der Maulwurf
, der sich erhebt, die bröckelige Erde über ihnen WarfIn
Hügel; der schnelle Hirsch aus dem Untergrund bohrte
seinen verzweigten Kopf auf; knapp aus seiner Form
hob der Behemoth, der größte der Erde Geborene, seine
Weite empor; schröpfte die Herden und blökte Rosen wie
Pflanzen; zweideutig zwischen Meer und Land, das

Flusspferd und das schuppige Krokodil.At Es kam einmal heraus, was auf der Erde kriecht, ein Insekt oder ein Wurm.

Es besteht kein Zweifel an der Bedeutung dieser Aussage und auch nicht daran, was ein Mann von Miltons Genie erwartet hätte, was für einen Augenzeugen dieser Art der Entstehung von Lebewesen tatsächlich sichtbar gewesen wäre.

Die dritte Hypothese oder die Evolutionshypothese geht davon aus, dass unser imaginärer Betrachter zu jedem vergleichsweise späten Zeitpunkt der Vergangenheit einen Zustand der Dinge vorfinden würde, der dem, der jetzt herrscht, sehr ähnlich ist; aber dass die Ähnlichkeit der Vergangenheit mit der Gegenwart im Verhältnis zur Entfernung seiner Beobachtungsperiode von der Gegenwart allmählich immer geringer werden würde: dass sich die bestehende Verteilung von Bergen und Ebenen, von Flüssen und Meeren zeigen würde das Produkt eines langsamen Prozesses natürlicher Veränderung sein, der auf immer stärker unterschiedliche Ausgangsbedingungen des Mineralgefüges der Erde einwirkt; Bis er schließlich anstelle dieses Rahmens nur noch eine riesige Nebelmasse erblickte, die die Bestandteile der Sonne und der Planetenkörper darstellte. Vor den jetzt existierenden Lebensformen würde unser Beobachter Tiere und Pflanzen sehen, die nicht mit ihnen identisch, sondern ihnen ähnlich sind: Ihre Unterschiede nehmen mit ihrem Alter zu und werden gleichzeitig immer einfacher; bis schließlich die Welt des Lebens nichts anderes als die undifferenzierte protoplasmatische Materie vorweisen würde, die, soweit unser heutiges Wissen reicht, die gemeinsame Grundlage aller lebenswichtigen Aktivitäten ist.

Die Evolutionshypothese geht davon aus, dass es in diesem gewaltigen Fortschritt keinen Bruch der Kontinuität geben würde, keinen Punkt, an dem wir sagen könnten: „Dies ist ein natürlicher Prozess" und „Dies ist kein natürlicher Prozess"; Aber das Ganze könnte mit dem wunderbaren Entwicklungsprozess verglichen werden, den wir jeden Tag unter unseren Augen ablaufen sehen können und aufgrund dessen aus der halbflüssigen, vergleichsweise homogenen Substanz, die wir ein Ei nennen, die komplizierte Organisation entsteht eines der höheren Tiere. Das ist in wenigen Worten das, was mit der Evolutionshypothese gemeint ist.

Ich habe dies bereits angedeutet, wenn wir uns mit diesen drei Hypothesen befassen und versuchen, ein Urteil darüber zu fällen, welche von ihnen glaubwürdiger ist oder ob keine glaubwürdiger ist – in welchem Fall unser Geisteszustand diese Aufhebung sein sollte Ein Urteil, das allen außer geschulten Intellektuellen so schwer fällt, sollte uns gegenüber allen *apriorischen* Überlegungen gleichgültig sein. Die Frage ist eine Frage historischer Tatsachen. Das Universum ist auf die eine oder andere Weise entstanden, und die Frage ist, ob es auf die eine oder andere Weise entstanden ist. und gestatten Sie mir, als wesentliche Einleitung für die weitere Diskussion zwei oder drei Worte zur Natur und Art der historischen Beweise zu sagen.

Die Beweise für das Eintreten eines Ereignisses in der Vergangenheit lassen sich unter zwei Rubriken zusammenfassen, die ich der Einfachheit halber als Zeugenbeweise und als Indizienbeweise bezeichnen werde. Mit Zeugnisbeweis meine ich menschliches Zeugnis; und mit Indizienbeweis meine ich Beweise, die keine menschliche Aussage sind. Lassen Sie mich anhand eines bekannten Beispiels veranschaulichen, was ich unter diesen beiden Arten von Beweisen verstehe und was über ihren Wert zu sagen ist.

Angenommen, ein Mann erzählt Ihnen, dass er gesehen hat, wie eine Person einen anderen geschlagen und getötet hat; Das ist ein Zeugnisbeweis für die Tatsache eines Mordes. Aber es ist möglich, Indizienbeweise für die Tatsache des Mordes zu haben; Das heißt, Sie können feststellen, dass ein Mann mit einer Wunde am Kopf stirbt, die genau die Form und den Charakter der Wunde aufweist, die durch eine Axt verursacht wird, und wenn Sie die Umstände sorgfältig berücksichtigen, können Sie daraus schließen absolute Gewissheit, dass der Mann ermordet wurde; dass sein Tod die Folge eines Schlages sei, den ein anderer Mann mit diesem Gerät versetzt habe. Wir haben die Angewohnheit, Indizienbeweise als weniger wertvoll zu betrachten als Zeugenbeweise, und es kann sein, dass es sich bei nicht völlig klaren und verständlichen Umständen um eine gefährliche und unsichere Art von Beweisen handelt; Es darf jedoch nicht vergessen werden, dass Indizienbeweise in vielen Fällen genauso schlüssig sind wie Zeugenbeweise und dass sie nicht selten viel gewichtiger sind als Zeugenbeweise. Nehmen Sie zum Beispiel den Fall, auf den ich gerade Bezug genommen habe. Der Indizienbeweis kann besser und überzeugender sein als der Zeugenbeweis; denn unter den von mir definierten Bedingungen ist es möglicherweise unmöglich anzunehmen, dass der Mann aus einer anderen Ursache als dem heftigen Schlag einer Axt eines anderen Mannes gestorben ist. Die Indizienbeweise, die dafür sprechen, dass ein Mord begangen wurde, sind in diesem Fall so vollständig und überzeugend, wie Beweise nur sein können. Es handelt sich um Beweise, die keinem Zweifel und keiner Fälschung unterliegen. Aber die Aussage eines Zeugen ist anfällig für zahlreiche Zweifel. Möglicherweise hat er sich geirrt. Er könnte von böser Absicht angetrieben worden sein. Es ist immer wieder vorgekommen, dass sogar ein genauer Mann erklärt hat, dass etwas auf diese, jene oder andere Weise geschehen sei, obwohl eine sorgfältige Analyse der Indizien gezeigt hat, dass es nicht auf diese, sondern auf andere Weise geschehen ist .

Wir können nun die Beweise prüfen, die für oder gegen die drei Hypothesen sprechen. Lassen Sie mich Ihre Aufmerksamkeit zunächst auf das lenken, was über die Hypothese der Ewigkeit des Zustands der Dinge, in dem wir jetzt leben, zu sagen ist. Was Ihnen zunächst auffallen wird, ist, dass es sich um eine Hypothese handelt, die, ob wahr oder falsch, durch keinerlei Beweise bestätigt werden kann. Denn um entweder Indizien- oder Zeugnisbeweise zu erhalten, die ausreichen, um die Ewigkeit des gegenwärtigen Naturzustands zu beweisen, muss man eine Ewigkeit von Zeugen oder eine Unendlichkeit von Umständen haben, und keines davon ist erreichbar. Es ist absolut unmöglich, dass solche Beweise über einen bestimmten Zeitpunkt hinaus weitergetragen werden; und alles, was man höchstens sagen könnte, wäre, dass es, soweit die Beweise zurückverfolgt werden könnten, nichts gäbe, was der Hypothese widersprechen könnte. Aber wenn Sie sich nicht die Zeugnisse ansehen – die in diesem Fall angesichts der relativen Bedeutungslosigkeit der Antike menschlicher Aufzeichnungen vielleicht nicht viel nützen –, sondern die Indizienbeweise, dann werden Sie feststellen, dass diese Hypothese absolut unvereinbar ist mit solchen Beweisen, wie wir sie haben; Das ist von so schlichtem und einfachem Charakter, dass es unmöglich ist, den Schlussfolgerungen, die es uns aufzwingt, zu entkommen.

Sie wissen zweifellos alle, dass die äußere Substanz der Erde, die allein der direkten Beobachtung zugänglich ist, keinen homogenen Charakter hat, sondern aus einer Reihe von Schichten oder Schichten besteht, den Titeln der Hauptgruppen davon sind im beigefügten Diagramm aufgeführt. [68] Jede dieser Gruppen repräsentiert eine Reihe von Schichten aus Sand, Stein, Ton, Schiefer und verschiedenen anderen Materialien.

Bei sorgfältiger Untersuchung stellt man fest, dass die Materialien, aus denen jede dieser mehr oder weniger harten Gesteinsschichten besteht, zum größten Teil von der gleichen Natur sind wie diejenigen, die sich derzeit unter bekannten Bedingungen auf der Oberfläche bilden die Erde. Zum Beispiel ist die Kreide, die in einigen Teilen der Welt einen großen Teil der Kreideformation ausmacht , in ihren physikalischen und chemischen Eigenschaften praktisch identisch mit einer Substanz, die sich jetzt auf dem Grund des Atlantischen Ozeans bildet und ein Gebiet bedeckt riesige Fläche; andere Gesteinsschichten sind mit den Sandstränden der Kunst vergleichbar; werden an Meeresküsten gebildet, zusammengepackt und so weiter. Wenn man also Gesteine magmatischen Ursprungs außer Acht lässt, ist es nachweisbar, dass alle diese Steinbetten, von denen eine Gesamtlänge von nicht weniger als 70.000 Fuß bekannt ist, durch natürliche Kräfte entstanden sind, entweder aus dem Abfall oder der Ausschwemmung des trockenen Landes oder aber durch die Anhäufung der Exuvien von Pflanzen und Tieren. Viele dieser Schichten sind voll von solchen Exuvien – den sogenannten „Fossilien". Überreste von Tausenden von Tier- und

Pflanzenarten, die genauso gut erkennbar sind wie die existierenden Lebensformen, denen man in Museen begegnet, oder wie die Muscheln, die man am Meeresstrand aufsammelt, wurden in den alten Sand oder Schlamm eingebettet. oder Kalksteine, so wie sie jetzt in sandige, tonige oder kalkhaltige Unterwasserablagerungen eingebettet werden. Sie liefern uns eine Aufzeichnung, deren allgemeine Natur nicht missverstanden werden kann, über die Arten von Dingen, die während der Zeit, die diese große Dicke geschichteter Gesteine registriert, auf deiner Erdoberfläche gelebt haben. Aber selbst eine oberflächliche Untersuchung dieser Fossilien zeigt uns, dass die heute lebenden Tiere und Pflanzen nur eine vorübergehende Existenz hatten; denn die Überreste solcher modernen Lebensformen sind zum größten Teil nur in den obersten oder letzten Tertiären anzutreffen, und ihre Zahl nimmt in den unteren Ablagerungen dieser Epoche rasch ab. In den älteren Tertiären werden die Plätze der vorhandenen Tiere und Pflanzen durch andere Formen eingenommen, die ebenso zahlreich und vielfältig sind wie diejenigen, die jetzt an denselben Orten leben, aber mehr oder weniger von ihnen verschieden sind; in den mesozoischen Gesteinen werden diese durch andere ersetzt, die noch stärker von modernen Typen abweichen; und in den paläozoischen Formationen ist der Kontrast noch ausgeprägter. Somit negieren die Indizienbeweise die Vorstellung von der Ewigkeit des gegenwärtigen Zustands der Dinge absolut. Wir können mit Sicherheit sagen, dass der gegenwärtige Zustand der Dinge erst seit vergleichsweise kurzer Zeit besteht; und dass ihr, soweit es die tierische und pflanzliche Natur betrifft, eine andere Bedingung vorausgegangen sei. Wir können diesen Beweisen nachgehen, bis wir das unterste der geschichteten Gesteine erreichen, wo wir die Anzeichen von Leben völlig verlieren. Die Hypothese der Ewigkeit des gegenwärtigen Naturzustandes kann daher außergerichtlich sein.

Wir kommen nun zu dem, was ich Miltons Hypothese nennen werde – der Hypothese, dass der gegenwärtige Zustand der Dinge vergleichsweise kurze Zeit andauert; und zu Beginn dieser Zeit entstand es innerhalb von sechs Tagen. Ich bezweifle nicht, dass es bei Ihnen eine gewisse Überraschung hervorgerufen hat, dass ich dies als Miltons Hypothese hätte bezeichnen sollen, statt dass ich gebräuchlichere Begriffe wie „die Lehre von der Schöpfung" oder „die Lehre von der Schöpfung" gewählt hätte. „Biblische Lehre" oder „die Lehre Moses", alle diese Bezeichnungen, wenn sie auf die Hypothese angewendet werden, auf die ich mich gerade bezogen habe, sind Ihnen sicherlich viel vertrauter als der Titel der Miltonischen Hypothese . Aber ich hatte, wie ich glaube, sehr gewichtige Gründe dafür, den Kurs einzuschlagen, den ich eingeschlagen habe. Erstens habe ich den Titel der Lehre von der „Schöpfung" verworfen, weil es mir jetzt nicht darum geht, zu fragen, warum die Objekte, aus denen die Natur besteht, entstanden sind, sondern wann und in welcher Reihenfolge sie entstanden sind. Dies ist eine ebenso streng historische Frage wie die Frage, wann die Angeln und Jüten in

England einmarschierten und ob sie den Römern vorausgingen oder ihnen folgten. Aber die Frage nach der Schöpfung ist ein philosophisches Problem, das mit der historischen Methode weder gelöst noch angegangen werden kann. Was wir erfahren wollen, ist, ob die Tatsachen, soweit sie bekannt sind, einen Beweis dafür liefern, dass die Dinge auf die von Milton beschriebene Weise entstanden sind, oder ob dies nicht der Fall ist; und wenn diese Frage geklärt ist, wird es Zeit genug sein, nach den Ursachen ihrer Entstehung zu forschen.

Zweitens habe ich diese Lehre nicht als die biblische Lehre bezeichnet. Es ist durchaus wahr, dass Personen, die in ihren allgemeinen Ansichten so unterschiedlich sind wie Milton der Protestant und der berühmte Jesuit Pater Suarez, jeweils die Interpretation auf das erste Kapitel der Genesis legten verkörpert in Miltons Gedicht. Es ist durchaus wahr, dass diese Interpretation jedem von uns in seiner Kindheit eingeflößt wurde; aber ich wage nicht einen Augenblick zu sagen, dass man es mit Recht als biblische Lehre bezeichnen kann. Es ist nicht meine Sache und liegt nicht in meiner Kompetenz, zu sagen, was der hebräische Text bedeutet und was er nicht bedeutet; Würde ich darüber hinaus bekräftigen, dass dies die biblische Lehre ist, würde ich auf die Autorität vieler bedeutender Gelehrter stoßen, ganz zu schweigen von Männern der Wissenschaft, die zu verschiedenen Zeiten absolut bestritten haben, dass es eine solche Lehre gibt in der Genesis. Wenn wir vielen Auslegern ohne geringe Autorität zuhören wollen, müssen wir glauben, dass das, was in der Genesis so klar definiert zu sein scheint – als ob sehr große Anstrengungen unternommen worden wären, um die Möglichkeit eines Fehlers auszuschließen –, nicht die Bedeutung des Textes ist alle. Das Konto ist in Zeiträume unterteilt, die wir je nach Bedarf beliebig lang oder verkürzen können. Wir müssen auch verstehen, dass es im Einklang mit dem Originaltext steht zu glauben, dass sich die komplexesten Pflanzen und Tiere durch natürliche Prozesse, die Millionen von Jahren andauerten, aus strukturlosen Rudimenten entwickelt haben könnten. Eine Person, die kein Hebräischgelehrter ist, kann nur abseits stehen und die wunderbare Flexibilität einer Sprache bewundern, die so unterschiedliche Interpretationen zulässt. Aber angesichts solcher Autoritätswidersprüche in Angelegenheiten, zu denen er nicht in der Lage ist, sich ein Urteil zu bilden, wird er, wie ich es tue, mit Sicherheit davon Abstand nehmen, eine Stellungnahme abzugeben.

Drittens habe ich sorgfältig davon Abstand genommen, dies als die mosaische Lehre zu bezeichnen, weil uns jetzt aufgrund der Autorität der höchsten Kritiker und selbst der Würdenträger der Kirche versichert ist, dass es keinen Beweis dafür gibt, dass Moses das Buch geschrieben hat Genesis, oder wusste etwas darüber. Sie werden verstehen, dass ich zu einem solchen Thema kein Urteil abgeben kann – es wäre eine Unverschämtheit von meiner

Seite, auch nur einen Vorschlag zu machen. Aber da die Meinung unter Gelehrten und Geistlichen so ist, ist es für diejenigen, die in den hebräischen Überlieferungen nicht bewandert sind, und für die Laien gut, sich nicht in solch eine heikle Frage zu verwickeln. Glücklicherweise lässt Milton uns keinen Grund, an seiner Meinung zu zweifeln, und ich kann daher getrost von der fraglichen Meinung als der Miltonschen Hypothese sprechen.

Jetzt müssen wir diese Hypothese testen. Ich für meinen Teil habe keine Vorurteile in der einen oder anderen Hinsicht. Wenn es Beweise für diese Ansicht gibt, muss ich keine theoretischen Schwierigkeiten haben, sie zu akzeptieren: Aber es muss Beweise geben. Wissenschaftler haben die unangenehme Angewohnheit – nein, ich möchte es nicht so nennen, denn es ist eine wertvolle Angewohnheit –, nichts zu glauben, es sei denn, es gibt Beweise dafür; und sie betrachten einen Glauben, der nicht auf Beweisen basiert, nicht nur als unlogisch, sondern auch als unmoralisch. Wir werden diese Ansicht bitte allein anhand der Indizienbeweise prüfen; Denn aus dem, was ich gesagt habe, werden Sie verstehen, dass ich nicht vorhabe, die Frage zu erörtern, welche Beweismittel dafür angeführt werden sollen. Wenn diejenigen, deren Aufgabe es ist, zu urteilen, sich weder über die Echtheit des einzigen vorgelegten Beweises dieser Art noch über die Tatsachen, die er bezeugt, einig sind, ist die Erörterung solcher Beweise überflüssig.

Aber ich darf die Notwendigkeit, die Zeugenbeweise zurückzuweisen, vielleicht umso weniger bedauern, als die Prüfung der Indizienbeweise nicht nur zu dem Schluss führt, dass sie nicht in der Lage sind, die Hypothese zu rechtfertigen, sondern dass sie, soweit sie geht, die Hypothese nicht rechtfertigen widerspricht der Hypothese.

Die Überlegungen, auf denen ich diese Schlussfolgerung gründe, sind möglichst einfach. Die Miltonische Hypothese enthält Behauptungen sehr eindeutiger Art in Bezug auf die Abfolge lebender Formen. Es wird angegeben, dass Pflanzen beispielsweise erst am dritten Tag und nicht früher zum Vorschein kamen. Und Sie werden verstehen, dass der Dichter mit Pflanzen solche Pflanzen meint, die jetzt leben, die Vorfahren der Bäume und Sträucher, die in der gegenwärtigen Welt gedeihen, in der gewöhnlichen Art und Weise der Vermehrung von Gleichem durch Gleiches. Es muss notwendigerweise so sein; denn wenn sie verschieden wären, wären die existierenden Pflanzen entweder das Ergebnis einer getrennten Entstehung seit der von Milton beschriebenen gewesen, von der wir weder Aufzeichnungen noch einen Grund für die Annahme haben, dass ein solches Ereignis stattgefunden hat; oder sie sind durch einen Evolutionsprozess aus den ursprünglichen Beständen entstanden.

Zweitens ist klar, dass es vor dem fünften Tag kein Tierleben gab und dass am fünften Tag Wassertiere und Vögel auftauchten. Und. Es ist außerdem klar, dass andere terrestrische Lebewesen als Vögel am sechsten Tag und nicht früher auftauchten. Daraus folgt, dass, wenn wir in der großen Menge an Indizienbeweisen darüber, was in der vergangenen Geschichte des Globus tatsächlich geschehen ist, Hinweise auf die Existenz von Landtieren außer Vögeln zu einem bestimmten Zeitpunkt finden, dies der Fall ist Ich bin absolut sicher, dass alles, was seitdem geschehen ist, auf den sechsten Tag bezogen werden muss.

In der großen Karbonformation, [69] aus der Amerika einen so großen Teil seines tatsächlichen und potenziellen Reichtums bezieht, finden wir in den Kohleschichten, die aus der Vegetation dieser Zeit entstanden sind, zahlreiche Beweise für die Existenz von Landtieren. Sie wurden nicht nur von europäischen, sondern auch von Ihren eigenen Naturforschern beschrieben. Es gibt zahlreiche mit unseren Kakerlaken verwandte Insekten. Es gibt Spinnen und Skorpione von großer Größe, wobei letztere den vorhandenen Skorpionen so ähnlich sind, dass es das geübte Auge des Naturforschers erfordert, sie zu unterscheiden. Da nachgewiesen werden kann, dass diese Tiere in der Karbonzeit gelebt haben, ist es völlig klar, dass, wenn man die miltonische Darstellung akzeptieren will, die riesige Gesteinsmasse, die sich von der Mitte der paläozoischen Formationen bis zu den obersten Gliedern des Paläozoikums erstreckt Serie, muss zu dem Tag gehören, den Milton als den sechsten bezeichnet. Darüber hinaus wird jedoch ausdrücklich festgestellt, dass Wassertiere ihren Ursprung am fünften Tag hatten und nicht früher; Daher müssen alle Formationen, in denen Überreste von Wassertieren nachgewiesen werden können und die daher bezeugen, dass solche Tiere zu der Zeit lebten, als diese Formationen im Gange waren, während oder seit der Zeit abgelagert worden sein, von der Milton spricht der fünfte. Aber es gibt absolut keine fossile Formation, in der die Überreste von Wassertieren fehlen. Die ältesten Fossilien in den silurischen Gesteinen [70] sind Exuvien von Meerestieren; und wenn die von Rektor Dawson und Dr. Carpenter vertretene Ansicht über die Natur des *Eozoon* begründet ist, dann existierten Wassertiere zu einer Zeit, die der Ablagerung der Kohle ebenso weit vorausging, wie die Kohle von uns stammt; insofern das *Eozoon* in den Laurentianischen Schichten anzutreffen ist, die am Grund der Reihe geschichteter Gesteine liegen. Daraus folgt ganz klar, dass die gesamte Reihe geschichteter Gesteine, wenn sie mit Milton in Einklang gebracht werden sollen, auf den fünften und sechsten Tag bezogen werden muss und dass wir nicht hoffen können, die geringste Spur der Produkte von zu finden die früheren Tage in der geologischen Aufzeichnung. Wenn wir diese einfachen Tatsachen bedenken, erkennen wir, wie absolut vergeblich die Versuche sind, eine Parallele zwischen der Geschichte zu ziehen, die ein großer Teil der uns bekannten Erdkruste erzählt, und der Geschichte, die Milton erzählt. Die gesamte Reihe fossilführender geschichteter Gesteine muss auf die letzten beiden Tage bezogen werden; und weder das Karbon noch irgendeine andere Formation kann Beweise für die Arbeit des dritten Tages liefern.

Es besteht nicht nur ein Einwand gegen jeden Versuch, eine Harmonie zwischen dem Miltonischen Bericht und den in den fossilhaltigen Gesteinen aufgezeichneten Fakten herzustellen, sondern es gibt auch eine weitere Schwierigkeit. Dem Miltonic-Bericht zufolge hätte die Reihenfolge, in der die Tiere in den geschichteten Gesteinen auftauchen sollten, folgende sein: Fische, einschließlich der großen Wale, und Vögel; danach alle Arten von Landtieren außer Vögeln. Nichts könnte weiter von den Tatsachen entfernt sein, wie wir sie vorfinden; Wir wissen nicht den geringsten Beweis für die Existenz von Vögeln vor der Jura- oder vielleicht Trias-Formation; [71] während Landtiere, wie wir gerade gesehen haben, in den Karbongesteinen vorkommen.

Wenn es eine Übereinstimmung zwischen dem Miltonischen Bericht und den Indizienbeweisen gäbe, müssten wir über zahlreiche Beweise für die Existenz von Vögeln in den Gesteinen des Karbons, des Devons und des Silurs verfügen. Ich brauche kaum zu sagen, dass dies nicht der Fall ist und dass bis zur Tar-Spätzeit, die ich erwähnt habe, keine Spur von Vögeln auftaucht.

Und wenn es wahr ist, dass alle Arten von Fischen und großen Walen und dergleichen am fünften Tag auftauchten, sollten wir die Überreste dieser Tiere in den älteren Felsen finden – in denen, die vor dem Jahrtausend abgelagert wurden Karbon-Epoche. Wir finden Fische in beträchtlicher Zahl und Vielfalt; aber die großen Wale fehlen, und die Fische sind nicht die, die heute leben. In den devonischen oder silurischen Formationen ist keine einzige einzige Fischart zu finden. Daher werden wir erneut mit dem Dilemma konfrontiert, das ich Ihnen bereits vorgestellt habe: Entweder waren die Tiere, die am fünften Tag entstanden, nicht die, die wir heute finden, oder sie sind nicht die direkten und unmittelbaren Vorfahren der jetzt existierenden Tiere ; in diesem Fall müssen entweder neue Schöpfungen stattgefunden haben, über die nichts gesagt wird, oder es muss ein Evolutionsprozess stattgefunden haben; Andernfalls muss die ganze Geschichte aufgegeben werden, da sie nicht nur keinerlei Indizienbeweise enthält, sondern auch im Widerspruch zu den vorhandenen Beweisen steht.

Ich habe Ihnen vor einiger Zeit in wenigen Worten eine Darstellung der Gesamtheit und des Inhalts von Miltons Hypothese vorgelegt. Lassen Sie mich nun versuchen, kurz die Wirkung der Indizienbeweise darzulegen, die sich auf die vergangene Geschichte der Erde beziehen und die die geschichteten Gesteine ohne die Möglichkeit eines Irrtums und ohne die Möglichkeit eines Irrtums hinsichtlich ihrer Hauptmerkmale liefern. Wir stellen fest, dass die große Reihe von Formationen einen Zeitraum darstellt, für den uns unsere menschlichen Chronologien kaum eine Maßeinheit bieten.

Ich werde nicht vorgeben zu sagen, wie wir diese Zeit schätzen sollten, in Millionen oder in Milliarden von Jahren. Für meine Zwecke ist die Bestimmung ihrer absoluten Dauer völlig unwesentlich. Aber dass die Zeit enorm war, daran besteht kein Zweifel.

Aus den einfachsten Interpretationsmethoden ergibt sich, dass sich alles, was heute trockenes Land ist, einst auf dem Grund des Wassers befand, wenn man bestimmte Flecken metamorphisierter Gesteine und bestimmter vulkanischer Produkte außer Sichtweite ließ. Es ist absolut sicher, dass in einer vergleichsweise jungen Periode der Weltgeschichte – der Kreidezeit – keines der großen physikalischen Merkmale existierte, die heute die Oberfläche des Globus kennzeichnen. Es ist sicher, dass die Rocky Mountains es nicht waren. Es ist sicher, dass dies im Himalaya-Gebirge nicht der Fall war. Es ist sicher, dass die Alpen und die Pyrenäen nicht existierten. Der Beweis ist von der deutlichsten Art, die möglich ist, und er ist einfach dieser: An den Flanken dieser Berge finden wir, aufgeschüttet durch die Umwälzungskräfte, die sie entstehen ließen, Massen von Kreidefelsen, die den Meeresboden bildeten bevor diese Berge existierten. Es ist daher klar, dass die Auftriebskräfte , die die Berge entstehen ließen, nach der Kreidezeit wirkten; und dass die Berge selbst größtenteils aus den im Meer abgelagerten Materialien bestehen, die einst ihren Platz einnahmen. Wenn wir in der Zeit zurückkreisen, treffen wir auf einen ständigen Wechsel von Meer und Land, von Flussmündung und offenem Ozean; und in Übereinstimmung mit diesen Veränderungen beobachten wir die Veränderungen in der Fauna und Flora, auf die ich mich bezogen habe.

Aber die Betrachtung dieser Veränderungen gibt uns kein Recht zu der Annahme, dass es irgendeine Diskontinuität in den natürlichen Prozessen gegeben hat. Es gibt keine Spur von allgemeinen Katastrophen, von universellen Überschwemmungen oder plötzlichen Zerstörungen einer ganzen Fauna oder Flora. Die Erscheinungen, die früher auf diese Weise interpretiert wurden, haben sich alle als trügerisch erwiesen, da unser Wissen zunahm und die Lücken, die früher zwischen den verschiedenen Formationen zu bestehen schienen, gefüllt wurden. Dass es keinen absoluten Bruch zwischen Entstehung und Entstehung gibt, dass es nicht zu einem plötzlichen Verschwinden aller Lebensformen und deren Ersetzung durch andere gekommen ist, sondern dass die Veränderungen langsam und allmählich vor sich gegangen sind, dass eine Art ausgestorben ist und eine andere schon an ihre Stelle getreten ist und dass so in unmerklichem Maße eine Fauna durch eine andere ersetzt wurde, sind Schlussfolgerungen, die durch ständig zunehmende Beweise gestützt werden. Daher gibt es innerhalb des gesamten immensen Zeitraums, der durch die fossilhaltigen Schichtgesteine angezeigt wird, sicherlich nicht den geringsten Beweis für einen Bruch in der Gleichmäßigkeit der Naturvorgänge, keinen Hinweis darauf, dass die Ereignisse anders abgelaufen sind als einer klaren und geordneten Abfolge.

Das, sage ich, ist die natürliche und offensichtliche Lehre der Indizienbeweise, die in den geschichteten Gesteinen enthalten sind. Ich überlasse es Ihnen, zu überlegen, inwieweit es durch irgendeinen Einfallsreichtum der Interpretation, durch irgendeine Erweiterung der Bedeutung der Sprache in Einklang mit der Miltonschen Hypothese gebracht werden kann.

Bleibt noch die dritte Hypothese, die ich als Evolutionshypothese bezeichnet habe; und ich beabsichtige, dass wir es in den kommenden Vorlesungen genauso sorgfältig diskutieren, wie wir die beiden anderen Hypothesen geprüft haben. Ich brauche nicht zu sagen, dass es völlig aussichtslos ist, nach Beweisen für die Evolution zu suchen. Die Natur des Falles schließt die Möglichkeit eines solchen Beweises aus, denn von der Menschheit kann ebenso wenig erwartet werden, dass sie ihre eigene Herkunft bezeugt, wie ein Kind als Zeuge seiner eigenen Geburt genannt werden kann. Unsere einzige Untersuchung ist, welche Grundlage Indizienbeweise der Hypothese verleihen oder ob sie keine verleihen oder ob sie die Hypothese widerlegen. Ich werde die Angelegenheit ausschließlich als eine Frage der Geschichte behandeln. Ich werde mich nicht auf die Diskussion irgendwelcher spekulativer Wahrscheinlichkeiten einlassen. Ich werde nicht versuchen zu zeigen, dass die Natur unverständlich ist, es sei denn, wir übernehmen eine solche Hypothese. Nach allem, was ich darüber weiß, könnte es an der Natur der Natur liegen, unverständlich zu sein; Sie ist oft rätselhaft, und ich habe keinen Grund anzunehmen, dass sie sich zwangsläufig unseren Vorstellungen anpassen muss.

Ich werde Ihnen drei Arten von Beweisen vorlegen, die ausschließlich auf dem basieren, was über die Formen tierischen Lebens bekannt ist, die in der Reihe geschichteter Gesteine enthalten sind. Ich werde versuchen, Ihnen zu zeigen, dass es eine Art von Beweisen gibt, die neutral sind, die weder der Evolution helfen noch mit ihr unvereinbar sind. Ich werde dann eine zweite Art von Beweisen vorbringen, die auf eine starke Wahrscheinlichkeit zugunsten der Evolution hinweisen, diese aber nicht beweisen; und schließlich werde ich eine dritte Art von Beweisen anführen, die so vollständig sind wie alle Beweise, die wir zu einem solchen Thema zu erhalten hoffen können, und die völlig und deutlich für die Evolution sprechen und mit Fug und Recht als demonstrativer Beweis für ihr Vorkommen bezeichnet werden können .

Die Übertragung von Gelbfieber durch Mücken

GEORGE M. STERNBERG, MD, LLD, GENERALCHIRURG DER US-ARMEE [72]

Dieser Artikel ist eine wissenschaftliche Demonstration einer neuen Tatsache. Es zeigt deutlich die Prozesse des wissenschaftlichen Denkens, die auf den Methoden basieren, die der Logik als Methoden der Übereinstimmung und Differenz bekannt sind. Die Theorie, dass die Krankheitserreger von Mücken übertragen werden, schien Dr. Sternberg und Dr. Finlay erstmals nahegelegt worden zu sein, als sie in vielen Fällen unter verschiedenen Bedingungen Ähnlichkeiten der Phänomene bemerkten. Doch so plausibel die Theorie auch sein mochte, keiner von ihnen konnte behaupten, dass er die Tatsache entdeckt hatte, bis die unter strengen Vorsichtsmaßnahmen durchgeführten Experimente durchgeführt worden waren. Durch diese Experimente wurden alle anderen Ursachen außer Betracht gelassen.

[25] Jahren gemachten Erkenntnisse zur Ätiologie von Infektionskrankheiten stellen die größte Errungenschaft der wissenschaftlichen Medizin dar und bieten eine wesentliche Grundlage für die Anwendung intelligenter Prophylaxemaßnahmen. [74] Wir kennen die spezifische Ursache („Keim") von Typhus, Lungenschwindsucht, Cholera, Diphtherie, Erysipel, croupöser Pneumonie, Malaria und verschiedenen anderen Infektionskrankheiten des Menschen und der Haustiere , aber bis heute waren alle Versuche, den Erreger des Gelbfiebers zu entdecken, erfolglos. Der Autor dieses Artikels unternahm als Mitglied der Havanna-Gelbfieber-Kommission im Jahr 1879 den ersten systematischen Versuch, die ungeklärten Fragen im Zusammenhang mit der Gelbfieber-Ätiologie durch moderne Forschungsmethoden zu lösen.

Natürlich war die erste und wichtigste Frage, die meine Aufmerksamkeit erregte, die nach dem spezifischen Infektionserreger oder „Keim", von dem es allen Grund zu der Annahme gab, dass er in den Körpern infizierter Personen gefunden werden muss. War dieser Keim im Blut vorhanden, wie beim Rückfallfieber? oder war es in den Organen und Geweben zu finden, die bei der Obduktion pathologische Veränderungen erkennen ließen, wie bei Typhus, Lungenentzündung und Diphtherie; Oder war es im Verdauungskanal zu finden, wie bei Cholera und Ruhr? Die klinische Vorgeschichte der Erkrankung deutete auf eine allgemeine Blutinfektion hin. Da zu meiner Ausrüstung die besten mikroskopischen Geräte gehörten, hatte ich große Hoffnung, dass mein Ölimmersionsobjektiv Zeiss 1-18 mir in ordnungsgemäß gefärbten Blutpräparaten aus dem Kreislauf von Gelbfieberpatienten den Keim zeigen würde, nach dem ich suchte. Aber ich war zur Enttäuschung verdammt. Wiederholte Blutuntersuchungen von Patienten in allen Krankheitsstadien ergaben keinen Nachweis für das Vorhandensein von Mikroorganismen jeglicher Art. Auch meine weiteren

Nachforschungen in Havanna, Vera Cruz und Rio de Janeiro in den Jahren 1887, 1888 und 1889 blieben erfolglos. Und zahlreiche kompetente Mikroskopiker verschiedener Nationen haben seitdem vergeblich nach diesem schwer fassbaren Keim gesucht. Eine andere Möglichkeit, dieses Problem anzugehen, besteht darin, Blut von Gelbfieberpatienten oder frischen Leichen in verschiedene „Kulturmedien" einzubringen, um eventuell vorhandene Keime zu kultivieren. Auch ausgedehnte Nachforschungen dieser Art ergaben ein negatives Ergebnis, das ich in meinem Abschlussbericht wie folgt dargelegt habe:

> Die konkrete Ursache von Gelbfieber ist noch nicht geklärt.
>
> Es zeigt sich, dass Mikroorganismen, die sich in den von Bakteriologen üblicherweise verwendeten Kulturmedien entwickeln können, nur in Ausnahmefällen im Blut und Gewebe von Gelbfieberkadavern gefunden werden, wenn Kulturen sehr kurz nach dem Tod angelegt werden.

Seitdem dieser Bericht erstellt wurde, haben sich verschiedene Forscher mit der Frage der Ätiologie des Gelbfiebers befasst, und einer von ihnen hat sehr positive Behauptungen über die Entdeckung des spezifischen Keims aufgestellt. Ich beziehe mich auf den italienischen Bakteriologen Sanarelli . Seine Forschungen wurden in Brasilien durchgeführt, und seltsamerweise fand er im Blut des ersten von ihm untersuchten Falles einen Bazillus. Es war in großer Zahl vorhanden, aber dieser Fall erwies sich als einzigartig, da weder Sanarelli noch irgendjemand sonst dies getan hat; fand es in solcher Fülle. In einer bestimmten Anzahl der untersuchten Fälle wurde es in geringer Zahl im Blut und im Gewebe von Gelbfieberkadavern gefunden. Aber sorgfältig durchgeführte Forschungen kompetenter Bakteriologen haben es nicht geschafft, sein Vorhandensein in einem beträchtlichen Teil der Fälle nachzuweisen, und die jüngsten Untersuchungen von Reed, Carroll und Agramonte , auf die ich gleich zurückkommen werde, beweisen schlüssig, dass der Bazillus von Sanarelli nichts damit zu tun hat etwas mit der Ätiologie des Gelbfiebers zu tun haben.

Soweit mir bekannt ist, war Dr. Carlos Finlay aus Havanna, Kuba, der erste, der auf die Übertragung von Gelbfieber durch Mücken hinwies. In einer Mitteilung an die Akademie der Wissenschaften von Havanna im Oktober 1881 berichtete er über seine ersten Versuche, die Wahrheit seiner Theorie zu beweisen. In einem Artikel im *Edinburgh Medical Journal* aus dem Jahr 1894 fasst Dr. Finlay seine experimentellen Impfungen bis zu diesem Datum wie folgt zusammen:

Ein zusammenfassender Bericht über die von mir (und einigen auch von meinem Freund Dr. Delgado) in den letzten zwölf Jahren durchgeführten Experimente wird es dem Leser ermöglichen, sich ein eigenes Urteil zu bilden. Das Experiment bestand darin, einem Gelbfieberpatienten zunächst eine gefangene Mücke zuzuführen, ihm zu ermöglichen, seine Lanze einzuführen und sich mit Blut zu füllen; Als nächstes wird nach Ablauf von zwei oder mehr Tagen dieselbe Mücke auf die Haut einer Person aufgetragen, die als anfällig für Gelbfieber gilt, und schließlich werden die Auswirkungen nicht nur während der ersten zwei Wochen, sondern auch während mehrerer Zeiträume beobachtet Jahre, um das Ausmaß der Immunität abzuschätzen, die folgen sollte.

Zwischen dem 30. Juni 1881 und dem 2. Dezember 1893 wurden 88 Personen auf diese Weise geimpft. Bei allen handelte es sich um weiße Erwachsene, die alle Voraussetzungen erfüllten, die die Annahme rechtfertigen, dass sie anfällig für Gelbfieber waren. Nur drei waren Frauen. Die zeitliche Verteilung der Impfungen war wie folgt: sieben im Jahr 1881, zehn im Jahr 1883, neun im Jahr 1885, drei im Jahr 1886, zwölf im Jahr 1887, neun im Jahr 1888, sieben im Jahr 1889, zehn im Jahr 1890, acht im Jahr 1891, drei im Jahr 1892, und zehn im Jahr 1893.

Bei den Gelbfieberpatienten, die mit den Mücken infiziert waren, handelte es sich in fast allen Fällen um deutlich ausgeprägte Fälle der albuminurischen oder melanoalbuminurischen Formen am zweiten, dritten, vierten, fünften oder sechsten Krankheitstag. Bei einigen anfälligen Personen wurde die Impfung wiederholt, als die Quelle der Kontamination unklar schien.

Unter den 87 beobachteten Personen wurden folgende Ergebnisse verzeichnet:

Innerhalb eines Zeitraums von Tagen, der zwischen fünf und fünfundzwanzig nach der Impfung schwankte, zeigte *einer einen leichten* Albuminurie- Anfall und *dreizehn nur* „Akklimatisierungsfieber".

Während Finlays Theorie plausibel zu sein schien und viele der Fakten im Zusammenhang mit der Ätiologie des Gelbfiebers erklären konnte, konnten seine experimentellen Impfungen sie nicht nur nicht substantiell untermauern, sondern die negativen Ergebnisse, über die er selbst berichtete, schienen auch im Widerspruch dazu zu stehen die Ansicht, dass Gelbfieber durch die Mücke übertragen wird. Es stimmt, dass er von einem Fall berichtet, der „einen leichten albuminurischen Anfall aufwies ", den wir als Gelbfieberanfall betrachten können. Angesichts der Tatsache, dass sich dieser Fall in der Stadt Havanna ereignete, wo Gelbfieber endemisch ist, und der 86 negativen Ergebnisse ähnlicher Impfungen schien die Schlussfolgerung gerechtfertigt, dass die Krankheit in diesem Fall auf andere Weise übertragen wurde als durch die sogenannte „Mückenimpfung". Die dreizehn Fälle, in denen nur „Akklimatisierungsfieber" „innerhalb eines

Zeitraums von Tagen zwischen fünf und fünfundzwanzig nach der Impfung" auftrat, schienen mir keinen Wert für die Untermauerung von Finlays Theorie zu haben; Erstens, weil diese „Akklimatisierungsfieber" nicht als leichte Fälle von Gelbfieber identifiziert werden konnten; zweitens, weil die übliche Inkubationsmethode bei Gelbfieber weniger als fünf Tage beträgt; und drittens, weil diese Personen, die kürzlich in Havanna angekommen waren, aufgrund ihres Wohnsitzes in dieser Stadt und unabhängig von Dr. Finlays Mückenimpfungen anfällig für Gelbfieberanfälle oder „Akklimatisierungsfieber" waren. Aus diesen Gründen konnten Dr. Finlays Experimente die Ärzteschaft im Allgemeinen nicht von der Wahrheit seiner Theorie über die Übertragung von Gelbfieber überzeugen, und diese wichtige Frage blieb zweifelhaft und Gegenstand von Kontroversen. Eine Partei betrachtete die Krankheit als persönlich ansteckend und nahm an, dass sie wie andere ansteckende Krankheiten wie Pocken, Scharlach usw. direkt vom Kranken auf den Kranken übertragen würde. Im Widerspruch zu dieser Theorie stand die Tatsache, dass in unzähligen Es gab Fälle, in denen sich nichtimmune Personen als Krankenschwestern oder Ärzte um Gelbfieberpatienten kümmerten, ohne sich mit der Krankheit zu infizieren. auch die Tatsache, dass die epidemische Ausbreitung der Krankheit von äußeren Bedingungen wie Temperatur, Höhe, Niederschlag usw. abhängt. Es war eine allgemein anerkannte Tatsache, dass die Krankheit durch kaltes Wetter gestoppt wird und in nördlichen Breiten oder in beträchtlichen Höhen nicht vorherrscht . Bei Krankheiten, die durch persönlichen Kontakt direkt von Mensch zu Mensch übertragen werden, gelten diese Einschränkungen jedoch nicht. Die alternative Theorie berücksichtigte die oben genannten Tatsachen und ging davon aus, dass die Krankheit indirekt vom Kranken auf den Kranken übertragen wurde, wie dies bei Typhus und Cholera der Fall ist, und dass sich ihr Keim unter entsprechenden Bedingungen außerhalb des menschlichen Körpers entwickeln konnte günstig. Es wurde angenommen, dass diese Bedingungen eine bestimmte Temperaturerhöhung, das Vorhandensein von Feuchtigkeit und geeignete Bedingungen sind; organisches Pabulum (Dreck) für die Entwicklung des Keims. Die beiden erstgenannten Bedingungen galten als wesentlich, die dritte war umstritten.

In den Wintermonaten kommt es in der gemäßigten Zone nicht zu Gelbfieber-Epidemien und auch nicht in Trockengebieten. Da in Küstenstädten, von denen bekannt ist, dass sie sich in einem unhygienischen Zustand befinden, häufig Epidemien vorherrschen, wurde allgemein angenommen, dass das Vorhandensein von zersetzendem organischem Material die Entwicklung einer Epidemie begünstigt und dass Gelbfieber wie Typhus und Cholera eine „ Schmutzkrankheit." Dieser Ansicht steht jedoch die Tatsache entgegen, dass Epidemien häufig an Orten (z. B. an Militärposten) aufgetreten sind, an denen örtlich keine unhygienischen

Zustände vorzufinden waren. Darüber hinaus gibt es deutliche Unterschiede hinsichtlich der Übertragung der anerkannten Schmutzkrankheiten Typhus und Cholera sowie Gelbfieber. Die erstgenannten Krankheiten werden größtenteils über verunreinigtes Wasser übertragen, wohingegen es keine Hinweise darauf gibt, dass Gelbfieber jemals auf diese Weise übertragen wird. Typhus und Cholera kommen in allen Teilen der Welt vor und können zu jeder Jahreszeit auftreten, obwohl Cholera in der Regel eine Krankheit der Sommermonate ist. Andererseits hat Gelbfieber ein sehr begrenztes Verbreitungsgebiet und ist im Wesentlichen eine Krankheit, die in Küstenstädten und in warmen Klimazonen auftritt. Offensichtlich erklärt keine der genannten Theorien alle beobachteten Tatsachen in Bezug auf die endemische Prävalenz und epidemische Ausbreitung der betrachteten Krankheit.

Nachdem ich jahrelang intensiv über dieses Thema nachgedacht habe, bin ich seit einiger Zeit zu der Ansicht gelangt, dass es wahrscheinlich beim Gelbfieber, wie auch bei den Malariafieber, einen „Zwischenwirt" gibt. Deshalb schlug ich Dr. Reed, dem auf meine Empfehlung hin ernannten Vorstandsvorsitzenden für die Untersuchung dieser Krankheit auf der Insel Kuba, vor, der Möglichkeit der Übertragung durch einige Insekten besondere Aufmerksamkeit zu widmen, obwohl die Experimente von Finlay dies zu tun schienen zeigen, dass es sich bei diesem Insekt nicht um eine Mücke der Gattung *Culex handelte*, wie er sie in seinen Impfversuchen verwendet hatte. Ich drängte auch darauf, Anstrengungen zu unternehmen, um definitiv festzustellen, ob die Krankheit durch Blutimpfungen von Mensch zu Mensch übertragen werden kann. Wenn dies der Fall ist, muss das Blut natürlich den lebenden Infektionserreger enthalten, von dem die Ausbreitung der Krankheit abhängt, ungeachtet der Tatsache, dass alle Versuche, das Vorhandensein eines solchen Keims im Blut mittels Mikroskop und Kulturmethoden nachzuweisen, erfolgreich waren erwics sich als erfolglos. Ich hatte zuvor durch wiederholte Experimente gezeigt, dass Impfungen von Gelbfieberblut bei niederen Tieren – Hunden, Kaninchen, Meerschweinchen – ein negatives Ergebnis liefern, aber dieses negative Ergebnis könnte durchaus darauf zurückzuführen sein, dass diese Tiere nicht anfällig für die Krankheit waren und nicht akzeptiert werden konnten als Beweis dafür, dass der Keim des Gelbfiebers nicht im Blut vorhanden war. Ein einziges Impfexperiment an Menschen wurde 1887 in meiner Anwesenheit in der Stadt Vera Cruz von Dr. Daniel Ruiz durchgeführt, der das Zivilkrankenhaus dieser Stadt leitete. Dieses Experiment war jedoch nicht schlüssig, da der Patient, von dem das Blut entnommen wurde, sich im achten Krankheitstag befand und es durchaus möglich war, dass der spezifische Keim zu einem früheren Zeitpunkt und nach einer bestimmten Anzahl von Tagen vorhanden gewesen sein könnte Tagelang reichen die natürlichen Ressourcen des Körpers aus, um seine Zerstörung zu bewirken oder ihn auf irgendeine Weise aus dem Kreislauf verschwinden zu lassen.

Dies war der Status der Frage der Ätiologie des Gelbfiebers, als Dr. Reed und seine Mitarbeiter im Sommer 1900 mit ihren Untersuchungen in Kuba begannen. In einer „Vorbemerkung", die auf der Tagung der American Public Health Association am 22. Oktober verlesen wurde, heißt es: Im Jahr 1900 berichtete die Behörde über drei Fälle von Gelbfieber, die ihrer Meinung nach eine direkte Folge von Mückenimpfungen waren. Zwei davon waren Vorstandsmitglieder, nämlich Dr. Jesse W. Lazear und Dr. James Carroll, die sich freiwillig dem Experiment unterwarfen. Dr. Carroll erlitt einen schweren Anfall der Krankheit und erholte sich, doch Dr. Lazear fiel seinem Enthusiasmus zum Opfer und starb für die Sache der Wissenschaft und der Menschheit. Er starb am 25. September nach sechstägiger Krankheit. Ungefähr zur gleichen Zeit wurden neun weitere Personen, die sich freiwillig für das Experiment bereit erklärten, von infizierten Mücken gebissen – also von Mücken, denen man zuvor erlaubt hatte, sich mit Blut aus Gelbfieberfällen zu füllen – und in diesen Fällen war das Ergebnis negativ. Bei der Betrachtung der bisher gewonnenen experimentellen Beweise wurde die Aufmerksamkeit der Vorstandsmitglieder auf die Tatsache gelenkt, dass bei den neun Impfungen mit negativem Ergebnis „die Zeit, die zwischen dem Stechen der Mücke und der Impfung des gesunden Probanden verging, unterschiedlich war." sieben Fälle dauerten zwei bis acht Tage, in den übrigen zwei zehn bis dreizehn Tage, während in zwei der drei erfolgreichen Fälle die Mücke zwölf Tage oder länger gehalten worden war. Im dritten Fall, dem von Dr. Lazear, wird der Sachverhalt im Bericht der Kammer wie folgt dargelegt:

Fall 3. Dr. Jesse W. Lazear, stellvertretender Chirurg der US-Armee, Mitglied dieses Gremiums, wurde am 16. August 1900 (Fall 3, Tabelle III) von einer Mücke (Culex fasciatus) gebissen, was zehn Tage zuvor der Fall *gewesen* war durch Biss kontaminiert, ein sehr milder Fall von Gelbfieber (fünfter Tag). Nach dieser Impfung kam es zu keiner nennenswerten Gesundheitsstörung.

Am 13. September 1900 (Vormittag) wurde Dr. Lazear während eines Besuchs im Las Animas Hospital und während er Blut von Gelbfieberpatienten für Studienzwecke sammelte, von einer Culex- *Mücke* (unbestimmte Art) gebissen. Da Dr. Lazear bereits zuvor von einem infizierten Insekt gebissen worden war, ohne dass dies Folgen hatte, ließ er die Mücke, die sich auf seinem Handrücken niedergelassen hatte, bewusst so lange dort, bis sie ihren Hunger gestillt hatte.

Am Abend des 18. September, fünf Tage nach dem Biss, klagte Dr. Lazear über ein „Unwohlsein" und verspürte gegen 20 Uhr einen Schüttelfrost

Am 19. September um 12 Uhr hatte er eine Temperatur von 102,4°, einen Puls von 112; seine Augen waren entzündet und sein Gesicht verfärbt; um 15 Uhr betrug die Temperatur 103,4°, der Puls 104; 18 Uhr, Temperatur 103,8° und Puls 106; Albumin erschien im Urin. Am dritten Tag trat Gelbsucht auf. Die weitere Geschichte dieses Falles war geprägt von fortschreitendem und tödlichem Gelbfieber, wobei der Tod unseres viel beklagten Kollegen am Abend des 25. September 1900 eintrat.

Offensichtlich sind in diesem Fall die Beweise dafür nicht zufriedenstellend, dass der tödliche Angriff auf den Stich einer Mücke „während eines Besuchs im Las Animas-Krankenhaus" zurückzuführen ist, obwohl Dr. Lazear selbst völlig davon überzeugt war, dass dies die direkte Ursache für seinen Angriff war Attacke.

Die Schlussfolgerung von Dr. Reed und seinen Mitarbeitern aus den bisher durchgeführten Experimenten war, dass Gelbfieber sein könnte; Es wird durch Mücken der Gattung *Culex* übertragen, aber um die Infektion auf ein nichtimmunes Individuum zu übertragen, muss das Insekt zwölf Tage oder länger aufbewahrt werden, nachdem es sich mit Blut eines Gelbfieberpatienten in einem früheren Krankheitsstadium gefüllt hat. Mit anderen Worten, dass im Körper des Insekts eine gewisse Inkubationszeit erforderlich ist, bevor der Keim seine Speicheldrüsen erreicht und folglich ein Individuum mit den Keimen des Gelbfiebers geimpft werden kann. Diese auf experimentellen Daten basierende Schlussfolgerung wurde durch andere Beobachtungen gestützt, die wiederholt gemacht wurden und sich auf die Einschleppung und Ausbreitung von Gelbfieber an Orten beziehen, die seine Ausbreitung begünstigen. Wenn ein Fall aus Havanna, Vera Cruz oder einem anderen endemischen Krankheitsherd in eine unserer südlichen Hafenstädte importiert wird, vergeht ein Zeitraum von zwei Wochen oder mehr, bevor infolge einer solchen Einfuhr sekundäre Fälle auftreten. Angesichts unseres gegenwärtigen Wissensstandes ist dies leicht verständlich. Eine bestimmte Anzahl von Mücken, die sich nach einem Zeitraum von zwölf oder mehr Tagen mit Blut aus diesem ersten Fall gefüllt hatten, beißen nichtimmune Individuen, die in der Nähe lebten, und diese Individuen erkranken nach einer kurzen Inkubationszeit an der Krankheit; Durch den Stich anderer Mücken dienen sie dazu, die Krankheit über den „Zwischenwirt" auf weitere Mücken zu übertragen. So breitet sich die Epidemie zunächst langsam von Haus zu Haus aus, dann immer schneller, wie durch geometrische Progression.

Man erkennt, dass der wesentliche Unterschied zwischen den erfolgreichen Experimenten des Gremiums, dessen Präsident Dr . In Finlays Experimenten war das Intervall gewöhnlich kurz, von zwei bis fünf oder sechs Tagen, und es wird bemerkt, dass in den Experimenten von Reed und seinen Mitarbeitern das Ergebnis ausnahmslos negativ war, wenn das Insekt weniger als acht Tage gehalten wurde (7 Fälle).

Nachdem Dr. Reed und seine Mitarbeiter einen ihrer Meinung nach zufriedenstellenden Beweis dafür erhalten hatten, dass Gelbfieber durch Mücken übertragen wird, weiteten sie ihre Experimente aus, um die Tatsache so positiv zu beweisen, dass die Ärzteschaft und die wissenschaftliche Welt im Allgemeinen überzeugt werden könnten der Zuverlässigkeit der experimentellen Beweise, auf denen ihre Schlussfolgerungen beruhten. Diese Schlussfolgerungen, die durch ihre nachfolgenden Experimente vollständig gerechtfertigt wurden, wurden in ihrer „Vorbemerkung" wie folgt dargelegt:

1. Bacillus icteroides (Sanarelli) steht in keinem ursächlichen Zusammenhang mit Gelbfieber, sollte jedoch, sofern vorhanden, als sekundärer Eindringling dieser Krankheit betrachtet werden.

2. Die Mücke dient als Zwischenwirt für den Gelbfieberparasiten.

In „Eine zusätzliche Anmerkung", die auf dem Panamerikanischen Ärztekongress vom 4. bis 7. Februar 1901 in Havanna, Kuba, vorgelesen wurde, wird über die bis zu diesem Datum durchgeführten weiteren Experimente berichtet. Damit der absolute wissenschaftliche Wert dieser Experimente voll gewürdigt werden kann, werde ich ganz frei aus diesem Bericht zitieren und mich auf die Methoden beziehen, die zum Ausschluss aller Infektionsquellen außer der Mückenimpfung angewendet wurden:

Um eine perfekte Kontrolle über die Bewegungen der Personen auszuüben, die dem Experiment unterzogen werden sollten, und um jede andere mögliche Infektionsquelle zu vermeiden, wurde ein Standort auf einem offenen und unbewirtschafteten Feld, etwa eine Meile von der Stadt Quemados entfernt, ausgewählt . Kuba. Hier wurde eine experimentelle Sanitärstation unter der vollständigen Kontrolle des leitenden Vorstandsmitglieds eingerichtet. Diese Station wurde Camp Lazear genannt, zu Ehren unseres verstorbenen Kollegen Dr. Jesse W. Lazear, amtierender Assistenzchirurg in den USA, der an Gelbfieber starb, während er mutig die Ursache dieser Krankheit untersuchte. Der ausgewählte Standort war gut entwässert, dem Sonnenlicht und dem Wind frei ausgesetzt und in jeder Hinsicht für die beabsichtigten Zwecke zufriedenstellend.

Das Personal dieses Lagers bestand aus zwei medizinischen Offizieren: Dr. Roger P. Ames, amtierender Assistenzchirurg in den USA, ein Immunist mit unmittelbarer Verantwortung; Dr. RP Cooke, amtierender Assistenzchirurg USA, nicht immun; ein amtierender Krankenhausverwalter, ein Immun; neun Gefreite des Krankenhauskorps, von denen einer immun war, und ein immunisierter Krankenwagenfahrer.

Für die Unterbringung dieser Abteilung und der nichtimmunen Personen, die zu Experimenten aufgenommen werden sollten, wurden Krankenhauszelte mit ordnungsgemäßem Boden bereitgestellt. Diese wurden in einem Abstand von etwa zwanzig Fuß voneinander platziert und jeweils mit 1 bis 7 nummeriert.

Camp Lazear wurde am 20. November 1900 gegründet und stand ab diesem Datum unter strenger Quarantäne. Niemand durfte das Lager verlassen oder betreten, außer den drei immunisierten Mitgliedern der Abteilung und den Vorstandsmitgliedern. Die Vorräte wurden hauptsächlich aus der Columbia-Kaserne bezogen, und zu diesem Zweck wurde ein Transportmittel unter der Kontrolle eines immunaktiven Krankenhausverwalters und eines Immunfahrers eingesetzt.

Während diese Beobachtungen durchgeführt wurden, wurden von Zeit zu Zeit einige spanische Einwanderer, die kürzlich im Hafen von Havanna ankamen, im Camp Lazear empfangen. Einer nichtimmunen Person war es nach Verlassen des Lagers unter keinen Umständen gestattet, dorthin zurückzukehren.

Die Temperatur und der Puls aller nichtimmunen Bewohner wurden dreimal täglich sorgfältig aufgezeichnet. Unter diesen Umständen könnte jede infizierte Person, die das Lager betrit, umgehend entdeckt und entfernt werden. Tatsächlich kam es nur bei zwei Personen, die nicht Gegenstand des Experiments waren, zu einem Temperaturanstieg; der eine war ein spanischer Einwanderer mit wahrscheinlich beginnender Lungentuberkulose, der nach drei Tagen entlassen wurde; der andere, ein spanischer Einwanderer, der am Nachmittag seines vierten Tages im Lager eine Temperatur von 102,6° F entwickelte. Er wurde sofort mit seiner gesamten Bettwäsche und seinem Gepäck abtransportiert und in die Aufnahmestation der Columbia Barracks gebracht. Sein Fieber, das drei Tage lang durch tägliche Unterbrechungen gekennzeichnet war, ließ nach der Verabreichung von Abführmitteln und Einläufen nach. Es wurde angenommen, dass sein Anfall auf eine Darmreizung zurückzuführen war. Die Rückkehr ins Lager wurde ihm jedoch nicht gestattet.

Mit einer Ausnahme, die im Folgenden erwähnt wird, wurde kein nichtimmuner Bewohner geimpft, der in diesem Lager nicht die gesamte Inkubationszeit des Gelbfiebers durchgemacht hatte.

Für die Versuchszwecke wurden die Probanden wie folgt ausgewählt: Aus Zelt Nr. 2 2 Nichtimmune und aus Zelt Nr. 5 3 Nichtimmune . Später wurde auch 1 nichtimmuner Mensch in Zelt Nr. 6 zur Impfung bestimmt.

Man sollte bedenken, dass es zu dem Zeitpunkt, als diese Impfungen begannen, nur 12 nichtimmune Bewohner im Camp Lazear gab und dass 5 von ihnen für Experimente ausgewählt wurden, nämlich 2 im Zelt Nr. 2 und 3 im Zelt Nr. 5. Von diesen gelang es uns, 4 zu infizieren, nämlich 1 im Zelt Nr. 2 und 3 im Zelt Nr. 5, von denen jeder innerhalb der Inkubationszeit dieser Krankheit einen Gelbfieberanfall entwickelte. Das einzige negative Ergebnis war daher in Fall 2 – Moran –, der am fünfzehnten Tag mit einer Mücke geimpft wurde, nachdem das Insekt am dritten Tag einen Fall von Gelbfieber gebissen hatte. Da es dieser Mücke nicht gelang, Fall 4 zu infizieren, drei Tage nachdem sie Moran gebissen hatte, folgt daraus, dass das Ergebnis im letzteren Fall nicht anders als negativ ausfallen konnte. Aufgrund unserer Beobachtungen wissen wir jetzt, dass im Fall eines Insekts, das während der kühlen Novembertemperatur bei Raumtemperatur gehalten wird, fünfzehn oder sogar achtzehn Tage aller Wahrscheinlichkeit nach eine zu kurze Zeit wären, um es dazu in der Lage zu machen die Krankheit hervorruft.

Im Hinblick auf die Infektionsquelle weisen wir auf den Zeitraum hin, in dem die Probanden vor der erfolgreichen Impfung unter strenger Quarantäne gehalten wurden. Dieser war wie folgt: Fall 1: fünfzehn Tage; Fall 3, neun Tage; Fall 4, neunzehn Tage; Fall 5, einundzwanzig Tage. Wir möchten außerdem betonen, dass diese Gelbfieberepidemie, von der 33,33 Prozent der nichtimmunen Bewohner von Camp Lazear betroffen waren, nicht die sieben nichtimmunen Bewohner der Zelte Nr. 1, 4, 6 und 7 betraf, *sondern strikt auf diese Epidemie beschränkt war diejenigen Personen, die von kontaminierten Mücken gebissen wurden* .

Nichts könnte eindringlicher auf die Quelle dieser Infektion hinweisen als die Reihenfolge der Ereignisse in diesem Lager. Die Präzision, mit der die Infektion des Individuums dem Stich der Mücke folgte, ließ keine Wünsche offen, um den Anforderungen eines wissenschaftlichen Experiments gerecht zu werden.

Zum Abschluss dieses Berichts fassen sie ihre Ergebnisse wie folgt zusammen:

Von insgesamt achtzehn nichtimmunen Personen , die wir seit Beginn dieser Untersuchung mit kontaminierten Mücken geimpft haben, sind acht oder 44,4 Prozent an Gelbfieber erkrankt. Wenn wir diejenigen Personen ausschließen, die von Mücken gestochen wurden, die weniger als zwölf Tage nach der Kontamination gehalten wurden und daher wahrscheinlich nicht in der Lage waren, die Krankheit zu übertragen, müssen wir acht positive und zwei negative Ergebnisse verzeichnen, also 80 Prozent.

In einem noch späteren Bericht (Mai 1901) sagt Dr. Reed: „Bislang ist es uns gelungen, durch die Stiche infizierter Mücken zwölf Personen mit Gelbfieber zu infizieren."

Die nichtimmunen Personen, an denen Experimente durchgeführt wurden, wurden alle umfassend über die Art des Experiments und seine wahrscheinlichen Ergebnisse informiert und gaben alle ihre volle Zustimmung. Glücklicherweise erlitt keiner dieser mutigen Freiwilligen im Dienste der Wissenschaft und der Menschheit einen tödlichen Anfall der Krankheit, obwohl mehrere sehr krank waren und den Vorstandsmitgliedern große Sorgen bereiteten, die sich der großen Verantwortung, die auf ihnen lastete, voll und ganz bewusst waren. Dass diese Experimente unter den genannten Umständen gerechtfertigt waren, steht meines Erachtens außer Frage. Anders hätte dieser Sachverhalt nicht nachgewiesen werden können und die gewonnenen Erkenntnisse sind als Leitfaden für zuverlässige Präventionsmaßnahmen von unschätzbarem Wert. In Kuba wird es bereits angewendet, und zweifellos werden unzählige Leben gerettet, wenn diese Experimente die genaue Methode zeigen, mit der sich Gelbfieber bei denjenigen ansteckt, die an einem „infizierten Ort" exponiert sind. Einige dieser Freiwilligen waren Soldaten der US-Armee und einige waren spanische Einwanderer, die kürzlich in Kuba angekommen waren. Als sie krank wurden, erhielten sie die bestmögliche Pflege, und nach ihrer Genesung hatten sie den Vorteil, „immun" zu sein und nichts mehr von der Krankheit zu befürchten, die den Tod Tausender und Abertausender spanischer Soldaten und Einwanderer verursacht hat auf Befehl ihrer Regierung nach Kuba kommen oder auf der Suche nach ihrem Glück.

Die bereits erwähnten Experimente zeigen auf überzeugendste Weise, dass das Blut von Gelbfieberpatienten den Infektionserreger oder Keim enthält, der die Krankheit verursacht, und dies wurde auch durch direkte Impfungen von Mensch zu Mensch nachgewiesen. Dieses Experiment wurde von Dr. Reed im „Camp Lazear" an vier Personen durchgeführt, die dem freiwillig zustimmten; und bei drei der vier kam es aufgrund der Blutinjektion zu einem typischen Gelbfieberanfall. Das Blut wurde am ersten oder zweiten Krankheitstag aus einer Vene an der Ellenbogenbeuge entnommen und den vier nichtimmunen Personen subkutan injiziert, wobei die Menge bei einem positiven Fall 2 cm³, bei einem 1,5 cm³ und bei einem O betrug 0,5 cm³. In dem Fall mit negativem Ergebnis, einem spanischen Einwanderer, erwies sich eine Mückenimpfung ebenfalls als wirkungslos, und Dr. Reed geht davon aus, dass diese Person „wahrscheinlich eine natürliche Immunität gegen Gelbfieber besitzt". Dr. Reed sagt in Bezug auf diese Experimente:

> Es ist wichtig zu beachten, dass in den drei Fällen, in denen die Injektion des Blutes einen Gelbfieberanfall auslöste, eine sorgfältige Kultur desselben Blutes, die unmittelbar nach der Injektion entnommen wurde, keinen Nachweis des Vorhandenseins des Sanarelli-Bazillus erbrachte .

Nachdem Dr. Reed und seine Mitarbeiter nachgewiesen hatten, dass Gelbfieber durch Mücken übertragen wird, haben sie versucht herauszufinden, ob es, wie allgemein angenommen, auch durch Kleidung, Bettzeug und andere Gegenstände, die von diesen Mücken verwendet werden, übertragen werden kann an dieser Krankheit erkrankt. In Bezug auf die Experimente, die zur Lösung dieser Frage durchgeführt wurden, kann ich nichts Besseres tun, als *ausführlich* aus Dr. Reeds Vortrag auf dem Panamerikanischen Ärztekongress in Havanna zu zitieren.

[Dieser Auszug aus Dr. Reeds Aufsatz beschreibt in sorgfältiger wissenschaftlicher Detailliertheit die Experimente, die schließlich die Tatsache bewiesen, dass die Ansteckung durch Mücken erfolgte und nicht auf andere Weise. In ein kleines Haus, das vollkommen luftdicht war, wurden Bettwäsche, Kleidung und andere Gegenstände gebracht, die von Gelbfieberpatienten kontaminiert worden waren. Dann schliefen zwanzig Tage lang Männer, die nicht gegen das Fieber immun waren, in diesem Gebäude, ohne dass es zu bösen Folgen kam. Dieses Experiment wurde mehrmals wiederholt. Dann wurde in einem anderen Gebäude, das ähnlich war, nur dass es über mückensichere Fenster belüftet und gründlich desinfiziert worden war, ein anderer Freiwilliger von Mücken gebissen, die zuvor an Gelbfieber erkrankte Patienten gestochen hatten; und er entwickelte die Krankheit. Der letzte Absatz des Auszugs lautet wie folgt:]

> „ So ist es uns in Camp Lazcar gelungen, von sieben Nichtimmunen , die wir durch Stiche kontaminierter Mücken zu infizieren versuchten, die Krankheit auf sechs oder 85,71 Prozent zu übertragen. Andererseits gelang es uns, die Krankheit auf sechs Nichtimmune zu übertragen, die wir versuchten Unter besonders günstigen Umständen gelang es uns nicht, mit Fomites [Tüchern und anderem Material, das im Allgemeinen Keime übertragen kann] zu infizieren, in einem einzigen Fall ist uns das nicht gelungen.“

Es ist offensichtlich, dass angesichts unseres derzeitigen Wissens über die Art der Übertragung von Gelbfieber die vorbeugenden Maßnahmen, die bisher als am wichtigsten angesehen wurden, d. h. Isolierung der Kranken, Desinfektion von Kleidung und Bettzeug sowie kommunale Hygiene, dies sind entweder nutzlos oder von vergleichsweise geringem Wert. Zwar sind Gelbfieber-Epidemien in der Regel die Folge der Einschleppung einer oder mehrerer an der Krankheit erkrankter Personen in einen zuvor gesunden Ort. Aber wir wissen jetzt, dass seine Ausbreitung nicht vom direkten Kontakt der Kranken mit den nichtimmunen Individuen abhing und dass die Isolierung der Kranken von einem solchen Kontakt unnötig und nutzlos ist. Andererseits ist die vollständige Isolierung von dem Erreger, der für die Ausbreitung der Krankheit verantwortlich ist, von entscheidender

Bedeutung. Wenn es keinen Gelbfieberpatienten gibt, dem Blut entnommen werden kann, ist die Mücke harmlos, und wenn es keine Mücke gibt, ist der Gelbfieberpatient harmlos – wie die experimentellen Beweise jetzt zeigen. Gelbfieber-Epidemien werden durch kaltes Wetter beendet, weil die Mücken sterben oder träge werden. Der hygienische Zustand unserer südlichen Seehafenstädte ist im Winter nicht besser als im Sommer, und wenn die Infektion an Kleidung und Bettzeug haftet, ist es schwer zu verstehen, warum die ersten Fröste im Herbst das Fortschreiten einer Epidemie aufhalten sollten. Aber all dies ist jetzt erklärt, da die Art der Übertragung nachgewiesen wurde.

Unhygienische Bedingungen vor Ort können jedoch einen gewissen Einfluss auf die Ausbreitung der Krankheit haben, da festgestellt wurde, dass sich die Mückenart, die als Zwischenwirt für den Gelbfieberkeim dient, in Senkgruben und Abwasserkanälen sowie in vermehren kann stehende Wasserbecken. Wenn daher die Straßen einer Stadt unbefestigt und nicht planiert sind und es offene Flächen gibt, in denen sich Wasser in Tümpeln ansammeln kann, sowie offene Senkgruben, die als Brutstätten für Culex fasciatus dienen, bietet die Stadt günstigere Bedingungen für *die* Ausbreitung Gelbfieber als bei gut gepflastertem, entwässertem und entwässertem Abwasser.

Die Frage, ob Gelbfieber durch eine andere Mückenart als *Culex fasciatus übertragen werden kann*, ist nicht geklärt. Fakten zur Ausbreitung der Krankheit deuten darauf hin, dass die Mücke, die als Zwischenwirt für den Gelbfieberkeim dient, ein etwas eingeschränktes geografisches Verbreitungsgebiet hat und vor allem an Meeresküsten und Flussrändern im sogenannten „Gelbfieber" vorkommt Fieberzone." Während an der Südwestküste der Iberischen Halbinsel gelegentlich Epidemien aufgetreten sind, ist die Krankheit als Epidemie anderswo in Europa unbekannt, und es gibt keine Hinweise darauf, dass sie jemals den großen und bevölkerungsreichen Kontinent Asien befallen hat. In Afrika ist es auf die Westküste beschränkt. Obwohl es in Nordamerika gelegentlich in jeder unserer Seehafenstädte bis nach Boston und im Mississippi-Tal bis nach St. Louis als Epidemie vorkam, hat es sich innerhalb dieser Grenzen nie als epidemische Krankheit etabliert aus den Vereinigten Staaten. Vera Cruz und wahrscheinlich auch andere Orte an der Golfküste Mexikos sind derzeit jedoch endemische Krankheitsherde. In Südamerika hat es sich als Epidemie in allen Seehäfen an der Golf- und Atlantikküste, bis nach Montevideo und Buenos Aires im Süden sowie im Pazifik entlang der Küste Perus ausgebreitet.

Die Region, in der die Krankheit die größte und häufigste Prävalenz aufwies, liegt an der Küste des Golfs von Mexiko und umfasst die westindischen Inseln. In den letzten Jahren wurde das Gelbfieber an die Westküste

Nordamerikas übertragen und breitete sich als Epidemie bis in den Norden der mexikanischen Hafenstadt Guaymas am Golf von Kalifornien aus.

Man muss davon ausgehen, dass *Culex fasciatus* nur dort vorkommt, wo Gelbfieber vorherrscht. Die Ausbreitung der Krankheit hängt davon ab, dass eine infizierte Person zu einer Jahreszeit, in der sie aktiv ist, an einen Ort gebracht wird, an dem diese Mücke vorkommt. Aufgrund der kurzen Inkubationszeit (fünf Tage oder weniger), der kurzen Dauer der Krankheit und insbesondere des Zeitraums, in dem der Infektionserreger (Keim) im Blut gefunden wird, ist es offensichtlich, dass Schiffe, die von infizierten Häfen aus fahren, auf in denen Fälle von Gelbfieber auftreten, ist es unwahrscheinlich, dass die Krankheit in entfernte Seehäfen gelangt. Das Fortbestehen einer Epidemie an Bord wie an Land muss von der Anwesenheit infizierter Mücken und nichtimmuner Personen abhängen. Unter diesen Bedingungen können wir leicht verstehen, warum die Krankheit nicht von den Westindischen Inseln oder Südamerika ins Mittelmeer, an die Ostküste Afrikas oder in asiatische Seehafenstädte übertragen werden sollte. Wenn die Krankheit andererseits durch infizierte Kleidung, Bettzeug usw. übertragen werden könnte, scheint es keinen guten Grund zu geben, warum sie nicht schon vor langer Zeit in diese entfernten Orte hätte übertragen werden sollen.

Die Beschränkung hinsichtlich der Höhenlage hängt jedoch vermutlich damit zusammen, dass es sich bei der Mücke, die als Zwischenwirt dient, um eine Küstenart handelt, die nicht in erhöhten Regionen lebt. Es ist eine wohlbekannte Tatsache, dass Gelbfieber in der Stadt Mexiko nie vorherrschte, obwohl die Stadt ständigen und uneingeschränkten Verkehr mit der infizierten Hafenstadt Vera Cruz unterhält. Personen, die während der Epidemiesaison in Vera Cruz exponiert waren, erkranken häufig nach ihrer Ankunft in der Stadt Mexiko, teilen die Krankheit jedoch nicht ihren Pflegekräften oder anderen in der Nähe mit. Offensichtlich fehlt ein für die Ausbreitung der Krankheit wesentlicher Faktor, obwohl wir den kranken Mann, seine Kleidung und sein Bettzeug sowie die unhygienischen örtlichen Bedingungen haben, die angeblich einen wesentlichen Faktor darstellen. Mir ist nicht bekannt, dass irgendwelche Beobachtungen bezüglich der Anwesenheit oder Abwesenheit von *Culex fasciatus* in großen Höhen gemacht wurden, aber die Schlussfolgerung, dass es in solchen Gegenden wie der Stadt Mexiko nicht zu finden ist, scheint durch die bereits erwähnten festgestellten Fakten gerechtfertigt zu sein Zu.

Wie Hirsch betonte, „stoppt die Krankheit an vielen Orten in Westindien, wo das Klima noch immer im höchsten Grad tropisch ist." Auf den Antillen kam er selten in einer Höhe von mehr als 210 Metern vor. In den Vereinigten Staaten ist Chattanooga, Tennessee, der höchstgelegene Ort, an dem die Krankheit als Epidemie vorherrschte, 745 Fuß über dem Meeresspiegel.

Es sei daran erinnert, dass Malariafieber durch die Impfung mit Mücken der Gattung *Anopheles* übertragen wird und dass der Malariaparasit nicht nur im Blut von Malariakranken, sondern auch im Magen und in den Speicheldrüsen nachgewiesen wurde der Mücke. Wenn der Gelbfieber-Parasit dem der Malaria-Erreger ähneln würde, wäre er zweifellos schon vor langer Zeit entdeckt worden. Tatsächlich aber ist dieser Parasit, von dem wir heute wissen, dass er im Blut von Erkrankten vorkommt, bisher nicht erforscht worden. Möglicherweise ist es ultramikroskopisch. Wie auch immer dies sein mag, es ist nicht der einzige Infektionskrankheitserreger, der noch entdeckt werden muss. Es gibt zweifellos einen lebenden Keim in der Impflymphe und im Virus aus Pockenpusteln, er konnte jedoch nicht unter dem Mikroskop nachgewiesen werden. Das Gleiche gilt für die Maul- und Klauenseuche und die infektiöse Pleuropneumonie bei Rindern, obwohl wir wissen, dass in dem infektiösen Material, durch das diese Krankheiten übertragen werden, ein lebendes Element irgendeiner Art vorhanden ist. Beim Texas-Fieber bei Rindern, das durch infizierte Zecken übertragen wird, ist der Parasit sehr klein, kann aber mit geeigneten Färbemethoden und einem guten Mikroskop im Inneren der roten Blutkörperchen nachgewiesen werden. Dr. Reed und Carroll sind derzeit damit beschäftigt, im Blut und in den Körpern infizierter Mücken nach dem Gelbfieberkeim zu suchen. Welchen Erfolg ihre Bemühungen mit sich bringen, bleibt abzuwarten, aber auf jeden Fall wurden die grundlegenden Fakten nachgewiesen, dass dieser Keim im Blut vorhanden ist und dass die Krankheit durch eine bestimmte Mückenart – Culex fasciatus – übertragen *wird*.

[Am Ende des Artikels gibt General Sternberg die allgemeinen Befehle wieder, die der Armee in Kuba erteilt wurden, mit Anweisungen zu den Vorsichtsmaßnahmen, die gegen die Krankheit zu treffen sind.]

DAS ARBEITNEHMERVERGÜTUNGSGESETZ [75]

Dies ist ein gutes Beispiel für die hohe Qualität argumentativen Schreibens, das das ganze Jahr über in großen Mengen in Tages- und Wochenzeitschriften produziert wird. Da dieser Artikel aus einer Wochenzeitschrift stammt, ist er länger und ausführlicher als der Leitartikel einer Tageszeitung und hat in gewisser Weise den Charakter eines Aufsatzes. Es zeichnet sich durch die Gründlichkeit der Analyse der Frage, durch die sorgfältige Betrachtung der Vorgeschichte des Falles und durch die präzise Darlegung der strittigen Punkte aus. Für die Darlegung von Beweisen bleibt wenig Raum, obwohl die konkrete Sachverhaltsdarstellung und ggf. Zitate von Autoritäten als Beweismittel dienen.

In diesem Artikel möchten wir unseren Lesern eine Interpretation der jüngsten Entscheidung des New Yorker Berufungsgerichts geben, das den

Workman's Compensation Act für verfassungswidrig erklärt. Wir halten diese Entscheidung für sehr wichtig, denn wenn das Gericht die Verfassung der Vereinigten Staaten richtig ausgelegt hat, hindert dieses Dokument Amerika daran, eine Industriereform durchzuführen, die praktisch von der gesamten zivilisierten Welt als gerecht und notwendig angesehen wurde. Wir glauben nicht, dass die Auslegung des Gerichts korrekt ist. Sie steht unserer Meinung nach gleichermaßen im Konflikt mit dem Fortschritt der Zivilisation, dem Geist der Demokratie, den Grundsätzen der sozialen Gerechtigkeit sowie den Analogien und Tendenzen des Rechts. Und wir glauben, dass sich dieser unbewusste Versuch, dem Arbeiter eine ungerechtfertigte und unerträgliche Bürde aufzubürden, von der ihn alle anderen zivilisierten Nationen mit einer Ausnahme befreit haben, letztendlich als ebenso vergeblich erweisen wird wie der bewusste und absichtliche Versuch des Obersten Gerichtshofs der Vereinigten Staaten , unter der Führung des Obersten Richters Taney, um die Bewegung zur Emanzipation der Sklaven zu stoppen.

In den früheren Stadien der industriellen Entwicklung, als die Industrie unorganisiert war, es kaum Maschinen gab und die Arbeit ein individuelles Handwerk war, gingen die Gerichte natürlich davon aus, dass Unfälle eines Arbeiters wahrscheinlich auf seine eigene Fahrlässigkeit zurückzuführen waren.

Wenn er auf einem Feld mähte und sich mit der Sense schnitt, wenn er einen Graben grub und sich dabei den Knöchel verstauchte, wenn er einen Baum fällte und dieser auf ihn fiel und ihm das Bein brach, konnte er sich von seinem Arbeitgeber erst später erholen Beweis dafür, dass sein Arbeitgeber ein Verschulden trifft. Er könnte sich auch nicht erholen, wenn der Unfall auf die Unachtsamkeit eines Arbeitskollegen zurückzuführen wäre. Es bestand immer die natürliche Annahme, dass er sich vor einer solchen Nachlässigkeit besser schützen konnte als der wahrscheinlich abwesende Arbeitgeber. Wenn er einen Schleifstein drehte und sein ungeschickter Arbeitskollege die Sense so hielt, dass er ihn schnitt, wenn er im Wald war und sein Arbeitskollege sich nicht um den umstürzenden Baum kümmerte, lag die Vermutung nahe, dass die Nachlässigkeit zwischen beiden geteilt wurde Zweitens würde das Gesetz weder dem Arbeitgeber die Schuld zuschieben noch ihm den Schaden aufbürden, wenn er nicht schuldhaft sei.

Aber die Organisation der Arbeit und die Schaffung hochentwickelter Maschinen haben diese Annahme des gesunden Menschenverstandes und damit in allen zivilisierten Ländern diese Annahme des Rechts zerstört. Wenn ein Eisenbahnzug aufgrund einer verlegten Weiche oder einer defekten Schiene vom Gleis abkommt, besteht keine Vermutung, dass der Lokführer nachlässig gehandelt hat oder sich vor der Nachlässigkeit des Weichentenders oder des Schienenherstellers hätte schützen können. Wenn ein Feuer in einem Raum ausbricht, in dem Dutzende von Hemdenschneidern bei ihrer Arbeit eingesperrt sind und einhundertvierzig von ihnen verbrannt werden, gibt es keine Vermutung, dass es ihnen unmöglich war, durch enge Gänge und eine verschlossene Tür zu entkommen oder dass sie schuld daran waren, dass die Tische, an denen sie arbeiteten, aus Holz und nicht aus Metall waren, oder dass sie den unvorsichtigen Arbeitskollegen daran hätten hindern können, seine Zigarette in das brennbare Material zu werfen, das sie umgab. Tatsächlich ist nur eine sehr begrenzte Zahl moderner Unfälle auf die Unachtsamkeit des Geschädigten zurückzuführen; wahrscheinlich ist eine etwas größere Zahl auf die Unachtsamkeit eines anderen Mitarbeiters zurückzuführen; Bei einem sehr erheblichen Anteil handelt es sich um geschäftliche Vorfälle, bei denen keine eindeutige Schuld vorliegt, die entweder dem Arbeitgeber oder dem Arbeitnehmer zugeschrieben werden kann.

Die christlichen Nationen der Welt haben diesen Wandel mit einzigartiger Einmütigkeit erkannt und ihre Gesetze geändert, um den neuen Bedingungen gerecht zu werden. Die Veränderung, die sie vorgenommen hatten, wurde ihnen durch ihre Seegesetze angezeigt, die in dieser Hinsicht in allen zivilisierten Nationen und seit sehr früher Zeit gleich waren. Ein Unfall eines Seemanns an Bord wurde immer als Unfall des Schiffes angesehen; und das Schiff musste immer die Last seiner Pflege, Erhaltung und Heilung tragen. Dieses Recht auf Fürsorge beruht nicht auf der Annahme, dass der Kapitän des Schiffes fahrlässig gehandelt hat, noch wird dem Seemann sein Recht auf Fürsorge, Erhaltung und Heilung durch den Nachweis entzogen, dass der Unfall teilweise oder sogar vollständig auf den Unfall zurückzuführen ist. auf seine Fahrlässigkeit. Er wird durch den Nachweis seiner Nachlässigkeit nicht von der Genesung ausgeschlossen; Ein höherer Schadensersatz steht ihm nicht zu, wenn er das Verschulden des Kapitäns nachweist. Sein Recht auf Fürsorge beruht, sagt Mr. Justice Story, auf der Tatsache, dass „Seeleute in gewisser Weise Mitabenteurer auf der Reise sind." Die moderne Rechtsprechung in der gesamten Christenheit erkennt an, dass unter modernen industriellen Bedingungen der Arbeiter in der Eisenbahn, im Bergwerk und in der Fabrik ein Mitenthusiast des Unternehmens ist und dass die mit seiner Beschäftigung verbundenen Gefahren nicht vom Einzelnen, sondern von ihm selbst getragen werden sollten die Branche. Dieser Grundsatz wird mittlerweile von allen Ländern Europas (einschließlich Russland, aber nicht der Türkei) anerkannt und in ihre Rechtssysteme integriert, mit Ausnahme der Schweiz. [76]

Die Gerechtigkeit und Bedeutung dieser Reform wurde von Staatsmännern wie dem Präsidenten der Vereinigten Staaten und seinem Vorgänger im Amt, von Anwälten wie Elihu Root und von Arbeitern erkannt, die eine bessere Versicherung gegen Unfälle wünschen, als ihnen das Recht darauf bietet verklagen ihre Arbeitgeber, von Arbeitgebern, die vor schikanösen Klagen und der Gefahr von Urteilen über große Summen geschützt werden wollen, und von etwa einem halben Dutzend Bundesstaaten, darunter Kansas, New Jersey, Massachusetts und New York, die alle Workmen's Compensation verabschiedet haben Handlungen. Das New Yorker Berufungsgericht erklärt, dass kein Staat in der Union aufgrund der Verfassung der Vereinigten Staaten befugt sei, einen solchen Akt zu erlassen, der die Verantwortung für die Risiken, die mit dem Handel in der organisierten Industrie verbunden sind, vom Einzelnen auf die Organisation verlagert verbietet dessen Inkrafttreten. Das Gericht erkennt die Notwendigkeit einer Gesetzesänderung an. „Wir möchten", so das Gericht, „keine rein technischen oder überkritischen Hindernisse für einen Plan zur wohltätigen Reformierung eines Zweigs unserer Rechtsprechung darstellen, in dem, wie zugegebenermaßen, eine Reform eine unbedingt zu wünschende Vollendung ist. " Es präsentiert eindringlich, anerkennend und offenbar mit völliger Zustimmung die Argumente, die diese Reform in anderen Ländern herbeigeführt haben: „An der Theorie dieses Gesetzes kann kein Zweifel bestehen. Es basiert auf der These, dass die inhärenten Risiken eines Die Beschäftigung sollte gerechterweise auf die Schultern des Arbeitgebers gelegt werden, der sich durch eine Versicherung und durch einen solchen Aufschlag auf den Preis seiner Waren vor Verlusten schützen kann, dass die Last letztendlich auf den Verbraucher abgewälzt wird; diese Entschädigung wird einem Geschädigten zugute kommen Der Arbeitnehmer sollte ebenso zu Lasten des Unternehmens gehen wie die Kosten für den Ersatz oder die Reparatur defekter oder defekter Maschinen, Geräte oder Werkzeuge; dass in unserem gegenwärtigen System der Verlust unmittelbar zulasten des Arbeitnehmers geht, der fast immer nicht in der Lage ist, ihn zu tragen, und letztlich auf die Gemeinschaft, die für den Unterhalt der Bedürftigen besteuert wird; und dass unser gegenwärtiges System unsicher, unwissenschaftlich und verschwenderisch ist und einen Geist des Antagonismus zwischen Arbeitgeber und Arbeitnehmer fördert, dessen Beseitigung im Interesse des Staates liegt. "

Auf diese Überlegungen schlägt das Gericht keine Antwort vor und übt keine Kritik daran. Im Gegenteil, sie räumt in gewisser Weise „die Stärke dieses Appells an eine anerkannte und weit verbreitete Stimmung" ein. Darin heißt es, dass „kein lobendes Wort den Fleiß und die Intelligenz der Kommission überbewerten könnte", die das New Yorker Gesetz ausgearbeitet hat, und sie stimmt offenbar mit der Schlussfolgerung der Kommission überein, die auf „einer äußerst umfangreichen Sammlung statistischer Tabellen und Auszügen aus dem ..." beruht Werke philosophischer Schriftsteller und die Arbeitsgesetze vieler Länder" – die Schlussfolgerung, dass „unser eigenes System zur Behandlung von Arbeitsunfällen wirtschaftlich, moralisch und rechtlich unsolide ist." Aber alle diese Überlegungen zur öffentlichen

Ordnung, zur sozialen Gerechtigkeit und zur weltweiten Überzeugung werden beiseite gelegt, „da sie der primären Frage untergeordnet sind, ob sie in Gesetze umgesetzt werden können, ohne den Buchstaben oder Geist unserer eigenen geschriebenen Verfassung zu verletzen." Die Länder, die diese wünschenswerte Reform übernommen haben, seien „sogenannte konstitutionelle Monarchien, in denen es, wie in England, keine schriftliche Verfassung gibt und das Parlament oder die gesetzgebende Körperschaft oberste Priorität hat. In unserem Land sind es die Bundes- und Landesverfassungen." sind die Urkunden, die den Umfang und die Grenzen der Gesetzgebungsbefugnis festlegen."

Kurz gesagt: Die Gesetzesänderung ist gerecht: Sie wird durch die Veränderung unseres Industriesystems gefordert; es ist fast überall erwünscht; die Erfahrung und das Gewissen der zivilisierten Welt erfordern es; aber Amerika ist machtlos, es unter seiner gegenwärtigen Verfassung zu schaffen. Andere Länder können es schaffen, weil sie Monarchien sind; Amerika kann es nicht schaffen, weil es frei ist.

Die Klausel in der Verfassung, die nach Ansicht des Berufungsgerichts dem Gesetzgeber verbietet, diese kluge und gerechte Reform unseres Gesetzes vorzunehmen, ist die Klausel, die besagt: „Niemand darf ... seines Lebens, seiner Freiheit oder ... beraubt werden. " Eigentum ohne ordnungsgemäßes Gerichtsverfahren" – ein Verbot, das in unserer Bundesverfassung zweimal vorkommt (Änderungen V und XIV) und in vielen, sehr wahrscheinlich in den meisten Staatsverfassungen zu finden ist. Wir glauben, dass die Behauptung des Berufungsgerichts, dass diese Klausel in unserer Verfassung diese gerechte und notwendige Reform unserer Arbeitsgesetze verbietet, weder vom Geist noch vom Buchstaben dieser Klausel in der Verfassung noch von der Geschichte gestützt wird weder durch seinen Ursprung und seine Bedeutung noch durch die gerichtliche Auslegung, die ihm vom Obersten Gerichtshof der Vereinigten Staaten gegeben wurde .

Lassen Sie den Leser hier einen Moment innehalten und über das Prinzip nachdenken, das in den Gesetzen enthalten ist, die in anderen zivilisierten Ländern erlassen und in unserem vorgeschlagen wurden. Es bedeutet nicht, dass einem Arbeitgeber Schadensersatz zugemutet werden sollte, wenn er sich keiner Schuld schuldig gemacht hat. Es bedeutet nicht, dass er gezwungen werden sollte, für seine Fahrlässigkeit zu büßen, ohne vor Gericht beweisen zu können, dass er keine Fahrlässigkeit begangen hat. Es ist davon auszugehen, dass Unfälle, die sich im Rahmen der organisierten Industrie ereignen, nicht dem Einzelnen, sondern der Industrie zugefügt wurden.

„In allen Bereichen menschlichen Handelns", so das Berufungsgericht, „müssen die Risiken, die inhärent und unvermeidbar sind, auf diejenigen lasten, die ihnen ausgesetzt sind." Die Juristen aller zivilisierten Länder

Europas sind sich einig, dass in modernen organisierten Industrien die Industrie und nicht der Einzelne den Unfällen ausgesetzt ist. Für den Fabrikarbeiter gilt für die Zukunft der Grundsatz, der bisher im Seerecht für den Seemann galt. Der Fabrikarbeiter ist fortan als „Mitenteurer" des Arbeitgebers in der Branche zu betrachten.

Auch durch das Workman's Compensation Act wird ein ordnungsgemäßes Verfahren nicht verneint. Ohne gerichtliche Klage kann vom Arbeitgeber kein Schadensersatz gegen dessen Zustimmung verlangt werden. Die Satzung sieht vor, dass „jede Frage, die sich aus diesem Gesetz ergibt, entweder durch eine Vereinbarung oder durch ein Schiedsverfahren, wie in der Zivilprozessordnung vorgesehen, oder durch eine Klage, wie hierin vorgesehen, entschieden wird." Und es ist vorgesehen, dass der Geschädigte oder sein Vormund oder Testamentsvollstrecker den Betrag einklagen kann, wenn der Arbeitgeber es versäumt , eine im Gesetz vorgesehene Entschädigung zu leisten. Das Gesetz verwehrt dem Arbeitgeber nicht den Tag vor Gericht. Aber es definiert die Frage neu, die das Gericht entscheiden muss. Es hat nicht zu entscheiden, ob dem Arbeitgeber ein Verschulden vorzuwerfen ist. Seine Haftung hängt nicht von seinem Verschulden ab. Das Gericht muss lediglich entscheiden, ob sich der Unfall im ordnungsgemäßen Geschäftsverlauf ereignet hat und, wenn der Arbeitgeber die Frage aufwirft, ob er „ganz oder teilweise durch schweres und vorsätzliches Fehlverhalten des Arbeitnehmers verursacht" wurde. Ist dies nicht der Fall, hat der Arbeitnehmer Anspruch auf eine Rückerstattung, und der Betrag, auf den er Anspruch hat, ist gesetzlich festgelegt. Die Frage ist also:

Gibt es ein Gesetz, das für Unfälle in bestimmten sorgfältig definierten und besonders gefährlichen Beschäftigungen die Haftung vom Einzelnen auf die Organisation überträgt und das sorgfältig das Recht des Arbeitgebers wahrt, alle sich aus dem Gesetz ergebenden Fragen den Gerichten zur Entscheidung vorzulegen? dem Arbeitgeber ohne ordentliches Gerichtsverfahren sein Eigentum entziehen? Das Berufungsgericht des Staates New York bestätigt, dass dies der Fall ist. *Der Ausblick* bestätigt, dass dies nicht der Fall ist.

Diese Frage zu stellen scheint uns eine Antwort darauf zu sein. Sicherlich gibt es im Workman's Compensation Act nichts, was gegen den *Buchstaben* der Verfassung verstößt. Es bedeutet nicht, dass das Eigentum des Arbeitgebers ohne ein ordnungsgemäßes Gerichtsverfahren übernommen wird. Wie jemand in dieser Tat einen Verstoß gegen den *Geist* der Verfassung finden kann, ist für uns schwer vorstellbar. Und diese Schwierigkeit wird durch ein sorgfältiges Studium der Stellungnahmen des Gerichtshofs verstärkt, nicht gelindert. Denn in diesen Gutachten wird davon ausgegangen, dass das Gesetz auf den ersten Blick verfassungswidrig ist, und das Gericht verwendet seine ganze intellektuelle Energie darauf, zu zeigen, dass die in der Opposition angeführten Autoritäten außergewöhnlich sind. Dass Gesetz und

Verfassung nicht im Widerspruch zueinander stehen, wird jedoch sowohl durch die Betrachtung des Gegenstands und der Absicht der Verfassungsbestimmung als auch durch gerichtliche Entscheidungen zu ihrer Auslegung nachgewiesen. Auf diese beiden Überlegungen lenken wir nun die Aufmerksamkeit des Lesers.

Die Bestimmung in der Bundesverfassung, dass „niemandem ... das Leben, die Freiheit oder das Eigentum entzogen werden darf, es sei denn durch ein ordentliches Gerichtsverfahren" (Fünfter Verfassungszusatz), und die Bestimmung, „noch darf irgendein Staat einer Person das Leben nehmen." , Freiheit oder Eigentum ohne ordnungsgemäßes Gerichtsverfahren" (Vierzehnter Verfassungszusatz) sind aus der Großen Charta abgeleitet, die König John 1215 von den Baronen entrissen wurde. „Kein freier Mann darf genommen oder eingesperrt, enteignet, geächtet oder verbannt werden. oder auf irgendeine Weise zerstört werden, noch werden wir an ihm vorübergehen, noch werden wir an ihn senden, es sei denn durch das rechtmäßige Urteil seiner Standesgenossen oder durch das Gesetz des Landes." Dies ist vielleicht die wichtigste dieser allgemeinen Klauseln in der Großen Charta, die, wie Hallam in seiner „Geschichte des Mittelalters" sagt, „die persönliche Freiheit und das Eigentum aller freien Männer schützt, indem sie Sicherheit vor willkürlicher Inhaftierung und willkürlicher Enteignung bietet." Hume gibt einige Hinweise auf die Missbräuche, die zu dieser Bestimmung führten: Kaufleute wurden willkürlichen Zöllen und Abgaben ausgesetzt; das Eigentum der Sterbenden war beschlagnahmt und ihre rechtmäßigen Erben enteignet worden; Offiziere der Krone hatten in Friedenszeiten Pferde und Wagen für ihren eigenen oder den öffentlichen Dienst ausgebeutet. Green zeichnet in seiner „Geschichte des englischen Volkes" ausführlicher das Bild von Johns Despotismus und dem wachsenden Freiheitsgeist des einfachen englischen Volkes. Die Forderungen des Königs trieben die Barone in ein Bündnis mit dem Volk. „Ungesetzliche Forderungen, die Beschlagnahmung ihrer Burgen, die Bevorzugung von Ausländern waren kleine Provokationen im Vergleich zu seinen Angriffen auf die Ehre ihrer Frauen und Töchter." Die Forderung des einfachen Volkes, Wetten durch Schlachten durch ein ordnungsgemäßes Gerichtsverfahren zu ersetzen und ihr Leben, ihre Freiheiten und ihr Eigentum vor Handlungen gesetzloser und verantwortungsloser Macht zu schützen, machten sich die Barone zu eigen, und zwar durch denselben Akt forderten für andere, was sie für sich selbst beanspruchten. „Die Unterpächter wurden vor allen Forderungen ihrer Herren genauso geschützt, wie sie vor den gesetzlosen Forderungen der Krone geschützt waren."

dem Einzelnen, der dies ausübt, alle Folgen von Unfällen zufügt, die in gefährlichen Berufen auftreten Handel, ist zufällig der Gefahr ausgesetzt. Der gesunde Menschenverstand sowie häufige Entscheidungen der Gerichte stützen Daniel Websters Definition des Umfangs der Verfassungsbestimmung, die diese Bestimmung der Großen Charta in unserem Gesetz verkörpert: „Die Bedeutung ist, dass jeder Bürger sein Leben, seine Freiheit und sein Eigentum behalten soll." und Immunitäten unter dem Schutz allgemeiner Regeln, die die Gesellschaft regeln." Dass die Gesellschaft niemals neue Regeln für einen besseren Schutz des Lebens, der Freiheit, des Eigentums und der Immunitäten aufstellen kann, ist eine Doktrin, die der Vernunft ebenso widerspricht wie dem sozialen Fortschritt. Es verstößt gleichermaßen gegen den Auslegungsgrundsatz des Obersten Gerichtshofs der Vereinigten Staaten: „Es ist vollkommen klar, dass die ersten zehn Zusatzartikel zur Verfassung, allgemein bekannt als Bill of Rights, nicht dazu gedacht waren, dies festzulegen." keine neuartigen Regierungsprinzipien, sondern lediglich, um bestimmte Garantien und Immunitäten zu verkörpern, die wir von unseren englischen Vorfahren geerbt hatten. [77] Und es scheint den englischen Gesetzgebern nie in den Sinn gekommen zu sein, dass das Workman's Compensation Act nicht mit dieser Bestimmung ihrer Großen Charta vereinbar ist – einer Charta, die ebenso Teil der britischen Verfassung ist wie der fünfte und zehnte Verfassungszusatz von uns. In der englischen Verfassung wie auch in der amerikanischen ist der Grundsatz sorgfältig schriftlich festgelegt. Der einzige Unterschied besteht darin, dass in England das Parlament der letzte Richter über seine Bedeutung ist; In den Vereinigten Staaten ist dieser letzte Richter der Oberste Gerichtshof der Vereinigten Staaten.

Zumindest sollte es so sein. Doch das New Yorker Berufungsgericht lässt nicht zu, dass es die letzte Instanz ist. Im vorliegenden Fall ist dies nicht der Fall, da der Kläger in diesem Fall keinen Rechtsbehelf vom Staat zum nationalen Gericht einlegen kann. Aber die Öffentlichkeit kann Berufung einlegen. *Der Ausblick* nimmt einen solchen Appell an. Und es erklärt ohne zu zögern, dass die Entscheidung des New Yorker Berufungsgerichts nicht nur im Widerspruch zur Tendenz der Gerichtsentscheidungen dieses Gerichts steht, sondern auch zu seiner sehr expliziten Darlegung der Grundprinzipien, die bei der Auslegung der Verfassung anzuwenden sind.

Wir haben bereits darauf hingewiesen, dass das Seerecht einen Seemann als Mitreisenden des Reeders betrachtet und daher das Schiff für seine Pflege, Wartung und Reparatur verantwortlich macht, falls ihm ein Unfall widerfährt, auch wenn dieser von ihm verursacht wurde eigene Schuld. Wir fügen nun hinzu, dass der Oberste Gerichtshof der Vereinigten Staaten entschieden hat, dass ein solches Gesetz das Eigentum des Reeders nicht ohne ordnungsgemäßes Gerichtsverfahren enteignet. Das sei etwas anderes, sagt das Berufungsgericht, denn „der Vertrag und die Dienste von Seeleuten haben außergewöhnlichen Charakter ... Wenn er krank oder verletzt ist , hat er Anspruch auf Pflege auf Kosten des Schiffes und für den Ausfall." des

Kapitäns, seine diesbezügliche Pflicht zu erfüllen, haftet das Schiff oder der Eigner." Zweifellos gibt es einen Unterschied zwischen einem Seemann auf einem Schiff und einem Fabrikarbeiter in einer Fabrik. Sehr wahrscheinlich sollte dieser Unterschied mit den Volksvertretern abgewogen werden, wenn es darum geht, zu bestimmen, welcher Unterschied in ihrer jeweiligen Behandlung bestehen sollte. Aber wenn die Haftung eines Schiffes für Unfälle, die einem Seemann zustoßen, nicht dazu führt, dass das Eigentum des Schiffseigentümers ohne ein ordnungsgemäßes Gerichtsverfahren entzogen wird, dann führt die Haftung einer Fabrik für Unfälle, die einem Fabrikarbeiter zustoßen, nicht dazu, dass das Eigentum des Fabrikbesitzers ohne ein ordnungsgemäßes Gerichtsverfahren entzogen wird. Die Verfassung der Vereinigten Staaten ist auf See genau dieselbe wie an Land; Aber das Berufungsgericht gibt der Verfassung der Vereinigten Staaten eine Bedeutung an Bord und eine andere Bedeutung in der Stadt.

Das Recht des Gesetzgebers, dem Eigentum neue Verantwortlichkeiten aufzuerlegen, wird vom Obersten Gerichtshof der Vereinigten Staaten nicht auf das Meer beschränkt. Es wird gleichermaßen auf dem Land aufrechterhalten. Der Bundesstaat Oklahoma sah eine Bewertung aller Banken im Bundesstaat vor, um einen Fonds zur Absicherung der Einleger aller Banken im Bundesstaat einzurichten. Die Noble State Bank reichte eine Klage gegen den Staat ein, um ihn daran zu hindern, diese Steuerveranlagung einzuziehen, mit der Begründung, dass er Eigentum ohne ordnungsgemäßes Gerichtsverfahren entnahm. Ohne eine abweichende Meinung entschied der Oberste Gerichtshof, dass das Gesetz verfassungsgemäß sei, und zwar aus zwei Gründen: erstens, weil „durch eine Reihe von Fällen nachgewiesen wird, dass ein hintergründiger öffentlicher Vorteil eine vergleichsweise unbedeutende Inanspruchnahme von Privateigentum für das, was ihm zusteht, rechtfertigen kann." unmittelbarer Zweck ist eine private Nutzung"; und zweitens, weil „allgemein gesagt werden kann, dass sich die Polizeigewalt auf alle wichtigen öffentlichen Bedürfnisse erstreckt. Sie kann zur Unterstützung dessen eingesetzt werden, was durch den Brauch sanktioniert ist oder durch die vorherrschende Moral oder eine starke und vorherrschende Meinung vertreten wird." für das Gemeinwohl von großer und unmittelbarer Notwendigkeit sein." Ein ähnlicher Fall aus dem Bundesstaat Kansas wurde vom Gericht zur gleichen Zeit mit der gleichen Einstimmigkeit entschieden.
<u>78</u>

Diese Definition des Verfassungsrechts durch die einstimmige Meinung des Obersten Gerichtshofs der Vereinigten Staaten bestimmt, sofern sie akzeptiert wird, eindeutig die Verfassungsmäßigkeit des Workman's Compensation Act. Dass dieses Gesetz „durch den Brauch sanktioniert ist und von der vorherrschenden Moral und einer starken und vorherrschenden Meinung als äußerst und unmittelbar notwendig für das Gemeinwohl angesehen wird", wird durch die Tatsache bewiesen, dass es von Arbeitgeber und Arbeitnehmer gleichermaßen gefordert wird und dass es genehmigt wurde von der breiten Öffentlichkeit angenommen wird, dass es offenbar vom Berufungsgericht selbst als eine sehr wünschenswerte Reform angesehen wird und dass es von allen zivilisierten Ländern Europas mit Ausnahme der Schweiz übernommen wurde. Das New Yorker Berufungsgericht kann dieser Grundsatzerklärung des höchsten Gerichts des Landes in diesen beiden Fällen nur einen Ausweg finden, nämlich die Ablehnung der Autorität dieses Gerichts in diesen Fällen: „Wir können sie nicht als beherrschend anerkennen." unsere Konstruktion unserer Verfassung."

In dieser Überprüfung der Entscheidung des New Yorker Berufungsgerichts haben wir einige außergewöhnliche Aussagen kommentarlos übergangen, die in keiner vollständigen Überprüfung ignoriert werden sollten – die Aussage, dass „praktisch alle dieser [europäischen] Länder sogenannte Verfassungsstaaten sind". Monarchien, in denen es, wie in England, keine schriftliche Verfassung gibt, während in Wirklichkeit praktisch alle europäischen Nationen schriftliche Verfassungen haben; und die Aussage, dass das Workman's Compensation Act „nichts dazu beiträgt, die Gesundheit, Sicherheit oder Moral des Arbeitnehmers zu schützen", obwohl es in Wirklichkeit darauf abzielt, alle drei Ergebnisse zu erreichen, und im englischen House of Lords gefordert wurde von Lord Salisbury, und zwar mit der Begründung, dass „meiner Meinung nach der große Reiz dieses Gesetzentwurfs darin besteht, dass er meiner Meinung nach zu einer großartigen Maschinerie zur Rettung menschlichen Lebens werden wird."

Aber wir haben bewusst alle kleinen Details außer Acht gelassen, um unseren Laienlesern eine wahrheitsgetreue Interpretation dieser Entscheidung des höchsten Gerichts des Empire State zu vermitteln, und wir hoffen, dass sie diese im Allgemeinen als gerechtfertigte Kritik anerkennen. Unserer Meinung nach hat das Gericht in dieser Entscheidung alle Erwägungen der sozialen Gerechtigkeit und der öffentlichen Ordnung außer Acht gelassen, sich gegen das Gewissen und Urteil der zivilisierten Welt gestellt und in seiner erzwungenen Auslegung der Verfassung gleichermaßen die Geschichte der Verfassung außer Acht gelassen Herkunft und seiner richterlichen Auslegung durch das höchste Gericht des Landes.

ANHANG II

EINIGE VORSCHLÄGE FÜR LEHRER

Was ist der Zweck eines Kurses zum Schreiben von Argumenten? Die Argumente, die sich herausstellen, können niemanden überzeugen , da es niemanden gibt, den sie überzeugen könnten; Daher muss das unmittelbare und greifbare Ergebnis des Kurses als Nebenprodukt betrachtet werden, und zwar als Nebenprodukt, aus dem es keine Rettung gibt.

Welche Produkte können Lehrer also anstreben? Erstens ein lebenswichtiger Respekt vor Fakten und einer fundierten Argumentation daraus; zweitens die Fähigkeit, die Fakten in einem unklaren und komplizierten Fall so zu analysieren und zu ordnen, dass Ordnung und Licht in die Verwirrung gebracht werden; und drittens die Wertschätzung der Sichtweise anderer Menschen und die Schulung des Taktgefühls, das sie beeinflussen wird. Übrigens sollte ein guter Kurs in Argumentation den Studenten die Möglichkeit geben, sich mit bestimmten effektiven und kostengünstigen Hilfsmitteln für den Berufseinstieg vertraut zu machen, die ihnen im späteren Leben gute Dienste leisten werden.

Ich werde jeden dieser Punkte der Reihe nach aufgreifen und einige Methoden vorstellen, die ich in der Praxis als nützlich befunden habe.

Erstens: Wie kann ein Lehrer die Verehrung der Tatsachen und das Misstrauen gegenüber allen unbewiesenen Behauptungen und *apriorischen* Überlegungen etablieren und stärken? Teils durch umsichtige Übungen, teils durch stille Anleitung bei der Themenwahl. Lassen Sie eine Klasse sich gegenseitig auf ihre genaue Kenntnis der letzten Fakten zu einem vertrauten Thema befragen. Auf die Frage nach dem Wert von Latein zum Beispiel: Wie viele in der Klasse beherrschen kein Latein? Wie viele der Wörter stammen in einem ihrer eigenen Texte aus dem Lateinischen? und was sind das für Wörter? Wie viele der führenden Wissenschaftler in der Klasse sprechen Latein? Von den besten Autoren? Wie viele der Autoren, deren Werke sie in englischer Literatur studieren, wurden in Latein unterrichtet? Von den Autoren der Lehrbücher in den Naturwissenschaften, wie viele? Einige Fragen wie diese werden andere vorschlagen; und die Teilnehmer der Klasse sollten aufzeichnen, wie viele solcher Fragen sie präzise beantworten können. Nur sehr wenige Menschen beherrschen die Fakten zu Themen, über die sie frei und mit Autorität sprechen, genau; und ein junger Mann, dem diese Wahrheit durch persönliche Prüfung klar geworden ist, wird eine Argumentation mit mehr Bescheidenheit und Gewissenhaftigkeit verfassen.

Dann kann eine Klasse von den großen Themen weggeführt werden, bei denen ihr Faktenwissen notwendigerweise aus zweiter Hand ist und bei denen ihre Argumente notwendigerweise kurz sind und nur die Oberfläche des Themas berühren können. Hier liegt meiner Meinung nach ein Großteil der Ineffektivität von Argumentationskursen. „Richter sollten durch direkte Abstimmung des Volkes gewählt werden", „Das Wahlrecht sollte durch einen Bildungstest eingeschränkt werden", „Unternehmen, die im zwischenstaatlichen Handel tätig sind, sollten verpflichtet sein, eine Bundeslizenz zu erwerben", sind Beispiele für empfohlene Vorschläge Themen für Argumente von zweitausend Wörtern oder weniger. Kein Student verfügt über die praktischen Sachkenntnisse, um den Wert der Fakten zu beurteilen, die zur Stützung solcher Thesen angeführt werden, und außer den Mitgliedern der Debattierteams, die für ihre Wettkämpfe vergleichbar viel Zeit aufwenden wie Sportler für ihre Sportarten, kann kein Student dies tun selbst war mit den weiten Bereichen der Ökonomie und Regierungstheorie vertraut, die diese Fächer abdecken. Zu einem solchen Thema eine zwölfhundert Wörter umfassende Argumentation zu verfassen, wird den Respekt vor Tatsachen eher schwächen als stärken.

Welche Art von Themen können dann verwendet werden? Ich gebe zu, dass diese Frage nicht ganz leicht zu beantworten ist; Ich habe jedoch versucht, in der Liste der Themen in Kapitel I eine Antwort zu finden, die an besondere zeitliche oder örtliche Bedingungen angepasst werden kann. Im Allgemeinen ist eine Frage, die ein Student von sich aus und mit etwas Wärme diskutieren würde, das beste Thema für ihn. In der Leichtathletik gibt es viele solcher Themen: Zum jetzigen Zeitpunkt scheinen die Regeln des Fußballs noch nicht endgültig festgelegt zu sein, und in den Aufzeichnungen vergangener Spiele gibt es viel Material für die Suche nach Fakten. Dekan Briggs von Harvard appelliert an die Spieler, das Niveau der Manieren und der Ethik im Baseball zu verbessern; Sind alle Ihre Schüler mit ihm einer Meinung? Sollte es den Universitäten gestattet sein, Männer in ihren Graduiertenschulen als Mitglieder ihrer Teams einzusetzen? Und was sind die Fakten über die Auftritte solcher Männer an den Universitäten, an denen Ihre Studenten interessiert wären?

Dann gibt es noch verschiedene pädagogische Fragen, zu denen die Ansichten der Schüler von echtem Wert sind, insbesondere wenn sie auf einer Prüfung von Fakten im Rahmen des Verfassens einer Argumentation basieren. Präsident Lowell von Harvard sagte einer Gruppe von Studenten, die er befragte, dass es keinen großen Unterschied mache, was sie wollten, dass ihre Ansichten jedoch von großem Wert seien, wenn sie zum Zweck dargelegt würden, den Behörden der Hochschule zu helfen. Die Ansichten Ihrer Klasse zu Aufnahmeprüfungen basieren auf Kenntnissen, über die ein Mitglied der Fakultät nicht aus erster Hand verfügen kann. Wie hoch wird geschätzt, wie schwierig es ist, an verschiedenen Hochschulen aufgenommen zu werden, und auf welchen Zahlen von Schulen basiert die Schätzung? Für wie viele Jungen sind Sprachen einfacher oder schwieriger als Geschichte, Mathematik oder Naturwissenschaften? Bietet die Zulassung durch ein Zeugnis ausreichenden Schutz für die Standards der Hochschule? Verzerrt eine starre Prüfungsfächervorgabe den Studiengang? Wie viele Jungen, die wir nennen können, wurden durch eine solche Verordnung in ihrer Bildung beeinträchtigt? Sollten die Zulassungs- oder Abschlussstandards an Ihrer Hochschule angehoben oder gesenkt werden? Sollten Ehrenstudenten von Abschlussprüfungen befreit werden? Sollten sie besondere Privilegien haben? Sollte von Studienanfängern verlangt werden, dass sie sich jeden Abend zu einer festen Zeit innerhalb der Hochschulgrenzen aufhalten? Sollte der Unterrichtssturm abgeschafft werden? Hier sind nur einige Vorschläge für Themen, die an die Bedürfnisse und Kenntnisse spezieller Klassen angepasst werden können. Sie sind jedoch wertlos, es sei denn, die Schüler werden dazu motiviert, Fakten zu sammeln und auf der Grundlage dieser Fakten und nicht aufgrund allgemeiner Eindrücke zu schlussfolgern. Schulkataloge, Hochschulkataloge, informelle Volkszählungen, Berichte von Präsidenten und Ausschüssen sowie andere gedruckte oder mündliche Quellen helfen bei der Sammlung von Fakten.

Dann gibt es noch die unzähligen lokalen und staatlichen Fragen, die die Väter von mindestens der Hälfte jeder Klasse betreffen, und die Söhne können zu Hause besprochen oder zur Anhörung in Parlamente und Stadträte geschickt werden. Jeder Lehrer, der eine Tageszeitung liest, erhält mehr dieser Themen, als seine Klasse nutzen kann. Für ihre Fakten können die Schüler die Zeitungen, gedruckte Berichte und die Personen aufsuchen, die sich mit den Fragen befassen, die sie diskutieren werden. In manchen Fällen erhalten die Studierenden wertvolles Interesse und Ratschläge von den älteren Männern, die aktiv für die zur Diskussion stehenden Fragen zuständig sind; und es ist nicht unvorstellbar, dass einige von ihnen, wenn sie Absolventen des Colleges oder der Schule sind, sogar die Argumente lesen und hilfreiche Kritik dazu äußern. Das dankbare Interesse der Absolventen ist eine nicht überbeanspruchte Quelle für die Unterstützung des Lehrprozesses.

Viele der Themen, die ich hier als Anregungen angeboten habe, können zumindest teilweise im Rahmen eines redaktionellen Artikels besprochen werden; und ich stelle mir vor, dass sie ungefähr so lang sein werden, wie die meisten Argumente, die von Studenten geschrieben werden, mit Ausnahme derjenigen in Spezialkursen. Es ist kaum notwendig, darauf hinzuweisen, dass in einem so kurzen Raum Beweise nicht mit der Ausführlichkeit, sagen wir, von Websters „Rede im weißen Mordfall" präsentiert und diskutiert werden können. Es wäre eine gute gesonderte Übung, eine solch detaillierte

Darlegung von Beweisen zu einem einzelnen Punkt der Argumentation zu fordern. Bei den meisten Kursen kann der Dozent jedoch nicht viel mehr tun, als völlig unbegründete Behauptungen auszuschließen und darauf zu bestehen, dass die Unterscheidung zwischen Fakten und Schlussfolgerungen aus Fakten im Auge behalten wird.

Das zweite Ergebnis, das ein Dozent in einem Argumentationskurs anstreben sollte, ist die Fähigkeit, komplizierte Faktenmengen zu analysieren und sie so zu ordnen und darzustellen, dass Ordnung in die Verwirrung gebracht wird. Präsident Taft hat gesagt, dass Richter Hughes „seinen Ruf an der Anwaltskammer durch seine Gabe erlangt hat, ein Thema bis ins Innerste zu durchdringen"; Und genau das sollte den Schülern durch die Übung in der Einleitung zum Brief bis zu einem gewissen Grad vermittelt werden. Die geordnete Analyse der Frage Schritt für Schritt nach dem bewundernswerten Schema von Professor Baker kann nicht umhin, ein gewisses Verständnis dafür zu vermitteln, was es bedeutet, zum Kern einer Frage vorzudringen. Jeder Mensch muss sich früher oder später komplizierten und rätselhaften Fragen stellen; und der gewöhnliche Mensch wird sich einen langen Anfang verschaffen, wenn er auf diese Weise die Punkte zu Papier bringt, die auf den beiden Seiten einer Frage vorgebracht werden können, und sie dann studiert, bis die wirklichen Punkte, um die es geht, zum Vorschein kommen. Dann wird die Übung, das logische Grundgerüst eines Arguments so klar darzulegen , dass kein falscher oder unterbrochener Zusammenhang der Entdeckung entgehen kann, das Gewissen für Klarheit und Kohärenz des Denkens stärken; und die Notwendigkeit, bei jeder Behauptung auf die letzten Tatsachen zurückzukommen und die Quelle anzugeben, aus der die Tatsachen stammen, wird dazu beitragen, einen gesunden Respekt vor Tatsachen als etwas anderem als einer Behauptung zu verankern.

Da das niedergeschriebene Argument die letzte Prüfung des Denkens darstellt, muss darauf geachtet werden, dass die Schüler nicht durch nachlässiges Abschreiben und nachlässige Sätze die Klarheit des Denkens, die sie in ihrem Brief erreicht haben, verschleiern. Ich habe es als nützlich empfunden, den Absätzen Randüberschriften vorzuschreiben: Ein Student, der Mühe hatte, einen einzigen Satz zu finden, der den gesamten Abschnitt abdeckt, wird einen gewissen Respekt vor der Festigkeit der Absätze gelernt haben. Im Allgemeinen hat ein Ausbilder das Recht, darauf zu bestehen, dass seine Klasse alles, was sie über die gewöhnlichen Mittel zur Erlangung von Klarheit und Betonung gelernt hat, in die Praxis umsetzt.

Drittens sollte diese Praxis des Verfassens von Argumenten den Schülern eine bessere Vorstellung davon vermitteln, wie sie die Leser dazu bringen können, einem Vorschlag, den sie vertreten, wohlwollend gegenüberzustehen. Ich habe auf die Notwendigkeit bestanden, das Publikum zu berücksichtigen, dessen Geist gewonnen werden soll, auch auf die Gefahr hin, eintönig zu wirken. Denn was Überzeugungskraft bedeuten kann, abgesehen von der Überzeugung bestimmter Personen, kann ich mir nicht vorstellen. Ein Großteil der oberflächlichen Leere der Lehrbücher, wenn sie sich mit diesem Teil des Themas befassen, ist darauf zurückzuführen, dass dieser sehr praktische und offensichtliche Aspekt der Argumentation vernachlässigt wird. Ebenso offensichtlich ist die Schwierigkeit, die es für in der Klassenarbeit verfasste Argumente mit sich bringt; Mehr als bei den meisten für die Praxis geschriebenen Aufsätzen besteht bei Argumenten die Gefahr, dass sie keinen Bezug zur Realität haben. Es kann jedoch etwas getan werden, wenn ein Lehrer seine Klasse auf die Art von Fragen anleitet, die ich oben vorgeschlagen habe: Ein Streit über die Regeln des Fußballs würde an das Regelkomitee gerichtet werden, und die meisten Jugendlichen würden etwas über die Vorurteile so berühmter Menschen wissen ein Mann als Mr. Camp; Ein Streit zu einer College-Frage würde an die Fakultät oder den Präsidenten gerichtet werden, und es kann davon ausgegangen werden, dass die Studierenden eine Vorstellung von ihrer allgemeinen Einstellung zu solchen Angelegenheiten haben. Ich habe die Praxis in meinen eigenen Abteilungen von Studienanfängern verfolgt, von ihnen zu verlangen, dass sie das Publikum, das sie im Sinn hatten, an die Spitze ihres Briefings und ihrer Argumentation stellen. Wenn man dann zu Kritik und Konferenzen kommt, kann man ihnen durch ein kleines Kreuzverhör die sehr praktische Natur dieser Überzeugungsfrage klarmachen.

Man muss aufpassen, dass man nicht zu streng auf dem hier und in praktisch gleicher Form in anderen Büchern dargelegten Modell und Arbeitsschema beharrt. Es ist das Beste, was bisher erdacht wurde, aber jeder Student, der bereit ist, eines der Argumentationsbeispiele am Ende dieses Buches kurz darzustellen, wird selbst erkennen, dass es nicht den einen unfehlbaren Weg gibt, eine Argumentation vorzubringen. Jedes Argument muss sich seinem Anlass und seinem Publikum anpassen; und ein Ausbilder wird klug sein, sich über diese Wahrheit im Klaren zu bleiben, indem er Abweichungen vom Modell bemerkt. Die hier dargelegten Regeln und das darauf aufbauende Modell sind nur solange brauchbar, wie sie brauchbar sind, und nicht länger. Ihr Hauptdienst ist dann getan, wenn sie in den Köpfen der Schüler einen Standard für die Wirksamkeit beim Herausgreifen und Hervorheben der kritischen Punkte einer Frage etabliert haben.

Was die Übungen anbelangt, die die Arbeit in Argumentation begleiten sollten, lässt mich meine Erfahrung mit Klassen von fünf- bis sechshundert Studienanfängern zu dem Schluss kommen, dass ihr Wert für den Studenten kaum hoch genug eingeschätzt werden kann. Ich werde hier von einigen davon sprechen.

Die Übungen zur Verwendung von Nachschlagewerken sollten von jedem Schüler durchgeführt werden. Ich fand es einfach und nicht allzu zeitraubend, meine Abschnitte in Gruppen von zehn oder einem Dutzend in die Bibliothek zu bringen, ihnen die wichtigsten Bücher auf der Liste zu zeigen und ihnen die Bearbeitung zu überlassen. Dann gab ich jedem von ihnen sofort ein Blatt Papier, auf dem ich eine Tatsache aus einem dieser Bücher niedergeschrieben hatte, und forderte sie auf, diese Tatsache nachzuschlagen und darüber zu berichten. Mein Ziel war es, sie davon zu überzeugen, dass die meisten gewöhnlichen Fakten in weniger als fünf Minuten nachgeschlagen werden können. Das Material für diese Übung erhielt ich, indem ich die Nachschlagewerke umblätterte und fast alles aufschrieb, was mir ins Auge fiel. Auf diese Weise kann man in kürzester Zeit eine große Vielfalt an Fakten erhalten. In einigen Bibliotheken ist es möglicherweise möglich, Mitglieder des Bibliothekspersonals dazu zu bewegen, an dieser Unterweisung teilzunehmen. In allen Bibliotheken findet man eine aktive Mitarbeit.

bei der Vorarbeit zur Argumentation oft praktikabel und ratsam war, die Schüler auf beiden Seiten der Frage paarweise zu bilden und alle Vorarbeiten gemeinsam durchzuarbeiten. Zwei Männer, die auf diese Weise zusammenarbeiten, diskutieren oft mit dem lebhaftesten Interesse an ihrer Frage; und fast immer kommen sie den wichtigen Themen näher, indem sie ihren Verstand gegeneinander schärfen. Auch ihre Argumente sind besser, vor allem in der Widerlegung, weil sie genau wissen, welche Argumente auf der anderen Seite vorgebracht werden können.

Es ist eine ausgezeichnete Praxis, nicht nur für die Kurzfassung und die Argumentation, sondern auch für alle anderen College-Arbeiten, die Studenten dazu zu bringen, Kurzfassungen von Teilen oder ganzen der hier als Beispiele abgedruckten Argumente oder anderer außerhalb gefundener Argumente anzufertigen. Nicht nur Anwälte, sondern auch andere Geschäftsleute müssen ständig Dokumente verdauen und zusammenfassen; und die Fähigkeit, wesentliche Fakten und den Gedankengang aus einem Dokument herauszufiltern, ist für das praktische Leben von großem Wert. Die Übung ist für die Schüler manchmal lästig, da sie zunächst harte Arbeit ist und Konzentration erfordert. Sie kann jedoch durch den Wettbewerb der Unterrichtsdiskussionen versüßt und lebendiger gemacht werden.

Während der gesamten Arbeit an der Argumentation werden die Schüler möglicherweise darauf eingestellt, in Tageszeitungen und Zeitschriften nach Beispielen für Argumente sowie nach guten und schlechten Argumenten zu suchen. Sehr oft kann ein Lehrer für ein oder zwei Cent pro Stück eine Reihe von Argumenten in einer Zeitung abdrucken lassen, damit seine Klasse sie analysieren kann. Senatoren und Kongressabgeordnete sind insbesondere bereit, Kopien von Reden zu versenden, und diese liefern manchmal gute Beispiele sowohl für fundierte als auch für unsolide Argumente.

Wenn die Zeit reicht, werden die Dozenten gut daran tun, Grundlagen in Logik zu vermitteln. Ich habe eine kurze Diskussion des Themas eingefügt, in der Hoffnung, dass es eine Grundlage für eine kurze Studie bilden wird; Es kann durch ein paar Wochen an einem Handbuch wie „Primer of Logic" von Jevons oder „Outline of Logic" von Bode vertieft werden , wenn Zeit ist. Wie auch immer man den positiven Wert der deduktiven Logik beurteilen mag, es besteht kein Zweifel daran, dass jeder Student über gewisse Kenntnisse der Kanons der induktiven Logik verfügen sollte und dass das Studium von Sätzen und Syllogismen die Unterscheidung nach der wahren Bedeutung erheblich schärft von Wörtern und Sätzen.

Das kurze Kapitel über das Debattieren habe ich für Unterrichtsstunden hinzugefügt, in denen ein moderates Training dieser äußerst nützlichen Übung sinnvoll ist. Das Debattieren kann auf zwei Arten betrachtet werden: entweder als Schulung der Aufmerksamkeit und Effektivität bei Diskussionen oder als eine Form des zwischenschulischen oder interschulischen Sports. Zum letztgenannten Aspekt hat eine anerkannte Autorität gesagt: „Eine formelle Debatte ist eine Art Spiel. In Bezug auf die zeitliche Begrenzung, die Reihenfolge der Redner, den Seitenwechsel, das Geben und Nehmen der Widerlegung, die festen Verhaltensregeln, die Ethik der ..." „Der Wettbewerb, die Voraussetzungen für den Erfolg und die endgültige Vergabe des Sieges – die Debatte hat viel mit Tennis gemeinsam"; [79] und er entwickelt die Ähnlichkeit anhand einer eher kleingedruckten Seite. Unter diesem Gesichtspunkt hat das Debattieren eine kleine Gruppe von Studenten stark interessiert; In einigen Colleges wurde dies durch Hutbänder oder andere Auszeichnungsembleme für die erfolgreichen „Teams" anerkannt. und es hat einen ausgeklügelten Apparat von Regeln und „Trainern" entwickelt. Da das Spiel in seiner vollen Blüte steht, habe ich nicht den Platz, mich in diesem kleinen Buch damit zu befassen; Für eine derart aufwändige Analyse- und Vorbereitungsarbeit muss man auf spezielle Handbücher zurückgreifen, die sich ausführlich damit befassen. Ich habe mich auf die Anwendung der allgemeinen Prinzipien des Themas auf die gesprochene Argumentation und auf einige Vorschläge zur Vorbereitung und Durchführung der nicht sehr formellen Diskussionen beschränkt, in die der Durchschnittsmensch im Alltag gerät.

Selbst wenn keine Zeit für systematisches Üben des Debattierens bleibt, kann man mit spontanen Fünf-Minuten-Reden viel bewirken. Unter den besten Englischlehrern gibt es zweifelsohne eine aktive Bewegung für eine stärkere Betonung der mündlichen Komposition; Sie erkennen, dass die Fähigkeit, ruhig und entspannt auf den Beinen zu stehen und seine Ansichten klar und schlüssig zu erklären, jedem Menschen in seinem Lebenswerk helfen wird.

In einigen Fällen werden möglicherweise lokale oder akademische Themen besprochen, während die Klasse an Argumenten arbeitet, auf die sie sich vorbereiten können, um zu sprechen. Es kann möglich sein, Absolventen der Schule und Hochschule zu interessieren, damit sie bei der Materialbeschaffung und vielleicht bei der Beurteilung und Kritik behilflich sind. Gelegentlich ist vielleicht ein Mann, der die tatsächliche Lösung einer lokalen Frage oder einen Anteil an der Lösung hat, bereit, der Diskussion zuzuhören. Jede Hilfe dieser Art, die die Debatte in den Rahmen der Realität bringt, wird ihr mehr Schwung verleihen.

Für die Verwendung dieses Buches, wenn dem Dozenten vergleichsweise wenig Zeit, vielleicht sechs Wochen, zur Verfügung steht, würde ich, basierend auf der Praxis, die ich mit meinen Kollegen im Erstsemesterkurs in Harvard erarbeitet habe, raten, mit Kapitel I zu beginnen , und bitten Sie gleichzeitig die Klasse, Themen zur Genehmigung einzureichen. Dies sollte 14 Tage vor der Hauptarbeit erfolgen, um Themenwechsel, ggf. nach Rücksprache, zu ermöglichen. Im Zusammenhang mit Kapitel II würden Übungen zur Zusammenfassung eines oder mehrerer der Argumente am Ende des Buches oder anderer zu diesem Zweck bereitgestellter Argumente folgen. Dann käme die Vorarbeit zum Briefing, die Einleitung zum Briefing. Es lohnt sich, dies als separate Arbeit mit einer eigenen Note zu behandeln. In dieser Phase finden die Übungen zur Verwendung von Nachschlagewerken statt, die natürlich dazu führen, dass das Material für die Aufgabenstellung nachgeschlagen wird. Wenn möglich, sollte eine Konferenz zur Einleitung des Briefings stattfinden. Dann kommt der nächste Hauptschritt in der Arbeit, das Briefing. Die Arbeit hierfür würde natürlich durch das Studium von Kapitel III und durch solche Übungen zur Korrektur schlechter Anweisungen und zur Korrektur von Irrtümern begleitet werden, für die der Ausbilder Zeit findet. Es sollte eine weitere Konferenz zu dem Brief stattfinden und er sollte bei Bedarf neu geschrieben werden. Dozenten, die sich mit dem Thema befasst haben, werden aus trauriger Erfahrung wissen, dass ein Umschreiben und eine Konferenz möglicherweise nur der Anfang sind. Dann kommt das Argument selbst: Dies sollte der Höhepunkt sein und nicht nur eine oberflächliche Ergänzung des Briefings. Wenn es überhaupt möglich ist, sollte die Argumentation nach einer Konferenz neu geschrieben werden, und die Konferenz kann kaum zu lang sein. Wenn die Argumentation 1500 oder 2000 Wörter lang ist, reicht eine halbe Stunde nicht aus, um das Ganze gründlich durchzugehen. Kein Englischlehrer muss darauf hingewiesen werden, dass Konferenzen sein effizientestes Bildungsmittel sind.

Fußnoten

1-[Siehe Lincolns Rede in Galesburg und Quincy in den Lincoln-Douglas-Debatten.]

2-[OW Holmes, Jr., The Common Law, Boston, 1881, p. 35.]

3-[Zu solchen Modeänderungen in der Literatur siehe Stevensons Gossip on Romance und A Humble Remonstrance in „Memories and Portraits" und The Lantern Bearers in „Across the Plains".]

4-[Aus der Rede zur Aufhebung der Union mit Irland; zitiert von WT Foster, Argumentation and Debating, Boston, 1908, S. 90.]

5-[A. Sidgwick, The Application of Logic, London, 1910, S. 40, 44.]

6-[Aus der Rede von Senator Depew, 24. Januar 1911.]

7-[CR Woodruff, City Government by Commission, New York, 1911, S. 11.]

8-[A. Sidgwick, The Application of Logic, London, 1910, S. 248.]

9-[W. Bagehot , The Metaphysical Basis of Toleration, „Works", Hartford, Connecticut, 1889, Bd. II, S. 339.]

10-[Aus Huxleys erster Lecture on Evolution (siehe S. 233).]

11-[CR Woodruff, City Government by Commission, New York, 1911, S. 6.]

12-[Siehe Lincolns Rede in Ottawa.]

13-[*The Outlook* , 20. November 1909. Siehe auch das auf Seite 180 zitierte Beispiel aus William James' Will to Believe.]

14-[Eine vollständige und sehr gut lesbare Darstellung der Entwicklung des Beweisrechts und der Veränderungen im System des Geschworenenverfahrens findet sich in JB Thayers Preliminary Treatise on the Law of Evidence, Boston, 1896.]

15-[George Bemis, Report of the Case of John W. Webster, Boston, 1850, S. 462. Teilweise zitiert von AS Hill, Principles of Rhetoric, S. 340.]

16-[H. Münsterberg . On the Witness Stand, New York, 1908, S. 51.]

17-[*The Nation* , New York, Bd. XCI, S. 603, In einer Rezension von J. Bigelow Jr.s Kampagne von Chancellorsville.]

18-[Mr. Gardiner antwortete auf Pater Gerards Buch über die Schießpulver-Verschwörung.]

19-[SR Gardiner, What Gunpowder Plot Was, London, 1897, S. 4 ff.]

20 [Weine und Koren , Das Alkoholproblem. Veröffentlicht vom Committee of Fifty, Boston, 1897.]

21 [Nachdruck in Educational Reform, New York, 1898. Siehe S. 381.]

22 [Ein von der National Educational Association eingesetztes Komitee, das einen Studiengang für weiterführende Schulen empfiehlt.]

23 [H. Münsterberg , On the Witness Stand, New York, 1908, S. 39.]

24 [W. James, Psychology, New York, 1890, Bd. II, S. 330; BH Bode, An Outline of Logic, New York. 1910, S. 216.]

25 [BH Bode, An Outline of Logic, New *York* , 1910, S. 170.]

26 [CR Woodruff, City Government by Commission, S. 184.]

27 [Professor John Trowbridge, im *Harvard Graduates Magazine* , für März 1911.]

28 [W. James, Human Immortality, Boston, 1898, S. 11.]

29 [BH Bode, An Outline of Logic, New York, 1910, S. 162.]

30 [The Origin of Species, London, 1875, S. 63.]

31 [„Bei jeder Verallgemeinerung gibt es nur ein Ziel – das Finden von Zeichen, denen man vertrauen kann, sodass aus einer gegebenen Tatsache auf eine andere geschlossen werden kann." – A. Sidgwick, The Process of Argument, London, 1893, S. 108.]

32 [W. James, Psychology, New York, 1890, Bd. II, S. 342.]

33 [Siehe B. Bosanquet, The Essentials of Logic, London, 1895, S. 162; A. Sidgwick, The Process of Argument, London, 1893, Kap. vi; BH Bode, An Outline of Logic, New York, 1910, S. 234.]

34 [A. Sidgwick, Fallacies, New York, 1884, S. 342.]

35 [A. Sidgwick, Fallacies, New York, 1884, S. 345.]

36 [A. Sidgwick, The Use of Words in Reasoning, London, 1901, S. 91.]

37 [JS Mill, A System of Logic, Buch III, Kap. iii, Sekte. 2; zitiert nach EH Bode, An Outline of Logic, New York, 1910, S. 109.]

38 [Zitiert nach A. Sidgwick, The Use of Words in Reasoning, London, 1901, S. 28, Anm.]

39 [Siehe auch den vorletzten Absatz der Argumentation zum Workman's Compensation Act, S. 268.]

40 [New York, 9. März 1911, S. 241.]

[41][BH Bode, An Outline of Logic, New York, 1910, S. 71.]

[42][W. James, Psychology, New York, 1890, Bd. II, S. 365.]

[43][Abraham Lincoln, Complete Works, herausgegeben von Nicolay und Hay, New York, 1894, S. 445.]

[44][CR Woodruff, City Government by Commission, New York, 1911, S. 186.]

[45][BH Bode, An Outline of Logic, New York, 1910, S. 86. Ein weiteres Beispiel finden Sie in Lukas XX, I 8.]

[46][Aus dem Essay über Warren Hastings, The Works of Lord Macaulay, London, 1879, Bd. VI, S. 567.]

[47][The Works of Daniel Webster, Boston, 1851, Bd. VI, S. 62.]

[48][BH Bode, An Outline of Logic, New York, 1910, S. 30.]

[49][Sidgwick, The Use of Words in Reasoning, London, 1901, S. 192.]

[50][Siehe zum Beispiel seine Apologia pro Vita Sua , London, 1864, S. 192, 329.]

[51][Newman, The Idea of a University, London, 1875;, S. 20.]

[52][Felix Adler; zitiert von Foster. Argumentation und Debatte, Boston, 1908, p. 168.]

[53][Aus dem Essay über Milton, The Works of Lord Macaulay, London, 1879, Bd. V, S. 28.]

[54][CW Eliot, Educational Reform, New York, 1898, p. 375.]

[55][W. James, The Will to Believe, New York, 1897, S. 3.]

[56][*The Atlantic Monthly* , Bd. CVII, S. 14.]

[57][Es wurde von Professor George P. Baker in der ersten Ausgabe seiner Principles of Argumentation, Boston, 1895, erfunden und entwickelt.]

[58][Lamont, Ausstellungsexemplare.]

[59][Siehe die Passage aus James' Psychology, S. 150.]

[60][Nachdruck in Baker's Specimens of Argumentation, New York, 1897.]

[61][*World's Work* , Bd. XXI, S. 14242.]

[62][Aus dem stenografischen Bericht des Arguments; nachgedruckt in Forms of Prose Literature des Autors, New York, 1900, S. 316.]

[63][W. James, The Will to Believe, New York, 1897, S. 7.]

[64] [Siehe Baker und Huntington, Principles of Argumentation, Boston, 1305, S. 415.]

[65] [Eine ausführlichere Diskussion der Regeln für die Verteilung der Redner und der Zeit findet sich in Baker und Huntington, Principles of Argumentation, S. 415; und eine ausführliche, fast legale Reihe von Anweisungen für Richter und die Vereinbarung einer Tricollegiate- Liga, in Foster, Argumentation and Debating, Boston, 1908, S. 466, 468.]

[66] [Vorschläge zu Punkten, die die Richter berücksichtigen sollten, finden sich in Pattee , Practical Argumentation, S. 300; und Formatanweisungen in Foster, Argumentation and Debating, Boston, 1908, S. 466.]

[67] [Vorlesung I von drei Vorlesungen über Evolution. Aus American Addresses, London, 1877.]

[68] [Das Diagramm, das hier nicht wiedergegeben wird, zeigt einen idealen Ausschnitt der Erdkruste und zeigt die verschiedenen untereinander liegenden Schichten. Die Geologen teilen die Gesteinsschichten in drei Gruppen ein: die primäre, die älteste und tiefste; das Sekundäre darüber; und darüber hinaus das Tertiär und Quartär. Die Kreidezeit ist die unterste Schicht des Tertiärs.]

[69] [Eine der oberen Schichten des Urgesteins.]

[70] [Die silurischen Gesteine kommen etwa in der Mitte der Primärformationen vor. Einige Geologen hielten den *Eozoon früher für eine Art Fossil*. Die Laurentian-Gesteine sind die untersten Schichten der Primärformationen.]

[71] [Die Jura-Formation findet etwa in der Mitte statt, die Trias knapp darunter, in der unteren Hälfte der Sekundärgesteine. Das Devon liegt knapp oberhalb der Mitte des Sekundärteils, zwischen dem Karbon oben und dem Silur unten.]

[72] [Aus *The Popular Science Monthly* , Juli 1901.]

[73] [Kenntnis der Ursache.]

[74] [Prävention.]

[75] [*The Outlook* , 29. April 1911.]

[76] [Wahrscheinlich liegt der Grund, warum es von der Schweiz noch nicht übernommen wurde, darin, dass es in der Schweiz so wenige organisierte Fertigungsindustrien gibt, dass kein Druck auf den Staat ausgeübt wurde, das Gesetz zu ändern.]

[77] [Robertson *vs.* Baldwin, Vereinigte Staaten, 281.]

78 [Noble State Bank *vs.* Haskell; Shallenberger *vs.* _ Bank of Holstein, 3. Januar 1911. Lawyers' Cooperative Publishing Company, Rochester, New York.]

79 [Foster, Argumentation and Debating, p. 281.]

Milton Keynes UK
Ingram Content Group UK Ltd.
UKHW010709240424
441619UK00004B/398